NomosStudium

Prof. em. Dr. Rodolfo Sacco, LLD
Prof. Dr. Piercarlo Rossi

Einführung in die Rechtsvergleichung

1. Auflage aus dem Italienischen übersetzt von Jacob Joussen
und 3. erweiterte und überarbeitete Auflage von Alexandra Seifert

3. Auflage

Die Deutsche Nationalbibliothek verzeichnet diese Publikation in der Deutschen Nationalbibliografie; detaillierte bibliografische Daten sind im Internet über http://dnb.d-nb.de abrufbar.

ISBN 978-3-8487-3899-1 (Print)
ISBN 978-3-8452-8228-2 (ePDF)

Die Originalausgabe erschien unter dem Titel "Introduzione al diritto comparato" im Verlag UTET in Italien.

3. erweiterte und überarbeitete Auflage 2017

Vorwort zur 3. Auflage

Diese dritte Auflage der deutschen Übersetzung der „Einführung in die Rechtsvergleichung“ von Rodolfo Sacco ist nicht nur wegen der großen Nachfrage nach den Vorauflagen notwendig geworden, sondern auch wegen der weitreichenden Überarbeitung und Ergänzung, die die italienische Vorlage mit dem Erscheinen der sechsten Auflage durch Rodolfo Sacco und Piercarlo Rossi erhalten hat. Die Übersetzung von Jacob Joussen für die beiden vorangegangenen deutschen Auflagen wurde aufgrund dieser Veränderungen in der neuen italienischen Auflage durch Alexandra Seifert überarbeitet und ergänzt. Sie hat sich dieser mühevollen Aufgabe in Abstimmung mit Jacob Joussen im Rahmen ihrer Tätigkeit für das Centrum für Europäisches Privatrecht Münster gewidmet. Ihr ist daher ebenso wie bereits im Vorwort zur ersten Auflage Jacob Joussen Dank zu sagen für diesen Beitrag zu einem fruchtbaren Austausch zwischen deutscher und italienischer Rechtswissenschaft und insbesondere zur Überwindung der Grenzen bei der Ausbildung und methodischen Ausrichtung in der Rechtsvergleichung.

Münster, im Januar 2017 *Reiner Schulze*

Vorwort zur 2. Auflage

Solange sich die Rechtswissenschaft allein am Konzept eines geschlossenen nationalen Rechtssystems ausrichtete, erschien die Rechtsvergleichung als ein bloßes Randgebiet mit spezieller Methodik und mit Bedeutung lediglich für einen kleinen Kreis von Spezialisten. Inzwischen haben sich die Bedürfnisse des Wirtschafts- und Rechtsverkehrs tiefgreifend gewandelt; unter Stichworten wie »Europäisierung« und »Internationalisierung« finden sich vielfältige Beschreibungen und Deutungen dieses Prozesses. Durch ihn rückt die Rechtsvergleichung von der Peripherie in das Zentrum der Rechtswissenschaft. Indem sie lokale und nationale Beschränkungen des Rechtswissens und des Rechtsverkehrs zu überwinden hilft, gewinnt sie eine Schlüsselrolle für die juristische Praxis und das Rechtsstudium.

Dieser Rolle kann die Rechtsvergleichung jedoch nur gerecht werden, wenn sie sich nicht mit der Internationalität ihres Gegenstandes begnügt, sondern auch ihre Arbeitsweise und ihren fachlichen Zusammenhang entsprechend international ausrichtet. Die Ansätze dazu haben sich schon während der Blütezeit nationalstaatlichen Rechtsdenkens im 19. Jahrhundert ausgebildet. Internationale Forschungsprojekte und Gesamtdarstellungen, Tagungen und Vereinigungen haben sie in der Folgezeit erweitert und vertieft.

Weit weniger zeigt sich die Internationalität des Faches indes bislang für die interessierten deutschen Juristen in der Literatur zur Einführung, methodischen Orientierung und Schulung auf dem Feld der Rechtsvergleichung. Vielleicht haben gerade die großen Leistungen der deutschen Rechtsvergleichung seit Josef Kohler und Ernst Rabel, Ernst von Caemmerer und Konrad Zweigert bislang weniger in den Blick treten lassen, was andernorts die Rechtsvergleichung auf diesem Feld geleistet hat und auch in Deutschland für Ausbildung und Praxis zur Grundlage rechtsvergleichender Arbeit gehören könnte.

Eine der bedeutendsten Arbeitsrichtungen in der heutigen Rechtsvergleichung außerhalb Deutschlands ist aus der Tätigkeit des Nestors der italienischen Rechtsvergleichung, Rodolfo Sacco, hervorgegangen. Sacco hat durch sein eigenes jahrzehntelanges Wirken an der Universität Turin, durch seine Funktionen in italienischen und internationalen Institutionen und durch eine Reihe bedeutender Schüler auf Lehrstühlen mehrerer italienischer Universitäten neben der Rechtsvergleichung die Methodenlehre, Rechtstheorie und Zivilistik nicht nur in Italien maßgeblich mitgeprägt. Seine Schule hat weit darüber hinaus – vor allem in Frankreich und den französischsprachigen Ländern, aber auch in den USA – die Entwicklung der Rechtswissenschaft beeinflusst.

In komprimierter Form hat Rodolfo Sacco seine Konzeption der Rechtsvergleichung in der »Introduzione al diritto comparato« 1980 vorgestellt. Das Werk war der erste Teil des von ihm herausgegebenen »Trattato di diritto comparato« und ist inzwischen in fünf Auflagen in italienischer Sprache, einer französischen Ausgabe (La comparaison juridique au service de la connaissance du droit, Paris 1991) sowie auszugsweise in englischer Fassung (Legal formants: a dynamic approach to comparative law, in: The American Journal of Comparative Law, 39 (1991) pp. 1–34, 343–402) erschienen. In deutscher Übersetzung liegt es hier erstmals vor.

Münster, im Januar 2001 Reiner Schulze

Inhalt

Drittes Kapitel: Der Gegenstand der Rechtsvergleichung

Viertes Kapitel: Einige Anwendungen

Fünftes Kapitel: Die Ergebnisse der Rechtsvergleichung

Sechstes Kapitel: Die Rechtsvergleichung in der Ausbildung des Juristen

Siebtes Kapitel: Die Systeme und Familien

Achtes Kapitel: Bedeutende Modelle und Momente im romanistischen Raum

Erstes Kapitel: Echte und vermeintliche Probleme der Rechtsvergleichung

§ 1 Das Ziel der Vergleichung

1. Die falsche Frage nach den Zielen der Wissenschaften

1 Fragt man einen Astronomen nach den Zielen der Astronomie, wird die Antwort mehr oder weniger die Wiederholung der ihm gestellten Frage sein; er wird nämlich sagen, das Ziel der Astronomie bestehe in der Kenntnis der Natur und der Bewegungen der Sterne. Diese Antwort ist völlig angemessen: Die Wissenschaft befriedigt das Bedürfnis nach Erkenntnis, ein Bedürfnis, welches den Menschen ausmacht; dies ist ihr Ziel; und jede Wissenschaft befriedigt im Besonderen das Bedürfnis, diese oder jene Gesamtheit an Kenntnissen zu erwerben, die dem Gegenstand der betrachteten Wissenschaft entsprechen.

2 Es ist wahr, dass theoretische Erkenntnisse in der Folgezeit praktische Anwendungen hervorbringen können: Man wäre ohne die Astronomie nie zum Mond gelangt. Aber die Astronomie ihrerseits hat nicht auf die Möglichkeit gewartet, den Mond erreichen zu können, um die Entfernungen abzumessen, die die Planeten unseres Sonnensystems voneinander trennen.

3 Gemeinhin bedingt die praktische Überprüfung der Anwendungsmöglichkeiten der von einer bestimmten Wissenschaft erarbeiteten Daten also weder die Definition noch die Gültigkeit eben dieser Wissenschaft. Diese Wahrheit ist in allgemeiner Hinsicht auch dem Juristen bekannt. Welche Abhandlung über das Zivilprozessrecht etwa enthielte ein Kapitel, das den wissenschaftlichen Charakter der Prozesswissenschaft anhand einer Auflistung ihrer Ziele und Gebrauchsmöglichkeiten rechtfertigen soll?

4 Nur für die Rechtsvergleichung wendet man einen anderen Maßstab an; man dachte nämlich, man müsse deren Ziel und Zweck verifizieren. Diese Überprüfung wirkte dann geradezu wie eine Art Wahrheitsbeweis, der erforderlich war, um die Vergleichung legitimieren zu können.

5 Die hinsichtlich der Ziele der Rechtsvergleichung unzutreffende Frage ruft jedoch auch unzutreffende Antworten hervor, die einer Kritik nicht standzuhalten vermögen.

6 Schauen wir uns die Argumente derjenigen an, die dieses Themas untersucht haben.

7 Dort ist besonders der zu nennen, der glaubt, eine außergewöhnliche Eloge auf die Vergleichung zu singen, indem er ihre Ziele aufzählt, die mit verschiedenen Formen des gesellschaftlichen Fortschritts und Schutzes verbunden sind: Besonders auffällig etwa sind unter diesen das gegenseitige Verständnis unter den Völkern, die Schaffung eines besseren internationalen öffentlichen Rechts, die Anpassung und Vereinheitlichung der Rechtsnormen und schließlich die Verbesserung des nationalen Rechts.

8 Darüber hinaus gibt es auch denjenigen, der noch weiter geht und gerade die Anerkennung der wissenschaftlichen Geltung der Vergleichung von ihrer Fähigkeit abhängig machen will, dieses oder jenes praktische Ziel zu erreichen – dh konkret, ein besseres Recht herbeizuführen. Die vergleichende Wissenschaft wäre dann mit der Suche nach einem besseren Modell identisch, die sich anhand der Untersuchung des fremden Modells vollzöge. Die Forschung über juristische Modelle anderer Rechtsordnungen, ohne diesen Zweck, wäre dann eine reine Betrachtung, eine gelehrte Übung; Wissenschaft jedoch wäre sie nicht.

9 Man kann jedoch nicht sagen, die genannten Überlegungen seien von einer unfehlbaren Logik. Wenn die vergleichende Untersuchung als einzige Legitimation besäße, das betrachtete fremde Recht für das eigene Recht zu gebrauchen, müssten wir manchen Gebieten der Vergleichung die Rechtfertigung absprechen: etwa der Rechtsethnologie. Zugleich jedoch müssten wir manche, einander widerstreitende Schlussfolgerungen akzeptieren: Wenn ein junger italienischer Student oder Wissenschaftler nach Yale geht, um dort zu studieren oder zu lernen, müssten wir sagen, dort reife wissenschaftliche Erkenntnis heran, weil er Modelle untersuchen kann, die besser sind als das italienische; wenn hingegen ein junger amerikanischer Jurist das italienische Recht studierte, müssten wir sagen, es wachse keine wissenschaftliche Erkenntnis, weil er dort niemals Modelle untersuchen wird, um sie nachzuahmen.

10 Der Anspruch, dass für die Legitimation der Rechtsvergleichung ein funktioneller Nutzen notwendig und unabdingbar sei, ist die Frucht eines Missverständnisses (das man derzeit zu überwinden sucht).

11 Es bleibt jedoch dabei, dass die vergleichende Wissenschaft sich besonderer, verschiedener und außerordentlicher gesellschaftlicher Wohltaten rühmen kann. Zu diesem Punkt findet man eine reichliche (und uneinheitliche) Literatur.

2. Rechtsvergleichung und Verständnis zwischen den Völkern

12 Das Folgende soll aufzeigen, bis zu welch lächerlichem Grad die Suche nach dem Ziel der Vergleichung gelangt ist. Eine geradezu rührende Sentimentalität hängt nämlich der Idee an, derzufolge die Vergleichung das Verständnis zwischen den Völkern mehren und zu der friedlichen Koexistenz der Nationen beitragen wird. Diese Vorstellung könnte uns sogar zu dem Glauben verleiten, die politischen Kräfte, die die zwei Weltkriege entfesselt haben, hätten vielleicht an der Schwelle zur Katastrophe haltgemacht, wenn sie Kurse der Rechtsvergleichung besucht hätten. Oder man käme dahin zu glauben, der große Napoleon hätte von seinen Eroberungsplänen Abstand genommen, wenn er sich nicht nur mit dem seinen Namen tragenden Gesetzbuch beschäftigt, son-

dern darüber hinaus auch in ausreichendem Maße das gemeine Recht, das Common Law und das kormčaja pravda studiert hätte.

Die Vergleichung setzt die Kenntnis der fremden Rechtsregel voraus. Abstrakt gesehen kann diese Kenntnis Sympathie hervorrufen, sie kann aber auch andererseits sehr wohl zu polemischen Reaktionen verleiten. Wie auch immer, die Vergleichung selbst schließt nicht notwendigerweise auch eine positive oder negative, favorisierende oder kritische Wertung der Regelungen anderer ein. 13

Die Vergleichung ist vielmehr grundsätzlich unparteiisch. Und sie hat auch das Recht, es zu sein. Die Wissenschaften, die sich mit dem Menschen beschäftigen, dürfen, weil sie eben Wissenschaften sind, ihre Fragen nicht stellen, um die Verhaltensweisen der Menschen – die Sprache, die Religion, die Ideologie, das Recht – zu bewerten. Etwa dadurch, dass sie ihnen Zeugnisse über eine gute Führung und Konformität mit der Vernunft und der Logik ausstellen. Die Humanwissenschaften haben zum Ziel, die Verhaltensweisen des Menschen kennenzulernen und danach die eigene und spezifische Logik sowie die eigene und spezifische Vernunft eben dieser Verhaltensformen zu erforschen. Wenn die Humanwissenschaften diese Logik und diese Vernunftsgründe nicht finden, dann deshalb, weil sie nicht sorgfältig genug geforscht haben. Aber die Entdeckung der Logik, die in jeder der verschiedenen Kulturen herrscht, beseitigt nicht die Konkurrenz – oder Rivalität – zwischen diesen, und noch viel weniger die Konkurrenz – oder Rivalität – zwischen den verschiedenen politischen Kräften. 14

Dennoch kann man beobachten, dass die Gewohnheit, über die Vielgestaltigkeit der Rechtsmodelle nachzudenken, dazu führt, den natürlichen und legitimen Charakter des kulturellen und rechtlichen Pluralismus anzuerkennen; und es führt darüber hinaus dazu, den Juristen von dem (instinktiven und spontanen, aber nicht wissenschaftlichen) Verhalten zu heilen, das Universum im Licht der zentralen Stellung der eigenen Kultur zu interpretieren. Diesen irreführenden Standpunkt haben die, zu einer Zeit von der Überlegenheit der romanistischen Systeme überzeugten, Kontinentaleuropäer erkannt, die beginnen, sich von ihm zu lösen; ebenso die Euroamerikaner, die wiederum von der Minderwertigkeit des Rechts der schriftlosen Völker überzeugt waren. 15

3. Rechtsvergleichung und Übereinstimmung der Modelle

Die eigene Norm derjenigen gegenüberzustellen, die ihr in einer anderen Rechtsordnung entspricht, und die jeweiligen Entsprechungen oder Abweichungen empirisch festzustellen, sind wahrscheinlich Vorgänge, die so alt sind wie das Bewusstsein um die Rechtswissenschaft überhaupt. 16

Auf den Anfangsseiten vieler Handbücher finden sich Beispiele von Datenreihen, die von verschiedenen Rechtsordnungen bis zurück in die Zeiten der großen griechischen und römischen Kulturen gesammelt wurden; das Mittelalter hat deskriptive Aufstellungen gesehen, die diese und jene Ordnung einander gegenüberstellten und zum Ziel hatten, diesem oder jenem speziellen oder vergänglichen Bedürfnis zu genügen. 17

Aber das Entstehen einer Vergleichung, die mit dem Bewusstsein erfolgt, einem dauernden Bedürfnis des Juristen zu entsprechen, und die den normalen, jeder wissenschaftlichen Forschung unterstehenden Wertungskriterien folgt, ist sicherlich neueren Datums. 18

Die zu Beginn des einundzwanzigsten Jahrhunderts betriebene Vergleichung knüpft nahtlos an die Versuche an, die ihr vorangegangen sind. Geht man zurück zu diesen 19

Vorgängern, wird man jedoch kaum weiter als über das Werk von E. Amari (1857) hinausgehen. Die Vielgestaltigkeit der Kodifizierungen hatte den Wunsch geweckt, deren Unterschiede aus der Nähe zu betrachten.

20 Danach stellte man lange Zeit explizit dar (oder betrachtete sogar implizit!), dass Rechtsvergleichung gleichbedeutend mit dem Ziel ist, die gemeinsamen Punkte, die gemeinsame Funktion der zu verschiedenen Rechtsordnungen gehörenden Regeln herauszustellen.

21 Das Werk von E. Amari[1] ist der Wissenschaft von der Vergleichung der Gesetzgebung gewidmet. Ein Jahrzehnt später, 1869, gründete Laboulaye in Frankreich die äußerst bedeutende Société de législation comparée, die ihren ersten Kongress im Jahre 1900 abhalten sollte. Bei diesen ersten Erfahrungen wurde nicht vom unterschiedlichen Recht gesprochen. Man dachte, dass die post-revolutionären Regeln vom gemeinen Recht und – noch mehr – von der Vernunft abstammen würden und daher einheitlich wären. Man konnte darüber hinaus die Gesetze vergleichen, weil die unterschiedlichen Gesetzgeber sich möglicherweise mit größerer oder geringerer Genauigkeit bezüglich einer Idee ausdrückten, mit größerer oder geringerer Klarheit und in mehr oder weniger lückenhafter Weise und dies machte Gegenüberstellungen möglich. Keine pluralistische Prämisse (sei sie evolutionistisch, sei sie einfach historistisch) widersetzte sich dieser Suche nach Einheit im Sinne einer Übereinstimmung der gesetzlichen Vorgaben oder einer Einheit eines diesen impliziten Modells.

22 Auf dem ersten Kongress der Société de législation comparée (1900) formulierte R. Saleilles feierlich, dass »die Wissenschaft der Rechtsvergleichung im juristischen Sinne des Wortes zum Ziel hat, aus dem Gemeinsamen der einzelnen Rechtsinstitute heraus eine gemeinsame Basis aufzudecken, oder doch jedenfalls Berührungspunkte, die die grundlegende Einheit des universalen juristischen Lebens ans Licht bringen können«[2]. Ihm folgten E. Lambert[3] und andere.[4]

23 Die Suche nach einem gemeinsamen Kern ist nie ganz versiegt, sie ist auch heute noch lebendig[5] und ist sicherlich legitim.

24 Aber keine Wissenschaft darf die Ergebnisse ihrer Forschung schon vorher festlegen. Auch die Vergleichung darf demzufolge nicht vorab bestimmen, was sie finden wird. Sie wird sicherlich Übereinstimmungen oder (mehr oder weniger außergewöhnliche) einheitliche Prinzipien finden können, und sie wird gewiss auch gemeinsame Kernvorstellungen finden. Sie muss jedoch auch bereit sein, auf Abweichungen, entgegengesetzte Prinzipien oder sich unterscheidende Kerngedanken zu stoßen. Oder sie wird nicht zueinander passende Anwendungsregeln finden, die mehr oder weniger tiefgehende Unterschiede in den weniger sichtbaren Ebenen der Rechtsordnung zu schaffen vermögen. Sie kann letztlich Identität oder Verschiedenheit finden.[6]

25 Die Vergleichung setzt die Pluralität der Rechtsmodelle voraus. Nichts zwingt sie, diese Pluralität als eine nur vermeintliche Gegebenheit anzusehen.

---

1 E. Amari, *Critica di una scienza, aaO.*

2 R. Saleilles, *Conception et objet, aaO.*

3 E. Lambert, *La fonction, aaO.*

4 Im von H. Capitant (Paris, 1936) herausgegebenen juristischen Wörterbuch ist auf Seite 208 die Definition der Rechtsvergleichung nahezu vollständig an dieses Modell gebunden.

5 Ein besonders deutliches Beispiel findet sich in R. Schlesinger (Hrsg.), *Formation of contracts*, 2 Bände, London, 1968.

6 M. Ancel, *Unità e metodi, aaO, passim* und besonders 55 ff.

Keine Linguistik würde es akzeptieren, lediglich denjenigen Teil ihrer Wissenschaft als wertvoll zu betrachten, der die Gemeinsamkeiten aller Sprachen zum Inhalt hat, als wertlos oder weniger wertvoll hingegen denjenigen, der sich mit der Unterschiedlichkeit der grammatischen und lexikalischen Formen befasst. 26

Die Idee, die Vergleichung einerseits und Feststellung von Gemeinsamkeiten andererseits eng miteinander verbunden hatte, geriet in die Krise, kaum dass der romanistische Jurist die Systeme des Common Law und der Jurist euroamerikanischer Kultur das Recht der asiatischen Länder entdeckt hatte. 27

Ob aus diesen oder aus anderen Gründen: Die auf die Suche nach der Einheit gerichtete Vorstellung überlebte die Zeiten des ersten Weltkrieges nicht. 28

4. Vergleichung und Vereinheitlichung des Rechts

Nach dem ersten Weltkrieg nahmen sich die Rechtsvergleicher nicht mehr vor Übereinstimmungen zu finden, sondern vielmehr, sie zu schaffen. 29

Sie propagierten das Ideal der Vereinheitlichung, oder zumindest das der Angleichung[7] des Rechts. Und sie dachten – in wissenschaftsgeschichtlicher Hinsicht noch bedeutender –, das eigentliche Ziel der Vergleichung und untrennbar mit dieser verbunden sei die Vereinheitlichung. »Was auch immer das Ziel sei, das sich der Rechtsvergleicher vornimmt, er muss als äußerstes Ziel die internationale Vereinheitlichung des Privatrechts vor Augen haben«, so formulierte einer von ihnen beispielhaft.[8] 30

1924 wurde die »Internationale Akademie für Rechtsvergleichung« gegründet, die bis heute engagiert arbeitet. In ihrem Statut setzte sie sich als eigenständige Aufgabe die Angleichung des Rechts.[9] 31

7 Die Angleichung (oder auch Vereinheitlichung mittels eines Einheitsgesetzes, loi uniforme, daher uniformisation) der Normen ist derjenige Vorgang, bei dem verschiedene Gesetzgeber eine in gleicher Weise formulierte Norm annehmen, oder bei dem ein einziger Gesetzgeber in mehreren Rechtsordnungen identisch formulierte Normen einführt. Diese ist zu unterscheiden von der Vereinheitlichung ieS Letztere besteht in der Schaffung einer einzigen Norm: Diese wird von einer zu einer einzigen Pyramide gehörenden Autorität oder von Personen angewandt, die mit einheitlicher Intention handeln; sie wird von einer einheitlichen Gruppe von Juristen dargestellt und ist darauf gerichtet, eine Vielzahl von unterschiedlichen und autonomen Normen zu ersetzen.
So stellt das Inkrafttreten des italienischen Codice civile von 1865 für das italienische Zivilrecht eine *Vereinheitlichung* ieS dar; gleiches gilt für die Römischen Verträge in Bezug auf das europäische Recht bezüglich der übereingekommenen Materie; die Konventionen von Genf und das Einheitliche Gesetz über den internationalen Kauf von beweglichen Sachen hingegen haben den rechtlichen Bereich, für den sie gelten, *angeglichen*, ohne ihn aufzugeben.
Zur Bedeutung, die dem einheitlichen Recht mittlerweile zukommt, siehe S. Ferreri, *Le fontinormative di produzione non nazionale*, Turin, 1984; Ead, *Le fonti...*, in: *Trattato Rescigno* I, Turin, 1982; Ead, *Unificazione, Uniformazione del diritto*, in: *Digesto IV Ed., civ.*, XVII, 1998, 49.

8 M. Sarafatti, *Introduzione, aaO*, 121. Zu den Anhängern dieser Idee zählte auch H. Levy-Uhlmann.
Diese Idee lässt relevante Restaspekte bestehen. Die Probleme der Vereinheitlichung werden als Probleme der Vergleichung betrachtet und daher im Rahmen von Werken zur Einführung in die rechtsvergleichende Recherche, in Lektionen ad hoc, *behandelt*.

9 Art. II: »Das Hauptziel der Akademie ist die Beschäftigung mit der Rechtsvergleichung unter ihrem historischen Aspekt und die Verbesserung der Gesetze der verschiedenen Länder der Welt – besonders im Bereich des Privatrechts –, indem Unterschiede überwunden und ausgeglichen werden.«
Ende 1991 ist der Artikel, auf Vorschlag von R. Sacco und durch den Vorstand sowie Gesellschafterbeschluss hin, geändert worden. Jetzt heißt es dort: »Das Ziel der Akademie ist das vergleichende Studium der Rechtssysteme«.

32 1928 entstand in Rom das UNIDROIT (Institut international pour l'unification du droit privé, seit einigen Jahrzehnten eine Organisation der UNO), welches die Angleichung des Privatrechts vorantreibt.[10]

33 Auch die UNO hat Organe eingerichtet, die die Vereinheitlichung oder Harmonisierung bestimmter Rechtsbereiche fördern sollen, so zB UNCITRAL.

34 Die Vereinheitlichung wird, in der Sichtweise der Genannten, offensichtlich als ein Gut angesehen. Weil wir zu gegebener Zeit auf diese Problematik noch eigens werden eingehen müssen, verzichten wir an dieser Stelle auf jede diesbezügliche Stellungnahme.

35 Bis hierher stellen wir fest, dass sich Einheitlichkeit und Pluralismus gegenseitig ausschließen; wie auch die Spanne für die Schaffung und spontane Änderung von Normen schwindet, je mehr der Bereich ausgedehnt wird, innerhalb dessen diese identisch bleiben müssen.

36 Die Angleichung bzw. Vereinheitlichung ist – wie gesagt – als einziges und unerlässliches Ziel der Rechtsvergleichung angesehen worden. Auch heute noch wird es als eine Errungenschaft gewertet, dass die Vergleichung diese ermöglicht und erleichtert.

37 Tatsächlich jedoch bestätigt die Geschichte nicht, dass Angleichungen bis heute unmittelbar von einer auf die Vergleichung hin ausgerichteten Rechtswissenschaft vorbereitet wurden. Das ius commune verbreitete sich in Europa, weil die konkurrierenden Systeme, die es auf seinem Weg vorfand, auf den ersten Blick nicht dieselbe Qualität oder sein Ansehen und auch keine Wissenschaft, mit der Befähigung sie zu erläutern, hatten. Die Juristen, die in der Lehre oder der forensischen Tätigkeit die römisch-gemeinen zum Nachteil der lokalen Modelle verwendeten, verglichen diese sicherlich nicht vorher umfassend miteinander. In Wahrheit waren oft nur die römisch-gemeinen Modelle anerkannt. In diesem Sinne war die Rezeption mehr durch Nichtwissen denn durch Vergleichung begünstigt.

38 Analog verbreiteten sich die Spuren des Code civil überall in Europa (ohne dass dazu eine vorhergehende umfassende rechtsvergleichende Untersuchung nötig gewesen wäre) dank der Verbreitung der freiheitlichen Ideen, dank des Ideals der Kodifikation sowie des Ansehens all dessen, was französisch war. Weniger als ein Jahrhundert später konnten sich die wissenschaftlichen Modelle, die von der deutschen Systematik erarbeitet worden waren, nach Norden, Osten und Süden ausbreiten und so die Kodifikationsprojekte, die universitäre Lehre und die Gerichtspraxis in weiten Teilen Europas beeinflussen.

39 Die Verbreitung eines Modells setzt eine gewisse diesbezügliche Kenntnis bei demjenigen voraus, der es nachahmt. Aber die Kenntnis des Modells ist noch keine als wissenschaftlich zu qualifizierende Vergleichung. Oft ist es geschehen, dass eine politische Kraft ein Modell nachgeahmt und sich dabei vorbehalten hat, anschließend die geeignete Art und Weise zu lernen, es anzuwenden.

40 Zusammengefasst lässt sich also sagen, dass die Entwicklung der vergleichenden Wissenschaft weder eine ausreichende noch eine notwendige Bedingung für die Vereinheitlichung des Rechts ist. Zu gegebener Zeit werden wir jedoch sehen, welche Hilfestel-

10 Diese Organisation brachte das LUVI und LUFCVI auf den Weg, unmittelbare Vorgänger des Einheitskaufrechts. Sie hatte darüber hinaus die Redaktion des bedeutenden Projekts eines internationalen Kaufrechts inne.

lung die Vergleichung den Prozessen der Angleichung und Vereinheitlichung geben kann.

5. Die Wissenschaft der Rechtsvergleichung und vergleichende Methode. Eine Antithese?

Am Ende des Zweiten Weltkriegs waren die Rechtsvergleicher vorbereitet. Sie waren daran gewöhnt, die Common Law- und Civil Law-Systeme einander gegenüberzustellen; sie wussten, dass sie sich mit den systematischen Problemen, die die Anwesenheit der sozialistischen Systeme brachte, auseinandersetzen mussten; in der Kolonialzeit hatten sie sich mit den ethnischen Systemen Afrikas und Asiens vertraut gemacht; die einsetzende Dekolonisation erinnerte sie daran, dass in vielen Ländern auf das islamische Recht zurückgegriffen wird. 41

Die Bandbreite der gesammelten Erfahrungen verhinderte zu einfache, und daher naive, Feststellungen zwischen Rechtsvergleichung und Entdeckung der Vereinheitlichung sowie zwischen Rechtsvergleichung und Aufbau dieser Vereinheitlichung. 42

Diese Verkleinerung der Definitionen hat dazu geführt, dass bezweifelt wurde, ob die Rechtsvergleichung selbst eine Wissenschaft sei. Es wurde bevorzugt, sie auf eine spezielle Methode für die rechtswissenschaftliche Forschung zu reduzieren. In den fünfziger Jahren fand dies gewichtige Zustimmung: H.G. Gutteridge[11], R. David[12] und andere. 43

Heute hat die Diskussion für und wider die Definition der Rechtsvergleichung als eine Methode an Intensität verloren. Und der eigentliche Sinn der Definition wäre klarer gewesen, wenn die Bedeutung der für sie benutzten Worte besser erklärt worden wäre. 44

Jedenfalls ist im Übrigen jede Disziplin teilweise Wissenschaft, teilweise Methode. Im engeren Sinne kann es als eine Methode verstanden werden, wenn ein Zusammenwirken von vorausgewählten Verfahren bestimmte Ergebnisse erzielen soll (und als Wissenschaft im engeren Sinne ist dann ein bestimmtes Gebiet der Untersuchungen oder ein bestimmtes Fachgebiet zu verstehen). Diese Vorüberlegungen führen zu der Erkenntnis, dass es nicht nur einen Weg der Rechtsvergleichung gibt: Vielmehr ist es möglich, unterschiedliche Methoden (Strukturalismus, Funktionalismus usw) zu verwenden; und es kann sogar ein bestimmter Bereich von Rechtsphänomenen, mit denen sich nur die Rechtsvergleichung und keine anderen Rechtsdisziplinen befasst, lokalisiert werden – die Zirkulation der Rechtsmodelle; ihre Dissoziationen und internen Beziehungen; ihre Vereinheitlichung und rechtsvergleichenden Entsprechungen. Wer davon ausgeht, dass die Rechtsvergleichung eine Methode ist, hat eine zu begrenzte Vorstellung der rechtsvergleichenden Methode (weil er nicht begreift, dass mehrere Methoden zu Rechtsvergleichung herangezogen werden können und dass es nicht eine reine Methode der Rechtvergleichung gibt). Oder aber derjenige hat eine zu begrenzte Vorstellung ihrer Zwecke und ihres Untersuchungsgegenstandes (weil er ihren spezifischen und bereits entwickelten Forschungsbereich nicht begreift oder nicht kennt). 45

Es ist hingegen offensichtlich, dass jeder von den Ergebnissen und den Methoden der Rechtsvergleichung profitieren kann; genauso wie zB jeder von den Ergebnissen und den Methoden der Logik profitieren kann und, wenn er will, versuchen kann, sich mit ihr zu messen. Um bei diesem Beispiel zu bleiben: Niemand würde sagen, dass die Logik keine Wissenschaft, sondern nur eine Methode ist; während gleichzeitig niemand 46

11 H.C. Gutteridge, *Comparative law, aaO.*
12 R. David, *Traité élémentaire, aaO.*

bezweifelt, dass die Logik auch eine Kenntnis ist, von deren Methode alle lernen können.

6. Das Ziel der wissenschaftlichen Rechtsvergleichung: die Bewertung der zwischen Rechtsmodellen bestehenden Unterschiede als Beitrag zur Kenntnis der Modelle

47 In dem Maße, in dem die Vergleichung eine Wissenschaft ist, ist ihr Ziel (und muss es sein) eine gewisse Anzahl an Fakten kennenzulernen. Weil die Rechtsvergleichung ein Zweig der Rechtswissenschaft ist, betreffen die von ihr gesuchten Fakten das Recht.

48 Die Vergleichung setzt offenkundig eine Vielzahl von Rechtsmodellen voraus; sie untersucht und stellt fest, in welchem Maß die verschiedenen Rechtsmodelle einheitlich oder unterschiedlich sind: Weil Einheitlichkeit dasselbe ist wie die Vorstellung des Nichtvorhandenseins von Unterschieden, besteht die Vergleichung darin, die Unterschiede zu messen, die zwischen einer Vielfalt von Rechtsmodellen besteht.

49 Man kann diese Beobachtung für eine Reihe von Wissenschaften wiederholen. Im Wege der Analogie kann man bei einem deutlichen und aufschlussreichen Beispiel verweilen.

50 Die Linguistik ist eine weit entwickelte Wissenschaft, sie hat bedeutende Ergebnisse erzielt und auf ihre Methoden und Untersuchungen greifen auch andere Wissenschaftler zurück – es genügt, den Namen von F. de Saussure und der strukturalistischen Methode, von anderen Wissenschaften imitiert, zu erwähnen –, auch wenn ihr der Versuchsweg von Anfang an versperrt gewesen ist.

51 Die moderne Linguistik ist als vergleichende Linguistik entstanden.[13]

52 Es war das systematische Studium der Analogien und Unterschiede zwischen den verschiedenen, geschichtlich vorhandenen menschlichen Sprachen, das der historischen Linguistik erlaubt hat, sich auf soliden Grundlagen zu entwickeln, indem sie grundlegende Gesetzmäßigkeiten formuliert hat: angefangen von derjenigen zu den Lautverschiebungen, die von J. Grimm vorgebracht wurde, bis hin zu den Regelmäßigkeiten, die von Meillet und E. Benveniste ans Licht gebracht wurden.

53 Dieses Ergebnis wurde von Linguisten erzielt, die sich ausschließlich für formelle Sprachmodelle interessierten.

54 Die Vergleichung hat sich, in der Linguistik wie in der Ethnologie und in vielen anderen Bereichen, schlicht als das geeignetste Instrument gezeigt, das man zur Verfügung hat, um strukturelle Regelmäßigkeiten aufzuzeigen, die ansonsten unbeobachtet geblieben wären.

55 Es wäre hingegen unberechtigt diese Wissenschaften zu bitten, das »Warum« der beobachteten Gesetzmäßigkeiten zu erklären und zu begründen. Die Vergleichung dient nicht diesem Ziel. Die Linguistik hat demzufolge nicht erklärt, warum »der Ochse« in Italien »il bue«, in Frankreich »bœuf« und in England »ox« genannt wird.

56 Die Linguistik ist unabhängig von jedwedem Schutz, der von einer etwa politologischen, ethischen oder sonst einer Wissenschaft käme, die dem formellen Studium linguistischer Vorgänge fremd wäre; sie enthält sich jeder praktischen, ihre möglichen

13 Es reicht, den Beitrag »Linguistica« von G. Tagliani, in *Enc. It.*, zu betrachten.
Mit dem Gesagten möchten wir nicht die Bedeutung der jüngsten linguistischen Studien abwerten, die sich mit der Semantik oder anderen Aspekten beschäftigen.

Anwendungen betrachtenden Sorge; ja, bis zu den kürzlich erschienenen Studien von N. Chomsky über die Transformationen (die das Vorspiel zu ganz besonderen Anwendungen im Bereich der Übersetzungen oder sogar der Schaffung einheitlicher linguistischer Modelle hätte sein können) hätte wohl niemand ihre praktischen Ziele zu nennen vermocht.

Diese für die Linguistik gemachten Ausführungen gelten in gleicher Weise auch für die Kulturanthropologie. 57

Die Rechtsvergleichung darf keine Minderwertigkeitskomplexe gegenüber denjenigen Wissenschaften an den Tag legen, die schon immer die Vergleichung praktiziert, eine Technik der Vergleichung erarbeitet und von der Vergleichung das behandelt haben, was behandelt werden kann. Die Rechtsvergleichung muss darüber hinaus wissen, dass es Gesellschafts- und Naturwissenschaften gibt, die sich mittels der Vergleichung weiterentwickeln; sie muss sich diesen Wissenschaften anschließen und muss, wenn ihr dies möglich ist, von den Erfahrungen dieser vergleichenden Wissenschaften profitieren.[14] 58

Die Vergleichung folgt der Kenntnis der Modelle. Man kann nämlich nur diejenigen Modelle vergleichen, die man kennt. Aber die vergleichenden (seien es die Gesellschafts- oder Natur-) Wissenschaften wissen – und lehren es die Rechtswissenschaft, die ihre Schwester ist –, dass die Kenntnis der Modelle gerade durch die Vergleichung wächst. Allein die Vergleichung enthüllt gewisse Details der verschiedenen verglichenen Modelle. Jeder Vergleicher weiß aus Erfahrung: Gerade dann, wenn er vom Recht seines eigenen Landes spricht, trifft er nämlich hin und wieder auf einige Schwierigkeiten, sich bei seinen Landsleuten verständlich zu machen, denn deren Interessen sind auf ihr Ursprungssystem begrenzt, weshalb sie seine viel komplexeren Erfahrungen nicht gemacht haben. 59

Folglich muss die Kenntnis der verschiedenen Modelle als das wesentliche und wichtigste Ziel der als Wissenschaft verstandenen Vergleichung angesehen werden. 60

Diese soeben gezogene Schlussfolgerung wurde schon vor einiger Zeit formuliert und ist mit Beginn der sechziger Jahre des vergangenen Jahrhunderts noch bekannter geworden. Namentlich M. Rotondi[15], G. Gorla[16], M. Ancel[17], K. Zweigert und H. Kötz[18], S. Strömholm[19] und T. Ascarelli[20] haben sie in besonderem Maß gefördert. 61

---

14 In gleicher Weise vertritt dies A. Watson, *Legal Transplants*, Edinburgh, 1974, 9 und in: *Comparative Law and Legal Change*, in: *Cambridge L. J.*, 38°, 1978, 313.

15 M. Rotondi, *Il diritto come oggetto di conoscenza*, in: *Studii sulle scienze giuridiche e sociali della Facoltà di giurisprudenza di Pavia*, 1927, 1.

16 Der Gedanke von G. Gorla war verschiedenen Schwankungen unterworfen. Die Schlussfolgerung, von der wir im Text sprechen, ist klar erkennbar bis 1979.
Man findet sie in *Interessi e problemi della comparazione fra il diritto nostro e la common law*, in: *Studii Ascarelli*, Mailand, 1968, II, 939.

17 M. Ancel, *Utilità e metodi*, *aaO*, 28: »Die Rechtsvergleichung besteht vor allem in der Überprüfung der Gemeinsamkeiten und Unterschiede, die zwischen zwei oder drei nationalen Rechtsordnungen bestehen.«.

18 Im Werk *Einführung in die Rechtsvergleichung*, 14, heißt es: »Die primäre Funktion der Rechtsvergleichung ist – wie die aller wissenschaftlichen Methoden – Erkenntnis (...). Dann tragen zur Vergleichung vier praxisbezogene Funktionen bei (...): Rechtsvergleichung als Hilfsmittel für den Gesetzgeber, als Auslegungsinstrument, ihre Stellung im Unterricht der Universitäten, ihre Bedeutung für die supranationale Vereinheitlichung des Rechts.«.

19 S. Strömholm, *Användning av utländski material i juridiska monografier*, in: *Svensk Juristtidning*, 1971, 251-253; Id., *Har den Komparativa rätten en metod*, in: *Svensk Juristtidning*, 456-465.

20 T. Ascarelli, *Étude comparative et interprétation du droit*, in: *Problemi giuridici*, 2. Band, Mailand, 1959.

62 1974 war sie schon so verbreitet, dass I. Szabó, Hauptredner beim IX. Kongress der »Internationalen Akademie für Rechtsvergleichung« (Teheran) zu dem Thema »Ziele und Methoden der Rechtsvergleichung« feststellen konnte, dass alle nationalen Berichterstatter zu dem Thema »der Ansicht sind, dass das Ziel – für viele von ihnen das ausschließliche Ziel – der Rechtsvergleichung eine bessere Rechtskenntnis ist«. Die Berichterstatter, von denen Szabó sprach, waren L. Constantinesco, T. Jonascu, J. Merryman, K. Neumayer, Z. Péteri, S. Popescu, R. Sacco, W. Szyszkooszki und I. Zajtay.

63 Darüber hinaus ist diese These nirgends, auch nicht in Italien, bestritten worden.

64 1979 fand in Turin die 5. Tagung der »Associazione italiana di diritto comparato« statt, die den Namen »*Giornate Gorla*« trug. Sie beschäftigte sich mit den Zielen und den Methoden der Vergleichung. Die einander entgegengesetzten Thesen – dh einerseits diejenige, die in der Vergleichung die Suche nach Kenntnis, andererseits diejenige, die in ihr die Suche nach besseren Modellen sieht –, wurden jeweils von R. Sacco und V. Denti vertreten.

65 Die Schlussfolgerungen wurden G. Gorla übertragen.[21]

66 Die hier vertretenen Thesen wurden anlässlich dieser Gelegenheit einer kritischen Prüfung unterzogen: Sie würden, so ihre Kritiker, zwar der Förderung rechtlicher Lösungen dienen, aber ihren Hang zum Politischen unter einer scheinbaren und unmöglichen Neutralität verdecken.[22]

67 Zugunsten der hier vertretenen Definition hat sich Gino Gorla verschiedentlich ausgesprochen.[23] Er verlangt von der Vergleichung, die missbräuchlichen Erkenntnismittel zu entmythologisieren, dh diese durch historisch Gewesenes zu ersetzen und auf diese Weise zu einer auf der Realität basierenden Erkenntnis zu gelangen. Die Vergleichung bestreitet und beseitigt nämlich übereilte Generalisierungen; sie zerstreut die rein nominalistischen Fragen; sie erschöpft sich nicht in der Herausarbeitung der Unterschiede und Ähnlichkeiten, sondern bemüht sich um die Suche nach den Gründen ihres Vorhandenseins[24]; die Vergleichung sucht das »law in action«, nicht das »law in books«; das erste ist das tatsächlich geltende Recht, Wirklichkeit, substantielle Lösung, das zweite ist scheinbares Recht, bloßer Aufbau, kein Recht.[25] Die Vergleichung ist Geschichte, und diese Geschichte, die die falschen Begriffe zerstört, führt zur Erkenntnis.

---

21 Die Beiträge sind veröffentlicht in R. Sacco (Hrsg.), *L'apporto della comparazione alla scienza giuridica*, Mailand 1980. Eine aussagekräftige kritische Untersuchung der drei Vorträge ist vorgenommen worden von A. Gambaro, *Alcune novità in materia di comparazione giuridica*, in: *Rivista di diritto commerciale*, 1980, I, 297.

22 V. Denti, in *Diritto comparato e scienza del processo* (in: R. Sacco (Hrsg.), *L'apporto, aaO*), 211, drückt seine Skepsis diesbezüglich aus: Nach der Äußerung, dass »die strukturelle Analyse *zwingend ihren Neutralitätsanspruch verliert*, wenn sie sich aus einem System hin zur Vergleichung verlagert«, legt er seine Schlussfolgerung wie folgt dar: »Nicht zufällig betrifft die bekannteste Untersuchung Saccos das romanistische Substrat des Zivilrechts der sozialistischen Länder: ein Ausgangspunkt klar pandektistischer Natur, von dem aus es unmöglich ist dessen Ideologie zu streichen, weil es die Streichung einer ganzen Kultur zur Folge hätte.« Heute wäre es interessant zu untersuchen, welches Substrat dem Recht der sozialistischen Länder von vier imaginären Rechtsvergleichern zugedacht worden wäre, die vier verschiedenen politischen Richtungen entstammen: einer paternalistisch und in Richtung der Präsenz einer religiösen Institution im Staat orientiert, ein anderer laizistischer Aufklärer, ein weiterer reaktionär-autoritärer Tyrannensohn und schließlich ein Anhänger Lenins.

23 So in seinem Beitrag *Diritto comparato*, verfasst 1963 für die *Enciclopedia del diritto*. So auch in vielen Aufsätzen, die sich nunmehr gesammelt in *Diritto comparato e diritto comune europeo*, Mailand, 1981, finden.

24 S. das Vorwort in *Il contratto*, Mailand, 1954.

25 So in »*Diritto comparato*«, in: *Enciclopedia del diritto*, XII, Mailand, 1964, V, 73; *Lo studio interno e comparativo della giurisprudenza*, in: *Foro italiano* 1964, V, 73; *La motivation des jugements*, in: *Foro italiano*, 1979, V, 1; jetzt gesammelt in *Diritto comparato e diritto comune europeo, aaO*, 100; 303-306, 361.

Die Rechtsvergleichung ist reine Erkenntnis.[26] Deshalb ist sie nicht notwendigerweise Suche nach Modellen, die für Reformen oder zur Übernahme für die Schaffung eines einheitlichen Rechts benötigt werden; und sie ist auch nicht die Suche nach gemeinsamen, unter verschiedenen Schichten verborgenen Modellen.[27]

Während der unter seinem Namen laufenden Tagungen begann G. Gorla seine Position zu revidieren. Sein Traum, ein auf globaler Ebene etabliertes Juristenrecht, mit dem Besten aus den angloamerikanischen und kontinentalen Materialien geschaffen, hat ihn dazu geführt, in dieser Schöpfung den direkten Zweck der Rechtsvergleichung zu sehen. Aber bestätigt die Realität seine Ideen? Seine bemerkenswerte Forschung bezog sich auf die gegenseitige Beeinflussung der Rota in Italien (das heißt richterliche Rechtsentwicklung vom 16.-18. Jahrhundert in den italienischen Staaten) und den Einfluss der französischen Lehre auf die englischen und amerikanischen Gerichte in denselben Jahrhunderten. Das, was er gefunden hat, ist eine bewundernswerte Sammlung von unerwarteten und fundamentalen systemologischen Daten. Nicht entstanden ist jedoch ein Vorschlag de iure condendo. 68

Unserer Ansicht nach hat sich Gorla seiner Position im Jahr 1989 signifikant angenähert mit dem Beitrag »Diritto comparato e straniero«, in: *Enc. giur.*, XI, Rom (ähnlich schon 1982).[28] 69

Wie schon bis 1979 wurde die Frage in den folgenden Jahren offengelassen. Teilweise haben auch nicht rechtsvergleichende Juristen interveniert. Zustimmung entstand in beide Richtungen.[29] 70

Eine Position, die durch ein bemerkenswertes Zivilengagement geprägt und auf die Suche nach dem besten Modell ausgerichtet war, wurde durch M. Cappelletti geprägt: Die Prägung zeigte sich unter anderem in den von ihm für sich oder eine Gruppenforschung ausgewählten Themen und die teilweise direkte Nutzung von rechtsvergleichenden Ergebnissen für den Vorschlag eines ius condendum. Aber eine konkrete theoretische Position von ihm zum konzeptionellen Zusammenhang zwischen Rechtsvergleichung und Modellrechtserstellung ist nicht bekannt. 71

Bis jetzt haben wir betont, das Ziel der Vergleichung sei die bessere Kenntnis der Rechtsmodelle. 72

---

26 S. oben, Fußnote 16.

27 S. oben, Fußnote 16.

28 Dort, Nr. 2.3, schreibt ihr Gorla – gezielt auf die Schlussfolgerungen Saccos antwortend – zu: »einen wahren Kern: Dass der entscheidende Aspekt der Rechtsvergleichung der unter a genannte ist« (4. Absatz); und das ist die »Untersuchung und Feststellung der Unterschiede und/oder Ähnlichkeiten zwischen den verglichenen Rechtssystemen oder zwischen ihren Normen oder Rechtsinstituten« (Absatz 2). Die zwei weiteren Aspekte der Rechtsvergleichung sind: Die Erklärung der Gründe für die Unterschiede und/oder Ähnlichkeiten; und die Bewertung der verglichenen Rechtsordnungen.

29 Ein Kreis von Rechtsvergleichern – der Kreis von Trient – begann sein 1987 aufgestelltes Manifest mit folgender These: *Die Rechtsvergleichung, als Wissenschaft verstanden, dient in notwendiger Weise einem besseren Verständnis der rechtlichen Zusammenhänge. Weitere Ziele – zB die Förderung der Rechtsmodelle oder eine bessere Interpretation – verdienen die größte Beachtung, aber sie stellen ein nur potenzielles Ergebnis der rechtsvergleichenden Forschung dar.* Das Manifest wurde von F. Castro, P. Cendon, A. Frignani, A. Gambaro, M. Guadagni, A. Guarneri, P.G. Monateri und R. Sacco unterschrieben. G.M. Ajani und U. Mattei haben sich angeschlossen.
Die Thesen von V. Denti haben die Unterstützung von M. Taruffo und L.P. Comoglio.
Die vergleichenden Verfassungsrechtler sind weniger in diesen Konflikt involviert. Er wird im Folgenden in den Ausführungen zum historischen und tatsachenorientierten Charakter der Rechtsvergleichung näher erläutert.

73 An diesem Punkt verlangt der Gebrauch der Worte »Recht« und »Rechtsmodell«, die Aufmerksamkeit auf die Weite der Kategorie »Recht«, ihren Inhalt und ihre Wortbedeutung zu lenken.

74 Manch einer könnte dem Rechtsvergleicher empfehlen, seine Aufmerksamkeit auf die Rechtsnormen zu beschränken, die von dazu ermächtigten Autoritäten erlassen worden sind. Ein solch verstandener Begriff des Rechts (dh ein sogenannter Rechtsformalismus) ist zwar in formeller Hinsicht legitim, aber für den Rechtsvergleicher wenig interessant.

75 Derjenige, der nach der Betrachtung eines Gesetzes auch an seiner Auslegung interessiert ist, muss auf die Vorgaben zurückgreifen (dh auf die hermeneutischen Mittel), die diese Auslegung prägen. Diese zweite Phase der Untersuchung ist, wenn sie mit dem Ziel durchgeführt wird, mehrere Systeme einander gegenüberzustellen, sicherlich eine vergleichende Tätigkeit.

76 Alles das, was zu der Entscheidung eines bestimmten Falles beiträgt, und all das, was hätte – oder wird in Zukunft – zu der Lösung beitragen können, ist eine (sekundäre, wenn man will, akzessorische) Rechtsquelle, und deshalb kann sie den Vergleicher interessieren. Ja, der Vergleicher ist, weil er auch Systemologe ist, sogar höchst interessiert an allen indirekten Quellen, die das gesamte Funktionieren des Rechts im Rahmen eines bestimmten Systems bedingen; wenn man sie auch nicht als autoritative Normen bezeichnen kann, die von einem kompetenten Organ erlassen wurden: beispielsweise die Lehre an der Universität, die den Studierenden vermittelt wird, aus denen später einmal die Richter rekrutiert werden.

77 Ist die Vergleichung derart definiert, kann man sie nicht, wie eine Definition, mit der einfachen Kenntnis eines fremden Systems oder mehrerer fremder Systeme verwechseln.[30] Und die verschiedene Rechtskreise erfassende und für parallele Darstellung gedachte Behandlung verschiedener nationaler Gegebenheiten ist die gröbste und unwissenschaftlichste Art der Vergleichung – auch wenn sie, vielleicht, demjenigen, der sie liest, eine vergleichende Übung ermöglichen kann.[31]

78 Dreht man den Diskurs herum, wird man beobachten können, dass viele (insbesondere die Praktiker) hin und wieder das Problem der Kenntnis des fremden Rechts, und nicht das der Vergleichung, belastet. Aber das Studium des fremden Rechts beinhaltet große Risiken für Missverständnisse, wenn man es nicht mit einer soliden vergleichenden Vorbereitung abstützt.

30 Der Unterschied zwischen dem, der viele Sprachen beherrscht, und dem Linguisten kann uns helfen, den Unterschied zwischen einem Rechtsvergleicher und demjenigen zu verstehen, der schlicht verschiedene Rechtssysteme kennt. Der Sprachkundige kennt viele Sprachen, aber er kann ihre Unterschiede nicht ermessen und auch nicht quantifizieren; all dies jedoch kann der Linguist. Genauso besitzt der Vergleicher eine Gesamtheit an Begriffen und Fakten, die zu verschiedenen Rechtssystemen gehören, und er weiß sie auch zueinander in Beziehung zu setzen, indem er deren Unterschiede und Ähnlichkeiten erfasst.
Mit den Wechselbeziehungen zwischen Rechtsvergleichung und Wissen über die ausländischen Fakten hat sich wiederholt G. Gorla (zuletzt in *Diritto comparato e straniero, aaO*, 2.2) auseinandergesetzt.
In diesem Sinne auch A. Watson, *Legal Transplants*, Edinburgh, 1974, 4, und G. Lombardi, *Premesse, aaO*, 12.

31 Heftig rügt diejenigen, die eine Vergleichung versprechen, dann jedoch lediglich zu parallelen Darstellungen gelangen, J. Vanderlinden, Rezension zu D. Kokkini Iatridou, *Een inleiding, aaO*, in: *Revue internationale de droit comparé*, 1989, 1057. Dort wird von diesem Tadel nicht nur das genannte Werk, sondern auch die *International Encyclopedia of Comparative Law* getroffen. Als historisches Modell dieser abgelehnten Literaturart wird das Werk von Arminjon, Noldé und Wolff angeführt.
In diesem Sinne auch A. Watson, *aaO*, und *Legal Change*, in: *University of Pennsylvania L. R.*, 131, 1983, 1121.

Diesbezüglich mag die von anerkannter Seite gestellte Frage überraschen, ob die vergleichende Wissenschaft auch die ätiologische Untersuchung erfasst, die darauf gerichtet ist die Umstände festzustellen, die die Veränderungen des Rechts verursachen.[32] Das Motiv, anlässlich dessen sich die Untersuchung eines ähnlichen Themas entwickeln konnte, ist Folgendes: Die Definition der Vergleichung als »Aktivität, die auf die Kenntnis bestimmter Rechtsumstände gerichtet ist«, hat den Zweifel nicht ausräumen können, dass diese Definition die »rein« rechtliche Seite suchen wollte – dh, dass sie von jedem soziologischen Ansatz losgelöst ist, der sie begleitet; vor allem jedoch von den Ursachen, die ihr vorangehen. 79

Die Antwort auf diese Frage ist nicht schwierig. 80

Die Vergleichung hat eine tatsächliche und (über die synchrone hinausgehende) diachrone Vorstellung von Recht; deshalb stößt sie auf die tatsächlichen Umstände, die den Schub in Richtung auf die rechtliche Innovation bestimmen oder sie lähmen. Das Studium dieser Ursachen, im gesamten den Juristen betreffenden Bereich, interessiert auch den Rechtsvergleicher. Dies ist umso zutreffender, als die Ursache einer Innovation oder eines rechtlichen Stillstandes oft in einem rechtlichen Phänomen liegt: Weil etwa der Richter in den Urteilen keine Begründung formuliert, kann kein Präzedenzrecht entstehen; weil der Richter aus der Reihe derjenigen rekrutiert wird, die die Universität besucht haben, beeinflussen die Theorien der Lehre die Praxis, etc Wenn man diese ätiologische Verbindung zwischen zwei Rechtsphänomenen beweist, fallen die Ursache, die Wirkung und die kausale Verknüpfung zwischen ihnen vollständig in den Bereich der Rechtswissenschaft (vielleicht auch in den der vergleichenden). 81

Die Art und Weise, das Vorgehen, durch das ein Rechtssatz entsteht, mit dem dieser übertragen und verbreitet wird, die Rekrutierung der Personen, die auf die Schaffung eines solchen Satzes werden Einfluss nehmen können, oder das Vorhandensein von Organen und Umständen welcher Art auch immer, die die Schaffung ebenfalls beeinflussen können: All dies ist für den Vergleicher von höchster Bedeutung, genauso, wie es auch für einen nationalen Juristen wichtig wäre. Es hilft diesbezüglich daran zu erinnern, dass es gerade die Rechtsvergleicher waren, die, in ihrem Kleid als Pfleger der Systemologie, als erste die Bedeutung dieser Umstände entdeckten und theoretisierten. 82

Auf dem Gipfel dieser Mechanismen, die auf der Ebene der primären oder sekundären Rechtsquellen arbeiten, finden sich außerhalb der Rechtswissenschaft liegende Ursachen, die sie voranbringen. So zum Beispiel der Ausgang des Kampfes von Bouvines. Man kann dem Rechtsvergleicher nur raten, nicht alleine die Verantwortung auf sich zu nehmen zu entscheiden, in welchem Maße die Ursachen eines rechtlichen Umstandes in den Bereich der Rechtsvergleichung fallen. Diese fallen nämlich in dem Maße dort hinein, wie sie, allgemein, in den Bereich der Rechtswissenschaft insgesamt fallen. 83

7. Rechtsvergleichung und Verbesserung des nationalen Rechts (durch die Nachahmung fremder Modelle)

Die Nachahmung fremder Modelle kann, wie die Angleichung, entweder als globaler Vorgang in Folge einer allgemeinen politischen Bewegung (man denke nur an das Beispiel der Rezeption der französischen Modelle nach 1806) oder als eine selektive Aufnahme einzelner Lösungen erfolgen. Dieser zweite Vorgang wird sicherlich durch die Kenntnis der rechtlichen Zusammenhänge in anderen Ländern begünstigt. Die Einfüh- 84

32 Zu diesem Thema s. G. Gorla, zuletzt zitierter Beitrag, 2.3.

rung einzelner Lösungen in das Rechtssystem des Anwenders verlangt eine Anpassung sowohl des einzufügenden Umstandes als auch der Gesamtheit der Umstände, in die dieser eingeführt wird. Deshalb kann sie aus einer sehr genauen Kenntnis des einen oder der anderen nur einen Vorteil ziehen.

85 Es ist nicht zweifelhaft, dass die Vergleichung in den meisten Fällen die Entwicklung des Rechts beschleunigt, weil sie die Zirkulation der Rechtsmodelle begünstigt. Diese faktische Beziehung zwischen Vergleichung und Nachahmung wird uns insbesondere dann auffallen, wenn wir von der Zirkulation der Modelle sprechen. An dieser Stelle müssen wir uns lediglich fragen, ob die Nachahmung eines fremden Modells als Ziel der vergleichenden Wissenschaft gelten muss oder kann.[33]

86 Die Antwort ist angesichts des bislang Gesagten vorhersehbar.

87 Die Vergleichung ist, wie jede andere Wissenschaft, eine solche, weil sie unabhängig von einem darüber hinausgehenden Nutzen theoretische Daten sammelt.

88 Offensichtlich bleibt sie auch dann Wissenschaft, wenn der Anwender angesichts einer möglichen Zirkulation der Modelle auf sie zurückgreift; und sie ist eine Wissenschaft, die mit einem faszinierenden praktischen Potential versehen ist. Wenn der Gesetzgeber ein Modell zirkulieren lässt, nachdem er es bewusst anhand der von der Wissenschaft angebotenen genauen Daten überprüft hat, oder wenn der Wissenschaftler im Lichte seiner kritischen Kenntnis eine zukünftige Zirkulation entwirft, oder wenn der wissende oder zumindest informierte Richter die bis dahin geltende – oberflächliche und ungenaue – Lösung seines Landes durch die aufgeklärte Lösung, die der Richter des Nachbarlandes anwendet, ersetzt, wohnt all diesen Vorgängen der hohe Grad an Legitimation inne, der einem praktischen, wissenschaftlich durchdrungenen Handeln zukommt.

89 Aber die Vergleichung als reine Suche hat auch unabhängig davon bedeutende Ergebnisse vorzuweisen: etwa nicht zu übertreffende Untersuchungen der Unterschiede und Gemeinsamkeiten zwischen Common Law und Civil Law, äußerst umsichtige Rekonstruktionen des Ethnorechts, Bilanzen der Umwandlungen, die das afroasiatische Recht im Kontakt mit dem ausgebildeten europäischen Recht erfahren hat.

90 Diese Erfahrungen sind ein wissenschaftliches Ergebnis, obwohl ihnen keine Modellzirkulationen gefolgt sind. Zugleich hat bis heute niemand auch nur irgendein Verzeichnis über die Zirkulationen der Modelle erstellt, denen sorgfältige vergleichende Untersuchungen vorausgegangen und durch die sie überhaupt erst ermöglicht worden wären. Bislang vermutet man daher, dass, wenn jemand ein solches Verzeichnis erstellte, dieses nicht sonderlich lang wäre. Die großen Rezeptionen – und dh die Räder, die den rechtlichen Fortschritt antreiben – geschehen ohne eine ihnen vorangehende Vergleichung, oder jedenfalls nur auf der Grundlage einer nur oberflächlichen Vergleichung, für die man die Kenntnis eines Gesetzestextes für ausreichend hält, oder auf der Grundlage eines Entwurfes der Lehre; die Vergleichung auf wissenschaftlichem Niveau greift erst später ein und untersucht die Rezeptionen erst dann, wenn sie bereits vollzogen sind (manchmal sogar erst dann, wenn der Vollzug schon Jahrhunderte zurückliegt).

33 Eine positive Beantwortung der Frage überwiegt. Statt vieler G. Gorla, *Diritto comparato e straniero, aaO*; Legeais, *Grands systèmes, aaO*; alle Werke Markesinis.

§ 2 Wie vergleichen?

8. Ist es möglich zu vergleichen? Innerhalb welcher Grenzen?[1]

1 Es wird verglichen. Und es wird schon seit einiger Zeit verglichen.

2 Es hat sich jedoch auch gezeigt, dass der Rechtsvergleich nicht immer möglich ist oder dass er zu katastrophalen Ergebnissen geführt hat.

3 Diese pessimistische These ist an den Namen von Pierre Legrand gebunden. Er stellte fest, dass der Rechtsvergleicher, wenn er ein anderes als sein eigenes System untersuchen will, zum einen versagt, weil er nicht Teil der Kultur sein kann, deren Ausdruck das ausländische Recht ist, und zum anderen, weil er selbst teilweise eine Entfremdung erfährt, da er die Wurzeln in seiner eigenen Kultur verliert.[2]

4 Die Lehre Legrands wurde mit Interesse betrachtet, aber ihr nicht gefolgt.

5 Weder der rechtliche Begriff noch die Rechtskultur sind vergleichbar mit der Luft, die wir atmen, oder der Nahrung, die wir essen, und deren Qualität sich auf unsere Gesundheit auswirkt. Ein Spanier entdeckt, dass in England die Autos auf der linken Seite der Straße fahren, ein Italiener des 21. Jahrhunderts findet heraus, dass die alten Römer die Sklaverei legitimierten, dass das Vertragsversprechen in England nur bindend ist, wenn es durch eine consideration gerechtfertigt ist (später stellt er fest, dass es auch durch ein bailment, durch besondere Form oder eine qualifizierte reliance gerechtfertigt sein könnte), dass das bewegliche Eigentum in Deutschland durch die Übergabe (oder ein Besitzkonstitut) übertragen wird. Aber weder der Spanier noch der Italiener hat das eigene Recht im Blut. Sie haben es durch die Teilnahme an universitären Rechtsvorlesungen gelernt und dort kann mit einem identischen Verfahren sowohl das englische als auch das römische Recht gelehrt werden.

6 Unsere Beziehung zu unserem Recht ist – innerhalb der Grenzen unseres gesamten Wissens – eine Kenntnis. In weitaus engeren Grenzen ist es ein Gefühl der Notwendigkeit. Und auch dieses Gefühl der Notwendigkeit, das einige der sensibelsten Regeln begleitet (Monogamie, Rückgabe etwas Geliehenen, Verbot, einen anderen zu schlagen oder fremde Häuser zu betreten), lässt genug Raum für eine umfassende Fähigkeit, verschiedene Regeln zu verstehen und Vorträgen über wahre oder fiktive Situationen zu folgen, in denen die Rechtssubjekte sich an unterschiedliche Regeln (oder Ausnahmen) halten.

7 Jedenfalls ist der Student in der Lage, ohne Konsequenzen, von den Regeln abzusehen, die er (zunächst und vor der Vertiefung seines Studiums) als notwendig erachtet hatte.

8 Der Diskurs ähnelt dem, den wir bezüglich der Sprache eröffnen können. Abgesehen von dem Bereich der Phonetik, der eigene und spezielle Eigenschaften hat, kann derjenige, der nur eine Sprache beherrscht, ablehnend auf anderer Sprachen reagieren, aber der Mehrsprachige kennt eine solche Abneigung nicht und der Linguist schwelgt sogar in der Betrachtung der vielen erstaunlich ähnlichen oder überraschend anderen Sprachen.

---

1 Zum Thema R.W. Beardsmore, *The Theory of Family Resemblance*, in: *Philos. Investigations*, 1992, 131; C.R. Sunstein, *Incommensurability and Valuation in Law*, in: *Michigan Law Review*, 1994, 779; P. Legrand, *Opera omnia*, und insbesonders *Comparative Legal Studies and Commitment to Theory*, in: *Modern Law Review*, 1995, 262–273; und *Sur l'analyse différentielle des juriscultures*, in: *Rev. int. dr. comp.*, 1999, 1053; M. Detienne, *Comparer l'incomparable*, Paris, 2000.

2 Legrand, *aaO.*

9 Natürlich kann der Zoologe Verwirrung stiften (durch die Grenzen seines Wissens verursacht). Das Gleiche kann einem Rechtsvergleicher passieren. Aber die Qualität und Möglichkeiten einer Wissenschaft selbst hängen nicht vom Grad der Fehlbarkeit eines schlecht informierten Wissenschaftlers ab.

10 Man kann folglich vergleichen.

11 Ist es möglich, ein jedwedes System mit jedem anderen zu vergleichen?

12 Daran müssten natürlich jedenfalls diejenigen zweifeln, für die Vergleichung lediglich gleichbedeutend ist damit, die substantielle Übereinstimmung der Lösungen herauszuarbeiten. Zweifeln müssten darüber hinaus auch diejenigen, für die Vergleichung nur bedeutet, die Vereinheitlichung des Rechts vorzubereiten.

13 Bejahend werden hingegen, ohne zu zögern, diejenigen antworten, die unter Vergleichung die Feststellung und Abwägung der zwischen den verschiedenen rechtlichen Lösungen bestehenden Unterschiede verstehen.

14 In historischer Hinsicht ist dieses Problem im Hinblick auf drei verschiedene Kontrapositionen aufgeworfen worden. Man hat sich gefragt, ob es möglich sei, romanistische Systeme mit solchen des Common Law zu vergleichen; kapitalistische mit sozialistischen; und ausgebildete Systeme mit denen des Ethnorechts.

15 Bis 1920 wurde bestritten, dass das englische Recht mit dem Recht anderer Länder verglichen werden könne.[3] Zwischen den beiden Kriegen jedoch hat der sogenannte Dialog zwischen Common und Civil Law triumphiert.

16 Dasselbe Problem, wenngleich anders formuliert, hat sich ein halbes Jahrhundert lang auch in Bezug auf die Vergleichbarkeit von sozialistischen und wirtschaftsliberalen Systemen gestellt.[4] Die Juristen des sozialistischen Raums haben dabei in der ersten Zeit die Möglichkeit eines Vergleichs ihres Rechts mit dem der bürgerlichen Systeme bestritten. Auf der Grundlage der von ihnen verfolgten Lehre ist das Recht ein Überbau der wirtschaftlichen Basis der Gesellschaft. Das Ziel des bürgerlichen Rechts wäre die von dem Willen der ausbeutenden Klasse getragene Unterwerfung der ausgebeuteten Klasse, das Ziel des sozialistischen Rechts wäre die Garantie der Freiheit der Arbeiter von jeder Form der Ausbeutung. Der Kauf und die Erbfolge können von identischen Gesetzesregeln in einem sozialistischen und in einem kapitalistischen Land geregelt werden: Aber das gegensätzliche Ziel des Rechts in dem einen und in dem anderen Land ließe das Bestehen einer – in wörtlichem Sinne – Parallelität zwischen diesen beiden Gesetzgebungen illusorisch erscheinen.

17 Nach dem zweiten Weltkrieg war die Theorie der Unvergleichbarkeit nicht mehr ganz so starr. Das internationale öffentliche Recht führte zur Errichtung der UNO, in der die sozialistischen mit den anderen Mächten zusammenarbeiteten; Vereinbarungen zu einem einheitlichen Recht wurden in Ländern mit unterschiedlichen wirtschaftlichen Grundlagen eingeführt; Maßnahmen verschiedener Natur sind in das Recht der kapitalistischen Länder eingeführt worden, um das Interesse der Arbeitnehmer zu schützen. So wurde ein Raum geschaffen, innerhalb dessen die Vergleichung für möglich erachtet wurde. Zumindest die oberste Schicht des Rechts (nämlich die in ihrem rein techni-

---

3 Wir finden die Angabe des Jahres 1920 bei M. Ancel, *Utilità, aaO*, 18 ff. Ein Repräsentant des wiedergegebenen Gedankens ist auch der große E. Lambert.

4 Zu dem Thema statt vieler G. Gorla, »*Diritto comparato*«, *aaO* (sehr zweifelnd); M. Ancel, *La confrontation des droits socialistes et des droits occidentaux*, in: Z. Péteri (Hrsg.), *Théorie du droit. Droit comparé*, Budapest, 1984 (bejahend); G. Lombardi, *Premesse, aaO*, 75 (bejahend).

schen Inhalt untersuchte Norm) oder wenigstens einzelne Bereich hielt man für vergleichbar, auch wenn unüberbrückbare Differenzen in den tieferen Schichten blieben, dh in dem Zweck und dem Ziel, auf die das Recht hin ausgerichtet ist.

Unserer Ansicht nach muss die Vergleichbarkeit zwischen Normen und Rechtsordnungen von Ländern mit unterschiedlicher wirtschaftlicher Grundlage bejaht werden. Die verschiedenen Systeme sind vergleichbar, nicht weil sie mehr oder weniger gleich oder ähnlich wären, sondern weil die Vergleichbarkeit keine Angst vor Unterschieden hat, wie groß sie auch sein mögen. Diejenigen Juristen, die die Vergleichbarkeit von Rechtssystemen, die zu verschiedenen gesellschaftlichen Systemen gehören, aus dem Grund verneinten, *weil die Rechtssysteme grundlegend verschieden seien*, hinterließen, ohne es zu wissen, eine wahre und eigentliche Vergleichung! 18

Die Vergleichung kann größte und kleinste Unterschiede ermessen. Sie darf dabei keinerlei Präferenzen, weder für die einen noch für die anderen, hegen. Sie darf auch nicht ausschließlich auf die Jagd nach dem Common Core der verschiedenen Länder gehen. Genauso wenig darf sie sich auf die Jagd ausschließlich nach den Besonderheiten der verschiedenen Rechtsordnungen machen. Dieser Punkt ist nun erkannt. 19

Die Juristen, die die Vergleichbarkeit auf verschiedenen gesellschaftlichen Systemen beruhender Rechtsordnungen verneinten, waren in zweierlei Hinsicht zu kritisieren: Zum einen, weil sie von der Vergleichung die Gegenüberstellung von Modellen ausschließen wollten, wenn diese nicht ähnlich erschienen. Zum anderen, weil sie die Bedeutung der »oberflächlichen«, formalen Schicht des Rechts – für die Vergleichung – ausschließen wollten, indem sie allein dem infrastrukturellen Modell Relevanz zumaßen; als ob sich darin das gesamte Universum der rechtlichen Zusammenhänge, die sich unserer Beobachtung bieten, erschöpfen würde. 20

Hartnäckigere Einwände wurden jedoch auch gegen den Einschluss von Untersuchungen der Rechtsanthropologie oder Ethnologie in die Rechtsvergleichung erhoben. 21

Ein erster Einwand beruht auf der Idee der »Staatlichkeit« des Rechts. 22

In einem allgemeinen positivistischen Ansatz hängt die Staatlichkeit des Rechts an der Art und Weise, in der die Lehre die ihr vor Augen stehende Wirklichkeit in den Ländern europäischer Kultur im 19. und 20. Jahrhundert systematisiert hat. 23

Die Vorstellung, den Völkern, deren gesellschaftliches Leben nicht durch einen Staat geregelt und garantiert wird, zugleich auch »das Recht« abzusprechen, ist Frucht des europäischen Ethnozentrismus. Man empfand es in Europa als begrifflich bequem, Recht und Staat zusammenfallen zu lassen. Aber auch ohne einen Staat verstehen es Gesellschaften, die konform mit ihrer Tradition leben, ihren gesellschaftlichen Regeln Geltung zukommen zu lassen. 24

Gegen die Vergleichbarkeit von ausgebildetem und auf Tradition ruhendem Recht hat L.J. Constantinesco – ein weit verbreitetes Gefühl aufnehmend – eingewandt, dass die modernen Gesellschaften wüssten, dass das gesellschaftliche Leben nur einen Teil der menschlichen Erfahrung repräsentiere, dass sich ihr Recht von Sitte und Religion unterscheide und wie ein konstruiertes Ganzes zeige; demgegenüber seien die traditionellen Gesellschaften pluralistisch, sie verfügten über ein nur schwach ausgebildetes Gemeinwesen sowie eine nur verschwindend geringe Beherrschung der Natur; zudem sei 25 dort die Bindung an das Recht nur passiv, global, schweigsam, ungenau und kaum bewusst.[5]

26 In einer Antwort hat N. Rouland die Schlussfolgerung gezogen, dass dann, »wenn die natürlichen Unterschiede zu den traditionellen Gesellschaften diejenigen wären, die L.J. Constantinesco beschrieben hat, es in der Tat völlig unnütz wäre, die einen mit den anderen zu vergleichen.«[6] Sicherlich würde derjenige, der sich im Bereich der Rechtsanthropologie auskennt, die Ausführungen Constantinescos kaum wiederholen. Aber selbst dann, wenn das gesellschaftliche Leben der traditionellen Gemeinschaften alle die Eigenschaften aufwiese, die die Europäer ihm zugedachten – und manchmal nach wie vor zudenken –, würde nichts daran hindern, ihr gesellschaftliches Leben mit dem der ausgebildeten Ordnungen (im Kontrast) zu vergleichen: Auf diese Weise würde angemessen und präzise deutlich, worin die (entgegengesetzten) Eigenschaften der verschiedenen Systeme bestehen, wie sie strukturiert sind und wie sie in systematischer Hinsicht zueinander stehen.

27 Das Ethnorecht hat grundsätzlich dieselben funktionellen und strukturellen Eigenschaften wie das Recht der entwickelten Länder: Es garantiert eine gewisse gesellschaftliche Ordnung durch den Rekurs auf mit Wirksamkeit ausgestattete Regeln. Selbstverständlich wird es auch ganz eigene Eigenschaften vorweisen: etwa das Fehlen einer Juristenklasse, die dazu berufen ist, diese Regeln zu formulieren und anzuwenden, zudem besondere Verbindungen zwischen der Anwendungsregel und den nicht juristischen Lehren, hin und wieder eine schwache Bindung an die Wiederholbarkeit von Lösungen: Mit einem Wort, es wird andere Formanten[7] aufweisen als das deutsche oder kanadische Recht. Aber es ist Recht, weil es die Antwort auf die Notwendigkeit nach einer bindenden gesellschaftlichen Ordnung in dieser bestimmten Gesellschaft darstellt.

28 Das zuvor Gesagte ist nunmehr in der Lehre herrschende Meinung.

29 Die Auseinandersetzung über die Vergleichbarkeit öffnet uns die Augen für eine wichtige Erkenntnis: Es gibt Ordnungen, die leichter zu vergleichen sind, weil ihre Lösungen und ihre Eigenschaften sich ähneln. Es gibt aber auch Ordnungen, von denen man (fälschlicherweise) gedacht hat, sie seien nicht vergleichbar, weil sehr große Differenzen sie trennen. Der zwischen den untersuchten Systemen bestehende Abstand kann nämlich schwanken. Dies erlaubt eine Makrovergleichung (die sich mit Systemen komplett verschiedener Art beschäftigt) einer Mikrovergleichung (die sich mit Systemen beschäftigt, die alle eine gewisse Ähnlichkeit aufweisen) gegenüberzustellen.[8] Die Mittel können für die eine oder andere Vergleichung jeweils verschieden sein: In der Makrovergleichung etwa ist nicht immer vorhersehbar, ob die Worte des einen Systems in die

5 L.J. Constantinesco, *La méthode, aaO*, 102 ff.; Ders., *La science, aaO*, 261 ff.

6 N. Rouland, *Anthropologie juridique*, Paris, 1988, 173 (übersetzt ins Italienische von R. Aluffi Beck Peccoz, Mailand, 1992).

7 Zu dem Begriff der Formanten ausführlich in Kapitel 3, Anm. der Übers.

8 R. Sacco gelang es, den Gebrauch dieser Begriffe während eines von R. David 1953 beim »Istituto un. di studi europei« von Turin durchgeführten Seminars vorzuschlagen.
Die Begriffe sind nunmehr gebräuchlich geworden, ihnen kommt jedoch eine unterschiedliche Bedeutung bei den verschiedenen Autoren zu. ZB dehnt G. Gorla, *Diritto comparato e straniero, aaO*, Anm. 7, die Bedeutung der Mikrovergleichung aus auf »diejenige, die einzelne Regeln oder Gruppen von Regeln und Instituten zum Gegenstand hat«, während die Makrovergleichung die charakteristischen Spuren eines bestimmten Rechts zum Gegenstand hat (und sich damit an das annähert, was wir Systemologie nennen).

Sprache des anderen übersetzt werden können, weil häufig das passende Lemma fehlen wird.

Die angesprochene Gegenüberstellung wird häufig gebraucht, wenngleich die Begriffe selbst auch mit neuen Bedeutungen und Wertungen verwendet werden. 30

9. Die vergleichende Erfahrung bedarf der Erfahrung der Rechtsanthropologie

Die Unterschiede zwischen dem Recht der technologisch entwickelten Gesellschaft und dem Ethnorecht sind in der Tat sehr groß. Der Unterschied wächst noch, wenn man, anstatt das eigentliche, tatsächliche Recht der vorangeschrittenen Gesellschaft zu betrachten, die Vorstellungen in den Blick nimmt, die die Euroamerikaner von ihrem Recht haben. 31

Ein bedeutender Unterschied, den die Anthropologen nicht mit aller Deutlichkeit beschreiben, ist dieser: In der Rechtskultur des Civil wie des Common Law reflektiert das Urteil den Ablauf eines möglichen und natürlichen Sachverhaltes, der vor dem Urteil – und unabhängig von diesem – abgeschlossen ist. Wenn (und nur wenn) sich die an diesem Sachverhalt Beteiligten zusammenfinden, kann der Kläger das Recht geltend machen, welches ihm aus diesem Sachverhalt erwächst. Außerhalb unseres kulturellen Umfeldes jedoch kann es geschehen, dass das Urteil in viel flexiblerer Weise die Stellung der Parteien vor und während des Prozesses berücksichtigt. Der Grad der Billigung, den ihr Verhalten erhält, vermittelt den Erfolg im Urteil: Die Sympathie und die Zustimmung der Gemeinschaft sind auch für die richterlichen Wirkungen bedeutsam. 32

In bestimmten Zusammenhängen wird das Urteil darauf gerichtet sein, den gesellschaftlichen Zusammenhalt zu stärken: Dies erreicht man, indem man beim Urteil den jeweils Mächtigeren begünstigt, der den Einfluss und die Mittel besitzt, die erforderlich sind um die Entscheidungen auszuführen, ohne dass dies destabilisierende Missbilligungen herbeiführt. 33

In anderen Kulturen wird man alles Mögliche tun, damit die Behandlung des Verurteilten von übernatürlicher Stelle anerkannt wird (Gottesurteil); oder man wird übersinnliche Wahrheiten suchen, indem man auf magische Vorgehensweisen zurückgreift. 34

Trotz dieses – ja, vielleicht sogar gerade wegen dieses – Unterschiedes zwischen der rechtlichen Wirklichkeit der schriftlosen Völker und der Wirklichkeit, die wir in den entwickelten Ländern finden, stellt die anthropologische Erfahrung für den Rechtsvergleicher eine unvergleichbare Erfahrung dar, weil sie grundsätzliche Wahrheiten lehrt, die der Rechtsvergleicher gänzlich ignoriert hat, und ihn, auf diese Weise, gegen gefährliche Irrtümer und Vorurteile immunisiert. 35

Zunächst einmal bleibt der Anthropologe von der Vorstellung völlig unberührt, der zufolge derjenige, der ein fremdes Recht studiert, dies mit der Absicht tut sein eigenes Modell zu verbessern. Wenn überhaupt, so hatte sich die Rechtsanthropologie vorgenommen, den Kolonialverwaltungen zu nützen, indem man ihnen die Daten zur Verfügung stellte, die erforderlich waren, um den Völkern in den Kolonien im Namen der zivilisierten Werte ihre eigenen Traditionen zu nehmen. Nach dem Ende der Kolonialzeit zeigte die Anthropologie nun ihre Neutralität gegenüber den Werten der traditionellen Gesellschaften und reduzierte ihre Aufgabe auf das reflektierte Studium der Modelle, dh ihrer Inhalte, ihrer Unterschiede und Gemeinsamkeiten sowie ihrer Zirkulation. Die Förderung der Werte ist nur noch als Eventualziel angesehen, zweitrangig und nicht mehr wesensgleich mit der Forschung selbst; und, insoweit es noch mit einer 36

Auslöschung der traditionellen Wurzeln der Völker verbunden ist, wird es sehr argwöhnisch betrachtet.

37 Die Anthropologie treibt sodann den Forscher zu Verallgemeinerungen von größerem Interesse: So zeigt sie dem Vergleicher die Bedeutung der zwischen den Modellen bestehenden Verknüpfungen und Verbindungen. Evolutionismus und die Betrachtung der jeweiligen Verbreitung bilden die beiden Schlüssel zur Rekonstruktion der entscheidenden Umstände der kulturellen Modelle, über die ein jeder Vergleicher mit Gewinn nachdenken kann.

38 Dann findet sich der Rechtsanthropologe üblicherweise insbesondere vor Normen gestellt, die in dem Umfeld, das sie anwendet, nicht angemessen formuliert sind; und wenn er berichten will, was er gefunden hat, muss er die Verbalisierung der Regeln selber leisten, dh er muss ihren Inhalt rekonstruieren, indem er Begriffe verwendet, die ihrerseits diese Regeln in einer angemessenen Terminologie ausdrücken; man kann sich vorstellen, dass er dabei auf seine eigenen, ihm vertrauten Kategorien und Ausdrucksweisen zurückgreifen wird, die jedoch denjenigen des von ihm studierten Volkes ganz fremd sind. Parallel dazu wird er das Bild der Norm aufbauen, welches die Bevölkerung, die sie gebraucht, von ihr hat. Seine Erfahrung wird ihn ohne Anstrengung die Möglichkeit verstehen lassen, dass menschliche Gruppen sich regelmäßig nach gewissen Verhaltensnormen richten, ohne sie vorher verbalisieren zu müssen. In gleicher Weise wird sie ihn verstehen lassen, dass ein Unterschied zwischen demjenigen Entwurf, welcher die von dem Forscher verbalisierte Norm reflektiert, und demjenigen besteht, der das Bild widerspiegelt, welches die untersuchte Bevölkerung von dieser Norm hat: Dies ist der erste Schritt, um den Gegensatz zwischen Anwendungsregel und kognitivem Modell zu verstehen (dazu später, im zweiten Kapitel). In anderen Worten: Der Abstand, der zwischen der Anwendungsregel und dem kognitiven Modell besteht, ist im Bereich des ausgebildeten Rechts eine einfache, von nur wenigen Spezialisten erahnte Vorstellung. Unter den Anthropologen jedoch ist er ein erkenntnistheoretisch zentraler und erwarteter Umstand.

39 Darüber hinaus wird die Anthropologie von gebildeten Forschern betrieben, die daran gewöhnt sind, eine Norm auf das Schema zurückzuführen: »Wenn in einem bestimmten tatsächlichen Moment alle Voraussetzungen des Tatbestandes A vorliegen, entsteht das Rechtsverhältnis B«; der Forscher wird herausfinden, dass jedoch im rechtsethnologischen Bereich gleiche Tatsachen nicht immer gleiche Wirkungen hervorrufen, weil das Band, das Tatbestand und Rechtsfolge miteinander verbindet, durch Elemente beeinträchtigt wird, die sich in einer wie auch immer gearteten Zwischenposition befinden (beispielsweise solche aus dem magischen Bereich, oder gesellschaftliche Überlegungen, die Macht gegenüber dem Gegner, pädagogische Überlegungen usw).

40 Der Jurist der technologisch hochentwickelten Gesellschaft wird von der Vorstellung eines Rechts beherrscht, das durch eine in gewisser Hinsicht künstliche Vorgehensweise geschaffen ist: durch den Beschluss einer Versammlung, die ihm folgende Veröffentlichung, die Redaktion eines schriftlichen Textes (sei es, dass dies die Antwort eines klugen Mannes, eine monographische Abhandlung oder ein book of authority sei), die Anwendung einer gerichtlichen Entscheidung, die als Präzedenzfall gelten wird, usw. Sogar dann, wenn es sich um Gewohnheit handelt, erarbeitet der Jurist, über den wir hier sprechen, ein Verzeichnis der quasi-formellen Voraussetzungen, die seine Entstehung regeln: etwa die wiederholte und langfristige Beachtung oder die opinio iuris ac necessitatis. Das traditionelle Recht hingegen ist spontan. Das spontane Wort befreit

den Forscher zwar nicht von der Untersuchung der Voraussetzungen, die bei seiner Bildung eingreifen; aber die Spontanität schließt jedenfalls jeden entscheidenden Eingriff einer Autorität sowie jede Voraussetzung aus, die die Wahlfreiheit der Gesellschaft beschnitte. Das Studium des Ethnorechts erlaubt uns, das spontane Recht der entwickelten Gesellschaften neu zu erforschen.

Schließlich bringt die Anthropologie den Forscher in Kontakt mit den aus den ehemaligen Kolonien hervorgegangenen Ländern, in denen ein europäisches Rechtsmodell eingeführt worden ist, das jetzt von den Ureinwohnern mit einer erkennbaren Reaktion auf das ursprüngliche rechtliche Substrat weitergeführt wird, was unmittelbare Auswirkungen auf die Anwendung der Normen hat. Dies gestattet, den Beitrag des (autochthonen) Substrates und den des Superstrats (europäischen Ursprungs) zu bestimmen, und zeigt, wie die Rolle der jeweiligen Schichten auf die Physionomie eines jeden Systems einwirkt. 41

Der Diskurs über die Rechtsanthropologie legt nahe, auch die Ethologie anzusprechen, die das Zusammenleben der Tiere untersucht. Es ist nicht gesagt, dass die Ethologie den Juristen nicht interessiert. Denn das Zusammenleben der Tiere zeigt uns, dass eine bestimmte Regel und eine bestimmte Machtverteilung durch die Mitglieder einer Gruppe ohne linguistische Ausführung praktiziert werden können. 42

10. Die extremen Kontrapositionen der Systeme: der Gesetzgeber, der Jurist, der Staat, die übernatürliche Macht

Es finden sich in unserer Welt Rechtsordnungen, die Träger von sehr verschiedenen Strukturen und Eigenschaften im Vergleich zu den uns bekannten sind. Dort finden sich Situationen, auf die wir in der Regel nur – mehr als mit den synchronen rechtsvergleichenden Untersuchungen – mit einem diachronen Ansatz zugreifen können, der durch die historische Forschung ermöglicht wird.[9] 43

Eine erste Unterscheidung, die man sich bewusst machen muss, ist die Anwesenheit oder Abwesenheit in der Rechtsordnung von einer konstituierenden Kraft und einem Parlament, die in ihrer Gesamtheit mit einer allgemeinen Gesetzgebungskompetenz ausgestattet sind, so dass ihre Interaktion jedwede rechtliche Norm schaffen kann. 44

Dieser Mechanismus existiert heute überall. Aber es war nicht immer so. 45

Bis zum Ende des 18. Jahrhunderts wurde angenommen, dass die Schaffung des Rechts eine Aufgabe sei, die Gott reserviert sei, oder dass das Recht einmal und für immer von den Vorfahren festgelegt worden sei, indem das eigene Verhalten einer unverrückbaren ungeschriebenen und gewohnheitsrechtlichen Regel angepasst wurde. 46

Die erste dieser Lösungen kann im islamischen Gedankengut (nicht in der Praxis) gefunden werden, wo angenommen wird, dass das Recht (oder zumindest der bedeutendste Teil davon, die šarīʿa) von Gott offenbart wird. Die unbestreitbare Macht des dessen Willen Auslegenden wird immer per Definition eine umschreibende Macht sein. 47

Die zweite dieser Lösungen findet sich in den afrikanischen Modellen der Sub-Sahara, natürlich ohne den Einfluss von Entscheidungen eines Parlaments. Und wer sich mit diesen spontan gebildeten Regeln vertraut macht, kann deren Präsenz auch in den Systemen erfassen, in denen dem Staat und seinen Organen die gesamte Rechtsbildung obliegt. 48

9 Hierzu R. Sacco, *Antropologia giuridica*, Bologna, 2007, insbesondere 91 ff.

49 Der Rechtsvergleicher muss sich dann an die Idee eines Rechts ohne Juristen gewöhnen. Die westliche Rechtstradition wird stark von den Juristen geprägt, die ihre juristischen Kenntnisse von in der Rechtstheorie gebildeten Personen gelernt haben. In analoger Weise beleuchtet der islamische Jurist den Inhalt der šarī'a mit seiner, in einer ununterbrochenen Tradition von weit mehr als tausend Jahren gebildeten Wissenschaft.

50 Aber außerhalb dieser Systeme finden wir nichts, was diesem professionellen Juristen oder einer Wissenschaft, Lehre oder Rechtstheorie entspricht.

51 Wo es keine Juristen gibt, gibt es auch keine spezialisierte und für die Bedürfnisse der Wissenschaft geeignete Rechtsterminologie. Auch fehlen – als logische Folge – klare und strenge Konzepte.

52 In der Rückschau existierte der Jurist zum ersten Mal im alten Rom. Vor der großen Blüte der römischen Zivilisation fehlte es an einer Rechtskenntnis mit wissenschaftlichem Charakter.

53 Dem wissenschaftlichen Prozess ist, unter anderem, die Entwicklung des einheitlichen Begriffs für das Recht, »ius«, zu verdanken. Wo diese Entwicklung ruhte, lässt sich feststellen, dass es kein Konzept einer vereinheitlichenden Reduktion aller Regeln gibt, die zur Ordnung der Gesellschaft durch die Prävention und Beilegung von Konflikten und die Strukturierung der öffentlichen Gewalt beitragen.

54 Wer im Islam aufwächst wird nicht die šarī'a, von Gott abgeleitet, in eine Kategorie mit den von menschlicher Seite entwickelten Regeln (zB die siyasa) einordnen. Wer in den großen asiatischen Kulturen erzogen wurde, verwechselt nicht den hinduistischen Dharma oder chinesischen Li, beide gebunden an eine kosmische Ordnung, mit den Vorgaben eines Prinzen – wie in der Vergangenheit Chinas beispielsweise. Ein Afrikaner aus dem Buschgebiet kann die Einheit der Ordnung, die in den Städten zu einer Gerichtsbarkeit ähnlich der Europas führt, nicht nachempfinden und toleriert einen traditionellen Führer, der ohne Prozess im Sinne der gängigen Praxis urteilt.

55 Die Rechtsvergleicher müssen sich auch mit dem Gedanken vertraut machen, dass der Staat nicht vor 3500 a.C. – und in bestimmten geographischen Gebieten (Ägypten, Mesopotamien, Indien, China) – entstand. Bis dahin fehlte es an einem Staat, der sich umfassend um alle kollektiven Bedürfnisse der Gesellschaft kümmerte (einschließlich der Notwendigkeit von Interventionen, die Konflikte zwischen den Mitgliedern innerhalb des Staates lösen); und es fehlte ebenso, zumindest bis zur Errichtung von Städten und zum Aufbau einer städtischen Kultur, eine zentrale, den Familiengruppen übergeordnete Autorität.

56 Seit 3500 a.C. wirkte in vier Regionen der Welt ein Staat und in den darauffolgenden Jahrtausenden hat sich die staatliche Struktur über den größten Teil der Erdoberfläche verbreitet.

57 Dennoch gibt es auch heute Gesellschaften, in denen keine staatlichen Strukturen operieren. Die Anthropologen lehren uns, zwischen den Gesellschaften »mit zentralisierter Macht« und solchen »ohne zentralisierte Macht« zu unterscheiden.[10] Heute sind die ersten die Regel und die zweiten die Ausnahme.

10 Die Formulierung dieser Gegenüberstellung stammt von M. Fortes und E.E. Evans-Pritchard, *African Political Systems*, London, 1940.
Dem Werk von M. Lupoi, *Alle radici del mondo giuridico europeo*, Rom, 1994, ist ein Blick aus der Nähe auf die Eigenschaften der germanischen Gesellschaft, die mit der christlichen Kirche und Reich in Kontakt stand, aber noch zu einem großen Teil ohne zentralisierte Macht funktionierte, zu verdanken.

Eine sorgfältige Analyse ermöglicht es den Rechtsvergleichern auch zu erkennen, dass in geografisch weitläufigen und wichtigen Gebieten das Recht ohne den Staat wirkt – oder zumindest einige Zweige des Rechts. 58

Im gesamten Amerika, in Australien, in Afrika und einzelnen Teilen Asiens ist ein Recht mit traditionellem Charakter zu finden, von Selbstbestimmten ohne das Wissen des Staates oder mit Zustimmung von staatlicher Seite praktiziert; und dieses Recht erfordert keine den Familiengruppen übergeordnete Macht. 59

Darüber hinaus erfolgt in China und Japan die Regelung von Konflikten privaten Charakters weitgehend ohne staatliche Intervention, was zu der Schlussfolgerung führt, dass Mechanismen, anders als jede zentralisierte Macht, die Beilegung des Rechtsstreits übernehmen. 60

Die Geschichte Europas lehrt die Juristin, dass vor einem Jahrtausend intensive Verbindungen zwischen der spirituellen Kraft, in der Lage Vorteile und übernatürlichen Schutz zu bieten, und der weltlichen Macht bestanden. Die spirituelle Kraft unterstützte und legitimierte (mit der Krönung) den Kaiser. Wer nicht Mitglied der Kirche oder exkommuniziert war, konnte die kaiserliche Funktion nicht ausüben. Zahlreiche Bischöfe verwalteten Lehnsgüter von großer Bedeutung. Die kirchlichen Persönlichkeiten und die für den Gottesdienst oder sonstigen Dienst an der Kirche bestimmten Güter waren von den weltlichen Jurisdiktionen ausgeschlossen. 61

Einem modernen Juristen können die gerade beschriebenen Beziehungen zwischen Kirche und Staat als extremes Beispiel von Klerikalisierung des zivilen Lebens und Eindringen des Übernatürlichen in irdische Belange erscheinen. 62

Aber zurück in der Zeit stoßen wir auf solche Situationen, in denen sich die Beziehungen zwischen dem Übernatürlichen und dem Recht lockern, und andere, in denen diese Beziehungen sogar noch intensiver sind. Geschichte und Vorgeschichte bieten für beides Beispiele. Das Übernatürliche kann etwas Materielles heilig werden lassen, eine Wahrheit akkreditieren und damit ein Beweiserhebungsproblem lösen (Identifizierung des Täters eines Verbrechens zum Beispiel), einen Streit entscheiden, die Stellung einer Person in der Gesellschaft bestimmen, die Person bezeichnen, der die Leitung der Gemeinschaft übertragen werden soll, mit seinen Sanktionen die Respektierung der Rechtsstaatlichkeit garantieren und so weiter. 63

Der Rechtsvergleicher muss bei der Untersuchung der bestehenden Systeme berücksichtigen, dass die Korrelationen zwischen dem Übernatürlichen und dem Recht nicht unbedingt so geringfügig und rationalisiert sind, wie es bei der Untersuchung des modernen Kirchenrechts der westlichen Länder erscheinen mag. Das Übernatürliche kann in die Sphären des Rechts eingreifen, indem es dessen Quellen beeinflusst oder diese legitimiert, und dies sowohl mittels protokollierter Formulierungen (in einigen Fällen von Gott offenbart) als auch mittels durch die Praxis der Gläubigen manifestierter und durch den Glauben inspirierter Normen. Das Übernatürliche kann auch das absolute Monopol für die Schaffung von Recht beanspruchen. 64

Zweites Kapitel: Rechtsvergleichung und Übersetzung

§ 1 Von der Sprachwissenschaft zur juristischen Übersetzungswissenschaft

1. Rechtsvergleichung und Linguistik[1]

1 Die zunehmende Öffnung der Weltwirtschaft verlangt von den Unternehmen in zunehmendem Maße auch die Sprachen der Vertragspartner zu sprechen.[2]

2 In Situationen wie der der Europäische Union oder Ländern wie Kanada oder der Schweiz nimmt, in Anbetracht der wachsenden Rolle der juristischen Übersetzung bei

1 Zur juristischen Übersetzung siehe M. Beaupré, I. Kitamura, G.R. De Groot, J.H. Herbots, R. Sacco, *La traduction juridique*, in: *Les cahiers de droit*, XXVIII, 1987, Québec und Montréal, 733 ff.; M. Beaupré, *Contruing Bilingual Legislation in Canada*, Toronto, 1981; B.A. Strashun, *Translating Political and Legal Terminology*, in: *Soviet Law*, 1982 (Original auf russische erschienen in: *Sov. gos. i pravo*, 1981, Nr. 6); B. Bergmans, *L'enseignement d'une terminologie juridique étrangère comme mode d'approche du droit comparé: l'exemple de l'allemand*, in: *Rev. intern. dr. comp.*, 1987, 89; E. Didier, *Langues et langages du droit*, Montréal, 1990; J. Vanderlinden, *Comparer les droits*, Derne-Anvers, 1995; G. Snow und J. Vanderlinden (Hrsg.), *Français juridique et science du droit*, Brüssel, 1995; De Groot, *Het vertalen van juridische informatie*, in: *Nederlandse Vereiniging voor Rechts-vergelijking*, Nr. 53, 1996, 1-78; G.R. De Groot und R. Schulze (Hrsg.), *Recht und Übersetzen*, Baden-Baden, 1999; S. Šarčević (Hrsg.), *Legal Translation, Preparation for Accession to the European Union*, Univ. Rijeka, 2001; H. Mattila, *Comparative Legal Linguistics*, 2. Auflage, Ashgate (UK), 2013; E. Wagner, S. Bech, I.M. Martinez, *Translating for the European Union Institution*, Manchester, 2002; J.C. Gémar, N. Kasirer, *Jurilinguistique: entre languages et droits*, Brüssel und Montréal, 2005; P. Tiersma, *Legal Language*, Chicago, 1999; D. Mellinkoff, *The Language of the Law*, Boston, 1963; B. Pozzo, V. Jacometti (Hrsg.), *Multilingualism and the Harmonisation of European Law*, Deventer, 2006; S. Ferreri, *Armonizzazione europea: trovare le parole per non tradirla*, in: *C. e J.*, 2007, 879; E. Ioriatti (Hrsg.), *La traduzione del diritto comunitario ed europeo: riflessioni metodologiche*, Trento, 2007; Ders. (Hrsg.), *Interpretazione e traduzione del diritto*, Padua, 2008; B. Pozzo und M. Timoteo (Hrsg.), *Europa e linguaggi giuridici*, Mailand, 2008; S. Ferreri (Hrsg.), *Falsi amici e trappole linguistiche*, Turin, 2010; M. Cornu und M. Moreau (Hrsg.), *Traduction du droit et droit de la traduction*, Paris, 2011; B. Pozzo, *Legal Translation in the E.U.: New Frontiers between Complexity of Multilingualism and Plain English*, in: *Eur. Rev. of Private Law*, 2012, 1255; Dies., *Lingua e diritto: oltre l'Europa*, Mailand, 2014. Wichtige Materialien finden sich beim universitären *Centre de traduction* in Moncton, New Brunswick, Kanada.

2 Siehe zur Rolle der Rechtspraxis bei der Bereitstellung internationaler Verträge, im Kontext der Globalisierung und in Bezug auf die internationale lex mercatoria, A. Musy, *La comparazione giuridica nell'età della globalizzazione. Riflessioni metodologiche e dati empirici sulla circolazione del modello nordamericano in Italia*, Mailand, 2004; F. Galgano, *La globalizzazione nello spettro del diritto*, Bologna, 2005; M.R. Ferrarese, *Le istituzioni della globalizzazione. Diritto e diritti nella società transnazionale*, Bologna, 2000.

der Schaffung mehrsprachiger Gesetze, die Nachfrage nach mehrsprachigen juristischen Spezialisten zu.

Übersetzungspraktiken sind seit Beginn des schriftlichen Rechts dokumentiert, wie die 3
akkadischen Gesetzessammlungen des Kodex von Hammurabi und dessen Beziehungen zu früheren Texten in sumerischer Sprache zeigen.[3] Wenn man heute über eine Neuheit spricht, bezieht sich dies nicht so sehr auf die heutige Dimension des Phänomens, sondern vielmehr auf die Möglichkeiten, die die Fortschritte der modernen Forschung zur juristischen Übersetzung für das Wissen des Juristen und die von der Praxis genutzten Instrumente mit sich bringen.

Die Wissenschaft der juristischen Übersetzung entwickelt sich auf dem Spielbrett der 4
Rechtsvergleichung. In der Tat meinen einige Wissenschaftler, dass die, ersichtlich außerhalb des normativen Phänomens liegenden, sprachlichen Informationen und deren Auswirkungen am Ende die Auslegung und Anwendung des Gesetzes beeinflussen. Ein beliebiger juristischer Begriff kann, zusätzlich zu einem technisch-spezialisierten Gebrauchskontext, eine Reihe von Bedeutungen haben, die auf von der Linguistik studierte Aspekte zurückverweisen.[4] Der Bereich der Schaffung und Anwendung des Rechts begrenzt sich zumeist auf ein einziges nationales Gebiet und als Folge werden nicht in vollem Umfang die soziolinguistischen und kulturellen Elemente der entsprechenden Sprache berücksichtigt. Aber die Rechtssprache entwickelt sich diachron und variiert synchron durch den Einfluss von ausländischen Modellen, durch interdisziplinäre Beeinflussung und durch die Koexistenz verschiedener kultureller Referenzen; und diese Phänomene werden von der vergleichenden Wissenschaft der Rechtssprache und der auf den Rechtspluralismus angewandten anthropologischen Linguistik studiert.

Das wachsende Bewusstsein seitens der Juristen bezüglich der Beziehung, die Recht 5
und Sprache miteinander verbindet, hat dazu geführt, dass die sprachliche Untersuchung des Rechts innerhalb der »erweiterten Grenzen der juristischen Kenntnisse« eingeordnet wird.[5]

3 Lange Zeit wurde davon ausgegangen, dass der Kodex von Hammurabi der erste geschriebene Rechtstext des mesopotamischen Gebiets und einer der ältesten der Welt sei. Die Untersuchung anderer Dokumente, wie dem Code of Ur-Nammu, dreihundert Jahre zuvor geschrieben, zeigte deutliche Ähnlichkeiten bezüglich Inhalt, Stil und Struktur mit dem Gesetzesbuch von Hammurabi.Vgl. M.E.J. Richardson, *Hammurabi's Laws. Text, Translation and Glossary*, London, 2000; M.T. Roth, *Law Collections from Mesopotamia and Asia Minor*, Atlanta, 1995.

4 Nachweise in J.C. Gémar, N. Kasirer, *La jurilinguistique: entre langues et droits. Jurilinguistics: Between Law and Language*, Montréal, 2005; D. Alland, S. Rials, *Linguistique juridique*, in: *Dictionnaire de la culture juridique*, Paris, 2003, 952; F. Müller, *Problemi di linguistica del diritto*, in: L. Schena (Hrsg.), *La lingua del diritto: difficoltà traduttive e applicazioni didattiche*, Mailand, 1997, 88. Vgl. des Weiteren B. Mortara Garavelli, *Le parole e la giustizia, Divagazioni grammaticali e retoriche s. u. testi giuridici italiani*, Turin, 2001; G. Cornu, *Linguistique juridique*, Paris, 1. Auflage, 1987; F. Bowers, *Legal Discourse: Studies in Linguistics, Rhetoric and Legal Analysis*, London, 1987.

5 Zu denken ist an die Konferenz zum Thema »Die neuen Ambitionen des juristischen Wissens: die Rechtsanthropologie und juristische Übersetzungswissenschaft« vom 11. bis 12. März 2008 an der Accademia dei Lincei; einer Gelegenheit, bei der auf höchster Ebene des italienischen akademischen Denkens die Bedeutung dieser Disziplinen für die Kenntnis der zeitgenössischen Juristen bestätigt wurde. Die Konferenz wurde durch ISAIDAT durchgeführt, einem Forschungsinstitut, das sich seit Langem mit den Fragen der rechtlichen Übersetzung beschäftigt. Diesbezüglich erörterten die beiden internationalen Konferenzen im Jahr 1998 und 2000: R. Sacco, L. Castellani (Hrsg.), *Les multiples langues du droit européen uniforme*, Turin, 1999; R. Sacco (Hrsg.), *L'interprétation des textes juridiques rédigés dans plus d'une langue*, Turin, 2002.

2. Sprache und Recht in der Erkenntnisgeschichte

6 Die Rechtsauffassung, die jeweils eine bestimmte Phase der Entwicklung der Lehrmeinung prägt, erfordert geeignete Worte um sie auszudrücken.

7 Der Gesetzgeber kann wiederum durch einen Hoheitsakt die Rechtssprache oder einige ihrer Ausdrücke festlegen.

8 Das Interesse der Juristen an der Rechtssprache und deren Studium steht normalerweise in Verbindung mit Problemen der Norminterpretation oder mit theoretisch-analytischen Aspekten der Konstruktion der Rechtsvorschriften und Untersuchungen der Metasprache oder der Rechtswissenschaft.

9 Der rechtliche Diskurs ist, aus seiner Natur heraus, auch ein historischer Diskurs, der zwangsläufig an den in einer bestimmten Gemeinschaft geteilten Wissensschatz anknüpft, der durch eine mit eigenen Besonderheiten geprägte Sprache ausgedrückt wird, die eine bestimmte Evolution widerspiegelt.[6]

10 Dennoch manifestierten Juristen in der Vergangenheit selten ein Interesse an der Zirkulation und Veränderung der Rechtssprache; sie glaubten, dass diese Phänomene nicht direkt Rechtsfragen beträfen.

11 Erst in der zweiten Hälfte des zwanzigsten Jahrhunderts brachte eine neue, auf die rechtsvergleichenden Untersuchungen zurückgehende Sensibilität die wissenschaftliche Gemeinschaft dazu, die Untersuchung der Rechtssprache in die rechtswissenschaftliche Forschung zu integrieren.

12 In der Geschichte des westlichen Rechtsdenkens mussten sich die Juristen immer mit der Rechtssprache auseinandersetzen,[7] sowohl in Bezug auf die Übersetzung von Rechtstexten (vgl. das bekannte Beispiel der Übersetzung ins Griechische des Corpus iuris civilis[8]) als auch in der wissenschaftlichen Reflexion (wie das Alter der ersten Abhandlungen über die forensische Rhetorik zeigt[9]). Dennoch wurde der Übergang von einer Sprache in eine andere, wie im Fall des Übergangs vom Rechtslatein zu den gemeinen Sprachen in Europa oder den Interpolationen,[10] immer als ein eminent praktisches Problem angesehen, das den Kern der juristischen Erkenntnisse nicht berühren würde.

13 Die Nationalisierung der Rechtsquellen, die im 19. Jahrhundert vonstatten ging, hat die Aufmerksamkeit der Juristen auf das staatliche Recht in Form von rechtlichen Matrizen fokussiert, von denen die Zivilgesetzbücher die sichtbarsten Beispiele waren.[11]

14 Dieser Weg hat den nationalen Charakter der Rechtssprache erhöht, brachte aber zugleich das Problem der Kommunikation mit den anderen nationalen Rechtsordnungen,

---

6 Siehe statt vieler G. van Dievoet, P. Godding, D. van den Auweele (Hrsg.), *Langage et droit à travers l'histoire: réalités et fictions*, Brüssel, 1989.

7 Zu diesem Punkt s. E. Jacobsen, *Translation: A Traditional Craft*, Kopenhagen, 1958, 2.

8 Zur griechischen und den folgenden Übersetzungen s. S. Šarčević, *New Approach to Legal Translation*, Den Haag, 1997, 23 ff.

9 Es ist allgemein bekannt, dass die Juristen im Laufe der Geschichte immer eine Art sprachliche Analyse der Rechtskonstruktionen zur Auslegung oder Argumentation eingesetzt haben; erinnert sei an die Namen der ersten Rhetoriker Corace, Tisia, Empedokles und, wegen des Einflusses auf die gerichtliche Rhetorik, Cicero selbst, vor allem das zweite Buch von *De inventione*. Für eine Einführung in die verschiedenen die Rhetorik beeinflussenden Bereiche s. B. Mortara Garavelli, *Manuale di retorica*, Mailand, 2003.

10 Hierzu umfassend R. Copeland, *Rhetoric, Hermeneutics, and Translation in the Middle Age, Academic traditions and vernacular texts*, Cambridge, 1991.

11 Vgl. G. Tarello, *Storia della cultura giuridica moderna*, I: *Assolutismo e codificazione del diritto*, Bologna, 1976.

die sich in unterschiedlichen Sprachen ausdrückten, mit sich. Dies war die Grundlage, auf der sich das Verhältnis zwischen Recht und Sprache entwickelte und Letztere Relevanz für die theoretische Reflexion erwarb.

Recht und Sprache wurden in der Geschichte des philosophischen Denkens oft bezüglich ihrer konventionellen oder natürlichen Art nebeneinandergestellt. Doch erst seit dem 19. Jahrhundert verbreitete sich die Idee einer Analogie zwischen dem Studium der Rechtswissenschaften und dem der Sprache. Man begann zu glauben, dass sich die Rechtssysteme und Sprachsysteme in ähnlicher Weise auf der Basis einer spontanen Entstehung und einer kultivierten Überarbeitung entwickelten. Gemeint sind die romantische Rechtswissenschaft[12] und die historische Linguistik[13], jeweils für das Studium des Rechts und das Studium der Sprache.[14] 15

Die gegenseitige Befruchtung zwischen den kognitiven Instrumenten der Rechtswissenschaft und der Wissenschaft der Sprache beginnt sich in der europäischen Rechtslandschaft am Ende des 19. Jahrhunderts zu festigen, als mit Blick über nationale und europäische Grenzen hinweg die Notwendigkeit einer Vereinheitlichung des Rechts für einige Bereiche von internationalem Interesse erörtert wird.[15] 16

Wegen der Analogie von Recht und Sprache ist es möglich, die Entwicklung der Rechtssysteme mithilfe der methodischen Instrumente der Sprachforschung, mit denen die Entstehung von mehreren Sprachen aus einer einzigen historischen Wurzel rekonstruiert werden kann, zu studieren. Die Visualisierung der Genealogie der Rechtsfamilien in einem Stammbaum, einst weit verbreitet in der Rechtssystemology, beruft sich direkt auf die bestehenden Darstellungsweisen in der Linguistik, die die Entwicklung von Sprachfamilien aufzeigen.[16] 17

Ein Jahrhundert später wurde in einem ganz anderen Zusammenhang – dem der Geschichte der italienischen Sprache – die Analogie zwischen Recht und Sprache genutzt, um das Studium der Sprache als Institution zu fördern.[17] 18

Das Recht ist die Antwort für soziale Bedürfnisse. Die Gesetze regeln das gemeinsame Zusammenleben und die Gerichte entscheiden bei Meinungsverschiedenheiten und lösen Konflikte, unabhängig von der jeweiligen genutzten Sprache. Die vom Recht aus- 19

---

12 Gut aufgezeigt in den Ideen von Savigny durch die zwei logisch miteinander verbundenen Aspekte des *natürlichen Rechts*, durch Gewohnheitsrecht geschaffen, und des *wissenschaftlichen Rechts*, durch Juristen ausgearbeitet. So in C. von Savigny, *Vom Beruf unserer Zeit für Gesetzgebung und Rechtswissenschaft*, 1814. Vgl. G. Marini, *Il paragone tra diritto e linguaggio nella giurisprudenza romantica*, in: G. Marini, *Storicità del diritto e dignità dell'uomo*, Neapel, 1987, 47; M. Reimann, *Nineteenth Century Legal Science*, Boston, 1990, 837.

13 Wie in F. Bopp, *Über das Conjugationssystem der Sanskritsprache, in Vergleichung mit jenem der griechischen, lateinischen, persischen und germanischen Sprache*, Frankfurt aM, 1816; M. Bréal, *Essai de sémantique: science des significations*, Paris, 1890.

14 Für eine Vertiefung s. L. Campbell, *Hystorical Linguistics. An Introduction*, Edinburgh, 1998; G. Graffi, S. Scalise, *Le lingue e il linguaggio: introduzione alla linguistica*, Bologna, 2002, 230 ff.

15 1869 wurde in Paris die *Société de legislation comparée* gegründet und 1894, in London, die *Society of Comparative Legislation*, auch wenn erst im Jahre 1900, noch immer in Paris, der erste Internationale Rechtsvergleichungskongress abgehalten wurde. Daran anschließend entstand 1924 die *Académie internationale de droit comparé*. Cfr. I. Zajtay, *Réflexions sur l'évolution du droit comparé*, in H. Bernstein, U. Drobnig, H. Kötz (curr.), *Festschrift für Konrad Zweigert*, Tubinga, 1981, 59.

16 Der sogenannte *Stammbaum* wurde aus der Biologie übernommen. Cfr. J.P. Mallory, *In Search of the Indo-Europeans. Language, Archeology and Myth*, London, 1989, 18 ff.

17 Im Wesentlichen ist die Sprache, wie das Recht, ein menschliches Artefakt, das durch Systematik und Institutionalisierung charakterisiert ist. Vgl. G. Devoto, *Un nuovo incontro fra lingua e diritto*, in: *Lingua Nostra*, Florenz, 1958, 1; G. Nencioni, *Ancora di lingua e diritto*, in *Lingua Nostra*, Florenz, 1962, 97; S. Timpanaro, *A proposito del parallelismo di lingua e diritto*, in: *Belfagor*, Florenz, 1963, 1.

geübten Funktionen können auch in Gesellschaften ohne staatliche Struktur übernommen werden. Der Regel kommt dann eine gewohnheitsrechtliche Natur zu und sie wird erst in einer entsprechenden Weise formuliert werden, wenn sie von professionellen Juristen eruiert wird.[18]

20 Die verschiedenen Sprachen dokumentieren die rechtlichen Vorschriften und das Recht, wobei die ersten das wichtigste, wenn nicht sogar unerlässliche, Instrument für die Erkennbarkeit des zweiten sind (nicht hingegen sollte man glauben, dass das Recht durch die Sprache determiniert wird).

21 Dieses jüngste Konzept der Beziehung zwischen Recht und Sprache wird durch ein »Recht in den Sprachen« gekennzeichnet, dessen Untersuchungen durch die Analyse der Wörter erfolgt, mit denen die verschiedenen rechtlichen Institute in den verschiedenen Rechtsordnungen zum Ausdruck gebracht werden.[19]

22 Eine Reihe von Lehrmeinungen stützt sich auf die sogenannte »entwickelte Linguistik« des philosophischen Denkens des 20. Jahrhunderts.[20] Diesbezüglich wird erforscht und herausgestellt, auf welche Weise das Recht die Sprache nutzt. Die Rechtsvorschriften werden in erster Linie durch die Analyse der Rechtssprache untersucht. Es wird argumentiert, dass das Studium des Rechts das Studium der Sprachpraxis der Rechtsanwender sei. Methodische Werkzeuge sind die Referenzsemantik und die logische Argumentation.[21]

3. Auf der Suche nach der Genauigkeit in der Übersetzung

23 Juristen sind oft mit juristischen Texten konfrontiert, die das Ergebnis einer Übersetzung sind. Dies geschah noch vor der Gründung von Institutionen wie der Europäischen Union, die mit der Anzahl ihrer vielen Amtssprachen das extremste Beispiel für juristische Übersetzungen ist.[22]

24 Im Jahr 1986 hat eine der ersten Rechtskonferenzen, die sich mit der juristischen Übersetzung beschäftigte, einen Überblick über die Probleme, die sich aus der Begegnung zwischen dem Gesetz und der Sprache in ihrer übersetzenden Anwendung ergeben, gegeben, die mit den von den verschiedenen nationalen Berichten vorgeschlagenen Lö-

---

18 Für eine historische Aufarbeitung der Beziehung zwischen Recht, Denken und Sprache s. ebenfalls R. Sacco, *Antropologia giuridica*, Bologna, 2007, 175 ff.

19 Hierzu besteht eine umfassende Literatur, zuletzt M. Graziadei, *Comparative Law as the Study of Transplants and Receptions*, in: M. Reinmann, R. Zimmermann (Hrsg.), *The Oxford Handbook of Comparative Law*, 2006, 442. In der italienischen Literatur s. E. Grande, *Imitazione e diritto: ipotesi sulla circolazione dei modelli*, Turin, 2000.

20 Als Aufeinandertreffen diverser philosophischer Strömungen, dargestellt in R. Rorty, *The Linguistic Turn: Essays in Philosophical Method*, Chicago, 1967. Vgl. ebenfalls G. Vattino, *Filosofia*, Bari, 1991.

21 Die Bibliografie ist umfangreich, da die zahlreichen linguistischen Strömungen unterschiedliche Auswirkungen in der juristischen Forschung hatten. Für eine Einführung s. D. Bourcier, P. Mackay, *Lire le droit. Langue, texte, cognition*, Paris, 1992, 109-119; C. Perelman, *Logique juridique. Nouvelle rhétorique*, Paris, 1979.

22 Die Situation in Europa hat sicherlich wichtige Überlegungen hervorgebracht, aber sie sind hinsichtlich der breiteren Debatte über den Beitrag der Sprachuntersuchungen für das Recht begrenzt: Zum Beispiel hat, im Hinblick auf das italienische Rechtssystem, die europäische Intervention durch Richtlinien zum Zerfall der Einheit beigetragen, die das gesetzliche Vokabular (*rectius* des Zivilgesetzbuches) in Bezug auf die durch die Lehre verwendete Rechtssprache gekennzeichnet hat. Vgl. V. Roppo, *Il contratto del Duemila*, Turin, 2. Auflage, 2005, 9 ff.; A. Gambaro, «Codice civile», in: *Dig. IV ed., Disc. Priv., Sez. civ.*, 1988, 449; N. Irti, *La tecnica della legislazione civile*, in: *Quad. giur. impr.*, 1989, 9 ff.; G. Ajani, *Legal Taxonomy and European Private Law*, in: G. Ajani, R. Schulze (Hrsg.), *Gemeinsame Prinzipien des europäischen Privatrechts*, Baden-Baden, 2003, 349.

sungen gemessen wurden.[23] Zwanzig Jahre später ist das Thema aktueller denn je, wie die zahlreichen Konferenzen und Seminare bestätigen, die bezüglich der Mehrsprachigkeit und der juristischen Übersetzungen abgehalten wurden, um die gestellten Fragen und Probleme erneut zu diskutieren.[24]

Dank der Rechtsvergleicher, die das Thema kontinuierlich weiterentwickelt haben,[25] 25
begegnet die Rechtswissenschaft der Linguistik heute mittels der Übersetzungswissenschaft, die auf der allgemeinen theoretischen Ebene und auf der Ebene des angewandten Rechts präsent ist.[26]

Diese Forschung hat ein günstiges Umfeld in Ländern wie Kanada und der Schweiz ge- 26
funden, in denen man begann, universitäre Kurse zur Spezialisierung auf die juristische Übersetzung einzurichten.[27]

In jüngster Zeit treffen, im institutionellen Rahmen der Europäischen Union, die natio- 27
nalen Juristen in ihrer täglichen Arbeit auf die gemeinschaftsrechtlichen Texte, die das Werk der europäischen Beamten, Terminologen und Übersetzer sind, bei deren Einstellung immer weniger die Rechtswissenschaft im engeren Sinne als Bezugsrahmen dient.

Diese Situation ist an sich nicht positiv: Betrachtet man die Situation in Europa, bekla- 28
gen wir uns über die sogenannten Übersetzungsfehler und Ungenauigkeiten in den Gemeinschaftstexten. Dies liegt daran, dass sich bei der Standardisierung der Terminologie der verschiedenen EU-Sprachen nicht ausreichend um die Notwendigkeit gekümmert wird, den Text für die nationalen Juristen klarer zu gestalten, die nicht nur ein

---

23 Es handelte sich um den XII. Internationalen Kongress für Rechtsvergleichung in Sidney. Unter den nationalen Berichten sei hingewiesen auf R. Sacco, *La traduction juridique. Un point de vue italien*, in: *Cahiers de droit* 28, 1987, 845. Im Folgenden wurde das Thema aufgegriffen beim Internationalen Kongress für Rechtsvergleichung in Bristol und, zuletzt, beim XVII. Internationalen Kongress in Utrecht. Nachweise finden sich diesbezüglich bei E. Jayme, *Langue et droit*, Den Haag, 1999; A. Gambaro, *Interpretation of Multilingual Legislative Texts*, Band 11.3 *Electronic Journal of Comparative Law* (Dezember 2007), <http://www.ejcl.org/113/article113-4.pdf>.

24 Die Häufigkeit solcher Forschungstreffen ist derart und die verschiedenen untersuchten Themenbereiche (zivil-, international oder öffentlich-rechtlich) sind so differenziert, dass es nicht möglich ist, einen Überblick zu geben.

25 Die Übersetzung wurde oft auch von der Rechtsvergleichung unterschätzt. Siehe hierzu die Überlegungen in G.P. Fletcher, *Comparative Law as a Subversive Discipline*, in: *Am. Journ. Comp. Law*, 1998, 683; P.W. Schroth, *Legal Translation*, in: *Am. Journ. Comp. Law*, 1986, 47.
Die Übersetzung ist ein absolutes Querschnittsthema bezüglich der verschiedenen rechtlichen Bereiche. Vgl. auch G.R. Groot, R. Schulze (Hrsg.), *Recht und Übersetzen*, Baden-Baden, 1999.

26 Aus theoretischer Perspektive hat sich die Forschung zur Übersetzung vor allem in Bezug auf die anzuwendende Methodik weiterentwickelt. Der Jurist, der sich nicht vorbereitend mit der Übersetzungswissenschaft beschäftigt, befasst sich mit der Philosophie der Übersetzung und verwechselt dabei die Verweise in den Gedanken Aristoteles und denen der Autoren des deutschen Idealismus, wie Schleiermacher mit den Untersuchungen über die Methode, die für die philosophischen Positionen, dabei aber auch immer instrumentell hinsichtlich der Ziele der Übersetzung, genutzt werden können. Für einen schnellen Überblick über die verschiedenen theoretischen Positionen s. R. Jakobson, *On Linguistic Aspects of Translation*, in: R. Brower (Hrsg.), Cambridge, 1959; E.A. Nida, *Science of Translation*, in: *Language*, 1969, 483; W. Wilss, *Übersetzungswissenschaft. Probleme und Methoden*, Stuttgart, 1982; J.S. Holmes, *The Name and the Nature of Translation Studies*, in: G. Toury, *Translation across Cultures*, Neu-Delhi, 1987, 70 ff. Hinsichtlich der praktischen Anwendung hat sich die Rechtslinguistik in verschiedene Richtungen entwickelt. In Deutschland hat sie sich vor allem mit begrifflichen Aspekten auseinandergesetzt und in Kanada sowie den französischsprachigen Ländern mittels kontrastiver Analysen von Texten und in den englischsprachigen Ländern mit Schwerpunkt auf der richterlichen und forensischen Linguistik weiterentwickelt. Für eine Übersicht s. H.E.S. Mattila, *Comparative Legal Linguistic*, Aldershot, 2006, 8 ff.

27 Zu nennen sind unter anderen die *École de traduction et d'interprétation* (ETI) der Universität von Genf und die institutionelle Beratung des *Centre de Traduction e de Terminologie Juridique* (CTTJ) der Universität von Moncton.

eigenes Rechtsvokabular (oft nicht mit dem der Gemeinschaft übereinstimmend) besitzen, sondern auch eine eigene konzeptionelle Darstellung der Kategorien, Prinzipien und ihrer Beziehungen haben, die nicht der Darstellung des Gemeinschaftsrechts entspricht, die oft, in ihren verschiedenen Interventionsbereichen, eine innovative Synthese der verschiedenen nationalen Übersetzungen sein will.[28]

29 Die Übersetzungswissenschaft muss – und kann – die kognitiven Werkzeuge der Juristen bereichern, die sich mit übersetzten Texten auseinandersetzen müssen. Zwei Aspekte sind diesbezüglich zu untersuchen: die Frage der Äquivalenz in der intersprachlichen Übersetzung und die Frage nach der Bedeutung in der interkulturellen Kommunikation.

30 In Bezug auf die Äquivalenz ist allgemein akzeptiert, dass im Hinblick auf die rechtliche Auslegung eines übersetzten Textes, sich die zentralen Schwierigkeiten auf die Tatsache beziehen, dass die Beziehung zwischen Begriff und Konzept nicht in allen Rechtssprachen die Gleiche ist.[29]

31 Deshalb ist es umso schwieriger, eine perfekte Übereinstimmung eines Rechtstextes in der Quell- und Zielsprache zu gewährleisten. Lösungen werden zwischen den beiden Extremen der wörtlichen Übersetzung, in der das Konzept durch sich entsprechende Wörter dargestellt wird, wie die Begriffe *cause* und causa, und der Nicht-Übersetzung, wo eine in der Quelljurisdiktion historisch gewachsene Bedeutungsschichtung unmöglich zu übertragen ist, wie bei dem Begriff *habeas corpus*, gesucht. Zwischen den beiden Möglichkeiten besteht eine dritte, nunmehr weitgehend von den Juristen angenommen, die in internationalen oder mehrsprachigen Kontexten arbeiten: die Vereinheitlichung des Konzeptes. Man spricht von »Vereinheitlichung« bezüglich der Gesamtheit der empirisch gefundenen Möglichkeiten, die der Übersetzer nutzen kann: nicht zu übersetzen (niemand hat jemals trust, sovet und šarīʿa übersetzt); die der Person oder Sache zugesprochene Qualität zu vernachlässigen, wenn sie für den spezifischen Diskurs des Übersetzers nicht relevant ist; einen Neologismus zu schaffen; auf eine umschreibende Definition zurückzugreifen. Diese Vereinheitlichung trifft auf Hindernisse, weil es schwierig sein kann, die richtigen sprachlichen Werkzeuge zu finden; und weil zu kurze Umschreibungen möglicherweise nicht ausreichen, um das Konzept zu spezifizieren, und zu lange Umschreibungen die Gefahr in sich tragen, dass der übersetzte Rechtstext die notwendige begriffliche Spezialisierung verliert.[30]

32 Die Äquivalenz ist ein in der derzeitigen Übersetzungswissenschaft zugleich zentrales als auch kontroverses Konzept.[31] Unterschiedliche Ansätze haben sich mit seinen Auswirkungen in verschiedenen Bereichen, einschließlich dem des Rechts, auseinanderge-

28 Die terminologische Arbeit, deren Ziel die Vereinheitlichung des europäischen Rechts in den verschiedenen Rechtsordnungen ist, lässt die rein auf die Begriffe bezogenen Aspekte des Gesetzes verschwinden und setzt sich mit den Aspekten hinsichtlich des rechtlichen Inhalts der auf europäischer und nationaler Ebene verwendeten Terminologie auseinander. Für eine solche terminologische Arbeit ist der Beitrag der Juristen unersetzlich. Zur Rolle der Juristen in der Arbeit der Übersetzung v. R. Caponi, *Interpretazione, traduzione e comparazione*, in: *Riv. trim. dir. proc. civ.*, 2006, 1, 131.

29 So R. Sacco, *La traduction juridique, un point de vue italien, aaO*, 850. Vgl. darüber hinaus die verschiedenen Positionen aufgeführt in G. Snow, J. Vanderlinden, *Français juridique et science du droit*, Moncton.

30 Vgl. S. Patti, *Traduzione e interpretazione nell'Unione Europea: brevi appunti di un civilista*, in: *Ars Interpretandi, Annuario di Ermeneutica Giuridica*, 2003, 309; J.C. Gémar, *Langage du droit, dictionnaire bilingue et jurilinguistique. Le cas du Dictionnaire de droit privé, Private Law Dictionary du Québec: Traduire ou exprimer le droit?*, in: T. Szende (Hrsg.), *Les écarts culturels dans les dictionnaires bilingues*, Paris, 2003, 173.

31 S. statt vieler R. van den Broeck, *The Concept of Equivalence in Translation Theory: Some Critical Reflections*, in: J.S. Holmes, J. Lambert, R. van den Broeck (Hrsg.), *Literature and Translation*, Löwen, 1971, 29; J.C. Catford, *A Lin-*

setzt. Die Frage ist, wer bestimmen kann, dass eine Übersetzung relativ gesehen gleichwertig ist: Man nimmt an, dass die Äquivalenz das Kriterium zur Bestimmung der Bedeutung eines übersetzten Textes ist; dann aber ist es nur die Übersetzung des Textes, die das Erreichen der Äquivalenz statuiert.[32] Die Qualität der Übersetzung eines juristischen Textes kann nicht unabhängig von dem, der ihn produziert hat, sowie dem dabei verfolgten Zweck bewertet werden. Die Übersetzungswissenschaft hat verschiedene Figuren bestimmt und untersucht: die Übersetzung im institutionellen Kontext, wie die Ausarbeitung einer mehrsprachigen Gesetzgebung; die Übersetzung im akademischen oder wissenschaftlichen Kontext; die Übersetzung von fachspezifischen oder Vertragsmodellen.[33] Die Institutionen wenden schnell das an, was von Peter Newmark in seiner auf Übersetzungen basierenden Untersuchung als »kommunikative Übersetzung« beschrieben wird.[34] Die kommunikative Übersetzung wird als Gegenteil zur semantischen Übersetzung betrachtet. Bei der ersten wird das Interesse der Zielperson bezüglich des übersetzten Textes berücksichtigt; bei der zweiten wird hingegen auf den Ausgangstext geschaut im Hinblick auf die Genauigkeit mit diesem Original. Die kommunikative Übersetzung wird zudem für die institutionellen Ziele genutzt, Regelungen mit der gleichen Wirkung in der Anwendung, unabhängig von den verschiedenen rechtlichen Rahmenbedingungen in der jeweiligen übersetzten Sprache, zu schaffen.[35]

Die ungenaue Kenntnis der Funktionsweise der kommunikativen Übersetzung bringt es mit sich, dass sich die übersetzenden Juristen oft hinsichtlich der Rekonstruktion der Bedeutung eines Textes in einer Art und Weise bewegen, die nicht dem auf der institutionellen Ebene vorgesehenen Ziel entspricht. 33

Wir stellen, als Beweis dafür, was gesagt wurde, fest, dass im Zusammenhang des mehrsprachigen Rechts der Europäischen Union die Übersetzung bezüglich gleichwertiger Dokumente existiert, bei denen dem Ausgangs- und dem Zieltext die gleiche Gültigkeit zukommt,[36] nicht nur hinsichtlich der rechtlichen Wirkung, die der Europäische Gerichtshof den verschiedenen Sprachfassungen der Gemeinschaftsakte beimisst,[37] sondern auch bezüglich der gleichen Art und Weise der Umsetzung und Anwendung von Rechtsakten der Gemeinschaft, bei der die Übersetzung bestimmend für die Übertragung eines normativen Bedeutungsinhaltes ist, unabhängig von den verschiedenen Sprachversionen. 34

guistic Theory of Translation: An Essay in Applied Linguistics, London, 1965, 27ff.; G. Toruy, *In Search of a Theory of Translation*, Tel Aviv, 1980, 47ff.; Koller, *The Concept of Equivalence and the Object of Translation Studies*, in *Target*, 1995, 191ff., insbesondere 196.

32 Vgl. A. Pym, *European Translation Studies, une science qui dérange, and Why Equivalence Needn't Be a Dirty Word*, in: *TTR: Traduction, Terminologie et Rédaction*, 1995, 153.

33 Für eine Einführung s. L. Rega, M. Magris (Hrsg.), *Übersetzen in der Fachkommunikation – Comunicazione specialistica e traduzione. Atti del convegno Comunicazione specialistica e traduzione: dalla parte dell'utente*, Tübingen, 2004; M. Gotti, *I linguaggi specialistici. Caratteristiche linguistiche e criteri pragmatici*, Florenz, 1991.

34 So P. Newmark. *Approaches to Translation*, Oxford, 1981, 35ff.

35 Susan Šarčević zeigt, dass im Hinblick auf die institutionellen Paralleltexte Juristen keine Texte mit äquivalenter Bedeutung, aber äquivalente Texte bezüglich der Rechtswirkungen, die sie auslösen, erwarten können. Vgl. S. Šarčević, *New Approach to Legal Translation*, Den Haag, 1997, 50ff. Siehe auch J.C. Gémar, *Le plus et le moins-disant culturel du texte juridique. Langue, culture et équivalence*, in: *Meta*, 2002, 165.

36 Vgl. Scarpa, *La traduzione specializzata. Lingue speciali e mediazione linguistica*, Mailand, 2001, 89.

37 Die Rechtsprechung des Gerichtshofs hat bestätigt, dass die Rechtsakte einheitlich in allen Sprachversionen interpretiert werden müssen und dass die nationalen Rechtsvorschriften, die Gemeinschaftsrecht umsetzten, in Einklang mit dem Wortlaut der Richtlinie und zu den von ihr verfolgten Zielen ausgelegt werden müssen. Vgl. A. Arnull, *The European Union and its Court of Justice*, Oxford, 1999, 522.

35 Außerdem ist der bekannte Parameter der Treue zum Original,[38] der für die Bewertung der Qualität der Übersetzungen bemüht wird, im Kontext der Europäischen Union von keinem Nutzen, da dort der ursprüngliche Entwurf einer Reihe von Arbeitsschritten zwischen den verschiedenen Institutionen unterliegt, die über die Abänderung und Annahme entscheiden (Kommission, Rat und teilweise Parlament). In diesen institutionellen Schritten findet eine kontinuierliche Überprüfung der Bedeutung der Begriffe des Entwurfs statt und es entsteht ein Kompromiss aus verschiedenen (den unterschiedlichen Rechtssystemen entlehnten) Lösungen, die dem Entwurf im Wege der Aufspaltung und Neuzusammensetzung der verschiedenen Absätze des anfänglichen Artikels nach und nach hinzugefügt werden.[39] Oft ist der europäische Rechtsakt nur auf ein nationales Referenzmodell zurückführbar, wenn man in der Mischung aus rechtlichen Lösungen, importiert aus verschiedenen Rechtsordnungen, eine stärkere qualitative oder quantitative Gewichtung von Lösungen identifizieren kann, die diesem Modell zugeschrieben werden können.[40]

36 Bei der Bewältigung des Problems der Äquivalenz der Texte darf nicht nur die funktionale, sondern muss auch die semantische Komponente der Äquivalenz berücksichtigt werden.[41]

37 Die Juristen, die sich mit der juristischen Übersetzung beschäftigen, unterscheiden zwischen zwei Typen, einer wörtlichen Äquivalenz und einer sogenannten funktionalen Äquivalenz, die weniger die Übertragung der Bedeutung des Begriffs der Ausgangssprache, als vielmehr diejenige der Funktion eines mit dem Begriff ausgedrückten bestimmten rechtlichen Konzepts, das im Inneren der Ausgangsrechtsordnung wirkt, anstrebt.[42]

38 Die Übersetzungstheorie hat in der Tat ihren Fokus auf diese funktionale Äquivalenz der Übersetzungen gerichtet.[43]

---

38 Für einen kritischen Denkanstoß s. L. Lessig, *Fidelity in Translation*, in *Texas Law Review*, 1993, 1196-1197; vgl. Ders., *Understanding Changed Readings. Fidelity and Theory*, in: *Stanford Law Review*, 1995, 395-472; L. Alexander, *All or Nothing at All? The Intentions of Authorities and the Authority of Intentions*, in: A. Marmor (Hrsg.), *Law and Interpretation. Essays in Legal Philosophy*, Oxford, 1995, 370-375.

39 Es ist kein Zufall, dass das Gemeinschaftsrecht droit diplomatique genannt wurde, was die Verhandlungskomponente bei der Festlegung der rechtlichen Inhalte beschreibt, die den Verhandlungsverfahren bei internationalen Konventionen ähnlich ist. Vgl. Conseil d'État, *Sur le droit communautaire, Études et documents*, Paris, 1992, 12.

40 Man begegnet oft einer zwischen den nationalen Modellen vermittelnden Komponente. S. hierzu G. Benacchio, *Diritto privato della comunità europea. Fonti, modelli, regole*, 6. Auflage, Padua, 2013, 150; G. Tesauro, *Diritto comunitario*, 4. Auflage, Padua, 2005, 169.

41 Innerhalb der diversen Herangehensweisen bezüglich der Äquivalenz in den zeitgenössischen Übersetzungsuntersuchungen hat sich ein spezifischer Forschungszweig entwickelt. Siehe zum Beispiel die Ideen der *Covert Translation* im Gegensatz zur *Over Translation*, bei der ein kultureller Ausgleich angestrebt wird. Die unterschiedlichen Ansätze verbinden sich in der *verfremdenden* und *einbürgernden Übersetzung*, basierend auf einem Ansatz von Friedrich Schleiermacher und entwickelt von J. House, *Translation Quality Assessment: Linguistic Description versus Social Evaluation*, in: *Meta*, 2, 2001, 244. Vgl. darüber hinaus die Typologie der *Dokumentarischen Übersetzung* und der *Instrumentellen Übersetzung*, in C. Nord, *Loyalität statt Treue: Vorschläge zu einer funktionalen Übersetzungstypologie*, in: *Lebende Sprachen*, 1989, 100.

42 Siehe R. Sacco, *Langue et droit*, in: R. Sacco, L. Castellani (Hrsg.), *Les multiples langues du droit européen uniforme, aaO*, 163, insbesondere 169; G.C. Gémar, *Interpréter le sens, produire l'équivalence: obligations de résultat du traducteur*, in: F. Israël et M. Lederer (Hrsg.), *La théorie interprétative de la traduction*, Paris, 2005, 212.

43 In der Übersetzungswissenschaft gibt es viele funktionale Ansätze, die ihre Aufmerksamkeit auf verschiedene Aspekte der Auswirkungen der übersetzten Texte und die Modalitäten, um diese zu erreichen, konzentrieren, darunter die *Skopos Theorie*, die Semiotik der Übersetzung, die Polysystemtheorie, der *Interpretative Approach*, die funktionale Äquivalenz. Nicht alle diese Ansätze wurden bislang für die Übersetzung von Rechtstexten genutzt. Vgl. G. Garzone, *The Translation of Legal Texts; a Functional Approach in a Pragmatic Perspective*, in: *TEXTUS* (*Translation Studies Revisited*), 1999, 393; D. Madsen, *Towards a Description of Com-*

Es ist klar, dass eine perfekte Äquivalenz unerreichbar ist, nichtsdestotrotz kann eine akzeptable Äquivalenz auf unterschiedlichen Ebenen des übersetzten Textes erhalten werden. Diesbezüglich wird von einer konnotativen, denotativen und pragmatischen Äquivalenz gesprochen. 39

Das Thema ist breit und die Suche nach Referenzen für die Rechtslinguistik ist äußerst komplex; es genügt an dieser Stelle, die sprachlichen Entscheidungen der Politik für die in der Übersetzung zu verwendenden Begriffe zu erwähnen. Diese Entscheidungen können auf der Basis des Äquivalenztyps, der erzielt werden soll, gestaltet werden. Wenn man einen Text in ein juristisches Übersetzungssystem integrieren möchte, muss auf denotativer Ebene, und dabei vor allem auf der Ebene der juristischen Terminologie, gearbeitet werden sowie diesbezüglich die Verbindungen zwischen Begriffen und Kategorien des juristischen Zielsystems herausgearbeitet werden.[44] Wenn hingegen ein Inhalt vermittelt werden soll und daher versucht wird, die Einheit des Bedeutungsinhaltes unabhängig von der Sprache der Übersetzung zu erhalten, wird man auf konnotativer Ebene mit umschreibenden Definitionen[45] und Neologismen[46] arbeiten. Die Äquivalenz auf pragmatischer Ebene wird mit ausgefeilten Instrumenten erreicht: indem sich auf ein »Register« (Speicherbereich, der einer bestimmten vorgegebenen Logikfunktion – oder Berechnung – dient) verlassen wird oder durch die Herausarbeitung von Wirkungen, die durch die Struktur des Textes (zB der Syntax) erzielt werden.[47] 40

---

munication in the Legal Universe. Translation of Legal Texts and the Skopos theory, in: *Fachsprache: International Journal of LSP*, 1997, 17; L.P. Pigeon, *La traduction juridique. L'équivalence fonctionelle*, in: J.C. Gémar (Hrsg.), *Langage du droit et traduction. Essais de jurilinguistique*, Montréal, 1982, 271; C. Nord, *Translating as a Purposeful Activity. Functionalist Approaches Explained*, Manchester, 1997, 45 ff.; M. Morris (Hrsg.), *Translation and the Law*, Philadelphia, 1995.

44 Vorgänge dieser Art sind möglich, wenn die zu übersetzenden Texte einen großen *corpus* repräsentieren, wie Gesetzessammlungen oder Kodizes, und wenn die intertextuellen Bezüge tendenziell einheitliche Interpretationsgemeinschaften betreffen, wie im Fall der Übersetzung von Werken der Lehre. Zu denken ist an das Beispiel der Übersetzung des schweizerischen ZGB aus dem Deutschen ins Französisch als »Umkodierung« der germanischen Matrix in eine französische Matrix mit Bezug zum Code Napoleon; und an das Beispiel der konzeptionellen Übersetzungsarbeit bezüglich des französischen Rechts durch Zachariae im *Handbuch des Französischen Zivilrechts*. Vgl. V. Dullion, *Lorsque traduire, c'est écrire une page d'histoire: la version française du Code civil suisse dans l'unification juridique de la Confédération*, in: *L'histoire et les théories de la traduction*, Genf, 1997, 371; C. Bocquet, *Traduction juridique et appropriation du traducteur: l'affaire Zachariae, Aubry et Rau*, in: *La traduction juridique: histoire, théorie(s.) et pratique*, Bern, 2000, 15.

45 Vgl. G.C. Thornton, *Legislative Drafting*, London, 4. Auflage, 1996, 44 ff.; F. Bowers, *Linguistic Aspect of Legislative Expression*, Vancouver, 220 ff.; R. Sullivan, *Statutory Interpretation*, 2007, Toronto, 68 ff.; A. Belvedere, *Definition in Legal Language*, in: *Encyclopedia of Language and Linguistic*, Oxford, 1994, 843 ff.; und bezüglich des italienischen Privatrechts Ders., *Il problema delle definizioni nel Codice Civile*, Mailand, 1977; Ders., *Linguaggio giuridico*, in: *Digesto quarta edizione, Sez. civ.*, X, Turin, 1994, 21.

46 In den gemeinschaftlichen Rechtsvorschriften ist der Rückgriff auf semantische Neologismen von Bedeutung (»Richtlinie«, »Subsidiarität«, »Widerrufsrecht«) oder die Neuzusammensetzung von Begriffen (»Angleichung der Rechtsvorschriften«, »Vorabentscheidung«, »Geschäftsverkehr«), die nicht nur im italienischen Sprachgebrauch funktionieren, sondern meistens auch im mehrsprachigen Gebrauch durch Entleihungen und Anlehnungen (»acquis communautaire«, »professionista« als Konterpart zum Verbraucher). Vgl. G. Dyrberg, J. Tournay, *Écarts culturels dans la traduction et dans le dictionnaire spécialisé bilingue*, in: *La traduzione. Saggi e documenti* (IV), Rom, 69; S. Šarčević, *Bilingual and multilingual legal dictionaries; new standards for the future*, in: *Revue générale de droit*, 1988, 970.

47 Obwohl pragmatische Überlegungen bezüglich der Ergiebigkeit der Texte in allen Übersetzungsentscheidungen zu finden sind, finden sie sich vor allem in der Übersetzung zwischen den verschiedenen Arten von Texten, zum Beispiel von bürokratischen Texten oder Rechtsprojekten in gesprochene Sprache, in der Übertragung des Gesetzestextes in eine andere Sprache oder auch in der Übersetzung von politischen Texten in Rechtstexte. Vgl. D. Mellinkoff, *The Language of the Law*, Boston, 1963, 25 ff.; M. Gotti, *I linguaggi specialistici*, *aaO*, 40 ff.; V.R. Charrow, *Language in the bureaucracy*, in: R.J. Pietri (Hrsg.), *Linguistics and the Professions*, Norwood, NJ, 1982; B. Danet, *Language in the legal process*, in: T.A. Van Dijk (Hrsg.), *Handbook of Discourse Analysis*, Band I, London, 1985; S. Sarangi, S. Slembrouck, *Language, Bureaucracy and Social Control*, Harlow,

41 In Bezug auf die Frage nach der Bedeutung der interkulturellen Kommunikation wissen wir, dass die juristische nicht zu einer formalistischen Sprache werden kann und darf,[48] aber es sollte nicht vergessen werden, dass oft als nicht beabsichtigte und nicht vorhersehbare Folge – solange nicht der sprachliche Aspekt des vermittelten rechtlichen Bedeutungsinhaltes analysiert wird – Unterschiede bezüglich der erwarteten Bedeutung beim Übergang von einer in eine andere Sprache auftreten.[49]

42 In diesem Zusammenhang agiert die Übersetzungswissenschaft sowohl auf der Seite der Erstellung als auch auf der Seite der Interpretation, indem sie die Möglichkeiten aufzeigt den Bedeutungsinhalt zu klären, um den Bedeutungsverlust der aus der interkulturellen Kommunikation resultierenden Übersetzung zu reduzieren.

43 Die Untersuchungen der Rechtslinguistik liefern verschiedene Übersetzungsbeispiele von im Quelltext elliptischen Syntagmen, die erst dann deutlich zum Ausdruck gebracht werden, wenn sie in eine andere Sprache übersetzt werden.[50]

44 Es kann jedoch auch sein, dass die Wortwahl bewusst vage gehalten wird und dies geschieht in der Praxis der internationalen Diplomatie häufig, wenn es für einen allgemeinen Konsens notwendig ist, auf genaue Formulierungen, so präzise, dass sie das (Wieder-) Aufflammen der zwischen den verschiedenen Positionen bestehenden Unterschiede zur Folge hätten, zu verzichten.[51]

45 Die Zirkulation solcher Ausdrücke garantiert aus sich heraus nicht für die Ergebnisse bei deren Auslegung in den übernehmenden Rechtsordnungen. Einer der beispielhaftesten Fälle ist der Begriff »Rule of Law«, der im Kontext der internationalen Reformen auf Englisch zirkuliert, aber dessen Effekte in den Ländern, die die Reformen auf der Grundlage des fraglichen Prinzips umgesetzt haben, oft völlig anders als erwartet ist.[52]

46 Natürlich kann die Übersetzungswissenschaft dem Juristen eine größere Kenntnis der von der rezeptierenden Sprache vermittelten Elemente gewährleisten, die die Verbindungen zu anderen semantischen Feldern öffnen und damit letztendlich mögliche Abweichungen und Ergänzungen bezüglich des Bedeutungsinhaltes aufzeigen.

1996. Daraus entsteht die problematische Frage, in welchem Umfang der technische Sprachgebrauch, der für die rechtliche Kommunikation genutzt wird, allein Frucht eines Konservatismus oder hingegen notwendig für die Bedürfnisse der Rechtssprache ist. Vgl. M.A. Cortelazzo, *Lingua e diritto in Italia. Il punto di vista dei linguisti*, in: L. Schena (Hrsg.), *La lingua del diritto: difficoltà traduttive e applicazioni didattiche*, *aaO*, 35; F. Sabatini, *Analisi del linguaggio giuridico. Il testo normativo in una tipologia generale dei testi*, in: M. D'Antonio (Hrsg.), *Corso di studi superiori legislativi*, 1988-89, Padua, 1990, 675.

48 Die Ungenauigkeit bei der Abgrenzung der Begriffsbedeutung ist ein Zündstoff für rechtliche Argumentation, aber es ist auch ein Zeichen für die kontinuierliche Weiterentwicklung des Rechts mittels der Sprache. In der italienischen Literatur wurde das Thema behandelt von C. Luzzati, *La vaghezza delle norme: un'analisi del linguaggio giuridico*, Mailand, 1990.

49 Zu diesem Punkt s. C. Candlin, M. Gotti (Hrsg.), *Intercultural Aspects of Specialized Communication*, Bern, 2004.

50 Vgl. T. Gallas, *L'écriture d'un accord plurilingue: un exercice difficile*, in: F. Massart (Hrsg.), *L'Europe prédite. La signification des mots*, Löwen, 1994, 114.

51 Vgl. unter anderen G. Ajani, *Navigatori e giuristi. A proposito del trapianto di nozioni vaghe*, in: V. Bertorello, M. Lupoi (Hrsg.), *Io comparo*, Mailand, 2003, 3; G. Ajani, *Diritto internazionale e diritto comparato*, in: *Rivista di diritto pubblico europeo e comparato*, 2001, 1589, S. Ferreri, *Comunicare in un contesto internazionale*, in: V. Jacometti, B. Pozzo (Hrsg.), *Le politiche linguistiche delle istituzioni comunitarie dopo l'allargamento*, Mailand, 2006, 45 ff.

52 Der Fall Chinas bezüglich des Wegs zum WTO-Beitritt ist ein Sinnbild, vor allem im Hinblick auf den Begriff »rule of law« und seiner Übersetzung ins Chinesische. Für eine spezifische Vertiefung s. G. Ajani, M. Timoteo, A. Serafino, *Diritto dell'Asia orientale*, Turin, 2007, 14, 299 ff.

Diese Überlegungen fügen sich in die Debatte über die Möglichkeit von Rechtstransplantationen ein. Dies ist nicht der Ort, um die Machbarkeit einer technisch-juristischen Zirkulation, teils unabhängig von der politisch-ökonomischen Ordnung, zu diskutieren oder zu eruieren, ob die Zirkulation der Modelle nicht immer Entscheidungen über Werte und wirtschaftliche Politik versteckt.[53] Auf jeden Fall zeigt die auf die Kultursemiotik ausgerichtete Linguistik, dass die Sprache ein eng mit anderen verwandtes System innerhalb der Gesellschaft ist, die sich durch die Sprache ausdrückt: Religion, Politik, Wissenschaft – sie sind durch Traditionen miteinander verflochten und spiegeln sich in gewisser Weise in der allgemeinen, aber auch der Fachsprache wider. 47

Um damit wieder zu dem genannten Beispiel zurückzukommen: Die Übersetzungswissenschaft kann in bestimmten Situationen, wie bei der Mehrheit der zirkulierenden Rechtsbegriffe der Fall, eine Austauschbarkeit der Begriffe *Rule of Law / Etat de droit / Rechtsstaat* zulassen; dies bietet sich in Situationen an, in denen es keine Gefahr der Mehrdeutigkeit gibt, weil der übersetzende Jurist den durch einen bestimmten Text vermittelten Inhalt bezüglich der auf unterschiedlichen Entwicklungen (zum Beispiel der englischen, französischen oder deutschen) des Rechts basierenden Unterschiede zu differenzieren weiß.[54] 48

Der Diskurs ändert sich radikal, wenn solche Begriffe von einem Rechtssystem rezipiert werden, in dem diese aufklärende Arbeit bislang noch nicht bestrebt wurde.[55] 49

Die künstliche Trennung zwischen Recht und Gesellschaft, auch wenn auf konzeptioneller Ebene vertretbar, führt mit Sicherheit zu einer Krise, wenn die rechtlichen Kon- 50

53 Zum Thema A. Somma, *Temi e problemi di diritto comparato*, Turin, 2005.

54 Die Kontrolle der Kongruenz wird in diesen Fällen in der Regel den Gerichten anvertraut. Es gibt einige gut dokumentierte Beispiele in der kanadischen Gerichtsbarkeit beginnend mit *Laliberté* v. *Larue, Trudel and Picher et al.* [1931] S.C.R. 7.

55 Die Schwierigkeit der interkulturellen Kommunikation von der bloßen juristischen Dimension aus zu begegnen, zeigt sich in den begangenen Fehlern bezüglich des Verständnisses des Hindu-Rechts, als man, außerhalb des kulturellen durch Sprache vermittelten Kontextes, Rückschlüsse bezüglich gleicher Elemente mit dem in Europa bekannten Recht und dem der Vereinten Nationen zog. Dieses Problem entstand während der britischen Herrschaft nach der Untersuchung der dharmaśāstras als Gesetzessammlungen und besteht bis heute; Indologen denken, sie könnten die hinduistische Realität durch die aktuelle Rechtssprache, das in Indien genutzte Englisch, ausdrücken. Zwar ist der Übergang von dharmaśūtras zu den dharmaśāstras ein Phänomen, das auf der Ebene der geisteswissenschaftlichen Untersuchung der Texte ermittelt wird, nichtsdestotrotz darf man hiervon nicht auf eine einfache Ähnlichkeit mit den westlichen Gesetzeskonsolidierungen oder Kodifikationen schließen, weil das traditionelle hinduistische Verhältnis zwischen allgemeiner Regel und Rechtsnorm, die sich von einer Autorität oder dem Gewohnheitsrecht ableitet, ein anderes ist, ebenso wie die traditionelle Rolle, die die »Experten« spielen.
Des Weiteren riskiert man, wenn man in Indien das Rechtsenglisch als Arbeitssprache zugrunde legt, zu unterschätzen, dass der tatsächliche kulturelle Inhalt der Normen sich in ständiger Neudefinition befindet. In Indien gibt es sowohl fünfzehn anerkannte Landessprachen (die von mindestens zweihundert verschiedenen sozialen Sprachgemeinschaften praktiziert werden) als auch eine offizielle Amtssprache, das Hindi (Art. 343.1), dem aus sozialen Gründen (der Forderung der sprachlichen Minderheitskulturen) das Englisch zur Seite gestellt wurde, basierend auf einer Bestimmung der indischen Verfassung (Art. 343.2). Dies geschah zunächst auf vorläufiger Basis und wurde später als dauerhafte Regel durch den Official Language Act von 1963 stabilisiert. Wenn auf Bundesebene die Gesetzestexte und Gerichtsentscheidungen in Englisch ergehen, wird auf Landesebene unter Anerkennung der Amtssprachen beschlossen, die durch die Rechtsordnung auf dieser Ebene genutzt werden.
Zum Thema J. Derrett, M. Duncan, *Sanskrit Legal Treatises Compiled at the Insistence of the British*, in: *Zeitschrift für vergleichende Rechtswissenschaft*, 1961, 72; B.S. Jackson, *From Dharma to Law*, in: *The American Journal of Comparative Law*, 1975, 490; R.W. Lariviere, *Justices and Panditas: Some Ironies in Contemporary Readings of the Hindu Legal Past*, in: *The Journal of Asian Studies*, 1989, 757; E. Annamalai, *Multilingualism and the Constitution*, in: E. Annamalai, *Managing Multilingualism in India: Political and Linguistic Manifestations*, Neu-Delhi, 2001; B. Kachru, *The Indianization of English. The English Language in India*, Oxford, 1983; D.R. Davis, *Hinduism as Legal Tradition*, in: *Journal of the American Academy of Religion*, 2007, 241.

zepte ihre semantische Klarheit verlieren, die ihnen durch das Fachvokabular und durch die von der Gemeinschaft der Übersetzer akzeptierten Konventionen zukommen. Und genau dies ist der Fall bei der interkulturellen Kommunikation.[56]

51 In solchen Situationen ist es die Aufgabe der Übersetzungswissenschaft, die Kenntnis von den historischen und kulturellen Elementen, die die Auslegung der rechtlichen Begriffe beeinflussen, zu verbessern.

4. Die Auswirkungen der Übersetzung auf die Sicht des nationalen Rechts

52 Man kann sich nun fragen, ob im monolinguistischen Kontext die Übersetzungswissenschaft das Wissen, das in der praktischen Arbeit der Juristen eine Rolle spielt, bereichern kann.

53 Die Anwendung der Übersetzungswissenschaft auf die nationale Ebene ist ein, in gewisser Weise schon von der kanadischen Rechtslinguistik getesteter Vorschlag. Dort wurde er durch das Vorhandensein nicht nur einer bilingualen, sondern auch *birechtlichen* Rechtsordnung gefördert, derentwegen jede übersetzende Klärung de facto Auswirkungen auf beide Rechtsprachensysteme Kanadas hat.[57]

54 In Italien haben viele Werke philosophischen Ansatzes, sowohl hermeneutische als auch analytische, das Problem des Rechts als sprachliches Phänomen untersucht mit Ergebnissen, die auch für die Praktiker von Interesse sind.[58]

55 Das innovative Element der Übersetzungswissenschaft im italienischen Kontext sollte jedoch nicht überbewertet werden. Weil die Terminologie, die morphosyntaktischen Aspekte und der Argumentationsstil, die in der Untersuchung der Rechtssprache betrachtet werden, eine Rolle für das Verständnis der übersetzten Rechtstexte spielen, ist es zulässig, eine Parallele mit dem Studium der redaktionellen Techniken zur Vereinfachung des Verständnisses der Norm zu ziehen, die seit einigen Jahren Thema von großer Bedeutung für die italienischen Rechtsinstitute ist.[59]

56 Schon die Rechtssprache ist in der Lage, die Qualität der Verständlichkeit der Norm zu verbessern durch Rückgriff auf die Methoden der Vereinheitlichung der Sprache und der Standardisierung von Begriffen. Die Übersetzungswissenschaft kann so zusätzlich einen Vergleich zwischen dem Stil der Vereinfachung der Rechtstexte anderer Rechtsordnungen und dem italienischen Stil bieten.

57 Es ist kein Zufall, dass die Bewegung für mehr Klarheit der normativen Sprache nach Italien zusammen mit den Experimenten zur redaktionellen Standardisierung gelangte, die dem *Plain Language Movement* und den Erfahrungen der 70er Jahre in den skandinavischen Ländern entstammen. In Italien wurde das Interesse hieran durch die Ini-

56 Vgl. A. Pym, *Translation and Text Transfer. An Essay on the Principles of Intercultural Communication*, New York, 1992; in jüngerer Zeit C. Lutter, M. Reisenleitner, *Cultural Studies. Eine Einführung*, Wien, 2002.

57 S. statt vieler L.A. Levert, *La cohabitation du bilinguisme et du bijuridisme dans la législation fédérale canadienne: mythe ou réalité?*, in: *Harmonisation et dissonance: Langues et droit au Canada et en Europe*, Moncton, 1999, 3.

58 Das italienische Umfeld öffnete sich den Dimensionen der Analyse der Rechtssprache seit N. Bobbio, *Scienza del diritto e analisi del linguaggio*, in: *Riv. trim. dir. e proc. civ.*, 1950, 342 ff. Es sei auch, unter anderen, auf die Basiswerke von Guastini, Tarello, Scarpelli, Viola und G. Zaccaria hingewiesen.

59 Vgl. R. Pagano (Hrsg.), *Le direttive di tecnica legislativa in Europa*, Rom, 1997; G.U. Rescigno, *Tecnica legislativa*, in: *Enc. giur.*, Rom, 1993.

tiativen der Europäischen Union zur Vereinfachung der eigenen mehrsprachigen Rechtstexte geweckt.[60]

Die Sprachwissenschaft bietet Erklärungen auch für die Bewertung der Fluidität des rechtlichen und doktrinären Rahmens. 58

Beim Vergleich von Texten verschiedener Rechtssprachen zeigt sich, dass die Überset- 59
zungswissenschaft dem Juristen hilft, auch die – möglicherweise im Lauf der Zeit in der Ausdrucksweise der Doktrin vergrabenen – Textelemente herauszuarbeiten, die Indiz sein können bezüglich des Abstands zwischen Rechtsquelle und deren Interpretation sowie der Praxis ihrer Darstellung. Die Arbeit mit der Rechtssprache des eigenen Rechts macht die Juristen weniger bereit, die impliziten Vorurteile, bezogen auf die eigenen Systemkonstruktionen, wahrzunehmen; eine vergleichende Analyse kann hingegen Ansatzpunkte für den Abbau dieser Vorurteile bieten.[61]

Das Studium des rechtlichen Diskurses erlaubt nicht nur die expliziten Schemata der 60
Rechtsordnungen herauszuarbeiten, sondern gegebenenfalls auch solche impliziter Natur. Die Berücksichtigung dieser Elemente – in der Übersetzungswissenschaft zweckdienlich zum Verständnis des zu übersetzenden Inhalts – erlaubt den Juristen jene kognitiven Aspekte zu vertiefen, die der juristischen Praxis zugrunde liegen und deren Bedeutung zunehmend in der zeitgenössischen juristischen Debatte hervorgehoben wird.[62]

Ein weiteres Thema, zu dem die Übersetzungswissenschaft beitragen kann, besteht im 61
Zusammenhang mit den Problemen der Vervielfachung von spezialisierten Vokabularien innerhalb der italienischen Rechtssprache.

Innerhalb der zeitgenössischen Rechtssprachen, darunter auch der italienischen, erle- 62
ben wir zum einen eine Flut von Einflüssen aus Wirtschaft, Medizin und Naturwissenschaften, die ein Anwachsen der Zahl von spezifischen Unterfachsprachen beinhaltet, die mit ihrer eigenen Terminologie und ihren eigenen Registern ausgestattet sind.[63]

Aus einer anderen Perspektive zeigt sich auch eine Vervielfachung von Dialekten, die 63
auch aus dem bekannten Phänomen der zunehmenden Verbreitung von Sondergesetzen zum Nachteil der Kodexe, insbesondere im Zivilrecht, folgt.[64]

Die Folge davon ist, dass sie »Stück für Stück ganze Regelungsbereiche den Zivilge- 64
setzbüchern entziehen und normative Mikro-Systeme, mit eigener und autonomer Logik, bilden«.

Wenn diese Thematik von einem wissenschaftlichen Gesichtspunkt aus betrachtet 65
wird, ist der Fokus in erster Linie auf die Lösung von Problemen der Koordination in Bezug auf die Begrifflichkeiten und die Grundsätze ausgerichtet.

60 Für eine Vertiefung s. A. Wagner, S. Cacciaguidi-Fahy (Hrsg.), *Legal Language and the Search for Clarity*, Brüssel, 2006.

61 Ein Beispiel ist die Arbeit von P.G. Monateri, *La sineddoche. Formule e regole nel diritto delle obbligazioni e dei contratti*, Mailand, 1984.

62 Zuletzt R. Caterina, *I fondamenti cognitivi del diritto*, Turin, 2008.

63 Wie zum Beispiel hinsichtlich der Finanzbereiche, der toxischen Höchstwerte und derjenigen der Umweltverschmutzung, der Produkt- oder allgemeinen Sicherheit. Vgl. P. Sandrini, *Deskriptive begriffsorientierte Terminologiearbeit im Recht. Problemstellung und Lösungsansätze vom Standpunkt des Übersetzers*, Wien, 1996, 12 ff.; E. Groffier, D. Reed, *La lexicographie juridique: principes et méthodes*, Québec, 1990, 25 ff.

64 So N. Irti, *L'età della decodificazione*, Mailand, 1986; siehe auch S. Pugliatti, *Aspetti nuovissimi di tecnica legislativa*, in: *Studi in onore di Francesco Santoro-Passarelli*, Neapel, 1972, III, 862 ff.

66 Oftmals unterschätzen wir die Tatsache, dass die unkontrollierte Verbreitung von Sprachjargons, die auf konzeptioneller Ebene nicht gut definiert sind oder durch Fachwissen von anderen wissenschaftlichen Disziplinen beeinflusst sind, am Ende die Rechtssicherheit erschüttern und zu einer Vielzahl von Interpretationen führen. Dies gilt umso mehr, soweit – wie auch in Italien – die Lehre kaum einheitliche Lösungen für die praktische Rechtsanwendung festlegen kann.[65] Im Gegenteil kann man sagen, dass die Frage der Auslegung der aus technischen Sprachen entlehnten Begriffe zwangsläufig eine Vielzahl von Lösungen zulässt von dem Moment an, in dem man »eine Wahl treffen muss bezüglich einer Vielzahl von teilweise im Widerspruch zueinander stehenden wissenschaftlichen Urteilen, um unter allen die Entscheidung zugunsten dessen, was am geeignetsten und richtigsten erscheint, zu treffen«.[66]

67 Es handelt sich dann folglich darum, den Blickwinkel der rechtlichen Übersetzung nicht auf den interlinguistischen, sondern den intralinguistischen Kontext anzuwenden, um die Übersetzung des Wissens von einer Disziplin in eine andere zu erleichtern und in ähnlicher Weise innerhalb des juristischen Diskurses die Kohärenz zwischen dem Vokabular der einzelnen Sektoren und dem der gesamten Lehre zu erhöhen.

68 Diesbezüglich kann die Übersetzungswissenschaft die Forschung auf ein breiteres Spektrum als das übliche ausdehnen, da sie mittels quantitativer Analyseinstrumente (dh Untersuchung des tatsächlichen Auftretens von Begriffen und Nutzungskontexten) bezüglich der von den Rechtspraktikern genutzten Sprache arbeiten kann. Die Übersetzungswissenschaft kann sich auch der interlinguistischen Sichtweise der Vergleichung bezüglich der den wissenschaftlichen Disziplinen entliehenen »Worte« in anderen Systemen bedienen, um zu eruieren, welche Lösungen an anderer Stelle in Bezug auf stipulative Definitionen und die Einfügung von rechtsfremden Begriffen im normativen Rahmen gewählt werden. Diese Vorgehensweise müsste es der Lehre erlauben, die Vorrangstellung in der Entwicklung von juristischen Konzepten mit einem wünschenswerten Grad an Stabilität zurückzugewinnen, auch im veränderten Kontext der jüngeren Zeit, in der sich eine neue Kategorie von Rechtsexperten[67] auf internationaler Ebene bezüglich der Verwendung von aus der Praxis und Wirtschaft entlehnten Begriffen durchsetzt.[68] Aber solange die Wissenschaften und die Wirtschaft auch die Rechtssprache beeinflussen, scheint es wohl nützlicher, die semantischen Werte dieser Entleihungen zu studieren, um sie zu kennen und in der rechtswissenschaftlichen Untersuchung effektiv zu nutzen und damit die verschiedenen Rechtsgebiete zu harmonisieren.[69]

---

65 Für eine Gesamteinordnung s. S.L. Montgomery, *Science in Translation: Movements of Knowledge through Cultures and Time*, Chicago, 2000.

66 So G. Zaccaria, *Testo, contesto e linguaggi settoriali nell'interpretazione giuridica*, in A. Mariani Marini (Hrsg.), *La lingua, la legge, la professione forense*, Mailand, 2003, 90-102.

67 Ausgehend von der suggestiven Idee von Y. Dazalay, *I mercanti del diritto*, Mailand, 1997. Vgl. F. Galgano, *La globalizzazione nello spettro del diritto, aaO*; M.R. Ferrarese, *Le istituzioni della globalizzazione. Diritto e diritti nella società transnazionale, aaO*; A. Claire Cutler, *Private Power and Global Authority, Transnational Merchant Law in the Global Political Economy*, Cambridge, 2003.

68 Vgl. H. Kniffa (Hrsg.), *Recent Developments in Forensic Linguistics*, Frankfurt aM, 1996, 38 ff.; J. Gibbons (Hrsg.), *Language and the Law*, London, 1994, 26 ff.

69 So vorschlagend A. Gambaro, *»Iura et leges« nel processo di edificazione di un diritto privato europeo*, in: *Eur. Dir. priv.*, 1998, 1007; S. Ferreri, *The rafting of statutes: a difficult task, especially across borders*, in: B. Pozzo (Hrsg.), *Ordinary Language and Legal Language*, Mailand, 2005.

§ 2 Die Übersetzung des Rechtstextes: die Schwierigkeiten, die Werkzeuge

5. Der zu übersetzende Text

Recht bedarf der Sprache. Die Rolle der Sprache im Rechtsleben ist offenkundig. Das Parlament billigt einen Text, das Bundesgesetzblatt veröffentlicht einen Text; der Richter verfasst seine Entscheidung schriftlich; die Übertragung des Rechtswissens ist der – schriftlichen oder gesprochenen – Sprache anvertraut; auch bei einem Vertrag wird gesprochen. 1

Aber nicht alles Recht ist gesprochenes Recht. 2

Das Gewohnheitsrecht ist – selbstverständlich – nicht immer geschriebenes Recht. Bedeutender noch ist der Umstand, dass – im Innern des geschriebenen Rechts – eine Reihe von Überresten des nicht schriftlichen Rechts überlebt. Der Jurist spielt darauf an, wenn er vom lebendigen Recht (im Gegensatz zum geschriebenen, aber nicht angewandten Recht) spricht, oder vom law in action (im Gegensatz zum law in books), vom spontanen Recht, von der Natur der Sache, dem auf Treu und Glauben oder allgemeiner Verkehrssitte beruhenden Recht oder von den (nicht schriftlich fixierten) Rechtsprinzipien. Der Jurist spielt schließlich in gleicher Weise auf sie an, wenn er von den Mitteln der Auslegung spricht, die auf die Bedeutung, die einem bestimmten Text entnommen wird, Einfluss haben. Und er spielt schließlich auch dann auf sie an, wenn er von den Kryptotypen spricht, dh von den im Rechtsgefüge verborgenen Begriffen, die das Denken des Juristen (des Gesetzgebers wie des Auslegers) beeinflussen und ihren Beitrag dazu leisten, den Sinn des rechtlichen Diskurses zu erhellen. 3

Bei der Übersetzung wird der Anwender zwei Wirklichkeiten präsent haben müssen: auf der einen Seite den Text mit seinen Worten und seiner Syntax; auf der anderen Seite hingegen den Sinn, der dem Text, dh der Rechtsnorm, zu entnehmen ist. 4

Das systematische Studium der Probleme, die die Rechtsübersetzung aufwirft, ist noch nicht sonderlich alt. Schon zuvor, in der Fußnote 23, wurde daran erinnert, dass erst im Jahr 1986 (in Sydney) die Internationale Akademie für Rechtsvergleichung, auf italienischen Vorschlag hin, begann, das Thema mit interessanten Ergebnissen zu diskutieren.[1] 5

Dreißig Jahre später, kann gesagt werden, dass die Vertiefung dieser Probleme ungeahnte Fortschritte gemacht hat. Verschiedene Probleme sind aufgedeckt, identifiziert und klassifiziert worden; verschiedene Vorschläge zu ihrer Lösung wurden formuliert. 6

Das Problem der Rechtsübersetzung stellt sich umso drängender, wenn der Jurist eines Landes eine Vielfalt von sich in mehreren Sprachen ausdrückenden Modellen gebraucht. 7

Es sind die Kanadier, die sich dieser Forschung in ihren Universitätszentren und insbesondere in dem »Centre de traduction et terminologie juridique« am stärksten angenommen haben. Der hohe Stand ihrer Forschung wird durch die Reihe der Beiträge dokumentiert, die beim zweiten Kolloquium des »Centre international de la common law en français« (CICLEF) in Moncton in New Brunswick vorgestellt wurden.[2] 8

---

1 Dies ist der Ursprung von M. Beaupré et. al., *La traduction juridiqe*, in: *Les cahiers de droit*, XXVIII, 1987, Montréal.

2 Dabei handelt es sich um G. Snow und J. Vanderlinden, *aaO*.

9 In den letzten zwanzig Jahren sind die Probleme der Übersetzung das vielversprechendste Kapitel der Rechtsvergleichung gewesen und haben sehr bedeutsame Wege zur Rechtsepistemologie und zur Reform der Rechtssprache aufgezeigt.

10 Die Reflexion über die Rechtsübersetzung kennt verschiedenen Untertypen der Übersetzung. Neben der traditionellen Übersetzung (bei der es um einen bestimmten Text geht, den man ähnlich in einer anderen Sprache verfasst) unterscheiden sie die zweisprachige Abfassung eines Textes, die simultane oder aufeinander folgende gemeinsame Abfassung eines Textes, die übersetzende Abfassung sowie die Übertragung.[3] Wer mit Rechtstexten zu tun hat, die in mehreren Sprachen existieren, wird mit den Unterschieden vertraut sein, die zwischen einem ursprünglich englischen Gesetz, welches dann ins Französische übersetzt worden ist, und einem Gesetz bestehen, welches von Anfang an gleichwertig in Englisch und Französisch verfasst worden ist; denn tatsächlich regt die erste Möglichkeit den Ausleger dazu an, im englischen Text den *wahren* Willen des Gesetzgebers zu suchen. Im Augenblick unterscheidet die Übersetzungswissenschaft zwischen dem Fall, in dem der Gesetzgeber oder Autor in seiner eigenen Sprache schreibt und darauf wartet, dass ihn jemand übersetzt, und dem Fall, in dem der Verfasser (sei er eine physische Person oder ein Gremium) einen Text in mehreren Sprachen denkt und verfasst.

11 Abgesehen von den einzelnen feineren Unterteilungen, die die verschiedenen Typen der Übersetzung voneinander unterscheiden, muss jede Rechtsübersetzung ein grundlegendes Problem berücksichtigen. Sie muss nämlich wählen, ob sie die Worte eines Textes übersetzt, den Gedanken des Autors des Textes rekonstruiert oder ob sie in der Art und Weise, die sie für richtig erachtet, den Rechtsumstand formuliert, den andere in einer anderen, der ursprünglichen Sprache, verfasst haben.[4]

12 Die Übersetzungen von Gesetzestexten kann zu verschiedenen Anwendungen in den verschiedenen Sprachbereichen führen. Dies ist bekannt. Die Genfer Konventionen zum Wechsel- und Scheckrecht, die mit dem Ziel verabschiedet wurden, ein einheitliches Recht zu schaffen, haben die Tür zu in enttäuschendem Maße voneinander abweichenden nationalen Rechtsanwendungen geöffnet.[5]

13 Diese Abweichungen in der Anwendung lassen sich zum Teil mit der fehlenden Eindeutigkeit der Texte begründen. Mehr jedoch kann man sie durch die verwirrende Wirkung der über den Text hinausgehenden Rechtsquellen erklären, die in den verschiedenen Bereichen nicht die gleichen waren. Genauer können die über den Text hinausgehenden Quellen auch innerhalb eines einzigen Sprachraums voneinander abweichen: Ein- und demselben Rechtstext entsprechen häufig verschiedene Auslegungen in Frankreich und in Belgien.

6. Ist es möglich zu übersetzen? Innerhalb welcher Grenzen?

14 Der Linguist zeigt uns das Ausmaß der Schwierigkeiten, mit denen sich der juristische Übersetzer auseinandersetzen muss. In der Sprache sehen wir die Bedeutungsträger (zB

3 Dazu siehe P.A. Crépeau, *La transposition linguistique*, in: Snow und Vanderlinden, *aaO*, 51; G. Caussignac, *Quelques reflexions sur une formulation des actes législatifs qui respecte le principe de l'égalité des sexes*, ebenda, 93.

4 J.G. Gémar, *Le langage du droit au risque de la traduction*, in: Snow und Vanderlinden, *aaO*, 123, beschreibt die Unterscheidung zwischen »traduire le droit« und »traduire le texte juridique«.

5 Dazu s. E. von Cämmerer (Hrsg.), Internationale Rechtsprechung zum Genfer einheitlichen Wechsel- und Scheckrecht, Berlin, 1954 (Neuauflagen 1976 und 1987).

die Worte Frosch, Stern), die Bedeutungen (die für das Beispiel nicht erklärt werden müssen) und die Referenten (der Frosch, der Stern). Die Referenten lassen dem Bedeutungsträger diese oder jene Bedeutung zukommen. Aber in der juristischen Wirklichkeit fehlt der (dem Bedeutungsträger vorausgehende) Referent. Und deswegen ist die Bedeutung des Wortes jedes Mal zu erforschen und nichts beweist, dass die Vokabeln in zwei verschiedenen Sprachen sich auf die gleichen Dinge beziehen.

Die Schwierigkeiten sind groß. 15

Man weiß nicht, ob man einen Text übersetzt oder eine Regel, die aus nicht geschriebenen Texten und Elementen folgt. Es muss ein Bedeutungsträger übersetzt werden, ohne dass ein Referent vorhanden ist. 16

Im Vorfeld (s. erstes Kapitel, § 2,8.) haben wir uns gefragt, ob es möglich ist zu vergleichen. Nun müssen wir uns fragen, ob es möglich ist zu übersetzen. 17

Eine maßgebliche Stimme gegen die Idee eines mehrsprachigen Europäischen Gesetzbuchs hat bestritten, dass sich das Recht eines bestimmten Staates, in dem sich eine bestimmte Kultur, Tradition, Lebensart und Mentalität widerspiegelt, durch eine fremde Sprache ausdrücken lässt.[6] Damit wird bestritten, dass man das Recht anderer Völker verstehen könnte: Das Rechtsdenken einer Person eines ganz anderen Kulturkreises könne nicht verstanden werden. 18

Dieser Diskurs bewertet die Beziehung zwischen Kultur, Sprache und Begriffen so exklusiv, dass es jeder anderen Kultur und Sprache unmöglich sei diese zu imitieren, zu simulieren, aufzunehmen, einzelne Wörter oder einzelne Konzepte aus einem anderen Kulturkreis zu übernehmen und schließlich auch die Bedeutung (oder Bedeutungen) von Ausdrücken aus einem anderen Kulturkreis zu rekonstruieren. Er weist von vornherein den Kulturen und Sprachen Haltungen, Aufgaben, Fähigkeiten und Handlungsspielräume zu, die nicht der Realität entsprechen. Der englischsprachige Jurist spricht Englisch mit anderen englischen, amerikanischen oder indischen Kollegen und impliziert, wenn er mit diesen über einen contract spricht, eine vertragliche Vereinbarung mit consideration. Aber er ist ebenso gewillt Englisch zu sprechen, wenn er mit ausländischen Kollegen die Grundsätze der UNIDROIT oder einen vorläufigen Entwurf für ein Europäisches Zivilgesetzbuch eruiert, und in diesem Zusammenhang spricht er von contract und bezeichnet mit diesem Wort all das, was unter die Kategorie des contrat fällt. Er kennt zwei Bedeutungen von contract, wobei nur eine von ihnen gleichbedeutend mit dem Begriff des contrat ist. 19

Niemand hat bisher bewiesen – und niemand wird es jemals beweisen können –, dass das Lernen einer Muttersprache und einer Rechtskultur, die in dieser Sprache ausgedrückt wird, eine interkulturelle Kommunikation *für alle unmöglich macht, unabhängig von jeder Ausbildung, allen Untersuchungen, jedweder Erfahrung und in Bezug auf den gesamten Umfang von Sprache und Kultur.* 20

Man sollte nicht vergessen, dass auch die Muttersprache eine gelernte Sprache und auch die heimische Kultur eine gelernte Kultur ist. Ebenso sollte man nicht vergessen, dass die Person, die nur eine Sprache spricht, eine imaginäre ist. In der Wirklichkeit schreibt jede Person zwar in der Landessprache, spricht aber eine Volkssprache oder die Sprache der Herkunft ihrer Familie oder die tatsächlich benutzte Sprache am Arbeitsplatz und so weiter. 21

6 P. Legrand, *Against a European Civil Code*, in: *Modern Law Review*, 1997, 44–62.

22 Zu übersetzen ist möglich.

23 Ein wagemutiger Jurist übersetzt.

24 Natürlich dürfen wir von einer Übersetzung nur das von ihr Leistbare erwarten. Wenn der Text A sagt und das Recht B, kann vom Übersetzer nicht erwartet werden, dass er in seiner Übersetzung erklärt, dass der Text A sagt, das Recht aber B. Wenn der Text A sagt und in dieser Sprache A drei Bedeutungen zukommen, kann vom Übersetzer ebenso wenig verlangt werden, in der Zielsprache einen Ausdruck, der ebenfalls diese drei Bedeutungen hat, zu finden.

25 Die Übersetzung ist, wie viele Künste, eine Fertigkeit im Rahmen des Möglichen.

7. Die Sprache des Textes

26 Italien – ebenso wie andere Länder – erfindet nicht all die Rechtsmodelle, derer es bedarf; ja, im Gegenteil, es gebraucht sogar überwiegend von anderen erarbeitete Modelle.

27 Die doppelte Rezeption des französischen und des deutschen Modells (vgl. hierzu den II. Teil dieses Werkes), hat die Italiener dazu gezwungen, sich Rechtskategorien zu bedienen, die vollständig mit denjenigen übereinstimmen, die in den Ursprungsländern des jeweiligen Modells erarbeitet wurden. Das italienische Rechtsvokabular hat sich somit zweimal entsprechend der aus der Vereinheitlichung wachsenden Notwendigkeit anpassen müssen.[7] Ein- und dasselbe Wort – nullità – hat in einer gewissen Periode Unwirksamkeit bedeuten können (parallel zur französischen nullité), und später dann Nichtigkeit des gesamten Rechts (parallel zur deutschen Nichtigkeit).[8] »Delitto civile, fatto illecito« übersetzen »délit, fait illicite«; »atto illecito« übersetzt »unerlaubte Handlung«. »Dazione in pagamento« stellt die Parallele zum französischen »dation en paiement« dar und kommt unmittelbar vom lateinischen »datio in solutum«; »prestazione in luogo d'adempimento« geht auf die deutsche »Leistung an Erfüllungsstatt« zurück.

28 Auf diese Weise haben sich im Innern der italienischen Sprache zwei verschiedene Rechtssprachen ansammeln können, auch wenn seit langem viele dazu neigen, irrtümlicherweise nur die französisierte Sprache zu sehen.

29 Die gleichzeitige Anwesenheit zweier verschiedener Rechtssprachen innerhalb einer einzigen Sprache ist nicht selten. So findet man etwa im Französischen die Koexistenz einer Rechtssprache aus Frankreich, einer aus Québec sowie einer aus der Schweiz.

30 Die Rechtssprache aus Québec ist nicht notwendigerweise die gleiche wie die aus Frankreich. Dies gilt vor allem hinsichtlich der Wortwahl, die vom Gesetzgeber getroffen wurde. Wenn der Gesetzgeber aus Québec »fiducie« »trust« nennt (Art. 1260 ff. Code civil du Québec, zweisprachig), dann bedeutet in der Rechtssprache von Québec »fiducie« »trust«. Dies ist eine sprachliche, keine rechtliche Frage.

---

7 Dieser Umstand, seit 1976 herausgestellt, ist auch ausländischen Kennern der italienischen Sprache bekannt. S. G. Rouhette, Rezension zu G. Tortora, *Dizionario giuridico italiano-francese*, in: *Rev. intern. droit comp.*, 1991, 957.

8 Das »Istituto per la documentatione giuridica« des »Consiglio nazionale delle ricerche« hat ein *Vocabulario giuridico italiano* herausgegeben, in dem, 1978, ein Ergänzungsband zum Buchstaben A erschienen ist. Darin privilegiert der Beitrag zu »annullieren« (unbewusst), durch die Art und Weise, wie die Inhalte ausgewählt wurden, die Bedeutung »nichtig machen« im Gegensatz zu »nichtig erklären«.

»La possession« und »il possesso« sind Ausdrücke, die dem Französisch der Franzosen und dem Italienisch der Italiener entstammen und die mit dem animus domini ausgeübte tatsächliche Sachherrschaft bezeichnen; werden dieselben Worte jedoch vom Französisch der Schweizer und vom Italienisch der Schweizer her verstanden, so bezeichnen sie ganz allgemein die tatsächliche Sachherrschaft. Der »Besitz« wiederum, sofern er als Ausdruck des in Deutschland und in der Schweiz gesprochenen Deutsch verwendet wird, meint allgemein die tatsächliche Sachherrschaft; »Besitz« gemäß des österreichischen Deutsch hingegen impliziert auch den animus domini (Art. 2228 ff. Code Nap., § 309 ABGB, § 854 ff. BGB, Art. 919 C. c. Schweiz, Art. 1140 C. c. it.). 31

Von einem logischen Standpunkt aus betrachtet steht nichts der Schlussfolgerung im Wege, dass es mehrere französische Sprachen (eine für Frankreich, eine weitere für die Schweiz, eine dritte für Québec, eine für den Kongo, eine für den Sénégal usw), mehrere italienische Sprachen gibt (eine französisierte, eine germanisierte, eine für den Kanton Tessin) und schließlich mehrere deutsche Sprachen (eine kaiserlich-föderale, eine österreichische, eine schweizerische und, bis 1990, eine sozialistische). 32

Hat man jedoch einmal daran erinnert, dass zwei Gesetzbücher verschiedener Länder gleichlautende Wörter mit verschiedenen Bedeutungen gebrauchen können, ist es angemessen auch daran zu erinnern, dass in zwei Texten ein- und desselben Landes die Bedeutungen der gebrauchten Wörter ebenfalls variieren können (in Italien sprechen die Gesetze zum Wechsel- und Scheckrecht von »detenzione« in einer anderen Bedeutung als die Artt. 1992 ff. des Codice civile). Dasselbe kann auch in zwei Artikeln ein- und desselben Gesetzes geschehen oder bei zwei Autoren verschiedener Lehrbücher oder bei zwei Richtern. Die Wörter haben nämlich keine objektive, absolute und dauerhafte Bedeutung, und jeder Sprecher teilt jedes Mal, wenn er einen Ausdruck benutzt, diesem eine spezifische, nicht wiederholbare Bedeutung zu. 33

Auf diese Weise lassen uns die Probleme der Übersetzung die Probleme der Bestimmung und der Spezifizität der Sprachen entdecken: Müssen wir dann, wenn wir in Italienisch über das italienische Recht der Zeit von 1865 bis 1942 sprechen, auf die Terminologie dieser Epoche zurückgreifen, oder müssen wir sie nicht vielmehr durch die moderne Terminologie ersetzen? Und was ist zu tun, wenn eine bestimmte terminologische Wahl einst überwog, ohne jedoch ausschließlich zu sein, heute jedoch, ohne ihrerseits ausschließlich zu sein, eine andere Wahl überwiegt? Und wie werden wir schließlich das genaue Maß der begrifflichen Übereinstimmungen und Unterschiede finden? 34

Die Praxis gibt uns diesbezüglich eine erste Antwort. Wir benutzen italienische Werke des vergangenen Jahrhunderts, ohne sie zuvor zu übersetzen. Dasselbe machen ein Pariser Jurist, wenn er Bücher aus Québec konsultieren muss, sowie der Jurist aus Stuttgart, der ein in Wien veröffentlichtes Werk konsultiert. Italienisch erscheint also nur als eine einzige Sprache[9] und das gleiche gilt für das Französische wie für das Deutsche. 35

8. Probleme der Übersetzung, die dem Recht entspringen

Im Jahr 1974 lancierte UNIDROIT (internationales Institut mit Sitz in Rom, das als gesetztes Ziel die Vereinheitlichung des Privatrechts hat), angesichts des Erfolges seiner 36

9 Ist das wirklich wahr? P. Melograni hat 1991 N. Machiavelli, *Der Fürst*, in modernes Italienisch übersetzt.

Initiative im Bereich des internationalen Warenverkaufs[10], die Herausgabe seiner bekannten Principles of International Commercial Contracts. Die Abfassung der ersten Kapitel der Principles wurde zunächst drei Rechtsvergleichern anvertraut, die sicherlich unter den berühmtesten gewählt wurden: R. David, T. Popescu, C. Schmitthoff. Der Text wurde zweisprachig (englisch und französisch) verfasst.

37 Art. 2 der Principles verwendete die Ausdrücke »contract« und »contrat«.

38 Allerdings sind contract und contrat nicht dasselbe. Der zweiseitige, auf die Übertragung unbeweglichen Eigentums oder auf die Einrichtung eines Grundpfandrechts gerichtete Akt und ebenfalls die Einigung über die Vermögensverwaltung durch einen Strohmann sind contrats in Frankreich, aber sie sind keine contracts in England und den Vereinigten Staaten (sie gehören stattdessen zur conveyance oder zum trust).[11]

39 Die Formulierung der Principles stellte ihre Autoren vor Probleme, die auf der Ebene der Übersetzung nicht zu lösen waren. Die englische Sprache kennt keinen Ausdruck, um den contrat anzuzeigen, und die französische Sprache kennt umgekehrt keinen Ausdruck, um den contract zu bestimmen. Die Schwierigkeit wäre lösbar, wenn man sich entschiede, die Ausdrücke contract und contrat in einer allgemeinen Bedeutung zu gebrauchen, im Sinne von »Vereinbarung, die rechtliche Beziehungen zum Gegenstand hat«; in diesem Fall müsste der Text jedoch klarstellen, welche zusätzlichen Elemente bei der Vereinbarung vorhanden sein müssen, damit die gesetzlichen Tatbestandsvoraussetzungen erfüllt sind und die Vereinbarung für die Parteien bindend ist (und außerdem müsste er klarstellen, was »Vereinbarung« bedeutet).

40 Es geht demzufolge darum, Klarheit darüber zu gewinnen, ob der Satz »la conveyance ist kein contract«, der eine bestimmte Bedeutung von »contract« einschließt, eine sprachliche oder aber eine rechtliche Gegebenheit ausdrückt. Im ersten Fall wären zu einer Veränderung des jeweiligen Wortinhalts diejenigen befugt, die diese Sprache sprechen, also vor allem die Lehre. Es könnte sich auch ein Gesetzgeber darum kümmern (einschließlich der des einheitlichen Rechts), indem er einem bestimmten Wort eine neue Bedeutung zuerkennt (und diese Entscheidung ausdrücklich fällt).

41 Während der Unterschied zwischen contract und contrat auf einen Unterschied zwischen den Begriffen zurückgeht, ist die Situation glücklicherweise dann, wenn die Rechtsregeln sich unterscheiden, nicht ebenso schlimm. Obligation de donner und obligation to transfer a property sind nicht austauschbare sprachliche Ausdrücke, auch wenn in Frankreich die obligation de donner automatisch die Eigentumsübertragung bewirkt (Art. 1138 Code Nap.) und in England der Tatbestand lediglich das Entstehen einer Verpflichtung sowie eines equitable interest zugunsten des Gläubigers hervorruft. Wir stehen also vor unterschiedlichen Rechtsregeln, aber die Kategorien, und mit ihnen die Sprache, entsprechen einander.

10 Auf einer Initiative von UNIDROIT beruht das Haager Kaufrechtsübereinkommen von 1964 sowie erneut das UN-Übereinkommen über den internationalen Warenkauf (CISG) in Wien, 1980.

11 In gleicher Weise sind die Schenkung und dingliche Verträge contrats, während gift und bailment keine contracts darstellen. Aber dieser Umstand ist hier nicht von Belang, weil es hier um Handelsrecht geht; die Schenkung ist jedoch kein handelsrechtlicher Tatbestand und der bailment ist ein solcher nur, wenn er entgeltlich stattfindet; in diesem Fall ist er ein bargain und deshalb fällt er dann auch unter die Kategorie contract.

Die bislang gegebenen Beispiele zeigen auf, dass, wenn mehrere Beispiele wechselseitig miteinander korrespondieren und übersetzbar sind (Tod = death = mort)[12], dies noch nicht impliziert, dass gleichermaßen eine Reihe paralleler Anwendungsregeln daraus resultiert. Es ist jedoch auch das Gegenteil wahr, so seltsam dies auch klingen mag. Es kann nämlich geschehen, dass die Anwendungsregeln der zwei Systeme einander ähnlicher sind als die Worte, in denen sie ausgedrückt werden.[13] 42

Wenn wir dies betrachten, macht es uns die zwischen Übersetzung und Rechtsvergleichung bestehenden Zusammenhänge deutlich. 43

Die Übersetzung besteht aus der Suche nach der Bedeutung eines zu übersetzenden Satzes und aus der Suche nach einem angemessenen Satz, um diese Bedeutung in der Sprache der Übersetzung auszudrücken. Der erste Vorgang obliegt dem Juristen. Auch der zweite obliegt dem Juristen. Beide Vorgänge zusammen jedoch obliegen dem Rechtsvergleicher. Er ist der einzige, der kompetent ist zu entscheiden, ob beide Ideen, die sich aus verschiedenen Rechtssystemen ergeben, jeweils einander entsprechen; und zu entscheiden, ob eine Differenz zwischen den Normen auch in eine Differenz zwischen den Begriffen einmündet. 44

Der Übersetzer muss jedoch eine weitere Reihe von Umständen berücksichtigen, die nicht auf die Zusammenhänge zwischen Wörtern und Konzepten reduziert werden können. 45

9. Probleme der Übersetzung, die der Sprache entspringen

Die rechtliche Norm kann vor der sprachlichen Formel, mit der wir sie beschreiben, existieren. Dies wird noch deutlicher, wenn die Regel gewohnheitsrechtlicher Art ist: In diesem Fall wird sie nur in einer entsprechenden Weise formuliert, wenn sie von professionellen Juristen untersucht wird. 46

Also wird die rechtliche Information nicht immer in Worten ausgedrückt: Aber wenn die Regel artikuliert wird, verweist der rechtliche Diskurs auf die ihr vorangehenden Informationen. Der Übersetzer wiederum kümmert sich nur um die Bedeutung der Worte, die er übersetzen muss, und damit scheint das jenseits dieser Bedeutung Liegende ihn nicht zu interessieren bzw. scheint sein einziges Ziel die konzeptuelle Entsprechung des Satzes, den er übersetzen muss, in der Zielübersetzung zu finden. 47

Diese Entsprechungen können durch die Eigenschaften der beiden Sprachen, mit denen sich der Übersetzer auseinandersetzen muss, erleichtert oder aber auf eine harte Probe gestellt werden. 48

Die Eigenschaften der juristischen Sprache des zu übersetzenden Textes können diese wiederum erleichtern. 49

Die deutsche Rechtssprache des 19. Jahrhunderts war objektiv leicht zu übersetzen. Die Pandektistik hatte eine Gesamtheit von zahlreichen analytischen und wohl zusammenhängenden Begriffen geschaffen, die nahezu das Ideal erreichten, demzufolge 50

12 Diese drei Ausdrücke waren früher untereinander austauschbarer als heute. Der juristische Tod kann mit dem Herzstillstand oder dem des Hirntodes zusammenfallen. Diese Wahlmöglichkeit könnte zu einer auseinanderlaufenden Entwicklung in der Bedeutung der oben gebrauchten Ausdrücke führen.

13 Tizio verspricht, an Casio das Eigentum an einer beweglichen Sache zu übertragen. Sodann übergibt er ihm die Sache zum Zwecke der Erfüllung, obwohl das Versprechen nichtig ist und er sich dieser Nichtigkeit auch bewusst ist. In England, Frankreich und in Deutschland geht das Eigentum in diesem Augenblick über. Aber die Regel drückt dies mit äußerst unterschiedlichen und teils auch unübersetzbaren Formulierungen aus.

einem Begriff nur eine einzige Vokabel und jeder Vokabel nur ein einziger Begriff entsprachen. Schwierigkeiten konnten nur dort auftreten, wo der Sprache der Übersetzung die entsprechenden Vokabeln fehlten. Wie konnte man und wie kann man ins Französische die sechs deutschen, miteinander zusammenhängenden Vokabeln übersetzen: rechtswirksames Verhalten, Rechtshandlung, geschäftsähnliche Handlung, Willensgeschäft, Willenserklärung, Rechtsgeschäft? Die Franzosen besitzen allein die beiden Ausdrücke acte juridique (was der deutschen Rechtshandlung entspricht) und déclaration (entsprechend der deutschen Willenserklärung); sie können wohl auch rechtswirksames Verhalten übersetzen, mit fait de l'homme, aber für die anderen Ausdrücke, vor allem jedoch für das Rechtsgeschäft (dh für den wichtigsten), haben sie keine Entsprechung in der französischen Sprache. Dennoch steht derjenige, der vom Deutschen ins Französische übersetzen muss, nicht vor einer unlösbaren Aufgabe: Er kann die Bedeutung des deutschen Ausdrucks bestimmen und ihn dann mit einer komplexeren Formulierung erfassen (mit einer Formulierung in einem ganzen Satz oder mehreren Worten).

51 Die wahren Schwierigkeiten in der Übersetzung ergeben sich aus einem viel schwerer wiegenden Umstand: Und zwar daraus, dass das Verhältnis zwischen Wort und Begriff nicht von selbst in allen Rechtssprachen gleich bleibt.

52 Eine Lehre von der Rechtsübersetzung besitzt keinen eigenständigen Wert, wenn sie sich nicht dem Problem der Beziehungen stellt, die in den verschiedenen Sprachen zwischen Wort und Begriff bestehen, und wenn sie nicht die Eigenheiten zu bemerken vermag, die dieses Verhältnis in der jeweiligen Sprache charakterisieren.

53 Das Problem, das durch »vage« formulierte Rechtsnormen bei der Interpretation, Transplantation und – für den hier Interessierten – bei der Übersetzung und Rechtsvergleichung entsteht, ist bekannt.[14]

54 Ein wichtiges Beispiel aus diesem Bereich bietet uns die Synekdoche, die insbesondere vom französischen Juristen praktiziert wird.[15] Wenn ein Franzose sagt »tourner ses épaules« kann ein Deutscher dies mit »den Rücken zukehren« übersetzen, weil die deutsche Sprache *diese spezifische* Synekdoche zulässt. Aber kann dasselbe für alle von der französischen Sprache zugelassenen Synekdochen gelten? Und könnte man immer in gleicher Weise vorgehen, gleich in welche Sprache der Welt man übersetzt?

55 Dieses Problem interessiert den Juristen, weil eine wichtige Rechtssprache – das Französische – mehr als andere Sprachen dazu neigt, die Nennung des Tatbestandes durch die Nennung seines charakteristischsten – beziehungsweise für die unmittelbare Assoziierung der Folgen des Tatbestandes beim Betrachter geeignetsten – Tatbestandsmerkmals zu ersetzen.

56 Aus dieser Besonderheit der französischen Sprache – die den Franzosen selbst nicht einmal bewusst ist – ergeben sich einige Schlüsseldefinitionen. So etwa die Definitionen von verschiedenen Rechtshandlungen (allein auf den Willen gestützt, wobei das Merkmal Erklärung ausgelassen wird) und unerlaubter Handlung (gestützt nur auf Schuld und Schaden unter Verzicht auf die Nennung der Widerrechtlichkeit). Nichts verhin-

14 Zu dem Thema C. Luzzati, *La vaghezza delle norme. Un'analisi del linguaggio giuridico*, Mailand, 1990; J. Waldron, *Vagueness in Law and Language: Some Philosophical Issues*, in: *California Law Rev.*, 1992, 5 ff.; G.M. Ajani, *The Transplant of Vague Notions*, in: *Studia in on. Peteri*, Budapest, 2005.

15 P.G. Monateri, *Règles et technique de la définition en France et en Allemagne*, in: *Rev. intern. droit comp.*, 77; Id, *La sineddoche*, Mailand, 1984.

dert dann, wohlgemerkt, dass in einigen Fällen der Wortlaut der Definition überbewertet wird und auf dieses Weise die Lösung des praktischen Falles bedingt (mit der Folge, dass die Synekdoche beseitigt wird!).

Der Übersetzer eines französischen Textes muss das mögliche Vorhandensein gefährlicher rhetorischer Figuren berücksichtigen; und er muss in der eigenen Sprache nach Ausdrücken suchen, die einen zweifachen Wert ausdrücken können, der a) die wörtliche Bedeutung und b) den rekonstruierten Sinn unter Berücksichtigung der Synekdoche erfassen kann. 57

Synekdoche und Metonymie sind nur Beispielsfiguren eines allgemeinen Phänomens. 58 Zwischen der Art, in der der Jurist eine Regel formuliert, und der Art, in der sie angewandt wird, kann immer eine Abweichung bestehen, die zudem auf verschiedenen Ursachen beruhen kann. Aber wenn sie zwischen der formulierten Regel und der Idee, die der Sprecher ausdrücken wollte, auftritt und einer erkennbaren rhetorischen Figur zu verdanken ist, dann kann sie von einem gewissenhaften Übersetzer nicht ignoriert werden.

10. Jenseits der Definition

Die Rechtssprache müsste als wissenschaftliche Sprache auf der Entsprechung zwi- 59 schen einer bestimmten Vokabel und einer zu ihr gehörenden Kategorie beruhen und auf der Grundlage ihrer Denotation unzweideutig definiert sein, dh auf der Grundlage der Gesamtheit der sie bestimmenden Eigenschaften. Aber einige Rechtsausdrücke enthalten darüber hinaus noch zusätzliche Konnotationen, zustimmende oder bestreitende, Sympathie oder Abneigung implizierend; und bisweilen bestimmt sich die Auswahl einer Vokabel nach der historischen Herkunft der Rechtsregel oder es geschieht, dass das Erscheinungsbild der einzelnen Ausdrücke dasjenige der Institutionen maßgeblich beeinflusst.

Dies beruht darauf, dass die Rechtssprache (insbesondere die des öffentlichen Rechts) 60 zugleich auch die Sprache der Politologie ist, in deren Rahmen wertende Urteile legitim sind. Das italienische Wort »risparmio« beispielsweise impliziert etwas Positives, was dem Ausdruck »capitalizzazione« fehlt. Es wäre daher missglückt, den Ausdruck »risparmio« mit »capitalisation« zu übersetzen, auch wenn die erweiterte Bedeutung der beiden Kategorien gleich ist.

Auch die direkt vom Gesetzgeber gewählten Terminologien können von gewissen 61 Emotionen beherrscht sein, infolge eines Bedürfnisses nach einer Abwechslung des Sprachstils, die ihrerseits auf besonderen Moden, Abneigungen oder auf dem Hang zum Theatralischen beruhen.

Gegen Ende des 19. Jahrhunderts nahm der deutsche »Rechtssozialismus« eine kriti- 62 sche Position gegenüber der in den Entwürfen zum BGB verwandten Terminologie ein: Diese sei zu abstrakt, weit entfernt von der Alltagssprache und daher für die allgemeine Bevölkerung unverständlich. Bei der Redaktion des 1975 erschienenen Zivilgesetzbuches der DDR ersetzten die dabei tätigen Juristen (der Haltung des »Rechtssozialismus« treu) eine ganze Reihe deutscher Rechtsbegriffe mit Neologismen: Betrieb statt Unternehmen, Gemeinschaft für Gesellschaft, andere für Dritte usw.[16] An diesem Punkt könnte man sich fragen, ob das russische Wort predprijatie, das immer schon

16 Dazu insgesamt G. Crespi Reghizzi, G. de Nova, R. Sacco, *Il Zivilgesetzbuch della Repubblica Democratica Tedesca*, in: *Rivista di diritto civile*, 1976, I, 47.

das Wort Unternehmen übersetzte, sich nun auch als Übersetzung für den Ausdruck Betrieb eignet.

63 Wenn ein Rechtsmodell nachgeahmt wird, greift man hin und wieder auf Anleihen und Lehnworte zurück, um – in der neuen Sprache – das Ursprungsmodell aufzuzeigen. In diesen Fällen gibt uns die jeweilige Bezeichnung Informationen, die sich auf die Zirkulation der Modelle beziehen. Man denke nur an die weite Verbreitung bestimmter Ausdrücke im sozialistischen Raum, die ihren Ausgang in der russischen Revolutionssprache genommen haben, wie etwa hozrasčët, kolchoz, presidium.

64 In einer Sprache können bestimmte Entsprechungen zwischen mehreren Ausdrücken bestehen oder zumindest erahnt werden. Die rechtsgeschäftliche Privatautonomie und die Vertragsfreiheit sind synonym. Aber der zweite Ausdruck assoziiert eine Verbindung mit den Freiheitsrechten. Die französische Sprache bindet das Recht des Autors und das Recht des Erfinders an den Ausdruck Eigentum, wenn sie diese Rechte »propriété littéraire« und »propriété industrielle« nennt.

11. Die höchst abstrakten Begriffe

65 Wir haben bereits die Verschiedenartigkeit der Bedeutung der Begriffe possession, Besitz und possesso bemerkt.

66 Jedes dieser drei Worte bedeutet in manchen Rechtssystemen {die tatsächliche Sachherrschaft, mit oder ohne animus domini}; in anderen Systemen hingegen meint es {die tatsächliche Herrschaft zuzüglich den animus domini des Betreffenden}, dem die détention, Innehabung, detenzione gegenübergestellt ist, welche {unmittelbare tatsächliche Herrschaft, mit oder ohne animus domini} meint. Hier liegt der sprachliche Gegensatz im Innern des Französischen, Deutschen und des Italienischen.

67 Die Deutschen und die Schweizer haben entschieden, einen gleichwertigen Schutz all denen zuzugestehen, die eine tatsächliche Sachherrschaft ausüben, unabhängig von ihrem animus. Sie haben auf diese Weise eine Rechtsfrage entschieden. Was wir uns nun fragen, ist dieses: Warum haben sie nicht den Träger dieser tatsächlichen Herrschaft Inhaber, détenteur, dententore genannt und auf diese Weise die Einheitlichkeit der Terminologie innerhalb einer jeden dieser drei Sprachen bewahrt?

68 Man kann versuchen, eine Antwort auf diese Frage zu geben. Das Wort possession oder Besitz lässt an eine Situation des Schutzes nicht nur gegen Entziehung, sondern auch gegen Störung denken; damit stellt es eine äußerst weite Verteidigung zur Verfügung. Das Wort possesseur oder Besitzer lässt an jemanden denken, der a) über eine tatsächliche Herrschaft über eine Sache verfügt, b) den größten rechtlichen Schutz, der in dieser bestimmten Rechtsordnung dem Träger einer tatsächlichen Herrschaft zugedacht ist, genießt.

69 Der Genotyp (= ein höchst abstrakter Begriff) entsteht aus den zwei Ideen von Herrschaft und Schutz und jedes System legt dann die Eigenschaften eines Phänotyps fest, der diesem Genotyp entspricht.

70 Seitdem die Deutschen und die Schweizer sich von der römischen Regel abgewandt und eine Herrschaft, die ohne animus ausgeübt wird, gegen eine Störung geschützt haben, ist diese Herrschaft Besitz geworden.

Das französische Gesetz von 1975 über die Besitzklagen[17] scheint diese sprachliche Symmetrie wieder in die Diskussion einzubringen, weil es dem détenteur die complainte zugestanden hat (und damit ein Mittel gegen Störungen). Dennoch kann man feststellen, dass der Schutz des französischen détenteur noch nicht so weit gefasst ist wie der des französischen possesseur (denn dem Ersten steht keine Klage gegen denjenigen zu, der durch ihn besitzt). 71

Umfangreichere Ausführungen können sich bei der Analyse der Begriffe contrat, contract, Vertrag, contratto,[18] propriété, ownership,[19] fatto illecito und tort entwickeln. Jeder dieser Begriffe scheint komplexe konzeptionelle Beziehungen zwischen einem Genotyp (höchst abstrakter Begriff) und seiner konkreten Erscheinungsform zu verbergen. 72

Der Phänotyp, eine konkrete Erscheinungsform, wird mittels dogmatischer Analyse (konzeptionell) innerhalb eines jeden Landes untersucht. Auf einer höheren Abstraktionsebene wird der Genotyp vom Rechtsvergleicher untersucht, der ihn auf sprachlicher Ebene analysiert und in der Übersetzung anwendet. 73

12. Namen und Kategorien

Bis hierher haben wir Namen betrachtet, die abstrakte Kategorien bezeichnen: Vertrag, Trust, Tod. Aber die Übersetzung kann auch auf Worte stoßen, die zwar recht weite Kategorien anzudeuten scheinen, die jedoch, gerade beim Aufeinandertreffen mehrerer Sprachen, eine Bedeutung annehmen, die eng mit ihrem Ursprung und anderen Umständen verbunden ist; in bestimmten Fällen werden sie sogar eine Art Name, reserviert für nur eine einzige Person. Solche Worte sind unübersetzbar. Um vom King of England zu sprechen, übersetzen wir dieses Wort mit König (oder roi oder re). Aber wenn wir vom ehemaligen russischen Souverän sprechen, sagen wir in jeder Sprache Car (oder, gleichbedeutend, wenngleich weniger exakt, das transkribierte Zar). Dies gilt auch, wenn wir von denjenigen Monarchen sprechen, die offiziell den Titel »imperator« angenommen haben. 74

In dem Bereich des öffentlichen Rechts der Ehrenbezeichnungen treffen wir häufig auf nominalistische Gegensätze, die kein begrifflicher Gegensatz erklären kann (conte ≠ marchese; cavaliere ≠ commendatore; licencié ≠ maître ≠ docteur). Die Äquivalenz zu den entsprechenden Ausdrücken des mittelalterlichen Lateins – oder der historische Wert dieser Worte – hat diesen Gegensätzen ermöglicht, sich in einer beachtlichen Zahl von Sprachen zu verwurzeln.[20] 75

In diesen Fällen erkennt man das Phänomen des Rechtsnominalismus; der Name überwiegt die Bedeutung. Wir könnten – mit einer weder exakten noch wissenschaftlichen, aber ausdrucksstarken Formulierung – sagen, dass der Name nicht auf eine Idee hin- 76

---

17 Das Gesetz Nr. 75/596 vom 9.7.1975. Dazu G. Goubeaux, *L'extension de la protection possessoire au bénéfice des détenteurs*, in: *Rep. Not. Defrenois*, 1976, 374; A. Guarneri, *Una legge francese sulle azioni possessorie*, in: *Rivista di diritto civile*, 1980, I, 302.

18 Siehe den Versuch einer Analyse von R. Sacco (und de Nova), *Il contratto*, 4. Aufl., Turin, 2016, in *Trattato di diritto civile diretto da R. Sacco.*

19 Siehe die umfassende Untersuchung (mit einem Komplexitätsgrad, der seinesgleichen sucht) von A. Gambaro, *Property, proprietà, Eigentum*, Padua, 1992.

20 Und dennoch können auch sie zu Übersetzungsproblemen führen. Franzosen und Italiener (und manchmal auch die Deutschen) nennen den polnischen, zur Zeit Napoleons geschaffenen Staat Großherzogtum Warschau. Aber die Polen nennen ihn Ksiestwo (dh Herzogtum oder Fürstentum) Warschau, und widersprechen somit der linguistischen Wahl der lateinischen Sprachen.

deutet, sondern auf einen anderen Namen. Es ist nicht schwierig, dafür andere Beispiele zu finden: Niemand würde das Wort »sovet« (im Sinne einer politischen Versammlung) mit dem Wort »Rat« übersetzen, obwohl die Bedeutung der beiden Worte einander entspricht.

77 Es ist formell das Vorrecht der Autorität, Rechtsregeln zu schaffen.

78 Doch die Begriffe zu definieren, die zu ihrer Kenntnis und Einordnung erforderlich sind, dies ist das Vorrecht der Lehre.

79 Hin und wieder können wir jedoch auch Einordnungen finden, die von der zuständigen Autorität, insbesondere vom Gesetzgeber gewollt sind. In diesen Fällen kann die Lehre diesen Willen feststellen, aber nicht ignorieren. Der Übersetzer darf dann seinen Lesern das Vorhandensein eines solchen politischen Willens nicht verbergen, der die Grenze des Bereichs der Entscheidungsregel überschreitet, um in denjenigen der Erkenntnismittel einzudringen (wie auf wissenschaftlicher Ebene, so auch auf der des alltäglichen Lebens). Besonders deutlich war dieses Phänomen im sozialistischen Bereich sichtbar.

80 Weil ein Staatsunternehmen in der Sowjetunion einen bestimmten Umfang an Produktionsmitteln besaß, über die es verfügte und die es nutzte, schlossen die westlichen Juristen daraus, dass dieses Unternehmen (in englischer oder französischer Sprache) owner, propriétaire dieser Mittel war. Die Frage, ob der Eigentümer nun das Staatsunternehmen oder aber der Staat selber war, wurde von dem bekannten Zivilrechtler A. Venediktov untersucht, der sich – nach gewissem Zögern und gemahnt durch die politische Gewalt – zugunsten des Eigentums des Staates entschied.[21] Nach dem Erscheinen seines Werkes haben die Osnovy des Zivilrechts der UdSSR 1961, gefolgt von verschiedenen volksrepublikanischen Zivilgesetzen, kategorisch formuliert, dass der Staat der einzige Eigentümer der industriellen Produktionsmittel sei.[22] An dieser Stelle war es infolgedessen für den Übersetzer nicht mehr legitim, in dem Text ein Wort mit einem eigenständigen Bedeutungsgehalt einzuführen. Er musste sobstvennost mit »Eigentum« übersetzen und es auf eine andere Gelegenheit verschieben, die Entsprechung von der sobstvennost des Staates an den Produktionsmitteln und den anderen Bedeutungen des Ausdrucks sobstvennost zu bestreiten.

81 Ähnliches kann man auch für die Figur und Bezeichnung der Vertretung sagen. Wir nennen die Parlamentarier Vertreter des Volkes und die Eltern Vertreter des Minderjährigen. Die einen wie die anderen nehmen sicherlich Handlungen vor, die in der Sphäre eines anderen Wirkungen zeigen – in der des Staates und der Bürger oder in der des Minderjährigen. Aber nicht ersichtlich ist, warum man die Parlamentarier, nicht hingegen Minister und Richter »Vertreter« nennt. Dass Erstere für ihre Aufgabe gewählt – und nicht ernannt – sind, erklärt noch nichts, weil wir auch nicht gewählte Vertreter kennen: der Komplementär, der die Gesellschaft vertritt; die Eltern, die den Minderjährigen vertreten.

21 A.V. Venediktov, *Gosudarstvennaja socialističeskaja sobstvennost'*, Moskau, 1948 (übersetzt ins Italienische von V. Dridso und R. Sacco, *La proprietà socialista dello Stato*, Turin, 1953). Zuvor hatte sich derselbe Autor noch für eine Idee des zwischen Staat und Unternehmen geteilten Eigentums ausgesprochen. Der von ihm diesbezüglich verfasste Aufsatz wurde in den sowjetischen Staaten unauffindbar.

22 OGZ, Art. 21: »Der Staat ist der alleinige Eigentümer der Mittel, die als Gesamtheit zum Eigentum des Staates gehören.«; GK RSFSR, Art. 94, usw.

13. Die garantierte Übersetzung

Die durch die Dehnbarkeit der Sprache ermöglichte Rechtsübersetzung trifft auf den ein oder anderen Helfer, der sie nicht nur ermöglicht, sondern auch darüber hinaus vollständig legitimiert. Der wichtigste Verbündete der Übersetzung ist der Gesetzgeber. 82

Wir haben schon gesehen, dass der Jurist in Paris das Wort trust nicht übersetzt, weil er meint, es gäbe zu diesem kein Äquivalent im Französischen. In Montreal hingegen sagt man für trust auf Französisch fiducie, weil der – zweisprachige Gesetzgeber Québecs – in den zwei Sprachen diese Idee ausdrücken muss, auf die er sich mit den beiden Ausdrücken trust und fiducie bezieht. Die semantische Äquivalenz der beiden Rechtstexte, die einen einzigen Willen des Gesetzgebers ausdrücken sollen, ist ein Axiom und kann keine Ausnahme dulden. 83

Leider funktioniert diese zwischen den beiden Ausdrücken notwendige Äquivalenz allein in den Grenzen, in denen der fragliche Rechtstext Autorität entfaltet. Das Wort, das in einem zweisprachigen Rechtstext einen vorbestimmten Sinn erhalten hat, kann anschließend in anderen Zusammenhängen gebraucht werden. Und dort kann es dann wieder die Bedeutung annehmen, die ihm originär zukam. So wird es zu einer Quelle von Missverständnissen. 84

Die Übersetzung, die sich einem Gesetzgeber verdankt, aber nicht durch die Autorität eines übergeordneten Gesetzgebers garantiert wird, genießt nicht ohne Weiteres eine solche semantische Äquivalenz, von der wir hier sprechen. Ein von zwei Gesetzgebern gewolltes und in zwei Sprachen verfasstes einheitliches Recht kann zu zwei in legitimer Weise divergierenden Auslegungen führen. Diese Problematik stellt sich noch einmal anders dar, wenn ein einheitliches Recht zunächst nur in einer Sprache als Vertragssprache verfasst und anschließend übersetzt wird, die Übersetzung offizielle Bedeutung nur in dem Gebiet der Übersetzungssprache hat und sie darüber hinaus zu besonderen lokalen Auslegungen führt. In diesen dann verschiedenen Auslegungen liegt ein unrechtmäßiger sprachlicher Irrtum. 85

Zweisprachige Texte betreffen nur eine begrenzte Anzahl von Ländern und außerhalb von diesen eine nur begrenzte Zahl juristischer Lösungen. Sie sind also nicht das eindrucksvollste Beispiel einer garantierten Übersetzung. Umgekehrt kann jedoch die Geschichte eines Wortes die Entsprechung zwischen ihm selbst und der zu einer anderen Sprache gehörenden Vokabel garantieren. Dies geschieht sogar häufig. In diesem Fall transponiert die Übersetzung nichts. Eine Sprache übernimmt einen fremden Ausdruck: Mit der Übernahme passt sie ihn an die (zB phonetischen) Regeln der übernehmenden Sprache an. Der Wert der beiden Ausdrücke ist identisch, der neue Ausdruck setzt den ursprünglichen fort. Üblicherweise bietet die Rezeption eines fremden Rechts die Gelegenheit, in die Sprache des rezipierenden Landes diejenigen Ausdrücke einzuführen, die erforderlich sind, um diesen Vorgang mit dem gewünschten Ergebnis durchzuführen. In diesen Fällen ist der Sinn des Neologismus offenkundig und unmissverständlich. Als die italienische Rechtslehre begann, von negozio giuridico zu sprechen, war der Inhalt dieser Kategorie klar, weil alle wussten, dass dieses Wort den deutschen Ausdruck Rechtsgeschäft übersetzte. 86

Man kann sich auch eine andere bedeutsame Situation vorstellen: In zwei verschiedenen Sprachen kann man zwei Vokabeln gebrauchen, um eine Idee auszudrücken, die in einer dritten Sprache mit einem bestimmten Wort bezeichnet wird. So entsprechen die 87

Worte locazione und Miete einander, weil sie in das Italienische und Deutsche als Entsprechung für das lateinische locatio eingeführt wurden.

88 Der überwiegende Teil des ungemein großen Wortschatzes des europäischen Kontinents ist gerade aufgrund seines Ursprungs übersetzbar, der von Anfang an die Übersetzung aus dem Lateinischen in die französische, deutsche und italienische Sprache gebunden ist; dann aus dem Französischen und Deutschen in das Italienische, Russische, Ungarische, Kastilische, Polnische usw. Der zunehmende Einfluss der Computer wird vielleicht erlauben, ein Korpus aller arabischen Ausdrücke zu verfassen, die gebraucht worden sind, um aus Europa stammende Rechtsbegriffe auszudrücken.[23]

89 Manche Rechtssprachen sind in den vergangenen Jahrhunderten durch derartige »übernehmende Übersetzungen« geschaffen worden. Ein solches Vorgehen ist vollständig gerechtfertigt. Vielleicht wird sogar die Zukunft der Rechtssprache diesen »übernehmenden Übersetzungen« anvertraut sein. Die kontinentalen Sprachen könnten passende englische Worte übernehmen, adoptieren, und umgekehrt. Die Sprachen wären reicher, Übersetzungen stellten kein Problem mehr dar. In New Brunswick, der kanadischen Provinz, in der Common Law angewandt und französisch gesprochen wird, geschieht dies bereits heute: bailment, remainder, chattel wird mit baillement, résidu, chatel übersetzt.

90 Der Linguist wird uns sagen, dass der englische Ausdruck, kaum dass er in eine andere Sprache übersetzt worden ist, eine andere Bedeutung anzunehmen beginnt. Zehn Jahre nach der Übersetzung ist sein Inhalt schon losgelöst von dem ursprünglichen Inhalt. Der Linguist, der so spräche, hätte zwar Recht, aber das entmutigt uns nicht: Die Bedeutungsunterschiede, die sich nach einer nicht einmal besonders langen Zeit zeigen, sind nicht größer als diejenigen, die innerhalb einer einzelnen Sprache die Ausdrucksweise zweier verschiedener Autoren voneinander trennen.

91 Die bislang gewonnenen Erkenntnisse können für eine Schlussfolgerung nochmals überdacht werden.

92 Die »übernehmende Übersetzung« ist völlig anderer Natur als die Übersetzung ohne irgendeine Präzisierung, die kein vorangehender Prozess vorbereitet hat. Zwischen Worten verschiedener Sprachen, die alle die dem ursprünglichen Wort innewohnende Bedeutung ausdrücken, bereitet die Übersetzung kein Problem.

93 Die »übernehmende Übersetzung« ist das Ergebnis einer Zirkulation der Modelle. Die Nachahmung eines Gesetzes und die Rezeption eines Lehrmodells oder einer richterlichen Argumentation implizieren, dass man durch Neologismen oder semantische Innovationen Worten mit streng homologem Inhalt in den zwei (oder mehreren) Sprachen Raum schafft.

94 Weil die Zirkulation in Europa systematisch eine kleine Anzahl von Grundmodellen verbreitet und auf diese Weise innerhalb des westlichen Standards notwendigerweise miteinander konkurrierende Figuren beseitigt hat, ist die »übernehmende Übersetzung« in einer sehr hohen Anzahl von Fällen möglich. Wenn wir die Aufmerksamkeit auf die afrikanischen und asiatischen Länder lenken, werden wir sehen, dass die »übernehmende Übersetzung« dort das Aufeinandertreffen zwischen dem europäischen Recht und dem europäisierten Bereich der afroasiatischen Systeme beherrscht.

23 Zu diesem Projekt s. R. Aluffi Beck Peccoz, *Verso il riordinamento del lessico giuridico arabo. Il progetto iura islamica informatica*, I, in: *Rivista di diritto civile*, 1985, I, 77.

14. Die Strategien des Übersetzers

Der Gesetzgeber hat – wie auch, wenngleich weniger sichtbar, die Gerichte – die Macht, eine neue Vokabel einzuführen oder einem alten, bereits gebrauchten Wort eine neue Bedeutung zu geben. Dabei kann er auf Neologismen zurückgreifen, ohne für diese eine eigene Definition erarbeiten zu müssen, die alle Einzelheiten dieser Kategorie präzisierte. 95

Die vom Gesetzgeber vorgenommene sowie die rezipierende Übersetzung sind keine Beispiele für die *normale* Übersetzung – gerade auch deshalb nicht, weil künstliche Umstände sie willkürlich und frei von Problemen machen. Die normale Übersetzung hat schlicht zum Ziel, in der Übersetzungssprache, ohne sie zu verändern, eine Reihe von Umständen bekannt zu machen, die man in der Ausgangssprache vorfindet. 96

Der beste Übersetzer ist derjenige ohne staatsrechtliche Macht. Seine Aufgabe ist dabei noch delikater, wenn die Schaffung neuer Modelle in seinem Lande mehr der Lehre als der gesetzlichen oder gerichtlichen Praxis anvertraut ist. 97

Wenn es auch einfach ist zu behaupten, die Auslegung sei an »praktische Ziele« gebunden, so muss man doch betonen, dass in diesem Zusammenhang unter »praktische Ziele« auch die Schaffung und Institutionalisierung anerkannter Mittel für ein gegenseitiges Verständnis zu verstehen sind. 98

Das Verständnis seitens des Lesers oder Hörers ist das Ziel, nach dem die Übersetzung strebt. Die Voraussetzung, um eine Übersetzung leisten zu können, ist das Verstehen in der anderen Sprache. 99

Bis hierher haben wir gesehen, wie viele Schwierigkeiten für eine Übersetzung bestehen. Aber es ist auch die Klarstellung gerechtfertigt, dass alle diese Schwierigkeiten, auf die die Übersetzung trifft, nicht das Verständnis einer anderen Rechtssprache verhindern können. Sie können sie schwierig machen und reich an Fallstricken; aber sie können sie nicht verhindern. Wir dürfen hierbei nicht vergessen, dass das Werk des Lesenden oder Hörenden bereits Auslegung ist und dass der Ausleger nicht einen völlig unmissverständlichen Text vorfindet. Sein Werk ist also ein kreativer Akt, nicht bloß ein Wiedererkennen. Dies vorausgeschickt lässt sich sagen, dass ein Jurist eines anderen Rechtsraumes einen Text in denselben Grenzen verstehen kann wie ein Jurist aus dem Raum, dem der Text entstammt. 100

Natürlich muss der Übersetzer bei seiner Tätigkeit Hindernisse überwinden. Immer droht das Risiko eines Missverständnisses. 101

Ein Theoretiker kann nicht ein Wort gebrauchen, ohne sich zugleich zu jedem Aspekt seiner Definition zu befragen. Wenn er nicht auf eine explizit oder implizit vom Gesetzgeber gegebene Definition zurückgreifen kann, muss er mit eigener Kraft die Entsprechung zwischen dem zu übersetzenden Wort und dem passenden Übersetzungswort garantieren.[24] 102

Vor einen fremden Text gestellt kann er seiner Aufgabe, diesen für den Gebrauch durch seine Landsleute anzupassen, durch die eine oder andere der im Folgenden aufgeführten Vorgehensweisen nachkommen: 103

24 Und wenn dieses Wort fehlt? In einem solchen Fall ist es besser, zu erklären als zu übersetzen. Die Zukunft gehört den Wörterbüchern, die (in der Sprache des Lesers) fremde Ausdrücke erklären, ohne sie zu übersetzen. Dies hat auch F. De Franchis in seinem angloitalienischen Rechtswörterbuch so getan.

104 ■ Übersetzungen vermeiden. Vor allem in der Makrovergleichung findet sich der Verzicht auf die Übersetzung häufig. Man übersetzt nicht Worte wie trustee, executor, hozrasčёt, sovet, kolhoz, šarī'a usw. Der Ethnologe übersetzt fast nie.

■ Es gilt, genau die Unterschiede zwischen dem Ausdruck der Sprache, derer sich das untersuchte Recht bedient, und dem Ausdruck zu bestimmen, der dem gesuchten von all denen, die die Sprache des Forschers bietet, am nächsten kommt; sodann zu bemerken, dass diese Unterschiede im Hinblick auf die durchzuführende Untersuchung unerheblich sind; und dann mit der Übersetzung fortzufahren. Ein Kriminalroman wird attorney sehr wohl mit Staatsanwalt übersetzen können, executor mit Testamentsvollstrecker, legal estate mit Dienstbarkeit. Ein Rechtstext hingegen wird dies vermeiden. Ausdrücke wie Président de la République, chose mobilière, Parliament, ličnaja sobstvennost' kann man übersetzen (die entsprechenden Ausdrücke sind Präsident der Republik, bewegliche Sache, Parlament, persönliches Eigentum): Möglicherweise abweichende Konnotationen[25] werden als Eigenschaften (dessen, von dem man spricht) zu betrachten sein, die nicht zu den Tatbestandsmerkmalen gehören, die den bestimmten Begriff ausmachen.

105 Aufgaben dieser Art können allein vom Vergleicher gelöst werden; die Rechtsübersetzung ist zwar eine Sprachenfrage, aber die Rechtssprache kennt allein der Jurist. Die kritische Kenntnis des Wortinhaltes ist allein dem kundigen Juristen zu eigen. Die kritische Kenntnis der begrifflichen Eigenheiten und Verschiedenheiten über die Grenzen der Systeme hinweg obliegt dem Vergleicher. Deshalb weiß nur der, der das Wissen des Vergleichers besitzt, wie Übersetzung geleistet werden muss.

106

■ In der eigenen Sprache ist der Neologismus zu schaffen, der nötig ist, um alle Bedeutungen – aber auch nur diese – auszudrücken, die dem fremden Ausdruck eigen sind. Die romanischen Sprachen und das Deutsche haben dies getan, um die Entsprechung für die lateinischen Ausdrücke zu finden. Die russische Sprache ist in Bezug auf das französische und vor allem das deutsche Rechtsvokabular in gleicher Weise vorgegangen.

107 In jedem Fall kann der Vergleicher – ob er nun übersetzt oder nicht – nicht einen Ausdruck aus einem fremden in sein eigenes System übertragen, ohne bestimmte Vorkehrungen zu treffen. Er muss nämlich in den Anwendungsregeln den gemeinsamen Nenner der verschiedenen Begriffssysteme suchen, um die Divergenzen und Konkordanzen abschätzen zu können. Wenn beispielsweise ein Italiener das (englische) Wort trespass untersuchen muss, wird er sich darum bemühen müssen, den trespass auf elementare Grundbegriffe zurückzuführen: Nehmen wir einmal an, dass er dabei die Begriffe Gewalt, unbewegliche Sache und Umgang mit der Sache ohne Erlaubnis des Rechtsinhabers findet. Sukzessiv wird er dann auch herausfinden können, dass sich der Gewaltbegriff von dem bei ihm gebräuchlichen unterscheidet: Dieser wird etwa etwas mehr oder etwas weniger als sein Begriff implizieren oder verlangen. Und vielleicht wird er entdecken, dass der Ausdruck »gegen den Willen des Inhabers« in einem anderen Sinne zu

25 Beispielsweise die unterschiedliche Machtfülle, die dem Président gegenüber dem Präsidenten zusteht. Außerhalb des Begriffes befände man sich jedoch, wenn man von einem Staatsoberhaupt spräche, das den Titel im Wege der Erbfolge erhalten und ihn auf Lebenszeit innehat.

verstehen ist als bei uns. Es entsteht also das Problem, Entsprechungen zwischen den verschiedenen Kategorien zu suchen. Bekanntlich wird dieser Vorgang, die Kategorien der einen Ordnung auf diejenigen eines anderen Kulturbereichs zurückzuführen, als »Homologisierung« bezeichnet.

Drittes Kapitel: Der Gegenstand der Rechtsvergleichung

Inhalt: **§ 1 Die Entdeckung der Formanten.** – 1. *Was bedeutet der Ausdruck »Rechtsnorm«?* – 2. *Kritik am Prinzip der Einheitlichkeit.* – 3. *Die Überprüfung des Zusammenhangs der Formanten.* – 4. *Die Rechtsvergleichung, eine historische Wissenschaft.* – **§ 2 Die einzelnen Formanten und ihre Verknüpfungen.** – 5. *Das Auftauchen der Unterscheidung zwischen dem richterlichen »Leitsatz« und den Entscheidungsgründen.* – 6. *Die Entwicklung des factual approach: Die Seminare von Cornell (1957-1968).* – 7. *Merkmale einiger Formanten.* – 8. *Konsequenzen aus der Aufspaltung der Formanten für die Rechtsordnungen.* – 9. *Aufspaltung der Formanten, Verständnis vom Recht, Assimilierung unvergleichbarer Modelle.*

§ 1 Die Entdeckung der Formanten

1. Was bedeutet der Ausdruck »Rechtsnorm«?

1 Um von Vergleichung sprechen zu können, bedarf es zunächst der zu vergleichenden Gegenstände. Die erste, naheliegende Antwort auf die Frage: »Was vergleicht der Jurist?«, scheint zu sein: die *Rechtsnormen* verschiedener Rechtsordnungen.

2 Aber das Problem liegt gerade darin, die Norm zu bestimmen. Zunächst ist daher zu fragen: Was verstehen wir unter »Norm«: die Norm der Verfassung, des einfachen Gesetzes oder diejenige, die vom Richter angewandt wird?

3 Und wenn wir nun die Normen der deutschen Rechtsordnung mit denen der englischen vergleichen, auf welche Normen nehmen wir dann Bezug? Auf die Verfassungsnormen? Auf die einfachgesetzlichen? Auf die Praxis der Gerichte?

4 Bis jetzt haben wir so getan, als müssten wir auswählen, welches die deutsche Norm (im Singular!) ist, um die es geht. Diese Sichtweise ist das Produkt einer irreführenden Vereinfachung, um deren Widerlegung sich – wie sich im Folgenden zeigen wird – die Rechtsvergleichung bemüht.

5 Diese also zu untersuchende Auffassung ist dem Rationalismus und noch mehr dem Rechtspositivismus und juristischen Konzeptualismus, die das italienische Verständnis bis über die Mitte des vergangenen Jahrhunderts hinaus beherrscht haben, gemein.

6 Sie spricht allgemein von »der Rechtsregel« eines Landes und nicht von »den Regeln des Gesetzes, der Lehre und der Richter« sowie von den unveränderlichen Gesetzmäßigkeiten, die den Gerichtsentscheidungen und Beispielen in den Handbüchern entnommenen werden können, weil sie von einem fundamentalen und charakteristischen »a priori«-Denken beherrscht ist. Diesem zufolge haben »in einem bestimmten Land, zu einem bestimmten Zeitpunkt die Gesetzesnorm (G), die Lehrmeinung (L), die Regel, die aus den Beispielen der Lehre gezogen werden kann (B), die Regel, die die Gerichte in ihren Leitsätzen veröffentlichen (LS), und diejenige, die die Gerichte jeweils konkret anwenden (Anwendungsregel, A), ein und denselben Inhalt und sind deshalb, um es so zu sagen, untereinander austauschbar«.

In unserer Aktivität als »Länderjuristen« passen wir uns der positivistischen Idee an und schätzen dieses Prinzip der Einheitlichkeit sehr. Unsere Anstrengung als Zivilrechtler, Strafrechtler, Verfassungsrechtler usw ist es, *das* rechtliche Modell innerhalb einer bestimmten Rechtsordnung zu entdecken. Angesichts eines bestimmten rechtlichen Problems unternehmen wir jede vertretbare Anstrengung, um die Antwort (im Singular!) auf dieses Problem zu finden; wir wollen die Norm (im Singular!) finden, welche das besagte Phänomen regelt. Es stimmt, dass wir zum Verständnis einer Norm nach der Lektüre des Gesetzbuches regelmäßig die Entscheidungssammlungen konsultieren; es ist wahr, dass wir schon in diesem Moment der Untersuchung eines Rechtsproblems bereit sind, die Existenz eines Gesetzes und daneben die Existenz einer von diesem Gesetz verschiedenen Sache zu berücksichtigen. Es stimmt, dass wir romanistischen Juristen in der Praxis, wenn wir – etwas gelogen – behaupten, das Recht im Gesetz zu suchen, es in Wahrheit den Büchern entnehmen (besonders gut wissen dies die Studierenden, die sich mit einem Buch und nicht mit dem Gesetz auf das Examen vorbereiten; jedenfalls wenden sie sich zumindest dem Gesetz erst dann zu, wenn sie das Buch gelesen haben); es ist daher wahr, dass wir uns, von einem realistischen Standpunkt aus gesehen, eine juristische Gegebenheit zunächst mit Hilfe eines Buches aneignen; erst im Anschluss daran verifizieren wir das Gelernte anhand des Gesetzes und dann anhand der Rechtsprechung. Daher ist ebenfalls wahr, dass wir uns in einer bestimmten Weise so verhalten, als ob wir bewusst in unserem Recht eine Lehre, ein Gesetz und eine Rechtsprechung unterscheiden würden; es stimmt, dass wir konkret von möglichen Fällen wissen, in denen Rechtsprechung und Lehre nicht übereinstimmen oder in denen ein altes oder unvernünftig gewordenes Gesetz von einer angemesseneren Auslegung überholt wurde, die von Richtern oder Professoren erarbeitet wurde. All dies ist wahr; aber es ist andererseits auch wahr, dass wir in dem Geflecht von Bedeutungen, die unsere Denkweise als Länderjuristen beherrschen, auf die Idee stoßen, dass es auf eine juristische Frage im Rahmen einer bestimmten Ordnung nur eine einzige Antwort geben kann. Es gibt die eine Rechtswahrheit, die ihre Quelle im Gesetz hat, getreu von der Lehre rekonstruiert und von der Rechtsprechung angewandt wird. 7

Es liegt auf der Hand, dass ein Gesetz auf mehr als nur eine Weise ausgelegt werden kann; aber genau dieser Umstand unterstützt das Prinzip der Einheitlichkeit der Rechtsregel. Wenn, abstrakt gesehen, mehrere Auslegungen möglich sind, wird man sagen, dass eine von ihnen die richtige ist. Die Lehre wird sich damit beschäftigen, wie diese zu bestimmen und aufzuzeigen ist. Wenn die Lehre dafür nur recht unbestimmte Formulierungen gebraucht, wird die an die Praxis gebundene Rechtsprechung diese Regel mit Einzelheiten anreichern, die zur Komplementierung ihres Verständnisses erforderlich sind. Man gelangt also erneut zu dem Axiom der Einheitlichkeit der Rechtsregeln in dem betrachteten Land. 8

Es ist wahr, dass die Gelehrten – und allgemein die, die mit der Auslegung beschäftigt sind – mehr als nur einer sind und ihre Auffassungen nicht immer übereinstimmen; aber der oben angesprochenen Idee zufolge existiert eine einzige Lösung für ein juristisches Problem; wenn es mehrere Antworten gibt, bedeutet dies allein, dass es eine subjektive und, wie zu hoffen, vorübergehende Unsicherheit gibt, die den Augenblick erwartet, in dem endgültig und auf glückliche Weise die eine, wahre rechtliche Antwort gegeben werden kann. Wenn mehrere Urteile voneinander abweichen, ist der Jurist, von dem wir sprechen, nur unter der Voraussetzung, dass sagen zu können, eines von ihnen sei richtig, die anderen falsch, bereit zuzugeben, dass es Divergenzen zwischen den verschiedenen möglichen Antworten auf eine juristische Frage geben kann. Und 9 dies ist das Grundmuster des Verhaltens, welches wir bei einer Untersuchung durch den von positivistischen oder konzeptualistischen Ideen geprägten Juristen innerhalb des Rechtssystems, dem er angehört, feststellen.

10 Die Erfahrung kann den Juristen daran denken lassen, dass es hin und wieder einige Ausnahmen von diesem Grundsatz gibt: Die nach der Auslegung zulässige Regel kann im Gegensatz zum Gesetz stehen; der Richterspruch, der augenscheinlich allen gegenüber gleich ist, kann ungleiche Anwendungen in sich bergen. Aber die Identität der verschiedenen Regeln entspricht einer Vermutung, von der nur im Ausnahmefall abgesehen wird. Und da, wo die Vermutung von der Erfahrung bestritten wird, wird man dennoch die Einheitlichkeit des Systems erreichen können, indem man eine der Formulierungen als richtig bezeichnet und die Gültigkeit der anderen ausschließt: Diese wiederum werden durch diesen Schritt ungenau und falsch.

11 Bevor wir nun fortfahren, ist es gut, dass wir uns noch einmal mit den verschiedenen Typen von Regeln und Sätzen vertraut machen, die uns schon begegnet sind. Wir fragen uns, ob diese einen identischen oder einen unterschiedlichen Inhalt haben; doch haben wir jedenfalls bereits gesehen, dass gemeinhin verschiedene Typen von Regeln und Sätzen im juristischen Diskurs auseinandergehalten werden, in dem von *rechtlichen* Normen, (An-)Sätzen der *Lehre*, *richterlichen* Regeln usw gesprochen wird. Es ist somit der Punkt gekommen, das jeweilige Spezifikum der Gesetzesnormen, der (An-)Sätze der Lehre usw zu betrachten.[1]

12 In einer ersten und vereinfachenden Einschätzung können wir sagen, dass in der Rechtsordnung diese verschiedenen Typen gemeinsam nebeneinander existieren. Einem jeden von ihnen wollen wir die Bezeichnung des »Formanten« der Rechtsordnung geben: Auf diese Weise haben wir einen gesetzlichen Formanten, einen Formanten der Lehre usw. R. Sacco spricht seit 1979 von dem Begriff der »Formanten«, den er aus der Phonetik übernommen hat; zuvor (seit 1964) sprach er von »Komponenten«. Seit dieser Zeit ist die Trennung der verschiedenen Formanten oder Komponenten unter den Wissenschaftlern gebräuchlich geworden.[2] Einige (unter den Rechtsvergleichern) wenden sie ausdrücklich, andere implizit oder diese zugrunde legend an: Oftmals geht der Jurist nicht weiter als bis zu der oberflächlichen Trennung von Gesetz, Lehre sowie Rechtsprechung und häufig wird sogar diese Distinktion bei der Eingliederung in das System der Rechtsquellen resorbiert.

13 Kehrt man zur rechtspositivistischen Auffassung zurück, muss der Rechtsanwender empirisch feststellen, dass das geltende Recht viele »Formanten« (G, L, B, LS, A) enthält, aber er eliminiert durch eine schon vorher, a priori festgelegte Gleichung – G = L = B = LS = A (als Ausdruck des Prinzips der Einheitlichkeit der Rechtsordnung) – die Komplikationen, die sich aus der Vielfalt der Formanten ergeben können. Wenn wir innerhalb einer einzelnen Rechtsordnung bleiben, kann man über die Richtigkeit dieser Gleichung keinen Beweis führen. Andererseits gilt dies jedoch auch bezüglich der Falschheit dieser Gleichung.

---

1 Wir sind nicht die einzigen, die den Reichtum des juristischen Panoramas erkennen. Zum Beispiel differenziert S. Strömholm (empfindlich gegenüber den Ansätzen der realistischen Schule) bezüglich des Rechts die Normen und ihre Funktion: *Användning av utländskt material i juridiska monografier*, in: *Svensk Juristtidning*, 1971, 251-263.

2 Statt vieler, bezeichnend: A. Watson, *From legal transplants to legal formants*, in: *Am. J. of. Comp. Law*, 1995, 459 ff.

Der Mechanismus der Auslegung kann die Einheitlichkeit der Rechtsregel nicht vollständig garantieren. Derjenige, der das Recht auslegt, stellt zwar sein Talent als Jurist unter Beweis, wenn er die Bedeutung eines bestimmten Artikels der amerikanischen Verfassung oder des Codice civile ermittelt, oder wenn er den Inhalt eines jugoslawischen Handelsbrauchs oder eines afrikanischen Gewohnheitsrechts bestimmt. Er zeigt bei dieser Tätigkeit zwar seine Überzeugungsfähigkeit, doch ist zu bezweifeln, dass er angemessen auf logische Argumente zurückgreift. Und soweit er auf logische Argumente zurückgreift, besitzen diese jedenfalls keine Gültigkeitskriterien, die in der Lage wären zu beweisen, dass die eine Auslegung richtig und eine andere falsch ist. 14

Innerhalb eines Rechtssystems finden wir jedoch keinesfalls ein Kriterium, das uns aufzeigen könnte, welche reziproke (entsprechende oder widersprechende) Position die systemimmanenten Formanten jeweils einnehmen. 15

2. Kritik am Prinzip der Einheitlichkeit

Wie wir bereits gesagt haben, gibt es denjenigen, der innerhalb einer Rechtsordnung zum einen den Willen des Gesetzgebers, der die Norm schafft, und zum anderen eine Lehre und Rechtsprechung, die diesen Willen auslegen und anwenden, sieht. Die verschiedenen Regeln (des Gesetzes, der Lehre sowie der Rechtsprechung) seien, so die Ansicht, zumindest im Prinzip identisch. Wenn eine Abweichung bestehe, so müsse diese auf einem Irrtum des jeweiligen Auslegers beruhen. 16

Dieser logische Weg ist für den Rechtsvergleicher nicht fruchtbar. Wenn wir vergleichen, sind wir nicht dazu berufen, Lösungen uns fremder Rechtsordnungen deshalb zu verwerfen, weil sie auf einer »irrtümlichen Auslegung« beruhen. Zugleich lässt uns die Betrachtung mehrerer Systeme einsehen, dass die Formanten innerhalb eines Systems durchaus unterschiedlich ausfallen können. 17

Betrachten wir als ein erstes Beispiel die Regel, die in Italien, Frankreich und Belgien auf die Frage antwortet: Ist der Akt, mit dem der Anscheinserbe entgeltlich zugunsten eines gutgläubigen Dritten über ein Erbgut verfügt, wirksam oder nicht? 18

In Italien beantwortet Art. 534 Abs. 2 Codice civile diese Frage damit, der Akt sei wirksam; die Rechtsprechung stimmt dem zu. 19

In Belgien schweigt das Gesetz; das Schweigen führt zu den allgemeinen Regeln über das Eigentum; dieses ist exklusiv: folglich ist der Akt unwirksam. 20

In Frankreich schließlich sind die Texte identisch mit den belgischen, jedoch hält man unter Zuhilfenahme der Idee einer stillschweigenden Vollmacht oder eines anderen Argumentes, das zu demselben Ergebnis führt, einen solchen Akt für wirksam. 21

Könnten wir also nun sagen, das belgische und das italienische System seien identisch? Sicherlich nicht, denn die gesetzlichen Regelungen sind verschieden. 22

Könnten wir andererseits sagen, das belgische und das französische System seien identisch? Sicherlich ebenfalls nicht, denn die jeweilige Praxis ist unterschiedlich. 23

Um also die Übereinstimmungen und die Verschiedenheiten zwischen diesen verschiedenen Systemen feststellen zu können, haben wir demnach nicht nur die gesetzlichen Regelungen berücksichtigt, sondern auch die der Rechtsprechung und Lehre. 24

Wenn es demzufolge zur Rechtsvergleichung nicht genügt, lediglich Gesetze miteinander zu vergleichen, genügt es andererseits auch nicht, nur die Urteile einer bestimmten Rechtsordnung für den Vergleich heranzuziehen. 25

26 Denn eine Rechtsordnung zu kennen, bedeutet in der Tat nicht, allein zu wissen, wie bestimmte Probleme beurteilt worden sind, die sich gestern gestellt haben; es bedeutet vielmehr, auch die heute aktuellen Umstände zu kennen, die die Lösung derjenigen Fälle bestimmen könnten, welche jetzt oder in unmittelbarer Zukunft anstehen können. Daher bedarf es auch einer Berücksichtigung derjenigen Vorschläge, die den Richtern gemacht werden und die aus verschiedenen Quellen stammen können: beispielsweise aus neuen Lehrmeinungen, die von einem weiten Konsens getragen werden. Um jedoch zu wissen, welche Wirkung ein solcher Vorschlag auf einen Richter hat, sind wir gezwungen, auch den Richter selbst zu kennen: so müssen wir seine Herkunft berücksichtigen, denn der Richter, der seine Ausbildung an der Universität erfahren hat, wird zumeist eher dazu neigen, der Lehre eine größere Bedeutung einzuräumen, als der Richter, der von Beginn an im Gerichtssaal sein Wissen erworben hat. Wenn darüber hinaus die Präzedenzfälle hinsichtlich eines bestimmten Problems in sichtbarem Widerspruch zu der Gesetzeslage stehen, wird ihr Gewicht geringer sein, weil sich in jedem beliebigen Moment eine Rückkehr zum Wortlaut des Gesetzes abzeichnen könnte.

3. Die Überprüfung des Zusammenhangs der Formanten

27 Nehmen wir einmal an, wir untersuchten ein bestimmtes Problem: Beispielsweise innerhalb welcher Grenzen der Produzent einer mangelhaften Ware für Schäden verantwortlich ist, die diese Ware an einem anderen Gegenstand des Käufers verursacht, der diese direkt vom Produzenten erworben hat. Nun dehnen wir die Untersuchung auf vier Systeme aus, die wir a, b, c, d nennen wollen. Innerhalb eines jeden Systems werden wir die verschiedenen Problemlösungen finden, welche uns von den Vorschlägen der verschiedenen, uns bereits bekannten Formanten angeboten werden (G, L, B, LS, A).

28 An diesem Punkt können wir überprüfen, welche Position die Formanten innerhalb eines jeden Systems jeweils einnehmen. Wenn zwei gleichlautende Gesetze zwei gleichlautende richterliche Regeln bedingen, ist es möglich, dass jedes Gesetz eine Parallele in den richterlichen Regeln seiner Rechtsordnung findet (wenn Ga = Gb und LSa = LSb, kann es sein, dass Ga = LSa und Gb = LSb). Wenn jedoch zwei gleichlautende Gesetze zu zwei unterschiedlichen richterlichen Regeln führen, dann ist zumindest eine der beiden richterlichen Regeln nicht vom Gesetz bedingt.

29 Man kann natürlich auch die umgekehrte Situation finden. Zwei Systeme können dort, wo das angewandte Recht einheitlich ist, über zwei voneinander abweichende Gesetze oder zwei voneinander abweichende Lehrmeinungen verfügen. Auch hier ist das angewandte Recht nicht eine einfache Übertragung der offiziellen Quelle und die Theorie hat die Praxis weder bestimmt noch ist sie ihr gefolgt.[3]

3 Von einem philosophischen Punkt aus gesehen, könnte ein Leser gegen diese Unterscheidung eine für uns recht unangenehme Einwendung erheben: In welchen Sinne können wir von einer »Bedeutung« des Gesetzes, der Formulierung der Lehre usw sprechen? Wenn es wahr ist, dass jede Auslegung, die dem Gesetz widerfährt, sich auf dessen Bedeutung auswirkt, ist es gleichermaßen wahr, dass man nicht eine Bedeutung des Gesetzes feststellen kann, die vor und unabhängig von jeder Auslegung vorhanden ist. Eine adäquate Entgegnung auf die genannte Einwendung findet man in einer mehr empirischen Sichtweise: In diesem Fall muss der Ausdruck »Bedeutung des Gesetzes« im Sinne »wörtlich empirische Bedeutung, konform mit dem Gedanken des Textherstellers« verstanden werden. Wenn die wörtliche Bedeutung und der Gedanke des Textherstellers zueinander in Widerspruch stehen, ist es besser anzuerkennen, dass wir uns vor zwei verschiedenen Formanten befinden.

30 Die Vergleichung bietet uns also ein recht weites Feld, wenn wir, nachdem wir jedes juristische System entschlüsselt und auf eine Reihe unterschiedlicher Formanten zurückgeführt haben, feststellen können, wie unterschiedlich die Formanten sind, und inwieweit insbesondere die formellen Rechtsquellen eines Landes, das dort angewandte Recht und das Verständnis, welches die Juristen von ihrem System haben, übereinstimmen.

31 Wir haben gesehen, dass der Jurist, der sich »nur in einem System« bewegt, diese Asymmetrien auf mögliche Irrtümer des Rechtsauslegers bezieht. Aber der Gegensatz zwischen wahrer und falscher Auslegung ist ein Luxus, den der Rechtsvergleicher sich nicht erlauben kann. Der Anwalt nur eines Systems überbrückt den Unterschied zwischen der Idee (einem Recht, das nur eine exakte Interpretation hat) und der Realität (dem Bestehen von zahlreichen Interpretationen) mit der Wahl der Interpretation, die ihm aufgrund seiner persönlichen Vorstellungen als die exakte erscheint. Er, der nicht ein tüchtiger Richter in fremdem Land ist, lehnt es ab, diese oder jene Auslegung als richtig zu erachten, jedem nicht objektiven Kriterium misstrauend und in dem Bewusstsein, dass jede von einem Juristen gegebene Auslegung eine geschichtliche, reale Auslegung ist. »Verum ipsum factum« ist das Kriterium, welches den Vergleicher in seiner Analyse inspiriert.

32 Der Rechtsvergleicher hat ebenso wenig für eine Rechtsordnung eine größere Präferenz als für eine andere, wie er auch keine Präferenz für den einen oder anderen Formanten eines bestimmten Systems hat oder für das ein oder andere Element, welches er innerhalb eines bestimmten Formanten findet.[4]

33 Vom Standpunkt der Rechtswissenschaft und ihres Wertes her muss angemerkt werden, dass die Divergenz zwischen den Anwendungsregeln eines bestimmten Systems und dem Verständnis dieser Regeln (welches sich in Definitionen oder in erläuternden Regeln ausdrückt) dieser rigorosen Kontrolle nicht entgeht.

34 Die Rechtsvergleichung als Methode, das interne Recht kennenzulernen, droht sichtbar zu machen, wie relativ der Wert gewisser Diskussionen ist, die über die Theorie der juristischen Person, über das Prinzip der Willensfreiheit, die Natur des Eigentums usw geführt werden.[5]

35 Aus dem Vorstehenden folgt, dass der der Illusion der Kohärenz erlegene Jurist nicht in der Lage ist, sein eigenes Recht fehlerfrei zu rekonstruieren.[6]

---

4 In dem Manifest von Trient (oben Anm. 29 von Kapitel I) die vierte These auf diese Weise:
Die rechtsvergleichende Kenntnis über die Rechtssysteme hat den spezifischen Vorteil, dass die Kohärenz der verschiedenen Elemente, die in jedem System vorhanden sind, überprüft werden kann, nachdem diese Elemente identifiziert und rekonstruiert wurden. Insbesondere wird überprüft, ob die im System angewandten Regeln mit den theoretischen Lehrsätzen kompatibel sind, die entwickelt wurden, um die operativen Regeln zu vermitteln.

5 Eine große Anzahl an Fehlern hätte vermieden werden können, wenn in den Untersuchungen zum französischen Eigentum des neunzehnten Jahrhunderts den Aussagen des Schrifttums und den allgemeinen Definitionen, die wir im Code civil finden, nicht ein privilegierter Platz zugekommen wäre und man vielmehr die Bedeutung der spezifischen Regeln, im Code oder den Sondergesetzen enthalten, erkannt hätte.
In dem Manifest von Trient (oben Fn. 29, Kapitel I) besagt die zweite These:
Es gibt keine vergleichende Wissenschaft ohne die Messung der Unterschiede und Übereinstimmungen, die zwischen den verschiedenen Rechtsordnungen bestehen. Man betreibt keine rechtsvergleichende Wissenschaft, solange man sich auf den kulturellen Austausch oder parallele Ausführungen zu konkreten Lösungen in den verschiedenen Bereichen beschränkt.

6 In dem Manifest von Trient lautet die fünfte These:
Die Kenntnis eines Rechtssystems ist kein dem Juristen dieses Systems zukommendes Monopol. Im Gegenteil wird der Jurist, der dem entsprechenden System angehört, auf der einen Seite zwar durch die Fülle von Informationen begünstigt, auf der anderen Seite wird er jedoch mehr als jeder andere durch die Annahme in Verlegen-

36 Allgemein gesprochen: Angenommen die Rechtsvergleichung bezweckt eine bessere Kenntnis des Rechts, dann ist sie für eine allumfassende Kenntnis des eigenen Systems notwendig.[7]

37 Die vorstehenden Überlegungen zeigen, dass die Rechtsvergleichung möglicherweise in der Lage ist, all diejenigen Rechtswissenschaften zu gefährden, die vor der Rechtsvergleichung selbst entstanden sind. Natürlich würde sie nichts zerstören, ohne es zugleich durch andere, solidere Ergebnisse zu ersetzen.

38 Diese Drohung hängt schwerer über der Lehre, die wenig darauf eingestellt ist, mit der Praxis konfrontiert zu werden, und vor allem über denjenigen, die Erläuterungen pflegen, die sich einzig durch ihre Kohärenz mit anderen Erklärungen empfehlen.

39 Von den beiden Modellen für die Kenntniserlangung hinsichtlich des bestehenden Rechts – dem historischen, kasuistischen Prozess und dem logischen, systematischen Prozess – ist das zweite das für die Durchführung einer vertieften Überprüfung mittels der Rechtsvergleichung geeignete.

4. Die Rechtsvergleichung, eine historische Wissenschaft

40 Die Rechtsvergleichung akzeptiert das Universum der juristischen Modelle als Universum autonomer Modelle (auch wenn abstrakt miteinander verbunden) mit nicht immer einheitlichem Inhalt, so dass Widersprüche zwischen diesen erlaubt sind. Das Prinzip der Widerspruchsfreiheit, ein Fetisch vieler Juristen solange sie sich nur innerhalb eines begrenzten Systems bewegen, zählt in jedweder historistischen Perspektive überhaupt nicht mehr. Und die vergleichende Perspektive ist eine historistische Perspektive par excellence. In diesem Blickwinkel ist ein jedes Modell wahr, wenn es konkret existiert hat, und ein jedes Modell, welches tatsächlich wahr ist, hat dieselbe Legitimität wie ein jedwedes andere Modell, welches gleichermaßen tatsächlich wahr ist. Wenn wir die Auslegungen betrachten, die zu einem alten Gesetz im Laufe zweier Jahrhunderte entstanden sind (beispielsweise zum Code Napoléon), stellen wir fest, dass es in der Generation von Louis Philipp eine bestimmte Auslegung gegeben hat und in der Generation von Clemenceau eine ganz andere; jeder nationale Ausleger würde sicherlich sagen, dass die früheren Auslegungen falsch seien; ein Rechtsvergleicher, der sich in diese Generationsstreitigkeiten einmischte, wäre lächerlich. Auf dem Feld der Vergleichung sind die verschiedenen sich ablösenden Modelle alle wahr und real (unter den zweifelhaften Fällen bleibt allerdings die unter großer Anspannung gegebene Antwort eines wenig vorbereiteten Studenten in der Prüfung).

41 Die Rechtsvergleichung kann sich einer unbegrenzten Anzahl an Methoden erfreuen. Aber jedenfalls wird sie sich – im Unterschied zur Dogmatik – nicht auf eine Ansammlung von analytischen und geordneten Begründungen beschränken können, sondern immer eine empirische Wissenschaft sein. Sie beruht auf der Beobachtung der tatsächlichen Art und Weise, wie in den verschiedenen Systemen die Detailregeln und die allgemeinen ordnenden Kategorien funktionieren.

---

heit kommen, dass die theoretischen Aussagen für das System mit den angewandten Vorschriften des Systems vollständig kohärent wären.
Seit 1922 forderte Lepaulle, *The Function of Comparative Law*, in *Harv. L. Rev.*, 1922, 838, dass der Jurist sein Recht aus der Ferne, wie ein Ausländer, betrachten müsse.

7 So schon T. Ascarelli, *aaO.*

Von diesem Standpunkt aus gesehen hat die Rechtsvergleichung eine der Dogmatik entgegengesetzte Natur: Letztere schlägt Definitionen vor, die sie an den tatsächlichen Gegebenheiten misst.[8] 42

8 Diese Aussage basiert auf G. Gorla, *Diritto comparato e straniero*, in: *Enc. Giur.*, XI, 1989, Kapitel 5, Anfang von § 3 und weitere Stellen.
Sichtbar messen die italienischen Rechtsvergleicher der Rechtsgeschichte (und dem tatsachenorientierten Ansatz, hierzu unter 6.) einen wichtigen Stellenwert zu.
Dies zeigt sich auch im Bereich des vergleichenden Verfassungsrechts, zum Beispiel in der Arbeitsweise von G. Bognetti, G. Lombardi und A. Pizzorusso. G. Lombardi hat Einwände gegenüber dem theoretischen Ansatz formuliert, aber seine gesamte Heuristik und sogar seine Taxonomie beziehen sich auf die Geschichte, die er meisterlich beherrscht.
In dem Manifest von Trient (oben Anm. 29 von Kapitel I) lautet die dritte These:
Die Rechtsvergleichung richtet ihre Aufmerksamkeit auf die verschiedenen Phänomene des Rechtsalltags der Vergangenheit oder Gegenwart. Sie berücksichtigt die Rechtsgrundsätze (einschließlich der Rechtsetzungsakte des Gesetzgebers, Rechtsprechung der Gerichte und Definitionen der Lehre) als historische Tatsachen und tendiert dahin, das zu ermitteln, was wirklich geschehen ist. In diesem Sinne ist die Rechtsvergleichung eine historische Wissenschaft.
Außerhalb Italiens teilt die Lehre diese Ansicht. S. A. Watson, *Legal Transplants, aaO*, 6; *Legal Change, aaO*, 1122; *Comparative Law and Legal Change*, in: *Cambridge L. J.*, 38°, 1978, 313.

§ 2 Die einzelnen Formanten und ihre Verknüpfungen

5. Das Auftauchen der Unterscheidung zwischen dem richterlichen »Leitsatz« und den Entscheidungsgründen

1 In den romanistischen Ländern, und insbesondere in Italien, hat die Vergleichung zu einer Aufwertung der Rechtsprechung geführt und die Möglichkeit geboten, einige wenig bekannte Anwendungsregeln zu formulieren. Aber der Diskurs muss über dieses erste Ziel hinaus sehr wohl vertieft werden.

2 Jede nicht zu Dogmata neigende Methode ist in der Lage, die Rechtsprechung zu verstehen und hervorzuheben. Die soziologischen, rationalen, historischen und exegetischen Methoden, und noch stärker der Realismus, blicken auf das Tatsächliche und sehen in ihm eine Epiphanie des schöpferischen Geistes oder aber eine rechtmäßige soziale Schöpfung. Der Rechtsvergleicher, der mit Erfahrungen zum ausländischen Recht zurückgekehrt ist, ist für das Verständnis der Bedeutung der Präzedenzfälle nicht notwendig.

3 Heute haben sich die rechtlichen Werke, die sich mit der Rechtsprechung auseinandersetzen, in Italien in einer Art und Weise entwickelt, die so vor achtzig Jahren undenkbar gewesen wäre. Es wäre ungerecht zu leugnen, dass die Ausbreitung der rechtsvergleichenden Forschung dieses Phänomen gefördert hat, aber es wäre töricht, das Phänomen auf ein Produkt der rechtsvergleichenden Forschung zu reduzieren.

4 Sicherlich liegt nahe, dass die Rechtsvergleichung scheinbar zu einer Analyse, aufbauend auf der Rechtsprechung, gewillt ist. Wenn die dogmatische Methode das Recht simplifiziert, indem sie es auf eine wissenschaftliche Formel reduziert, stehen im Zentrum der Rechtsvergleichung die tatsächlichen Fakten. Sie ist eine historische Wissenschaft, die sich unter Bezug auf das Überprüfungskriterium Vicos »verum ipsum factum« dem Tatsächlichen widmet. Daher ist zu erwarten, dass der Rechtsvergleicher seine Aufmerksamkeit auch auf die Fakten der gerichtlichen Praxis lenkt. Aber die Eigenheit der rechtsvergleichenden Methode kann nicht auf die Aufmerksamkeit gegenüber der Rechtsprechung reduziert werden. Im Übrigen machen die Rechtsvergleicher etwas ganz anderes, als das Recht auf die Rechtsprechung zu reduzieren: Sie wissen sehr wohl, dass dem Urteil, für die Beibehaltung einer konstanten Rechtsprechung innerhalb der nationalen Grenzen, eine unterschiedliche Bedeutung in den Ländern mit durch die Präzedenzrechtsprechung geprägtem und solchen mit rein gesetzlich geprägtem Recht zukommt.

5 Ein Beispiel dessen, was die Vergleichung innerhalb der Rechtsprechung aufdecken kann, bieten die Ergebnisse, zu denen G. Gorla im Rahmen seiner Untersuchungen über den Vertrag gelangt ist.[1]

6 In seinem gedruckten (und später in seinem lithographierten) Werk hat er versucht, die Bedeutung der consideration im englischen Recht derjenigen der causa oder cause im französisch-italienischen Recht gegenüberzustellen. Die Prüfung ist anhand der Bewertung von Sachverhalten und Entscheidungen sowie darüber hinaus von gerichtlichen Leitsätzen durchgeführt worden.

7 Sie beweist, dass das französisch-italienische Recht nicht den Gegensatz {Vorhandensein eines Rechtsgrundes ≠ Nichtvorhandensein eines Rechtsgrundes}, sondern den Ge-

1 G. Gorla, *Il Contratto*, 2 Bände, Mailand, 1955; Ders., *Le contrat dans le droit continental*, Turin, 1958 (lit.).

gensatz {Vorhandensein eines entgeltlichen Rechtsgrundes ≠ Nichtvorhandensein eines entgeltlichen Rechtsgrundes} gebraucht. Das Nichtvorhandensein eines Rechtsgrundes sowie das Vorhandensein eines unentgeltlichen Rechtsgrundes werden jedoch gleich behandelt. Es fällt auf, dass dieses Ergebnis nicht einmal von Gorla verbalisiert wird.

Der Gegensatz, den Gorla innerhalb des französisch-italienischen Rechts findet, ist im 8
angloamerikanischen System wiederum recht eindeutig erkennbar. Dieser Umstand hat die Entdeckung Gorlas sicherlich vereinfacht. Wie es oft geschieht, ist ein Modell, das sich explizit in einem System findet, auch in einem anderen System, wenn auch implizit, präsent.

Das von Gorla erzielte Ergebnis stellt die Unterscheidung, die wir zwischen dem (im- 9
mer expliziten) »Leitsatz«, dh der vom Richter formulierten Rechtsregel, und den »Entscheidungsgründen«, dh der Gesamtheit der tatsächlichen Umstände, die den Richter zu der jeweiligen Entscheidung veranlasst haben, machen müssen, auf eine solide Grundlage. Es handelt sich um eine Unterscheidung, die wir bis jetzt zwischen »in dem Leitsatz formulierte Regel« ()Ls. und »Regel, die die Gerichte anwenden« (A) vorgeschlagen haben.

Offensichtlich neigt das angloamerikanische Recht dazu, diesen Abstand zu verrin- 10
gern, indem es den Richter dazu veranlasst, die relevanten Umstände aufzuführen und – im eindeutigen Gegensatz zu den »obiter dicta« – mit Klarheit die »ratio decidendi« anzuzeigen.

6. Die Entwicklung des factual approach: Die Seminare von Cornell (1957-1968)

Können wir also feststellen, dass die traditionelle Art und Weise das Recht zu betrach- 11
ten – das heißt, die Bedeutung eines Gesetzes wird von der Lehre eruiert und seine so gewonnene Bedeutung wiederum mittels der Ausbildung den Praktikern nahegebracht, die sie dann mit Entscheidungssätzen oder »Maximen« präzisieren – überflüssig und frei von Tatsachenbezügen ist, und dass sich alles Recht auf der Ebene dieser Sichtweise, die somit ihrerseits keine Wurzeln in den offiziellen Rechtsgrundsätzen hätte, entwickelt? Sich diese Frage zu stellen reicht, um zu verstehen, dass die Antwort negativ ist.

Das reine Gesetz spiegelt nicht das gesamte Recht wider. Die reinen Definitionen der 12
Lehre spiegeln nicht das gesamte Recht wider. Die reinen Maximen spiegeln nicht das gesamte Recht wider. Aber genauso wenig spiegelt die umfassende Reihe aller rechtlichen Entscheidungsgründe das gesamte Recht wider.

Um das gesamte Recht zu verstehen, ist es notwendig, jeder dieser Figuren – Gesetz, 13
Definitionen, Begründungen, Maximen usw. – eine angemessene Gewichtung und Einordnung zu geben.

Es ist also notwendig, die Anwesenheit aller Formanten der Rechtsordnung zu akzep- 14
tieren und jeden von ihnen auf die ihm zukommende Dimension zu reduzieren, ohne sich von optischen Täuschungen leiten zu lassen, die in der Lage sind, die allgemeineren Figuren (allgemeine Definitionen) größer erscheinen zu lassen sowie die Detailregeln zu verbergen, aber auch ohne perspektivische Fehler, welche die abstrakteren Figuren unsichtbar machen.

Eine beispielhafte Erfahrung dafür, die verschiedenen Formanten deutlich zu machen 15
und sie zueinander in ein richtiges Verhältnis zu setzen, sind die Cornell-Seminare über das Zustandekommen des Vertrages, eine gemeinschaftlich angelegte vergleichende

Untersuchung, die von R. Schlesinger durchgeführt wurde und uns eine beeindruckende Datenbasis hinterlassen hat.[2]

16 Worin bestand diese Forschung?

17 Im Jahr 1957 plante eine drei Tage andauernde Konferenz eine vergleichende Studie über das Zustandekommen (oder die Beendigung) von Verträgen (Angebot, Annahme, Widerruf; mit Appendix hinsichtlich der Realverträge und konventionellen Formen).

18 Im Laufe der nächsten drei Jahre wurden die zu untersuchenden Rechtsordnungen und die Länderberichterstatter ausgewählt; und vor allem wurden die Fragen formuliert (so ausgearbeitet, dass sie eine umfassende und nachvollziehbare Bedeutung für Juristen verschiedener Rechtstraditionen hatten), dann minutiöse Memoranden zusammengestellt, denen die einzelnen Länderberichterstatter bei der Ausarbeitung der jeweiligen Informationen in Bezug auf die verschiedenen Rechtsordnungen zu folgen hatten, und schließlich erarbeiteten die Mitwirkenden schriftlich ihre (nationalen) Berichte.

19 Die Jahre der intensivsten Arbeit waren diejenigen zwischen 1960 und 1964. Drei Mal verbrachten die Berichterstatter jeweils zwei bis vier Monate zusammen an der Universität von Cornell. In dieser Zeit waren die verschiedenen nationalen Berichte Gegenstand der mündlichen Diskussion, an deren Ende jeder Berichterstatter Ergänzungen zu seinem vorherigen Beitrag erarbeitete. Dann folgte die Vorbereitung von Generalbetrachtungen mit dem Ziel, ein Bild der Konkordanzen und Diskordanzen zwischen den untersuchten Systemen zusammenzustellen. Diese allgemeinen Berichte sind, auch wenn ihnen die Entwürfe der einzelnen Berichterstatter vorausgingen, ein kollektives Werk.

20 Zwischen 1964 und 1968 wurden die nationalen Berichte noch einmal revidiert (um deren Inhalt hinsichtlich der allgemeinen Berichte noch homogener zu machen) und mit einer Einführung ausgestattet.

21 Schließlich wurden die Berichte gedruckt.

22 Das Ergebnis war ein 1700 Seiten umfassendes Werk.

23 Ein von R. Schlesinger zu Beginn zu lösendes Problem war – wie in jeder vergleichenden Untersuchung –, wie die auf die gestellten Fragen gegebenen Antworten vereinheitlicht werden konnten. Unter anderem musste sichergestellt werden, dass sich die Antworten auf identische Fragen bezogen, dh, dass diese von allen Teilnehmern in gleicher Weise verstanden wurden. Ein zweites Problem betraf die Anforderung, dass die Antworten aus sich selbst heraus verständlich waren: Antworten, die noch weiterer Erklärungen bedurften, konnten nicht als zulässig angesehen werden; für die Antworten waren daher möglichst detaillierte Anweisungen zu geben.

24 Um diesen beiden Bedürfnissen gerecht zu werden, musste Schlesinger jede Frage so formulieren, dass sich aus ihr jeder mögliche Umstand, der in jedem der untersuchten Systeme relevant sein könnte, wiederfinden konnte. Dies führte dazu, dass dieser Umstand auch in möglicherweise ganz entgegengesetzten Systemen betrachtet und untersucht wurde. Dies stellte sicher, dass allgemeine Regeln, die zwar identische Formulierungen aufwiesen, jedoch ganz unterschiedliche Ergebnisse in der Anwendung hervorzubringen vermochten, nicht versehentlich für gleich erachtet wurden. Indirekt diente dieses Vorgehen jedoch auch dazu, ein weiteres, noch wichtigeres Ziel zu erreichen:

2 R. Schlesinger (Hrsg.), *Formation of contracts*, New York und London, 1968, 2 Bände. Für eine Analyse siehe R. Sacco, *Un metodo di lavoro nuovo: il seminario di Cornell*, in: *Rivista di diritto civile*, 1972, II, 172 ff.

Hat man einmal alle relevanten (oder verwirrenden?) Elemente bestimmt, die offiziell und gewollt in einem System ihre Wirkung entfalten, stellt man häufig fest, dass eben diese Elemente in einem anderen System zwar offiziell ignoriert oder für irrelevant gehalten werden, jedoch in Wahrheit in aller Stille doch eine Wirkung entfalten – sozusagen zwischen den Zeilen dieser Rechtsordnung –, indem sie sich still in die Formulierungen der dortigen Regeln und ihrer Anwendungen einfügen.

Der besondere Charakter der an der Cornell geleistete Arbeit besteht darin, dass es gelang Juristen aus verschiedenen und zahlreichen Bereichen dazu zu bringen, ihre Erfahrungen so zu reduzieren, dass dieselben Fragen beantwortet wurden (dh sie formulierten ihre Erfahrungen so, dass sie, falls gewünscht, auf identische Sätze, mehr oder weniger mit Ja oder Nein voran, entsprechend der Lösung der jeweiligen Rechtsordnung, reduziert werden konnten). 25

Das zentrale Problem der Seminare wurde bereits erwähnt: Die gegebene Antwort begründet gleichzeitig das charakteristische methodische Merkmal der gesamten Untersuchung. Das zentrale Problem bestand in der Reduzierung allen untersuchten Materials auf gleichermaßen verständliche Termini für einen Inder, einen Spanier, einen Polen, einen Deutschen, einen Norweger usw. Um dies zu erreichen wurden nur jene abstrakten Kategorien verwendet, die zuvor und implizit als universell gültig anerkannt wurden (zB Angebot, Annahme). 26

Folgerichtig hat man darüber hinaus auch jede Frage mit allzu abstrakten Begriffen vermieden: Denn bei einer solchen hätte jeder nationale Berichterstatter eine seinem nationalen System oder, schlimmer noch, seiner eigenen Schule geläufige und vertraute Bedeutung wiedererkannt. Deshalb wurde jede Frage des Fragebogens in Form von »cases« gestellt. Diese Fälle waren nicht nur aus dem angloamerikanischen Erfahrungsschatz genommen worden, sondern auch aus der Praxis der deutschen Länder (das französisch-italienische Fallrepertoire wurde hingegen nicht herangezogen, weil die dortigen Zeitschriften den von den Gerichten zu entscheidenden Sachverhalt nicht ausreichend wiedergaben). 27

Die Lösungen sind also von einem tatsachenorientierten Ansatz aus gesucht worden. Sodann wurden die Generalisierungen wie in einem »System« durch die Ähnlichkeit der Erläuterungen ermittelt. 28

Aber der tatsachenorientierte Ansatz – der eine Generalisierung auf der Grundlage der Bestimmung der einzelnen, konkreten empirischen Daten vorschlägt – steht in möglichem, oder sogar explizitem, Widerspruch zur systematischen Methode (Konzeptualismus). 29

Die Ergebnisse dieses Seminars erhielten deshalb, neben einem breiten Konsens, auch einige Kritik, vor allem von D. Tallon. Die Kritiker wiesen darauf hin, dass die Arbeit von einem Juristen eines Landes organisiert wurde – Amerika –, welches der Rechtsprechung eine besondere Rolle zuordnet, weswegen hinsichtlich der Seminare die romanistischen Systeme ebenfalls in auf Präzedenzfällen aufbauende Systemtypen reduziert würden. Die Kritik von Tallon war jedoch unbegründet. Schlesinger hatte die Juristen der Civil-Law-Länder nicht aufgefordert ihre Herkunft aus Ländern, in denen die Rechtsprechung generell durch die Lehre geleitet wird und konzeptuelle und systematische Ansätze nutzt, zu vergessen, sondern forderte sie nur auf, bestimmte Probleme der Rechtsanwendung zu lösen. Die Berichterstatter waren frei, eine Frage mit einem Gesetzesartikel zu beantworten oder mit von der Lehre, durch Konzepte und 30 systematische Methoden, erarbeitete Lösungen, anstatt sich allein auf die Rechtsprechungslösungen zu konzentrieren: Und, in diesem Fall, sollten sie das Zusammenspiel von wissenschaftlicher Lehre und Gesetz sowie die Wirkung dieser Formanten auf die Praxis aufzeigen.

31 Die einzelgesetzlichen Regeln wurden als Folge nicht aufgezeigt. Aber es war aus diesem Grund nicht untersagt, sie mit den allgemeinen Grundsätzen, denen sie unterlegen haben könnten, zu erklären oder mit den allgemeinen Regeln, denen sie gegebenenfalls widersprachen, zu vergleichen.[3]

32 Unserer Ansicht nach stellen die Cornell-Seminare eine wesentliche Etappe in der Geschichte der Methodik der Rechtsvergleichung, und vielleicht sogar der rechtswissenschaftlichen Methodik insgesamt, dar.

33 Die Kohärenz der verschiedenen Formanten, deren Vorhandensein man in jeder Rechtsordnung vermutet, ist durch sie auf ein richtiges Maß zurückgeführt worden.

34 Damit fällt zugleich der Mythos, demzufolge es dem jeweiligen Länderjuristen obläge, sich zu dem seiner eigenen Rechtsordnung innewohnenden Zusammenhang zu äußern. Das Urteil bezüglich des Zusammenhangs gebührt vielmehr der Vergleichung, weil diese über die »tatsachenorientierte« Methode verfügt, die fähig ist, sich selber zu veri- und falsifizieren.[4]

35 In Cornell wurde der Jurist, der ausgewählt war über ein bestimmtes territoriales Recht zu referieren, natürlich aus der jeweils betrachteten Rechtsordnung rekrutiert. Aber die Untersuchungsart war sich der Risiken bewusst, die diese Ansammlung und parallele Darstellung der gesammelten Daten mit sich bringt. Üblicherweise vermutet man bei der parallelen Darstellung, dass nur der Jurist des betroffenen Landes in der Lage ist, über die Daten seines eigenen Landes zu berichten.[5] Man weiß, dass nur ein Jurist dieses Landes in diese eingeweiht ist, und man denkt, dass diese Einweihung nicht nur für die Kenntnis der Gesetze, der Lehre, der gerichtlichen Praxis nötig und ausreichend ist, sondern auch für die Kenntnis der bestehenden Verbindungen zwischen dem Gesetz und den aus ihm gezogenen Schlüssen, zwischen diesen und den Voraussetzungen der richterlichen Schlussfolgerungen oder zwischen deren Voraussetzungen (bzw. den Leitsätzen) und der konkreten Entscheidung des Gerichtes.

36 Die Cornell-Seminare lehren uns, dass wir uns, um das Recht eines Landes vollständig kennenzulernen, nicht auf das verlassen dürfen, was uns die Juristen dieses Landes berichten, denn es können große Unterschiede zwischen den angewandten Regeln einerseits und den gelehrten und ständig wiederholten andererseits bestehen.

37 Die Seminare haben ein weiteres Phänomen aufgezeigt: Oft war dieser oder jener Berichterstatter, für sein besonderes System, mit Fragen konfrontiert, die in Bezug auf dieses System niemand jemals gefragt hätte. Dies führte für die einzelnen Berichte zu

3 Unserer Meinung nach, haben in Cornell einige der romanistischen Juristen ein wenig zu stark das System und andere ein wenig zu stark die Rechtsprechung betont (siehe R. Sacco, *Un metodo, aaO*). Aber dieser Mangel ist den Berichterstattern und nicht der Methode zuzuschreiben.

4 Diese Methode hat viel Zustimmung erhalten. Angewandt wurde sie beispielsweise von M. Lupoi, *Il luogo dell'esecuzione del contratto come criterio di collegamento giurisdizionale*, Mailand, 1978. Siehe auch die Rezension hierzu von Sacco, in: *RDC*, 1979, I, 370 ff.

5 Ausnahmsweise lässt man Abweichungen zu, doch wird dann vermutet, dass der Berichterstatter seinen Teil vorträgt, indem er möglichst getreu das versucht nachzuahmen, was ein Jurist aus der betrachteten Region an seiner Stelle gesagt hätte.

einer sehr unterschiedlichen Entwicklung gegenüber den für die Nutzung im rein nationalen Bereich erstellten Monographien.

Für das italienische Recht ist dies gut sichtbar. Gorla musste sich mit bisher für die Italiener ungewöhnlichen Problemen auseinandersetzen: ZB mit der Frage, wie ein Angebot von einer Aufforderung zu Vertragsverhandlungen zu unterscheiden ist; wie sich das hinsichtlich einzelner Aspekte teilbare Angebot von demjenigen unterscheidet, das nur als Ganzes angenommen werden kann; wie zu bestimmen ist, ob die Annahme eines einzigen Angebots zu mehreren Verträgen oder zu einem einzigen Vertrag führt; wie das Angebot geregelt ist, welches den Auftraggeber verpflichtet und seine Verpflichtung von einer Leistungserfüllung in seinem Interesse, durch den Schuldner, abhängig macht; ob das Angebot übertragbar ist; was man unter »Übereinstimmung von Angebot und Annahme» versteht; wie die Vertragsautonomie des Vertragsstellers hinsichtlich der Bestimmung der Annahmebedingung für die Gültigkeit des Vertrages aussieht; wie sich eine nicht kongruente Annahme (die als neues Angebot gewertet wird und das ursprüngliche Angebot ersetzt) von einem allgemeinen Angebot des Angebotsempfängers, das das zuvor erhaltene Angebot bestehen lässt, unterscheidet; wie die private Auktion genau geregelt wird.[6] 38

Manch einer könnte denken, dass die Beantwortung einiger dieser Fragen nicht dem Juristen obliege, weil sie reine Tatsachen betreffen. Aber diese Beobachtung ist eine wichtige Erkenntnis für die Rechtsvergleichung, weil sie zeigt, dass einige Probleme in bestimmten Ländern als »rechtliche« und in anderen als »tatsächliche« gelten. 39

7. Anmerkungen zu einigen Formanten

Die Koexistenz mehrerer Modelle innerhalb einer jeden Rechtsordnung erscheint uns nun erwiesen. 40

Bislang haben wir jedoch noch nicht alle möglichen Modelle kennengelernt. 41

Von den Formanten, über die wir noch nicht gesprochen haben, müssen wir die Aufmerksamkeit nun auf die Begründungen und die Erklärungen der Wissenschaften lenken (Definitionen, philosophische Ansätze usw). 42

Die von Richtern und Gelehrten zur Begründung ihrer jeweiligen Wahl herangezogenen Argumentationen stellen nämlich gegenüber dem ausschlaggebenden Rechtssatz völlig selbständige Modelle dar. 43

Nehmen wir beispielsweise die französische (außergesetzliche) Regel: »Die Veräußerung des Scheinerben ist gegenüber dem gutgläubigen Dritten wirksam«. Dieser Schluss wird von den Juristen, die sich mit dieser Sache beschäftigen, in verschiedener Weise gerechtfertigt: 44

- mit der Idee der gemeinschaftlichen saisine, die allen zur Erbschaft Berufenen gemein ist;
- mit der Idee der konkludenten Beauftragung (des Scheinerben durch den wahren Erben);

6 Bei der Abfassung seines Werkes über den Vertrag (*Il Contratto*, Turin, Erstauflage 1975 mit weiter folgenden) hat R. Sacco die Seminare von Cornell zur Überwindung einiger dieser Lücken in der Lehre herangezogen.

- mit der Idee des Scheineigentums;
- mit der Idee des (vom wahren Erben durch seine Untätigkeit) geschaffenen Risikos.

45 Rechtsordnungen, in denen ein- und dieselbe Lösung von verschiedenen Argumentationen flankiert wird, können nicht als identisch angesehen werden: Wenn beispielsweise die Wirksamkeit der Veräußerung des Scheinerben auf der Basis des Ansatzes vom konkludenten Auftrag gerechtfertigt wird, besteht in diesem System ein Hang, die Veräußerung des Scheinerben und den konkludenten Auftrag einheitlich zu behandeln; und dies bedeutet, dass ein neues Gesetz, das den Auftrag einer spezifischen Form unterwürfe, zugleich auch die Position des Scheinerben beträfe.

46 Wenn Rechtsordnungen, in denen parallele Lösungen von unterschiedlichen Argumentationen begleitet werden, nicht als identisch angesehen werden können, bedeutet dies auch, dass die Argumentationen relevant sind und einen besonderen Formanten dieser Rechtsordnung darstellen.

47 Charakteristische Argumentationen findet man beispielsweise in der französischen Rechtsordnung bezüglich der Gültigkeit der don manuel oder der Unmöglichkeit, das, was man wissentlich auf eine Nichtschuld gezahlt hat, zurückzuverlangen.[7]

48 Wenig untersuchte Formanten sind darüber hinaus auch die verschiedenen Arten wissenschaftlicher Erklärungen derjenigen, die eine Rechtsregel erarbeitet haben.

49 Manchmal wirken diese wie (scheinbare) Erklärungen des Tatbestandes; und sind (in Wahrheit) überflüssige logische Verknüpfungen zwischen dem Tatbestand und der Rechtsfolge. So sind beispielsweise zwischen dem Tatbestand {Eltern} oder {die gewählten Mitglieder des Parlaments} und dem Rechtsinhalt {sind dazu ermächtigt, über die Güter ihrer minderjährigen Kinder zu verfügen} bzw. {sind dazu ermächtigt, Rechtsnormen zu erlassen} die logischen Verknüpfungen {vertreten ihre minderjährigen Kinder} bzw. {vertreten das Volk} eingefügt.

50 Man sollte nicht sagen, dass diese wissenschaftlichen Erläuterungen, wenn sie auch als logische Verknüpfungen überflüssig sind, juristischer Qualität entbehrten und deshalb der Rechtsordnung fremd wären. Was auch immer ihr Ursprung ist – Lehre, Gesetzgebung oder Rechtsprechung –, sie stellen jedenfalls Sätze dar, die die Art beeinflussen können, die Anwendungsregel zu begreifen, der sie beigefügt sind; in diesem Sinne sind sie ein Mittel der Auslegung (also sekundäre Rechtsquellen).

51 Weil der Gesetzgeber die Aufgabe hat, Regeln zu setzen, und nicht diejenige, sie zu begründen, dürfte es auf den ersten Blick nicht ihm obliegen, in die Rechtstexte logische Verknüpfungen einzufügen. Dennoch qualifiziert und klassifiziert der Gesetzgeber, und auf diese Weise wendet er am Ende noch Definitionen und theoretische Ansätze an, die sich auch a) in Widerspruch zu den Anwendungsregeln setzen oder b) überflüssig sein können, weil der Praxis die Anwendungsregel alleine genügt. Die Herkunft der Legaldefinition eben vom Gesetzgeber verleiht dieser einen offiziellen Charakter. Das Fehlen einer direkten Verbindung zwischen der Definition und der Praxis verleiht ihr jedoch zugleich einen deklamatorischen Charakter.

52 Ein Beispiel bietet insofern das französische Gesetz Nr. 77-2 vom 3. Januar 1977, *Sur l'architecture*, J.O. 4. Januar 1977, dessen Art. 1 besagt: »*L'architecture est une expression de la culture.*«

---

7 R. SACCO, *Un cryptotype en droit français: la remise abstraite?*, in: *Etudes Rodière*, Paris, 1981, II, 273.

Deklamatorische Sätze formulieren häufig eine Ideologie (entweder diejenige, die diese bestimmte Rechtsordnung inspiriert, oder diejenige, von der die jeweilige Staatsgewalt glaubt, inspiriert zu sein, oder von der sie glauben machen will, von ihr inspiriert zu sein). 53

In den romanistischen Ländern (und auch in denen des Common Law!) hat die Deklamation häufig einen naturrechtlichen Hintergrund. So wird sie etwa die Gleichung {Vertrag = Konsens} formulieren können, während die Anwendungsregel die Gleichung {Vertrag = Konsens + Rechtsgrund} dafür vorsehen wird (siehe zB Art. 1376 C. c. it. gegenüber Art. 1325 C. c. it.). 54

In den Ländern des Common Law wird die deklamatorische Regel die Übertragung des Eigentums vom Willen der Parteien ableiten, während die Anwendungsregel für die Übertragung beweglichen Eigentums einen contract (Erklärung + consideration + möglicherweise Zahlung eines Preises) oder einen delivery (Erklärung + Übergabe) und bei unbeweglichem Eigentum eine conveyance (Erklärung + Form + möglicherweise Publizität) vorsehen wird – abgesehen von den Wirkungen in equity, die zum Zeitpunkt des Vertrages vorweggenommen werden. 55

In vielen Fällen gleicht die Abweichung der deklamatorischen von der Anwendungsregel, zumindest dem Anschein nach, einer Synekdoche (dh, die Deklamation gibt ein Element des Tatbestandes an, verschweigt jedoch zugleich andere). 56

Rechtssätze dieser Art waren besonders in den sozialistischen Rechtsordnungen von Bedeutung.[8] 57

Von Anfang an zeigte die sowjetische Staatsgewalt eine überraschende Neigung zur deklamatorischen Norm, die zwar ihre Anwendung nicht beeinflusste, jedoch fähig war, die hinter ihr stehenden Ideen und Absichten der Staatsgewalt zu offenbaren: Derselbe extreme Fundamentalismus, demzufolge die industriellen Produktionsmittel dem Staat gehörten, bezog sich demnach auch auf die Deklamationen – vom Standpunkt der Anwendung jedoch verteilten sich die Eigentumsrechte für die verschiedenen Güter in ganz unterschiedlicher Art zwischen Staat und Unternehmen.[9] 58

Es ist naheliegend, dass die erklärenden Erläuterungen und Deklamationen häufiger in besonders bedeutenden Gesetzen (Verfassungen, Gesetzbücher usw) anzutreffen sind, seltener hingegen in anderen. Analog verhält es sich mit den anderen wissenschaftlichen Erklärungen. 59

Zu den letztgenannten gehören (bzw. sind ihnen ähnlich) auch gewisse philosophische, politische, ideologische oder religiöse Erläuterungen, welche in den Gesetzesformanten mancher Ordnungen enthalten sind. Es ist schwierig, das kanonische Recht ohne den Begriff Gott zu formulieren, oder das (historische) sozialistische Recht ohne irgendwelche elementaren Begriffe der Lehre von Marx und Engels bzw. derjenigen, die von der leninistischen Praxis erarbeitet wurden. Und dies ist nicht nur schwierig, sondern eine Formulierung, die dieser Bezüge entbehrte, wäre unvollständig und unkorrekt. 60

Die erläuternden Zusätze können, wie die wissenschaftlichen Erklärungen allgemein (im Unterschied zu den imperativen, dh den Anwendungsregeln), richtig, aber auch falsch sein. Wenn eine Rechtsordnung beginnt, deklamatorischen Ansätzen Raum zu 61

8 G. Crespi Reghizzi, G. de Nova, R. Sacco, *Il Zivielgesetzbuch, aaO*, Fn. 4 u. 7.

9 Zu dieser ganzen Problematik grundlegend das zitierte Werk von A. Venediktov. Siehe dazu auch die erneute Diskussion im Klima des »Prager Frühlings« in den Akten des Convegno di Tremezzo von 1968, in: *Rivista di diritto commerciale*, 1969, I, 19 ff.

lassen, ermöglicht sie zugleich, dass verfälschende Modelle in ihr Inneres eindringen (wahrscheinlich ist dies, gerade auch aufgrund ihrer Qualität, vom dem, der sie erarbeitet hat, sogar erwünscht). Wenn beispielsweise Art. 1321 C. c. it. sagt, dass der Vertrag eine Einigung ist (dh, dass er aus zwei Willenserklärungen besteht), und Art. 1333 C. c. it. sagt, in bestimmten Fällen sei die Erklärung des Antragsempfängers überflüssig, wird deklamiert, dass in diesen Fällen das Schweigen – dh das Nichtvorliegen einer Erklärung – eine Erklärung ist. Auf diese Weise wird eine widersprüchliche Erklärung formuliert, welche, wie jeder widersprüchliche Ansatz, falsch ist.[10]

8. Konsequenzen aus der Aufspaltung der Formanten für die Rechtsordnungen

62 Wie die Anzahl der Formanten, variiert auch ihre Bedeutung hinsichtlich der Vergleichung von einer Rechtsordnung zur anderen stark.

63 So sind beispielsweise in England viele Bereiche des Rechts nicht durch Gesetze geregelt. Daher fehlt in diesen Bereichen der gesetzliche Formant oder ist doch zumindest nur wenig ausgebildet.

64 Völker mit einer traditionellen Kultur können weder über wörtlich formulierte Regeln noch über Rechtsprechungssammlungen oder Lehrliteratur verfügen.

65 Im Verfassungsrecht wiederum oder manchen seiner Bereiche kann die gerichtliche Anwendung fehlen.

66 Die italienische Rechtsordnung ist reich an Formanten, was nicht per se eine Qualitätsauszeichnung darstellt (die Vielzahl an verschiedenen Modellen macht abstrakt gesehen die Uneinheitlichkeit wahrscheinlich).

67 Die vergleichende Stellung der verschiedenen Formanten (und der Grad, in dem jeder von ihnen in der Lage ist, die anderen zu beeinflussen) stellt ein eigenes Charakteristikum in jeder Rechtsordnung dar, welches nur schwer verbalisierbar und nur schwer quantifizierbar, wenngleich offensichtlich ganz besonders bedeutend ist.

68 So hatte beispielsweise die Lehrmeinung in Deutschland von 1880 bis 1900 eine Bedeutung, die ihr in Frankreich sicherlich fehlte. Im letzten Jahrhundert hatten die von den Gerichten entworfenen Modelle wiederum in Frankreich sicherlich eine größere Bedeutung als in Italien. Die Ideologie bedingt die Dogmatik in Ländern mit nur einer einzigen Partei sicherlich eher als anderswo.

69 Mehr noch wird man daran erinnern müssen, dass die Divergenzen zwischen einem bestimmten Formanten und einem anderen innerhalb einer Rechtsordnung größer oder kleiner, bedeutender oder weniger bedeutend sein können. So ist etwa der Unterschied zwischen Gesetz und Auslegung in Frankreich sehr groß, viel bescheidener jedoch in Deutschland. Dies wird uns von stärker verbreiteten Systemen (in denen sich die Formanten voneinander recht weit entfernen) und von mehr geschlossenen Systemen (in denen die Formanten sich sehr einander annähern) sprechen lassen.

70 Der Jurist, der mit einem anderen als dem eigenen Rechtssystem beschäftigt ist, hat oft Schwierigkeiten, Formanten wahrzunehmen, die in seiner eigenen Rechtsordnung nicht existieren. So haben sich etwa angloamerikanische Juristen unduldsam und misstrauisch gegenüber den ideologischen Deklamationen der sozialistischen Gesetze oder ge-

10 Zu diesem Thema siehe R. Sacco, *La massima mentitoria*, in: Aa. Vv., »*La giurisprudenza per massime e il valore del precedente*«, Padua, 1988 (Beiträge des in Genua am 11., 12. und 13. März 1988 abgehaltenen Symposiums).

genüber den sozialistischen dogmatischen (= definitorischen) Kategorien gezeigt, die mit dem ideologischen Formant vereint waren und von diesem abhingen.

Der französische Jurist wiederum bemüht sich, die deutsche »Dogmatik« richtig einzu- 71
ordnen und verwechselt sie doch mit einer (gemeinen) Philosophie, bar jeden Interesses für den Juristen.

9. Aufspaltung der Formanten, Verständnis vom Recht, Assimilierung unvergleichbarer Modelle

Empirisch gesehen kann man die soeben dargestellte Situation als relativ bekannt anse- 72
hen. Der Durchschnittsjurist ist geneigt zu glauben, dass die theoretischen Konstruktionen häufig durch ihre Abstraktion fehlgeleitet sind und die praktischen Bedürfnisse vernachlässigen. Die Verantwortung für diesen Mangel wird, nahezu automatisch, der Lehre zugeschoben.

Doch ist an dieser Stelle weiter auszuholen. 73

Wir haben schon gesehen und betrachtet, dass das Urteil aus einem Leitsatz und Ent- 74
scheidungsgründen besteht. Erstgenannter hat das Ziel, die vom Richter angewandte Rechtsregel zu erkennen zu geben, die Begründung hingegen ist die Regel selbst, die vom Richter befolgt worden ist. Der Leitsatz hat mit der theoretischen Konstruktion gemein, nicht der Praxis zu dienen, mithin abstrakt zu sein.

Wir haben auch – ohne sich daran aufzuhalten – die Fälle betrachtet, in denen der Ge- 75
setzgeber selbst zwei verschiedene Ansätze anwendet, einen generellen und deklamatorischen sowie einen spezifisch auf die Anwendung ausgerichteten. Auf diese Weise stehen sich gegenüber: {die Souveränität gebührt dem Volk, die Volksversammlung wird in allgemeiner Wahl gewählt ≠ wahlberechtigt sind die *volljährigen* Bürger}; {der Vertrag ist eine Einigung ≠ der Vertrag ist eine Einigung, *die von einem Rechtsgrund getragen ist*}.

Die Gegenüberstellung der Formanten des Gesetzes, der Lehre und der richterlichen 76
Praxis reicht nicht aus, um den ganzen Reichtum der in einer Rechtsordnung vorhandenen und sich auch widersprechenden Formanten zu beschreiben.

Innerhalb eines Gesetzes haben wir Definitionen, Erläuterungen (welche logische Ver- 77
knüpfungen oder einfache Deklamationen sein können) sowie Anwendungsregeln gefunden.

Innerhalb eines Urteils haben wir Leitsätze, die ihrerseits Erläuterungen und Definitio- 78
nen – logische Verknüpfungen oder einfache Deklamationen – enthalten können, rationes decidendi und Argumentationen zugunsten der Entscheidung angetroffen.

Die Lehre schließlich zeigt sich mal als originär darauf ausgerichtet zu überzeugen (so 79
in ihren Aufsätzen), mal jedoch auch als didaktisches und informatives Hilfsmittel (so in ihren Lehrbüchern). In dem einen wie dem anderen Fall erarbeitet sie neben den auf Überzeugung ausgerichteten auch informative (definitorische) Modelle; wie die ersten bauen auch die zweiten auf Beispielen auf (aus den Beispielen wird man dann eine Regel schließen können, die nicht immer nur eine bloße Wiederholung des abstrakt formulierten informativen oder »überzeugenden« Modells sein wird!); die überzeugenden Modelle werden dabei regelmäßig von begründenden Modellen begleitet sein.

Wer wollte, könnte versuchen, eine Liste aller Formanten zu erstellen, die abstrakt in 80
unseren Rechtsordnungen vorzufinden sind. Aber wir enthalten uns dieses Versuches.

81 Uns liegt vielmehr daran zu unterstreichen, dass einige der Formanten selber Verhaltensregeln sind; andere sind mit dem Ziel erarbeitet, das Recht zu formulieren – und es dann zu vermitteln. Gesetze, Lehre und Gerichte haben in einer Art Mischung die eine wie die andere Aufgabe übernommen: diejenige, Anwendungsregeln zu erarbeiten, und diejenige, theoretische Konstruktionen zu entwickeln, mit Hilfe derer die Regel überdacht, wiedergegeben und anderen mitgeteilt werden kann; darüber hinaus formulieren Lehre und Rechtsprechung (manchmal auch das Gesetz) Argumentationen zugunsten einer bestimmten Lösung. Wenn es richtig ist, die juristischen Ansätze anhand des Subjektes, welches sie entwirft, zu unterscheiden und zu Gruppen zusammenzufassen, ist es insbesondere wichtig, sich bewusst zu sein, dass die fundamentale Unterscheidung (und die Trennung) bezüglich der Formanten zwischen den Anwendungsregeln auf der einen Seite und den zu ihrer Wiedergabe und Illustration erarbeiteten Formulierungen auf der anderen Seite verläuft.

82 Die verschiedenen Formanten können, wie schon wiederholt gesagt, voneinander abweichen. Nur die Erfahrung der Rechtsvergleichung jedoch ist in der Lage, diese Abweichungen zu bewerten. Im Folgenden wird dies noch weiter präzisiert.

83 Bis hierhin jedoch können wir uns fragen: Wie wird – falls überhaupt – die Divergenz zwischen definitorischen und Anwendungs-Formanten überwunden?

84 Es kann natürlich sein, dass der Unterschied unüberwindbar ist. Es kann sein, dass die Definitionen sich den Regeln nach einer gewissen Zeit anpassen oder die Regel, nach einer gewissen Zeit, den Definitionen. Aber es kann auch sein, dass Definitionen und Regel nebeneinander existieren und verlangen, dass Entgegengesetztes gleich ist.

85 Dieser Prozess ist durch »Fiktionen« möglich geworden, durch »unwiderlegbare Vermutungen« und vor allem durch diejenigen Deklamationen, durch die man feststellt, dass ein juristischer Sachverhalt gleich seinem Gegenteil ist: {gewaltsame Vermögensentziehung = Vermögensentziehung ohne Zustimmung} und daher {keine Gewalt = Gewalt} usw.

Viertes Kapitel: Einige Anwendungen

Inhalt: **§ 1 Die Rechtsquellen.** – 1. *Der Begriff der »Rechtsquelle«.* – 2. *Rechtsquellen und Auslegung.* – 3. *Die Lehre als Rechtsquelle.* – 4. *Legitimation und Bedingung des Einflusses der Lehre.* – **§ 2 Vertrag und Rechtsgeschäft als zweiseitige Gebilde.** – 5. *Das Problem.* – 6. *Die Materialien (aus dem romanistischen Bereich).* – 7. *Die Materialien (im Bereich des Common Law).* – 8. *Die Bedeutung der gesammelten Materialien.* – **§ 3 Das objektive Tatbestandselement, welches zur deliktischen Haftung führt.** – 9. *Das Problem.* – 10. *Die französische Konzeption von 1806 bis heute.* – 11. *Die deutsche und die italienische Lösung.* – 12. *Die Situation in England und den Vereinigten Staaten von Amerika.* – 13. *Schlussfolgerungen.* – **§ 4 Die Übertragung beweglichen Eigentums.** – 14. *Das Problem.* – 15. *Vom gemeinen Recht zu den französischen und italienischen Lösungen.* – 16. *Vom gemeinen System zum BGB und ABGB.* – 17. *Das englische System.* – 18. *Von den allgemeinen Regeln zu den Anwendungen.* – 19. *Die graphische Übertragung der Daten.* – 20. *Die Abweichungen (besonders die Erläuterungen der Lehre).* – 21. *Der Eigentumsverkehr und der Inhalt des Eigentums.*

§ 1 Die Rechtsquellen

1. Der Begriff der »Rechtsquelle«

Gegen Mitte des 20. Jahrhunderts (wie auch heute) wurde die Frage der Rechtsquellen in den romanistisch geprägten Ländern durch deren Verfassungen geregelt. Diese proklamieren oder garantieren die zwingenden Verfahren für die Einführung der Verfassung und vertrauen geeigneten staatlichen Organen die Macht an, sie zu verändern. Weiter weisen sie dem Parlament, der Regierung, dem Staatsoberhaupt, den in den Regionen, Departements oder Provinzen sowie Gemeinden gewählten Organen die Aufgabe zu, gesetzliche Regelungen im territorialen Anwendungsbereich des Staates oder einzelnen seiner Landesteile einzuführen. Diese Organe können wiederum einem Gremium, einzelnen gewählten oder von einem staatlichen Organ ernannten Personen oder einem anonymen Kollektiv, das mit seinem tatsächlichen Verhalten Sitten, Gebräuche oder Praktiken offenbart, normative Macht zuweisen. 1

Die Bestimmungen bezüglich der Rechtsquellen sind einheitlich, das gesetzgeberische Gefüge ist kompakt und leitet sich aus der Verfassung ab. 2

Bis zur Mitte des letzten Jahrhunderts war auch die Lehre von den Rechtsquellen auf diese Einheitlichkeit bezogen. Dies lässt sich ohne Schwierigkeiten erklären. Die positivistische Sichtweise war eine Entwicklung des aufklärerischen Denkens; die Doktrin, die sich auf die positivistische Sichtweise bezog, rezitierte aufklärerische Wendungen, die sich in den Texten – vor allem Verfassungstexten – manifestierten. In Ländern wie Italien, Deutschland und Frankreich wurde gelehrt, dass die normative Macht auf verfassungsrechtlicher, gesetzlicher und untergesetzlicher Ebene durch die verfassungsgebende Versammlung und daran anschließend durch die Kammern, die Regierung und die anderen Organe – in den zwei Ausgestaltungen staatlich und regional – ausgeübt 3 wurde. Der Diskurs bezüglich des Rechts auf Verfassungs- und auf regionaler Ebene vertiefte und illustrierte die fraglichen Mechanismen.

4 Allerdings ist die Sichtweise, die die Rechtsquellen auf die Verfassung und die von ihr bestimmten Quellen reduziert, nicht mehr die einzige, die zur Erklärung der fraglichen Phänomene herangezogen wird.

5 Überall ist eine Entkoppelung präsent.

6 Auf der einen Seite greift die Verfassung, in den großen Linien, die Ideen des Endes des XVIII. Jahrhunderts auf, gemäß denen nur die spezifisch mit der legislativen Funktion betrauten Organe des Staates rechtliche Regelungen erlassen können, mit der Pflicht diese zuvor zu formulieren, zu verabschieden und zu veröffentlichen. Und diese Verfassung wird als absolut gültig und als fähig betrachtet, die Probleme der Ausgestaltung der Gesetzgebung auf erschöpfende Art und Weise zu regeln. Auf der anderen Seite entwickelt sich das Recht unablässig unter dem Druck von Lösungen weiter, die als innovative Rechtsprechung definiert werden. Die Juristen sprechen laut von jenem droit prétorien, das im Modell des antiken römischen, durch Prätoren geprägten Rechts eine wichtige Säule der Ordnung darstellt.

7 Bei der Bestrebung, eine korrekte Beschreibung des Rechts vorzunehmen, kann die Koexistenz der formal, in den durch die obersten Staatsorgane erlassenen Texten, anerkannten Rechtsquellen mit solchen anderer Natur nicht ignoriert werden. Zur Überbrückung der Verschiedenheit zwischen formaler Rechtsquelle, im eben erläuterten Sinne, und allgemeiner Rechtsquelle werden altbekannte Kategorien, wie »ungeschriebenes Verfassungsrecht«, »lebendes Recht«, »law in action« usw, verwendet. Mit einem angepassten Ansatz kann man in analoger Weise behaupten, dass in einem idealen juristischen System die durch die Verfassung des Staates bestimmten Rechtsquellen die alleinigen sind; dass aber, faktisch, viele Regeln der Rechtsprechungspraxis (oder derjenigen der Schiedsgerichte) und der Verwaltungspraxis entspringen.

8 Diese vermittelnden Beschreibungen enthalten jedoch einen Widerspruch. Die Vertreter der Ansicht, dass der Richter das Recht erlässt, erklären hiermit implizit, dass – innerhalb der Grenzen, in denen der Richter das Recht erlässt – der Gesetzgeber übergangen wird; dies wiederum widerspricht dem von derselben Ansicht angenommenen Grundsatz, dass der Wille des Gesetzgebers das Recht ist und ihm gefolgt werden muss.

9 Überraschenderweise sind die sich gegenüberstehenden Aussagen, wenn richtig verstanden, beide zutreffend und nicht widersprüchlich. Das Gesetz und die Praxis wirken auf unterschiedliche Formanten der Rechtsordnung ein und diese Formanten können unterschiedliche Inhalte haben.

10 Wenn in der Rechtsordnung mehrere Formanten bestehen, ist die Lehre von den Rechtsquellen nicht umfassend, wenn sie sich nicht auf alle, die jeweiligen Formanten bestimmenden Rechtsquellen erstreckt. Ebenso ist nicht gesagt, dass alle Rechtsquellen nur Rechtsetzungsakte der Staatsorgane, von einer korrektiven Macht assistiert, sind. Das Präjudiz, nach dem das Recht durch den Staat geschaffen und von diesem angewandt wird, führt vor diesem Hintergrund zu gefährlichen optischen Illusionen. Tatsächlich kann es nämlich geschehen, dass die Staatsorgane, nach ihrer Wahl wissentlich oder unwissentlich, auf andere Weise entstandene Regeln anwenden.

11 So können folglich nicht nur das Gesetz, das Gewohnheitsrecht innerhalb seiner hier zu berücksichtigenden Grenzen und die gerichtlichen Entscheidungen Rechtsquellen sein, sondern auch die Rechtssätze, denen, durch die Autorität dessen, der sie formu-

liert hat, Überzeugungscharakter zukommt (wie bei Schrifttum und Rechtslehre); und auch die im Geist des Juristen verwurzelten Rechtssätze, die auf nicht mehr geltenden, fremden oder außerjuristischen Quellen basieren; und auch die unvermeidlichen, in der Natur des Menschen liegenden instinktiven Motivierungen (genetisch oder kulturell bedingt), die (in der Geisteswissenschaft) mit Rechtsgefühl, Angemessenheit, Prinzipien, Werten[1], bisweilen Ethik (zB Bioethik)[2] bezeichnet werden und, ethologisch betrachtet, im Keim so, wie durch die DNA bedingt oder sozialen Zwang auferlegt, vorgezeichnet sind[3].

2. Rechtsquellen und Auslegung

Das angewandte Recht ist die Frucht einer Interaktion zwischen einer primären Rechtsquelle (Gesetz, bindende vorangehende Rechtsprechung) und einer Auslegung. 12

Die Auslegung ist wiederum bestimmt (ergo: geregelt) von einer Reihe von Faktoren, die mit den Ansichten des Rechtsauslegers verschmelzen[4]. So ist das, was auf die Ansichten des Auslegenden einwirkt, eine Quelle des (angewandten) Rechts. 13

Nicht immer beschreibt die Rechtswissenschaft dieses Phänomen korrekt. Wenn der Rechtswissenschaftler eine Ansicht entwickelt, wie ein Text zu interpretieren ist, wird als Quelle des angewandten Rechts der Text berücksichtig, bezüglich des Wissenschaftlers aber geschwiegen. Wenn die Rechtswissenschaft eine Ansicht ohne Bezug auf einen hoheitlichen Text entwickelt und die Rechtsprechung dann diese Lösung der Lehre anwendet, wird als Quelle des angewandten Rechts die Rechtsprechung berücksichtig, bezüglich der Rechtswissenschaft aber geschwiegen. 14

Das, was die Auslegung bestimmt, nimmt an der Natur der Rechtsquelle teil. In gleicher Weise wie diese Aussage, können wir das Ausmaß, innerhalb dessen von der Rechtsprechung als Rechtsquelle gesprochen wird, nachkontrollieren. Zumeist stellt der Richter, der eine neue Regel anwendet, nicht allein die primäre Rechtsquelle der Regel dar. Vielmehr hat dieser die Regel unter den Ideen der Juristen seiner Zeit, den sozialen Fragen oder in der Ethik gefunden. Somit ist die primäre Rechtsquelle die Realität, die ihn konditioniert hat. Er agiert bei der Schaffung des Rechts, ist Miterschaffer (durch Auslegung und Umsetzung der Norm), aber nicht einziger Erschaffer. 15

Das, was den Rechtsausleger beeinflusst, ist Rechtsquelle. Die Rechtstheorie eruiert, welchen Kriterien der Auslegende bei seiner Arbeit folgen kann: historische Auslegung, teleologische, dogmatische, soziologische, rationale, vergleichende. Diese hermeneutischen Methoden sind dabei selbst Rechtsquellen, weil sie den Inhalt der letzteren beeinflussen. Zuweilen werden sie »sekundäre Rechtsquellen« genannt. 16

Der Rechtsausleger weiß zumeist um die Elemente, die ihn beeinflussen (gesetzliche Regelung, einschlägige Lehre). Manchmal können sie aber auch auf den Auslegenden einwirken, ohne dass sich dieser dessen bewusst ist (kulturelle, ohne Verbalisierung 17

1 Dieser Thematik widmet sich das Werk von G. Zagrebelsky, *La legge e la sua giustizia*, Bologna, 2008.

2 Im Schrifttum ist jüngst erschienen F. Benatti, *Etica, impresa, contratto e mercato. L'esperienza die codici etici*, Bologna, 2014.

3 Dieser Thematik widmet sich R. Sacco, *Il diritto mutuo*, Bologna, 2015.

4 Die Auslegung wird geleitet von dem, was der Auslegende gedacht und gefühlt hat *noch bevor* er sich der Literatur und der Analyse der Rechtsquelle zuwendet. Dies eruiert das herausragende Werk von J. Esser, *Vorverständnis und Methodenwahl in der Rechtsfindung*, Frankfurt aM, 1972, in Übereinstimmung mit der einige Jahre zuvor aufgeworfenen und hier gestützten These von R. Sacco, *Il concetto di interpretazione del diritto*, Turin, 1947.

vermittelte Werte, implizite Aussagen in der Lehre, usw). Konzentrieren wir uns nun auf die dem Rechtsausleger bekannten Elemente; zu diesem Zweck soll zunächst festgestellt werden, auf welche Rechtsquellen der Rechtsanwender (Anwalt oder Richter) sich bezieht, wenn er die Norm anwenden oder definieren muss.

18 Hierfür dienen zwei Beispiele.

19 Die Amerikaner haben ein in großem Umfang auf Präzedenzfälle gestütztes juristisches System. Wenn, wie es in den Fallrechtssystemen vorkommt, zwei Fallentscheidungen im Widerspruch zueinander stehen, gilt die zweite als falsch und nur der ersten kommt Geltung zu. Das zwingt den Rechtsanwender, der sich über den Stand einer Problematik informieren möchte, ohne Einschränkungen sämtliche Präzedenzfälle der Vergangenheit zu recherchieren, mit entsprechenden zeitlichen und finanziellen Aufwendungen. Diese Hindernisse machen für die einzelnen Staaten eine Kodifizierung erforderlich. Allerdings sind die in diesem Zusammenhang erlassenen Gesetzestexte (zB das auf dem Modell des Field Civil Code basierende kalifornische Zivilgesetzbuch von 1872) Totgeburten, weil laut Auslegungsdoktrin, wie umfassend illustriert durch Pomeroy, zu unterstellen sei, dass der Gesetzestext das vorangegangene Common Law interpretieren und reproduzieren wolle; daraus resultiert die Pflicht des Rechtsauslegers, alle dem Gesetzestext vorausgegangenen für- und widersprechenden Gerichtsentscheidungen zu recherchieren[5]. Am Rande dieses Themas kann als Beobachtung hinzugefügt werden, dass die verschiedenen Staaten der USA mehr Gesetzestexte adoptiert haben, als die Europäer meinen[6]; die Vielzahl der hier gemachten Erfahrungen erlaubt es, auf den Fakten basierende Verallgemeinerungen zu skizzieren. Auf dieser Grundlage basiert die überzeugende Ansicht, dass der Grad der Vorhersehbarkeit, Flexibilität, Unabhängigkeit und Fähigkeit der Vermeidung von Ungerechtigkeiten eines Systems nicht von dem Charakter der formalen Rechtsquelle – Gesetzestext oder judge made law – abhängt, sondern vielmehr von dem Verhältnis zwischen Rechtsquelle und Art und Weise der Auslegung[7].

20 Italien verfügte nach 1942 über den damals verabschiedeten Codice civile, der an die Stelle der früheren Gesetzeskodifikation von 1865 trat. Die unmittelbar auf das neue Zivilgesetzbuch folgende juristische Literatur zitierte, wie schon zuvor, in hohem Maß die deutsche Doktrin von vor 1900; und dies nicht nur um lediglich Geschichte zu schreiben, sondern um das geltende Recht zu interpretieren. In der Überzeugung, dass der Gesetzestext nicht verstanden werden könne, ohne die Konzepte der Rechtsinstitute zu illustrieren, und dass diese Konzepte in unübertroffener Weise durch die letzte Generation der deutschen Pandektenwissenschaftler untersucht worden seien, konstruierten die italienischen Rechtsausleger den Inhalt der Normen anhand einer Kombination von Daten, in denen sich die neue Lesweise des Gesetzes und die alte deutsche Doktrin abbildeten.

21 Fragen wir uns nun an diesem Punkt, ob der Gesetzgeber fähig ist, seinen tatsächlichen Willen durchzusetzen. Die Antwort muss mittels zweierlei Aussage gegeben werden.

22 Zunächst einmal schafft es jedweder normale Gesetzgeber, dass ihm innerhalb eines gewissen Maßes gefolgt wird, soweit er eine Regelung erlässt, die klar, präzise, einfach

5 E. Bodenheimer, »Law in the U.S.A. for the 1980's«, in *Reports from the U.S.A.f. the XI Congress*, erschienen in *Supplement to the Amer. Journ. of Comp. Law*, 1982, 15 ff.

6 Zu diesem Thema W.S. Wagner, *La codificazione del diritto in Europa e il movimento per la codificazione negli Stati Uniti intorno alla metà del XIX secolo*, 1961, 519.

7 E. Bodenheimer, *aaO.*

erkennbar und für den Richter, der sie anwenden muss, verständlich ist (was vorliegt, wenn sie in Übereinstimmung mit den kulturellen Erwartungen des Richters abgefasst ist oder vorsorglich eine Gruppe von Richtern gebildet wird, die kulturell auf die jeweilige Norm vorbereitet sind).

Weiterhin wird dem Gesetz besondere Aufmerksamkeit gewidmet werden, wenn es in gewisser Weise kraft einer besonderen Bedeutungszumessung auf einen sozialen Sockel gehoben wird. Derart sakralisiert sind solchen Normen, die für den, der sie anwenden muss, wie eine angestrebte soziale Errungenschaft klingen: Eine derartige Eigenschaft besitzt beispielsweise die amerikanische Verfassung. In ein ähnliches Schema fällt die Norm, die, nach einem akuten sozialen Konflikt, auf polemische Weise mit der Vergangenheit aufräumt: Ein solcher Charakter kommt vielen französische Normen der Periode der französischen Revolution zu. 23

Eine wichtige Form dieser Sakralisierung zeigt sich, wenn die Gesellschaft, die eine Rechtsquelle anwendet, deren Urheber auf ein über den gewöhnlichen Menschen stehendes Niveau hebt. Die Huldigung Justinians durch Dante Alighieri im Paradies verdeutlicht uns die (dem mittelalterlichen Kult für die römische Zeit entspringende) Idee eines auf einem im Keim göttlichen Mandat basierenden Corpus iuris civilis. 24

3. Die Lehre als Rechtsquelle

Nun soll ein Aspekt betrachtet werden, der bis zu diesem Zeitpunkt zwar genannt, aber nicht vertieft wurde. Rechtsquelle (genauer gesagt einige ihrer Formanten) kann die Meinung in der Rechtswissenschaft (sowohl im Schrifttum als auch in der Lehre) sein. Zunächst muss aufgezeigt werden, dass die rechtswissenschaftliche Meinung auf unterschiedlichen Ebenen operieren kann. Sie kann sich auf den Inhalt der Rechtsanwendung und ihrer Folgen beziehen (so zB wenn ein französischer Professor erklärt, dass die Verfügung des Scheinerben wirksam ist) oder auf eine Definition, unabhängig von jedweder Anwendung (so, wenn ein italienischer Professor eine Definition des Rechtsgeschäfts gibt), oder auf die Methode, der bei der Urteilsfindung gefolgt werden muss (beispielsweise wenn ein Professor der historischen Auslegung oder der dogmatischen, soziologischen, vergleichenden oder sonst einer Methode Vorrang einräumt). Ebenso kann die rechtswissenschaftliche Meinung dem Anwalt oder Notar nahelegen, der Rechtsprechung zu folgen, selbst wenn diese im Widerspruch zum Gesetz steht, oder dem Richter empfehlen, die vom Wortlaut des Gesetzes losgelöste Rechtsprechung zu missachten und zu diesem zurückzukehren; und somit kommt ihr die Bewertung der jeweiligen Relevanz der anderen Rechtsquellen oder deren Legitimation zu. 25

Mehrere Male hat sich in der Geschichte die Vormachtstellung der Doktrin gegenüber den anderen Rechtsquellen deutlich abgezeichnet. 26

So sei als erstes der Fall des in Europa rezipierten und dort seit den Zeiten der Kommentatoren bis hin zur Einführung des BGB angewandten »römischen« Rechts genannt. Ohne in vertiefenden Analysen auszuschweifen, wurde bei dessen Beschreibung wiederholt, dass das angewandte Recht das im Corpus iuris festgehaltene römische Recht sei, teilweise ersetzt durch die kanonische Lehre. Die Legitimität dieser Rechtsquelle schien durch die (unangefochtene, somit evidente und damit geltende) Legitimität der justinianischen Macht garantiert; ihre Aktualität war durch das Prinzip der Kontinuität gesichert, wodurch das Reich König Karls fortbestand bzw. rechtlich betrachtet das augustinische Reich, in dessen Umfeld Justinian agierte. Zusätzlich wurde das römische Recht durch eine zweite Legitimationsquelle geschützt, sein rationales 27

Wesen; dieses fiel innerhalb der Grenzen ins Gewicht, in denen die positivistische Rechtsauffassung einer naturalistischen und rationalistischen Idee einen mehr oder weniger großen Freiraum bot. Und schließlich wurde schon aufgezeigt, dass die Annahme eines göttlichen Mandats, erfüllt durch Justinian, nicht unmöglich erschien, sein Werk somit eine sakrale Legitimität genoss.

28 Wenig fügte diesen Legitimationsgründen die explizite Anerkennung der Rechtsquelle durch den Kaiser, als der Prozess der Rezeption schon vollendet war, hinzu.

29 Zudem verhalf die Interpretation der justinianischen Rechtsquelle einem gut formulierten und protokollierten, in ständiger Weiterentwicklung bestehenden und nicht abgeschlossenen Regelwerk zu Leben. Oftmals operiert die Weiterentwicklung dadurch, dass kasuistische römische Normen in Vergessenheit gerieten, oder durch das Erweitern der Anwendung von Instituten, die in Rom keine zentrale Rolle in der Rechtsordnung hatten: Von den Normen über den Kauf und über den Vertragsschluss entstand ein auf Verträge im Allgemeinen angewandtes Regelwerk. Und dann begann der Vertrag, in Rom allein Rechtsgrund für Obligationen, den Bereich der Übertragung von Eigentum zu beeinflussen. Aus der Lex Aquilia entstand die einheitliche Figur der unerlaubten Handlung, die eine außervertragliche Haftung herbeiführte. Aus einigen Fällen, in denen die römische condictio einschlägig war, entstand die allgemeine Figur der unerlaubten Bereicherung. Und am Ende dieser grandiosen Metamorphose stand die glorreiche Lehre vom Rechtsgeschäft. Logische vorbereitende Instrumente dieser Verallgemeinerung waren, unter anderem, das Verständnis vom materiellen Recht als autonom vom prozessualen, welches es bedingt. Und schließlich die Nutzung aller Instrumente der Dialektik und einer Untersuchung weitestgehend frei vom reinen ursprünglichen Zweck der Norm.

30 Der hier beschriebene Verlauf begann mit der Niederschrift des Corpus iuris und endete mit dem letzten Projekt des BGB. Dabei wurde ein enormer Weg zurückgelegt.

31 Alles das, was sich Stück für Stück innerhalb des »römischen« oder »gemeinen« Rechts ausbildete bis zum Inkrafttreten des BGB, wurde von Interpreten, unter denen die Wissenschaftler herausstechen, geschaffen. Es ist richtig, den Beitrag der Praktiker (wobei teilweise ein Wissenschaftler gleichzeitig auch ein Praktiker sein kann) zur Evolution des Rechts nicht zu verkennen. F. Wieacker, G. Gorla, C.A. Cannata[8] weisen zu Recht darauf hin, nicht die Wichtigkeit der Rechtsberatung, der Präzedenzrechtsprechung, der Praxis im Allgemeinen zu unterschätzen. Dennoch waren die Personen, welche die Auslegung bestimmten, vor allem Rechtswissenschaftler in ihrer zweifachen Funktion als Autoren beachtlicher Werke einerseits und lehrende Dozenten an der Universität andererseits. Die Stellungnahmen hinsichtlich der römischen Rechtstransformation erfolgten formal, wurden aber durch die Erklärungen der Interpreten begleitet. Dadurch wurde die (unangefochtene) Legitimation der römischen Rechtsquellen auf die Rechtswissenschaft übertragen.

32 Eine ähnliche Situation zeigt sich im Bereich des islamischen Rechts. Die Rechtsquelle des islamischen Rechts, durch Deklamation und religiöse Logik legitimiert, ist die göttliche Offenbarung. Doch die einhergehenden Rechtsquellen decken auch einen bestimmten Bereich der Rechtsprechung ab. Zudem ist ihre Bedeutung objektiv betrach-

8 F. Wieacker, *Privatrechtsgeschichte der Neuzeit*, 2. Aufl., Göttingen, 1967; G. Gorla, *I tribunali supremi degli Stati preunitari*, in *Diritto comparato e diritto comune europeo*, Mailand, 1980, Kap. 21; C.A. Cannata und A. Gambaro, *Lineamenti di storia della giurisprudenza europea*, 3. Aufl., II, Turin, 1984.

tet oftmals nicht eindeutig. Aus diesem Grund muss das, was die legitimierten Rechtsquellen offen oder unklar lassen, durch die Interpretation ausgefüllt oder bestimmt werden, wobei die vor dem 10. Jahrhundert A.D. bestehenden Lösungsansätze bevorzugt wurden. Die Religionswissenschaft konnte diese Interpretation legitimieren und damit deren Unfehlbarkeit rechtfertigen und garantieren. Auf humaner Ebene zeigt sich jedoch, dass der Schöpfer dieses immensen Geflechts von Normen ein Rechtswissenschaftler ist (alim, faqih)[9]. Die offiziellen heiligen Rechtsquellen sind nur der historische Ausgangspunkt der allgemein bekannten šarīʿa[10]; und diese šarīʿa ist eine rechtswissenschaftliche Schöpfung. Das Monopol der Doktrin wird durch zweierlei Umstände begleitet und gefördert: a) dadurch, dass die šarīʿa Teil der Religionswissenschaft ist und in der islamischen Welt eine konstitutionelle Autorität fehlt, der es zusteht die Wahrheiten des Glaubens zu definieren; b) dadurch, dass der šarīʿa-Richter (der qadi) keine Begründung für sein Urteil gibt und somit nicht die Rechtsanschauung oder den Grund für seine Entscheidung öffentlich macht, wodurch wiederum die Kultur der Präzedenzrechtsprechung nicht gefördert wird.

Ein weiteres Beispiel: In England geben die Gerichte, Meister darin, die Entwicklung des angewandten Rechts anzuführen, wenig auf die wissenschaftlichen Schöpfungen/Meinungen. In diesem Zusammenhang beschreibt ein Professor das, was die Richter tun, und seine Vorlesungen sind darauf gerichtet, den Studenten das judge made law nahezubringen. In den Vereinigten Staaten von Amerika kommt den Gerichten eine ähnliche Bedeutung wie den englischen Gerichten zu. Allerdings stellt hier die Präsenz der unterschiedlichen Rechtsordnungen der einzelnen Staaten die verschiedenen gerichtlichen Pyramiden in Konkurrenz zueinander, die, bezüglich derselben Rechtsfrage angerufen, unterschiedlich entscheiden können. Die Aufgabe, die jeweiligen Entscheidungen zu vergleichen, wird durch die Wissenschaftler erfüllt, welche – mit den bekannten logischen Instrumenten der Doktrin – ihre Einschätzungen abgeben. Die Überzeugungskraft der Doktrin lässt diesen eine Annahme-Ablehnungs-Funktion bezüglich der richterlichen Entscheidungen zukommen und damit letztlich eine Schiedsrolle. Um seine Ansicht zu begründen, muss der Rechtswissenschaftler organische und systematische Methodenkriterien elaborieren, um die sich dann eine Schule bildet. Dieses unterschiedliche Gewicht der wissenschaftlichen Arbeit ist eine Eigenschaft, die das amerikanische vom englischen Recht unterscheidet. 33

4. Legitimation und Bedingung des Einflusses der Lehre

Der Rechtswissenschaftler, der Recht schafft, tut dies, ohne es zu wollen oder zu wissen. Die Doktrin strebt in instinktiver Weise an, eine Rechtsquelle zu sein, aber schreckt davor zurück, für sich eine Legitimation ad hoc zu konstruieren. Die Pandektenwissenschaftler legitimierten sich durch die Behauptung, den Corpus iuris zu interpretieren, faqih legitimierte sich durch die Heiligkeit der Rechtsquellen, die er interpretierte. 34

Eine Legitimation lässt sich immer durch die Wahl eines allgemeingültigen Prinzips der positiven Rechtsordnung (zB die Rationalität), das jedoch hundert verschiedene Anwendung zulässt, und Zurückführung aller praktischen Regeln, die man vorschlagen möchte, auf dieses allgemeine Prinzip schaffen. Mit dieser Technik haben die Theoreti- 35

9 Siehe zu dieser Person F. Castro, *Le pouvoirs de faqih*, in *Rapports italiens au XI C.I.D.C., Caracas* 1982, Mailand, 1982.

10 Referenzen in R. David, *I grandi sistemi, aaO*, 405.

ker des rationalen Rechts gearbeitet, die Anhänger der soziologischen Schule, der Interessentheorie, der Schule der ökonomischen Analyse. Anstelle eine Legitimation der durch die Doktrin gebildeten Rechtsentwicklungen zu kreieren und sich dem Risiko auszusetzen, keine solche zu finden, wird richtigerweise erforscht und hervorgehoben, mit welchem Instrument die Rechtsbildung geschaffen wurde.

36 Der Theoretiker hat keine andere Macht als jene, die ihm durch seine Befähigung zu überzeugen zukommt. Er ist, unter anderem, Professor oder Autor von Lehrwerken und multipliziert auf diese Weise seine Möglichkeit mittels seiner Überzeugungsfähigkeit Einfluss auf das angewandte Recht auszuüben. Ein Professor hat, ebenso wie der Autor eines Lehrwerkes, Einfluss auf den Studenten, der das Recht durch das Lehrbuch oder in den Vorlesungen des Professors lernt. Die derzeitig wiederholte Behauptung, dass Studenten in romanistisch geprägten Gebieten das Recht über das Gesetzbuch lernen würden, ist abwegig; der Student lernt das Recht, wenn er seine Prüfungen vorbereiten muss, und bereitet sich auf die Prüfung anhand des Lehrbuches und nachdem er die Vorlesung des Professors besucht hat vor. Er ist natürlich potentiell dazu bereit, die Ansichten seines Professors kritisch zu hinterfragen; aber er wird dies nur selten tun, wenn er nicht zuvor einen anderen Professor gehört hat, der eine von dem ersten Professor abweichende Doktrin lehrt. Sobald der Student Richter geworden ist, wird der ehemalige Student nicht dazu angetrieben sein, anderes Recht, als das an der Universität gelernte, anzuwenden.

37 Die Rechtsgeschichte ist voll von Episoden, die dieses zuletzt genannte Axiom bestätigen. Vor ein paar Jahrzehnten wandten die sudanesischen Richter, obwohl es ein neues geltendes Gesetzbuch gab, Gewohnheitsrecht an, weil sie aus ihrer universitären Zeit nur dieses Recht kannten; später, als das Gewohnheitsrecht wieder galt, wandte eine neue Generation von Richtern hingegen das Gesetzbuch an, weil es die einzige Rechtsquelle war, die sie kannte.[11] Nach dem Inkrafttreten des Code Nap. wurde eine Unzahl von römischrechtlichen und französisch-royalen Regeln weiter von den in diesen Rechtsordnungen an der Universität ausgebildeten Richtern angewandt. Noch davor verteidigten die Könige von England, Polen und Ungarn[12] die Rechtstraditionen ihrer Länder durch die Behinderung des Studiums des römischen Rechts durch künftige Richter.

38 Vielleicht ist es möglich, einen eindeutigen Zusammenhang zwischen den Strukturen einer bestimmten Gesellschaft und dem Einfluss der Doktrin zu etablieren. Tendenziell wird die Entwicklung der Lehre behindert, wenn die Organe der staatlichen Macht (Gesetzgeber, Minister, Richter) die Schaffung der Rechtsnormen für sich selbst reservieren wollen und wenn man, in Bezug auf diese Ideen, der Ansicht ist, dass die Rechtsordnung das Recht des Staates ist und dass der Wirkungskreis des Rechts notwendigerweise mit dem räumlichen Geltungsbereich des Staates oder einem gut definierten Verwaltungsteil desselben übereinstimmt. Beispiele für so verstaatlichtes Recht

11 M. Guadagni, *La riforma del diritto privato nel Sudan: uno studio sui modelli normativi nel diritto africano*, in *Raccolta di scritti per il 50° anniversario della Facoltà di economia*, Universität von Triest, 1975.

12 Für Polen und Ungarn siehe R. Sacco, *Il sustrato romanistico del diritto civile dei Paesi socialisti*, in: *RDC*, 1969, I, 115 ff.

finden sich in der französischen Rechtsordnung (unter den Jakobinern, Napoleon und später) und, so wie es scheint, auch in der englischen Rechtsordnung. Beispiele für nicht verstaatlichtes Recht bieten das Gewohnheitsrecht (sowohl auf europäischer Ebene als auch auf rein deutscher)[13] und das islamische Recht.

13 M. Fromont und A. Rieg schreiben hinsichtlich der deutschen Situation: «On constate ainsi une profonde pénétration de la doctrine dans la jurisprudence, qui laisse songeur tout juriste français» (*Introduction au droit allemand*, I, Paris, 1977, 208).

§ 2 Vertrag und Rechtsgeschäft als zweiseitige Gebilde

5. Das Problem[1]

1 Der Vertrag ist gemeinhin als ein zwei- oder mehrseitiges Rechtsgeschäft konzipiert, dh als die Summe so vieler Erklärungen, wie Parteien an ihm teilnehmen.

2 Für die Definition des Vertrages nimmt man bisweilen die ganz allgemeine Idee des Rechtsgeschäfts und bestimmt die vertragliche Kategorie durch das spezifische Merkmal der Zweiseitigkeit; daher sollen Verträge alle, aber eben auch nur die Rechtsgeschäfte sein, die aus einem Austausch von Willenserklärungen bestehen.[2]

3 Die Zweiseitigkeit beim Vertragsschluss liegt selbstverständlich unvermeidbar vor, wenn die Wirkungen des Vertrages zweiseitig sind, dh, wenn die Annahme des Versprechensempfängers ihrerseits das Versprechen zu einer eigenen Gegenleistung enthält. Die Frage nach der Ein- oder Zweiseitigkeit des Vertrages stellt sich nur für solche Verträge, die Pflichten oder andere Lasten nur einer der beiden Parteien auferlegen wollen.

4 Bevor wir fortfahren, ist noch festzuhalten, dass sich das Erfordernis der Zweiseitigkeit des Vertragsschlusses aus zwei unterschiedlichen Prämissen ergeben kann, die, jede auf ihre Weise, auch verschiedene praktische Auswirkungen haben können:

a) Nach dem Prinzip der formellen, subjektiven Willensfreiheit über die eigene rechtliche Entscheidungssphäre müsste man zu der Schlussfolgerung gelangen, dass diese Sphäre (weder zum Besseren, noch zum Schlechteren) durch die einseitige Erklärung eines anderen nicht beeinflusst werden kann (immer vorausgesetzt, dass eine solche Beeinflussung nicht aus einem vorangehenden Verhältnis der beiden Parteien zu rechtfertigen ist);

b) Gemäß dem Prinzip der Verhinderung des ungerechten Vermögensschadens müsste man zu dem Schluss gelangen, dass die rechtliche Sphäre nicht durch die einseitige Erklärung eines anderen zum *Schlechteren* beeinflusst werden kann.

5 Wenn der Gesetzgeber nun die Regel der Willensfreiheit über die eigene rechtliche Entscheidungssphäre vollständig übernimmt, werden wir das Prinzip angewendet finden, nach dem niemand ohne seine Zustimmung *bereichert oder ärmer* gemacht werden kann. Wenn der Gesetzgeber hingegen der anderen Regel folgt, werden wir das Prinzip kodifiziert finden, dass niemand ohne seine Zustimmung *ärmer* gemacht werden kann.

6 Um die Lösungen, die wir finden, richtig einschätzen zu können, müssen wir eine Prämisse festlegen. Soweit das Gesetz zulässt, dass ein Schweigen als eine Annahme gelten kann, wenn nämlich der Richter unter Berücksichtigung aller Umstände des konkreten Sachverhaltes davon ausgeht, dass in dem gegebenen Fall ein solches Schweigen nichts

---

1 Hierzu insbesondere R. Sacco und G. De Nova, *Il contratto*, 4. Auflage, Turin, 2016. Für die Materialsuche fundamental R. Schlesinger (Hrsg.), *Formation of contracts, aaO.*

2 Diese Definition ist in der Pandektistik geläufig (F.G. Puchta, *Pandekten*, 12. Auflage, Leipzig, 1877, § 54, S. 84: »Die zweiseitigen Rechtsgeschäfte nennen sich Verträge«). Sie ist ebenfalls bei den italienischen Juristen bekannt: N. Coviello, *Manuale di diritto civile italiano*, Mailand, 1910, § 102: »Die zweiseitigen Rechtsgeschäfte sind Verträge«; R. De Ruggiero, *Istituzioni di diritto civile*, Messina, 6. Auflage, II, 105: »Essentielle Voraussetzung (des Vertrages) sind folglich zwei Willenserklärungen (...). Eine Reduzierung nur auf eine wird durch die Essenz des Konsenses selbst ausgeschlossen, der, wie schon das Wort selbst ausdrückt, die Notwendigkeit eines gegenseitigen Einverständnisses bedingt«; L. Cariota Ferrara, *Negozio giuridico nel diritto privato italiano*, Neapel, Fn. 45: »Von den zweiseitigen Rechtsgeschäfte nennen sich eben solche »Verträge« – ohne weitere Merkmale oder Qualifizierung –, die einen vermögensrechtlichen Inhalt haben«.

anderes bedeuten kann als den Willen, ein Angebot anzunehmen, lässt dies die Zweiseitigkeit beim Vertragsschluss unberührt. Denn das Schweigen ist zwar an und für sich ein Unterlassungstatbestand. Aber unter der Voraussetzung, dass die Umstände, die es begleiten, positive Tatumstände sind, die ihm die Natur einer ausdrücklichen Erklärung zuteilen können, werden wir hier ein beredtes Schweigen vorliegen haben, das jedenfalls zu den Manifestationen eines Willens gerechnet werden kann.

Seine Natur weicht wesentlich von der des einfachen Schweigens ab. 7

Wenn nämlich dem Richter verwehrt ist, das Schweigen eines Erklärungsempfängers in 8 Bezug auf die besonderen Umstände des Sachverhaltes einzuschätzen und zu bewerten, um so frei zu bejahen oder zu verneinen, ob es sich um ein gewöhnliches oder beredtes Schweigen handelt, dh, wenn sich angesichts des Schweigens ohne Weiteres alle Konsequenzen eines Vertrages ergeben, dann wird die unterlassene Zurückweisung weder ein *beredtes* Schweigen noch eine Erklärung sein (nicht einmal eine stillschweigende). Die Erklärung einiger Autoren, denen zufolge der Umstand, der dem Schweigen eine positive unzweifelhafte Bedeutung zumäße, im Gesetz stünde, ist irrational: Das Gesetz kann die juristische Wirkung bestimmen, nicht jedoch die *faktische* Qualität eines bestimmten Sachverhaltes und bei dem vorliegenden Sachverhalt kommt der Vertrag ohne die Notwendigkeit einer ausdrücklichen Annahme zustande.

6. Die Materialien (aus dem romanistischen Bereich)

Einen ausgezeichneten Ausgangspunkt für den Beginn der Untersuchung zur Natur des 9 Vertrags stellt Art. 1108 Code Napoléon dar; dieser Artikel hat im Zusammenhang mit der Klärung der Voraussetzungen der »convention« in erster Linie »le consentement de la partie qui s'oblige« genannt. Die klare Einfachheit des Code Nap. liegt auf der Hand: Jedes vertragliche Versprechen ist als eine Verbindlichkeit dargestellt, kraft derer der Erklärende sich verpflichtet; damit diese Verpflichtung entsteht, bedarf es (offensichtlich) des Versprechens (und weiterer Voraussetzungen, nämlich eines Rechtsgrundes als rechtfertigenden Umstand; aber dies interessiert an dieser Stelle nicht). Nicht erforderlich jedoch ist die Annahme, es sei denn, der Versprechensempfänger muss sich seinerseits verpflichten. Eine Ausnahme von dieser so einfachen Regel wird jedoch bei einigen formbedürftigen Verträgen gemacht (Schenkung, Verträge über das Vermögen zwischen Eheleuten), für die eine Annahme erforderlich ist.

Die französische Doktrin, die sich mit diesem Art. 1108 beschäftigte, hat es vorgezo- 10 gen, die Normen des Code Nap. zu ignorieren und statt dessen davon auszugehen, dass der Wortlaut des Gesetzes einen Redaktionsfehler aufweise, den die Auslegung leicht berichtige,[3] oder dass eben dieser Wortlaut des Gesetzes, welch merkwürdige Idee, die Zweiseitigkeit des Vertrages festschreibe.[4]

3 So beispielsweise C. Demelombe, *Cours de Code Nap.*, Paris, 1868, XII, Fn. 45; K.S. Zachariae, *Cours de droit civil français*, I, Paris, 1850, 343, Anmerkung 1; C. Aubry und C. Rau, *Cours de droit civil*, 6. Auflage, IV, Paris 1942, n. 2, Anmerkung 6; R. Demogue, *Traité des obligations. Sources*, Paris, 1923, II, Anmerkung 546.
Die Korrektur des Wortlautes erkläre sich dadurch, dass man, habe man einmal den Willen des Verpflichteten als »Zustimmung« definiert, nicht von der zweiseitigen Natur dieser Zustimmung absehen könne. Aber die sprachliche Analyse des Code Nap. zeigt, dass »consentement« und ebenso »convention« nicht eine Zweiseitigkeit implizieren (siehe Artt. 148, 1108, 1126, 1370).

4 Die von V. Marcadé, *Explication théorique et pratique du Code Nap.*, IV, Paris, 1842, unter Art. 1108, Anmerkung 349, gegebene Erklärung ist überraschend: »Das Gesetz verlangt vor allem die Zustimmung der Partei, die sich verpflichtet, mit anderen Worten, sein Einverständnis *mit dem zuvor ausgedrückten Willen der anderen Partei*«.

11 Der Artikel 1108 verursachte also schon mit seinem Auftreten eine Trennung zwischen Gesetz und Lehre.

12 Der Grundsatz der Zweiseitigkeit beim Vertragsschluss stützte sich in der französischen Lehre des 19. Jahrhunderts auf eine weitere Aussage, der zufolge das nicht angenommene Versprechen keine Wirkungen hervorrufen kann, und dies *nicht einmal außerhalb des vertraglichen Tatbestandes.*

13 Ende des 19. Jahrhunderts ließ dieses Prinzip jedoch immer häufiger Ausnahmen zu.

14 Dennoch hat auch der neue Ansatz, demzufolge die französische Rechtsordnung die Figur des einseitigen Versprechens akzeptiere, die (von der Lehre) vertretene Regel von der Zweiseitigkeit des Vertragsschlusses unberührt gelassen.

15 Auf einer logischen Ebene kann man der Definition eine unzureichend vertiefende Untersuchung des Verhältnisses zwischen Wortlaut und tatsächlicher Reichweite der Artikel 1101 und 1108 Code Nap. vorwerfen. Viel schwerer wiegt jedoch die Kritik, die man den französischen Auslegern dieser Epoche bezüglich der Substanz ihrer Aussage vorhalten muss: Ihre gegen den Wortlaut gerichtete Auslegung war so unergiebig, dass sie in der Praxis unbrauchbar war.

16 Entsprechend bedienten sich viele Autoren einer Hintertür, gestützt auf die Figur des beredten Schweigens. Man erkannte im Wesentlichen, dass das beredte Schweigen als Erklärung gelten kann, und ließ sodann unter die weite Figur des beredten Schweigens auch das einfache Schweigen des Erklärungsempfängers fallen, an den ein Versprechen gerichtet war, welches allein den Versprechenden binden sollte.

17 Mitte des 19. Jahrhunderts perfektionierte Demolombe dieses Schema mit folgender Aussage: Der Artikel 1108 scheint die Zustimmung nur des Versprechenden vorauszusetzen. Aber, so sagt er, es sei klar (?), dass es auch der Zustimmung der anderen Seite bedürfe. Von dieser letztgenannten Regel sei eine Ausnahme zu machen (immer noch gemäß dem zitierten Autor), wenn das Angebot im ausschließlichen Interesse des Annehmenden gemacht worden sei und es demzufolge keinen Grund für eine Zurückweisung geben könne. Dies bedeutet, die Zustimmung ist zwar erforderlich; doch wenn sie fehlt, hält man sie dennoch für gegeben. Auf dieser Linie bewegt sich auch in der Folgezeit eine bedeutende Strömung in der französischen Lehre.[5]

Ähnlich A. Duranton, *Cours de droit français*, 6. Auflage, Paris, 1834, IV, S. 27, Anmerkung 95: »Wenn wir mit dem Code sagen, dass es der Zustimmung der Partei bedürfe, die sie sich verpflichtet, sagen wir zugleich, dass der Wille der Partei, zu deren Gunsten die Verpflichtung entsteht, sich ebenfalls ausdrücken muss, weil ein Konsens notwendigerweise das Vorhandensein zweier gegenseitiger Willenserklärungen voraussetzt«. Man bemerke auch den emphatischen Stil von G. Baudry Lacantinerie und L. Barde, *Des obligations*, Paris, 1895, I, Anmerkung 28: »Wir möchte sogar sagen, dass es offensichtlich ist, dass es keine vertraglichen Verpflichtungen geben kann ohne die Übereinstimmung zweier oder mehrerer Willenserklärungen (...) Man kann auch davon ausgehen, dass die Redakteure des Code civil gar nicht die Möglichkeit einer Verpflichtung bedacht zu haben scheinen, die allein durch die Willenserklärung nur des Schuldners entstünde«.
Ein identisches Verhalten findet sich bei den germanistischen Kommentatoren des Code Nap. Vergleiche etwa J.J. Bauerbrand, *Institutionen des französischen in den deutschen Landen des linken Rheinufers geltenden Civilrechts*, Bonn, 1873, § 242: »Für die juristische Gültigkeit eines vermögensrechtlichen Vertrages sind, gemäß Art. 1109, vier Voraussetzungen erforderlich: 1. Die Willenseinigung der Paciscenten...«.

5 G. Baudry Lacantiere und L. Barde, *aaO*, I, Anmerkung 45; R. Demogue, *Sources*, *aaO*, II, Anmerkung 554 ter (zum Beispiel: Versprechen einer Bürgschaft; dort Beispiele aus der Rechtsprechung), und I, Anmerkung 189 quarter (Änderung eines Versicherungsvertrages zugunsten des Versicherten, auch dort mit Verweis auf die Rechtsprechung). F. Terré, P. Simler, Y. Lequette, *Droit civil. Les obligations*, 11. Auflage, Paris, 2013, 151; J. Ghestin, G. Loiseau, Y.M. Serinet, *La formation du contrat*, I, 4. Auflage, Paris, 2013, Fn. 879 (von Loiseau verfasst).

Es ist offensichtlich, dass man mit solchen Kunstgriffen in der Anwendung der in definitorischer und systematischer Hinsicht behaupteten Idee der Zweiseitigkeit widerspricht. 18

Diese Aushöhlung wurde von weiteren Auslegungen begleitet, die die Bedeutung erodierten, ohne sie offen zu verneinen: Im Vertrag mit einseitiger Wirkung wird die Nichtigkeit (im weiten Sinne der Ungültigkeit) der Erklärung des Versprechensempfängers niemals offenbar werden können, weil dieser an der Nichtigkeit nicht das geringste Interesse haben wird.[6] Die Ablehnung dieser Ideen, die in der Literatur verschiedentlich vorgebracht wurde, hat jedoch kein Gehör gefunden.[7] 19

Im Jahr 1938 überprüft die Chambre des Requetes des französischen Kassationsgerichtshofs folgendes Urteil: Ein Vermieter hatte dem Mieter eine Vertragsänderung vorgeschlagen, der zufolge Opfer (hier: zukünftiger Mietrückgang) nur zu Lasten des Vorschlagenden gehen sollten. Der Mieter antwortete nicht, sodass der Vermieter davon ausging, die Änderung sei nicht zustande gekommen. Der Kassationsgerichtshof stellt mit der Entscheidung vom 29. März 1938[8] fest, dass es dem Tatrichter erlaubt ist zu entscheiden, dass das Schweigen als Annahme gelte, wenn ein Angebot ausschließlich im Interesse des Empfängers gemacht worden sei. Das Urteil kommentierend konnte sich P. Voirin in der Sache nicht damit abfinden, dass ein nicht angenommenes Angebot in der Lage war, rechtliche Wirkungen hervorzurufen. 20

In Frankreich ist jedoch auch die wahre Natur dieses Phänomens nicht entfallen: wenn zugegeben wird, dass das Schweigen als Annahme gilt, sobald ein Angebot darauf zielt, Opfer allein zu Lasten des Anbietenden festzulegen, ist es nicht schon die Natur des Angebots, welche de facto auf den Annahmewillen des Erklärungsempfängers schließen lässt; sondern es ist vielmehr die Besonderheit des Gegenstandes, welches eine unterschiedliche rechtliche Behandlung nach sich zieht. Daher ist das Aufsehen, das das angegebene Urteil verursacht hat, gut zu verstehen. 21

Die in dem Urteil von 1938 vertretene Lösung wurde 1970 nochmals bestätigt (Ch. Soc. 15. Dezember 1970)[9]. 22

Und im neuen Jahrhundert ist die *JurisClasseur*, 2014 aktualisiert, Maß der französischen Lehre. Dort ist der Vertrag eine Einigung mit mehreren Willenserklärungen; er ist ein zweiseitiger Rechtsakt, da er auf einer Einigung mit mehreren Willenserklärungen von und zwischen mehreren Personen beruht; der Vertrag steht dem einseitigen Rechtsakt gegenüber. Die Kategorie des einseitigen Rechtsakts, der deklaratorische, übertragende, abdicative oder erlöschende Wirkung haben kann, wird vollständig anerkannt; problematisch ist jedoch, ob das System das »engagement«, einen einseitigen Rechtsakt der Obligationen erzeugt, anerkennt. Es zeigt sich, dass das Gesetz diese Fi- 23

6 T. Huc, *Comm. théor. e prat. du code civ.*, VII, Paris, 1894, Anmerkung 26 (mit weiteren Nachweisen); R. Demogue, *Sources, aaO*, I, Anmerkung 232; bei beiden geht es um die Anwendung auf den Irrtum des Beschenkten, des Darlehensempfängers und des Verwahrers (das letzte Beispiel ist schlecht gewählt).

7 Anderer Ansicht hingegen G. Rouhette, *Contribution à l'étude critique de la notion de contrat*, Thèse, Paris, 1965, vor allem S. 363.

8 *Dalloz*, 1939, D.P.I, 5.

9 *Bull. civ.*, V, Nr. 722, S. 590.
Ein Jahr zuvor erklärte dasselbe Entscheidungskriterium Cass. civ., 1re, 1. Dezember 1969, veröffentlicht und kommentiert in allen juristischen Zeitschriften: *Bull. civ.*, I, Anmerkung 375; D., 1970, 422, mit Anmerkung von Puech; *J.C.P.*, 1970, II, 16445, mit Anmerkung von J.L. Aubert; *R.T.D. civ.*, 1971, 164, mit Einschätzung von G. Durry. Aber die Doktrin ist der Ansicht, dass in diesem Fall eine andere *ratio* als in den typischen Fällen Anwendung findet.

gur vorsieht und dass die meisten der heutigen Autoren dieser Kategorie gegenüber offen sind.[10]

24 Kurz gesagt: Der Vertrag, mit dem sich eine Person verpflichtet, ist vom Konzept her ein zweiseitiger Rechtsakt. Auf der Anwendungsebene wird das einseitige engagement anerkannt. Es wird keine begriffliche oder systematische Korrelation zwischen Vertrag und engagement aufgestellt.

25 In Deutschland definiert das BGB den Vertrag nicht ausdrücklich. Die §§ 145 ff. BGB setzen vielmehr implizit die Notwendigkeit der Annahme voraus. Darüber hinaus pflegt man jedoch auch in Deutschland zu vertreten, der Vertrag sei ein zweiseitiges Rechtsgeschäft.[11]

26 Doch genau genommen regelt etwa § 516 Abs. 2 die Schenkung – ähnlich dem Art. 1333 Abs. 2 C. c. it. – in folgender Weise: Der Schenker kann dem Beschenkten bei fehlender Annahme eine Frist bestimmen; läuft diese Frist ab, ohne dass die Schenkung zurückgewiesen wurde, ist sie vollzogen (gilt als angenommen).

27 § 516 hindert die Lehre jedoch nicht an der Ansicht, die Schenkung sei ein zweiseitiges Rechtsgeschäft.[12] Der »Begriff« ersetzt, in der Ausarbeitung der Lehre, die Norm.

28 Aber § 516 hätte, wenn er auf die Schenkung im engeren Sinn bezogen wäre, einen im Vergleich zum Art. 1333 Abs. 2 C. c. it., aus dessen Einflussbereich die Schenkung ausdrücklich ausgeschlossen ist, sehr verschiedenen Anwendungsbereich. Aber die Auslegung macht deutlich, dass die »Schenkung« nicht den animus donandi verlangt. Der Wille der Parteien muss sich auf die Zuwendung beziehen und auf die »Unentgeltlichkeit« (dh das Fehlen einer Gegenleistung). Die Schenkungsabsicht (animus donandi) wird jedoch vom Gesetz nicht verlangt.[13] Diese Präzisierung dürfte ausreichen, um in die Schenkung nach deutschem Recht auch Rechtsakte einzubeziehen, die in Italien mit einem anderen als unentgeltlichen Rechtsgrund verstanden werden würden (zB das Bürgschaftsversprechen).

29 Durch diesen soeben angezeigten Spalt müssten unter die einseitigen Verträge des § 516 eine Reihe von Verträgen, von denen Art. 1333 Abs. 2 C. c. it. spricht (Bestellung einer Bürgschaft ohne Gegenleistung, die Werbeversprechung, die Änderung des Kredits zugunsten des Schuldners, der Vertrag non petendo usw), fallen. Aber die Ausdehnung der angegebenen Norm hat den Nachteil, die Wirksamkeit dieser Verträge der Formvorschrift der Schenkung unterzuordnen; und daher ist diese logische Entwicklung nicht bis an ihre Grenzen verfolgt worden.

---

10 Siehe das Werk *Civil, Code*, «Contrats et obligations», Artt. 1101 bis 1108-2, unterteilt in Nummern, dort siehe Nr. 3 und 10.
Unter der die Kategorie des engagement befürwortenden Literatur ist insbesondere bedeutend die These von M.L. Izorche, *L'avènement de l'engagement unilatéral en droit privé comntemporain*, Aix en Provence, 1989.

11 Die deutschen Autoren insistieren auf diesen Punkt weniger als die französischen; dies hängt von dem Umstand ab, dass ihre Aufmerksamkeit vor allem auf die Definition des Rechtsgeschäfts allgemein gerichtet ist, sowie auf die Klärung des Verhältnisses zwischen Rechtsgeschäft, Erklärung und nicht erklärendem Verhalten.
Jedenfalls ist auch in Deutschland die Definition des Vertrages als zweiseitige Angelegenheit durchweg anerkannt (s. für alle L. Enneccerus und H.C. Nipperdey, *Allgemeiner Teil*, § 161, a).

12 So beispielsweise E. Molitor, *Schuldrecht*, München und Berlin, 1948, I, S. 82, Nr. 1, 16.

13 RG. 70, Nr. 17; 72, N. 191; 94, N. 14; 125, N. 385. Vgl. auch Großkommentare der Praxis, BGB, II, Berlin, 1953, § 561, 5.

Neben § 516 finden wir eine Norm, die auf eine strukturelle Abschwächung der Erklärung des Versprechensempfängers, der nicht seinerseits ein Versprechen gibt, hindeutet. Dem § 107 entnimmt man, dass der Minderjährige rechtswirksam immer solche Rechtsgeschäfte abschließen kann, durch die er lediglich einen rechtlichen Vorteil erlangt. Es unterscheiden sich also die Voraussetzungen, um rechtsgeschäftlich tätig zu werden, von denen, die erforderlich sind, um sich zu verpflichten. 30

Trotz des zu der begrenzten Reichweite der §§ 516 und 517 Gesagten haben die Ausleger des deutschen Rechts am Ende doch die einseitige Bildung des Vertrages, der nur Verpflichtungen zu Lasten des Anbietenden enthält, vertreten. Dazu haben sie auf eine andere Norm als § 516 zurückgegriffen. 31

Hilfreich ist, diesbezüglich vorauszuschicken, dass gemäß dem (im allgemeinen Teil zum Vertrag enthaltenen) § 151 der Vertrag zustande kommen kann, »ohne dass die Annahme gegenüber dem Antragenden erklärt zu werden braucht«, wenn »eine solche Erklärung nach der Verkehrssitte nicht zu erwarten ist«. 32

Die Ausleger vertreten üblicherweise, dass diese Vorschrift (fernab davon, den Versprechensempfänger von der Annahme zu befreien) die Annahme durch konkludentes Verhalten einfach derjenigen mittels ausdrücklicher Erklärung in all den Fällen gleichstellt, in denen die Gleichstellung von der Verkehrssitte gewollt ist. § 151 ist also als Äquivalent zu § 1327 des italienischen Codice civile aufzufassen. 33

Trotz dieses Verständnisses des § 151 wird dieser von der Rechtsprechung dazu herangezogen, um das Schweigen der Partei, die eine Erklärung empfangen hat, zum Vertragsabschluss aufzuwerten; und zwar in den Fällen, in denen derjenige, der geschwiegen hat, angesichts der vorhergehenden Beziehungen zu der Gegenpartei zu einer ausdrücklichen Annahme verpflichtet war.[14] 34

Bei noch weiterer Auslegung wird § 151 schließlich dazu gebraucht, um zuzulassen, dass das (nicht beredte) Schweigen als Annahme gelten kann, wenn die Zustimmung desjenigen, der schweigt, »selbstverständlich« ist. Diese »Selbstverständlichkeit« der Zustimmung des Schweigenden findet man, wie man sich leicht vorstellen kann, in der gerichtlichen Kasuistik in den Fällen des Erlasses, der kumulativen Schuldübernahme[15] und allgemein in den Fällen der nicht zweiseitigen Vermögenszuweisung. 35

Die bezüglich der Beispiele aufmerksame Lehre kommt zu demselben praktischen Ergebnis.[16] 36

Bevor wir zu den italienischen Erfahrungen übergehen, zeigt diese kurze, bislang vorgenommene vergleichende Übersicht die folgenden Phänomene auf: 37

- Die Zweiseitigkeit beim Vertragsschluss wird von den untersuchten Kodifikationen nur bei Verträgen verlangt, die gegenseitige Leistungen vorsehen;
- Die Lehre der untersuchten Länder übergeht jeweils diejenigen Normen, die zu der Idee der Zweiseitigkeit des Vertrages im Widerspruch stehen;

14 Die bekannteste Anwendung findet man bei der Bestätigung von Bestellungen (Urteil vom 24. März 1903 des Zivilsenats des RG 54, N. 50, S. 177 ff.; Urteil vom 26. April 1904, RG 58, N. 18, 66 ff.).

15 Siehe dazu die Kasuistik in den *Großkommentaren, aaO*, BGB, I, § 151, 1. Dort sind in einer uns sehr punktuell erscheinenden Art zitiert RG, 19, 4/07, VII 384/06, JW 1911, 875, RG. Seuff A. 79, Nr. 89. Es ist bezeichnend, dass man das Ergebnis der Praxis dort unter Erinnerung an § 516 rechtfertigt!

16 Canaris, *Schweigen im Rechtsverkehr als Verpflichtungsgrund*, in: *Festschrift Wilburg*, 1975, 77 f.; Kramer, in: Rebmann und Säcker (Hrsg.), *Münchener Kommentar zum BGB*, Band 1, Allgemeiner Teil, §§ 1-240, 2. Auflage, § 151, S. 1134.

- Die Praxis der untersuchten Länder lässt zu, dass das Angebot, welches Wirkungen nur zu Lasten des Anbietenden vorsieht, Wirkung entfaltet, auch wenn es nicht angenommen wird (vorausgesetzt, dass die Annahme nicht aus besonderen Gründen erforderlich ist, zB aufgrund der von Land zu Land sehr unterschiedlichen Regelungen der Schenkung, zu denen wir noch zurückkehren werden);
- Die Rechtsvorstellungen der Lehre und die praktischen Regeln des angewandten Rechts werden, auf einer rein wörtlichen Ebene, gleichgesetzt, indem vertreten wird, dass die Annahme des erwähnten Angebots auf logischem Wege aus dem Schweigen des Versprechensempfängers ableitbar ist.

38 An dieser Situation, die wir in einigen kontinentaleuropäischen Ländern finden, ist auch diejenige der italienischen Regelung zu messen.

39 Vorangestellt sei, hinsichtlich eines Überblicks zu den Rechtsquellen, dass in Italien der Gesetzeswortlaut des französischen Prototyps (unverändert noch im Codice Albertino) durch den Codice civile von 1865 (Art. 1104), der den Anforderungen für das Bestehen eines Vertrages die Einigung der Parteien hinzufügte, korrigiert wurde.

40 Es entstand so eine Übereinstimmung zwischen Dogma und dem von der (herrschenden) Ansicht, die die Möglichkeit wirksamer Pollizitationen oder außervertraglicher einseitiger Versprechen verneinte, gestützten Recht.

41 Zu dieser Zeit erfasste im Übrigen G. Giorgi die funktionelle (und damit strukturelle) Differenz zwischen der Annahme als Gegenversprechen und der einfachen Annahme (als Kenntnisnahme eines einseitigen Versprechens). In seiner Lehre war der Vertrag immer ein bilateraler Akt (zwei Willenserklärungen), jedoch war die zwingende Übereinstimmung der beiden Willenserklärungen nicht vorgesehen.[17]

42 Es oblag dem Handelsgesetzbuch von 1882 und dort Art. 36, letzter Absatz, die Möglichkeit des einseitigen Versprechens ohne Notwendigkeit einer Annahme einzuführen.

43 Der fragliche Absatz zog allerdings nicht die Aufmerksamkeit der Zivilrechtler auf sich.[18] Der einzige Autor, der die systematische Bedeutung vollständig verstand, V. Scialoja[19], schrieb den Ursprung der Regel einem Missverständnis zu, um auszuschließen, dass ein solches Konstrukt als Vertrag angesehen werden könne. Darüber hinaus begründete er damit, dass die Regel nur »einen sehr engen Anwendungsbereich haben könnte«.

44 Aus Art. 36 des Handelsgesetzbuches entwickelte sich der heutige Art. 1333, 2. Absatz des Codice civile von 1942.

---

17 G. Giorgi, *Teoria delle obbligazioni*, 8 Bände, Florenz, seit 1876, III, Nr. 213. Die einfache Annahme konnte jede sich nach außen manifestierende Erklärung des Willens sein, während Angebot und Annahme empfangsbedürftige Erklärungen sein sollten. Zu der erforderlichen Gegenseitigkeit des Vertrages siehe, in dem gleichen Band, Nr. 138.

18 Die Bedeutung des zitierten Absatzes entging einigen Interpreten komplett.
Ansonsten folgte die Lehre der Idee der stillschweigenden oder konkludenten Erklärung oder aber beschränkte den Anwendungsbereich des zitierten Artikels derart, als ob dieser nur die Unwiderruflichkeit des Angebots beträfe (für diese Lösung auch C. VIVANTE, *Trattato di diritto commerciale*, 4 Bände, seit 1893, hier 4. Auflage, IV, Mailand, 1916, Nr. 1514), oder qualifizierte das Angebot als bloßes Angebot für Vertragsverhandlungen.

19 *Osservazioni sull'art.* 36 *del cod. comm.* (nun in: *Scritti giuridici*, IV, 102 ff.).
Hier wird aufgezeit, dass Art. 36 nicht für Schenkungen gilt. Auf systematischer Ebene wird hervorgehoben, dass jegliche Annahme oder Fiktion einer Zustimmung falsch wäre.

Die Verabschiedung des neuen Wortlautes des Gesetzes veränderte die Einstellung der herrschenden Lehre nicht: Sowohl die Handbücher als auch Monografien neigten dazu, sich auf die traditionellen Positionen zu versteifen. 45

Ganz im Gegenteil wurde versucht, die Notwendigkeit der Gegenseitigkeit des Vertrages erneut mit den bereits von den Franzosen genutzten sprachlichen Argumenten zu begründen. Dem Wort »Konsens« wurde die Notwendigkeit einer Gegenseitigkeit zugeschrieben. Die Rechtsprechung richtete sich weitgehend nach Art. 1333 (aber sie rechtfertigte seine Regel mit dem Vorhandensein einer »stillschweigenden Annahmeerklärung«, aus dem Schweigen gefolgert). 46

Allerdings zeigten sich in der italienischen Lehre, nicht nur dank Art. 1333 Codice civile, erste Prozesse einer Neubewertung, die andernorts noch nicht begonnen hatten. 47

Insbesondere zweifelte die Lehre Gorlas die Bedingung eines Konsenses für den Vertrag an und zeigte eine Reihe von Fällen auf, in denen die Erklärung des Annehmenden entweder nicht ausreichend oder nicht notwendig war.[20] 48

Einige Interpreten sind sogar davon ausgegangen, dass in dem Schweigen des Annehmenden im Fall des Art. 1333 nicht einmal eine fiktive oder konkludente Annahmeerklärung zu sehen sei. Sie haben aber dann in solchen Fällen, auf der Lehre von Scajola aufbauend, die vertragliche Natur der Beziehung in Frage gestellt oder verneint.[21] 49

Im Jahr 1965 bestätigte eine Monographie von R. Sacco, dass Art. 1333 unter die rechtliche Kategorie des Vertrages und die wissenschaftliche Kategorie des einseitigen Willensakts fällt; und dass keine Unvereinbarkeit zwischen Vertrag und einseitigem Willensakt besteht.[22] Aber diese Monographie hat den Großteil der italienischen Systematiker nicht zum Umdenken überzeugt: Diese akzeptieren den einseitigen Willensakt nur, ohne ihn als Vertrag einzustufen, bzw. akzeptieren den Vertrag nur unter der Bedingung, dass es sich nicht um einen einseitigen Willensakt handelt und somit irgendeine bestätigende Handlung vom Annehmenden gefordert wird. 50

7. Die Materialien (im Bereich des Common Law)

Was das englische Recht anbelangt, pflegt man zu sagen, dass der Abschluss eines Vertrages üblicherweise durch ein Angebot und die Annahme dieses Angebots vonstattengeht.[23] Die Präzisierung, dass dies üblicherweise geschehe, könnte vermuten lassen, dass das Erfordernis eines Angebots und einer Annahme für das Zustandekommen eines Vertrages keine sehr starke und unumstrittene Definition ist. 51

G.C. Cheshire und C.H. Fifoot beziehen sich diesbezüglich explizit auf das Schema der römischen »stipulatio conventionalis«, und beeilen sich zu sagen, dass dieses Schema nur mit Vorsicht gebraucht werden dürfe. 52

J. Salmond[24] diskutiert die »nature of contract« und vertritt kategorisch, dass es sich um ein angenommenes Angebot handele. Aber angesichts der Tatsache, dass er eine große Zahl von kontinentalen Vertragskategorien einführt, wie etwa die »acts in the 53

20 *Il dogma del consenso* (...), in: *RDC* 1956, I, 923.

21 G. Benedetti, *Dal contratto al negozio unilaterale*, Mailand, 1969.

22 R. Sacco, *Contratto e negozio* (...), in: *Studi P. Greco*, Padua, 1965; Ders. und De Nova, *Il Contratto*, 3. Auflage, Turin, 2004, Nr. 3 ff.

23 W.M. Geldart, *Elements of English Law*, 8. Auflage, Oxford, 1975, 130; G.C. Cheshire und C.H. Fifoot, *The Law of Contracts*, 5. Auflage, London, 1960, 30.

24 J. Salmond und G. Williams, *The Law of Contracts*, London, 1945.

law«, »obligation« und die Kategorie des »declared will« (welche eine viel weitere Reichweite als der Vertrag hat und zu der der Vertrag gehört), ist Salmond nicht immer entscheidend, wenn es darum geht, das Common Law zu begreifen! Und nicht nur das; während Cheshire und Fifoot den Vertragsschluss und die verschiedenen Fälle diskutieren, die sich ergeben können, und sie, wenn sie dies tun, Definitionen als obiter einfügen, versucht er direkt »to offer a definition of a contract«. Letztendlich greift seine Definition des Vertrages als ein angenommenes Angebot die von Savigny gegebene Definition wieder auf, die sich auch im § 861 ABGB wiederfindet. Jedenfalls erscheinen die von J. Salmond vorgeschlagenen Kategorien auch in der von D.C.M. Yardley betreuten Ausgabe des Handbuches von W.N. Geldart aus dem Jahre 1975, in dem das Kapitel über den Vertrag mit einer Abhandlung über die »acts in the law« beginnt.

54 Dies vorausgesetzt, scheinen die Engländer die Vorstellung zu haben, dass ein Angebot nur dann bindend ist, wenn es angenommen wurde, weil nur in diesem Fall ein Vertrag vorliegt;[25] davon ausgehend ergeben sich die Schwierigkeiten dann bei dem Thema der »unilateral contracts«.

55 Wenn derjenige, der ein Angebot macht, dieses von der Ausführung einer oder mehrerer Leistungen durch den Versprechensempfänger abhängig macht, bewegen wir uns in dem Bereich des unilateral contract. Dann ergibt sich für den Versprechenden das Problem der Verbindlichkeit seines Angebots. Bis zu welchem Zeitpunkt kann er sein eigenes Angebot widerrufen? Ist es erforderlich, dass der Versprechensempfänger es annimmt? Muss dieser dem Versprechenden seine Annahme mitteilen? Stellt nur die vollständige Ausführung aller vom Versprechenden verlangten Leistungen eine konkludente Annahme dar?

56 Diese Fragen wurden in dem Fall Carlill gegen Carbolic Smoke Ball aufgeworfen.[26] Das Pharmazieunternehmen hatte demjenigen 100 Sterling versprochen, der an Grippe erkranken würde, nachdem er eine gewisse Vorsorgekur durchgeführt habe (die unter Verwendung ihrer Produkte zu erfolgen hatte). Lady Carlill unterzog sich dieser Kur und erkrankte dennoch an der Grippe. Die Firma weigerte sich zu zahlen und vertrat, als sie verklagt wurde:

i) dass ein Werbeversprechen dieser Art einen »gaming act« darstelle und keine rechtlichen Konsequenzen haben könne;
ii) dass das Angebot nicht an eine bestimmte Person gerichtet gewesen sei, daher könne nicht von einem solchen Angebot ausgegangen werden, welches ein festes rechtliches Band habe schaffen wollen;
iii) dass, selbst wenn man ein derartiges Angebot für ernstlich und gültig erachten würde, die Klägerin jedenfalls nicht ihre eigene Annahme erklärt habe.

57 Der Lordrichter Bowen antwortete auf diese Argumente mit dem Prinzip, nach dem ein Angebot auch »to the world at large« erfolgen könne. Wie in dem Fall, in dem an eine bestimmte Person ein Angebot »in return for an act« gerichtet würde, dh im Fall des unilateral contract gelte auch hier gerade die Verwirklichung der Bedingungen, die in dem Angebot genannt waren, als Annahme, ohne dass diese der anderen Partei ausdrücklich mitgeteilt werden müsse.

25 Nunmehr hierzu H. BEALE, A. HARTKAMP, H. KÖTZ, D. TALLON, *contract law*, Oxford, 2002, 177 ff.
26 (1893) I Q.B. 256.

Der Richter sagte wörtlich: »Wenn ich meinen Hund vermisste und demjenigen eine Belohnung verspräche, der ihn zurückbrächte, müssten vielleicht die verschiedenen Personen und die Polizeibeamten, die dies beabsichtigten, sich zuvor hinsetzen und mir die Annahme meines Angebots mitteilen?« Dieses Angebot dürfte jedem gegenüber bindend sein, der die vorgesehenen Bedingungen erfüllt. Und er schloss natürlich mit den Worten, dass »from the point of view of the common sense *no other* idea could be entertained«. 58

Aber könnte der Versprechende sein eigenes Angebot in dem Moment widerrufen, in dem er sieht, dass ihm der Hund vor seiner Wohnung auf der Straße entgegengebracht wird? Wenn man die üblichen englischen Regeln in dieser Frage anwendete, müsste man dies wohl bejahen. Gemäß den zuvor schon zitierten Autoren[27] ergibt sich die bejahende Antwort aus der Regel, nach der das Angebot zu jeder Zeit widerrufen werden kann, bevor es bindend und durch die Annahme zusammen mit dieser zu einem Vertrag wird. 59

Die Annahme ist erforderlich, damit die Bindungswirkung entsteht; in diesem Fall ist das Angebot für die Ausübung verschiedener Handlungen erfolgt: Also besteht ein Vertrag nur dann, wenn die Ausübung dieser Handlungen vollständig erfolgt ist. 60

In der Rechtssache Offord gegen Davies[28] fragte der Richter Williams das Gericht: »Vorausgesetzt, ich würde für einen Dritten für die Zahlung einer zu bauenden Kutsche bürgen, und dieser Dritte würde, bevor die Kutsche fertiggestellt wäre, insolvent, kann ich dann meine Bürgschaft zurückziehen?«. Das Gericht antwortete: »Nein, wenn der Kutschenbauer schon mit dem Bau begonnen hat«. 61

Nur C.J. Erle wich davon ab und sagte, bevor der Vertrag geschlossen sei (dh vor der Annahme des Angebots), könnten beide Parteien zurücktreten und so die Verhandlung beenden. 62

Es war F. Pollock, der versuchte, dieses Problem zu systematisieren. Er hielt es für erforderlich, zwischen der Annahme eines Angebots und der »consideration« zu unterscheiden, die erforderlich ist, um diese zu erlangen. Die consideration besteht in der vollständigen Ausführung aller verlangten Handlungen, und solange diese nicht erfolgt ist, ist der Versprechende nicht zur Leistung verpflichtet; aber die Annahme tritt nicht ein, bevor der Versprechensempfänger es in nicht unzweideutiger Weise unternommen hat, die verlangte Leistung auszuführen. Von diesem Moment an wird der Widerruf unmöglich. Diese These wurde im Jahre 1937 vom Law Revision Committee übernommen. Für Cheshire und Fifoot ist sie verworren, sie trage nicht zur Klärung bei, ja sie mache sogar angesichts der allgemeinen Regeln zu Angebot und Annahme eine Ausnahme. Dies zeige, wie das Common Law dazu neige, die Logik für die Bedürfnisse der Praxis preiszugeben.[29] 63

Allerdings haben sich seitdem neue Entscheidungen, zugunsten von Sicherheit, manifestiert. 64

In Amerika erreicht man teilweise parallele Ergebnisse. 65

Bezüglich der Definition des Vertrages sagt § 20 der Restatements of the Law ausdrücklich, dass »eine Kundgabe des *wechselseitigen* Konsenses beider Seiten in einem 66

27 G.C. Cheshire und C.H. Fifoot, *aaO*, 47.
28 1892, C.B. (N.S.), 748.
29 G.C. Cheshire und C.H. Fifoot, *aaO*, 48.

formlosen Vertrag wesentlich für sein Zustandekommen ist«. Und § 45 bestimmt, dass ein Versprechen dann bindend ist, wenn es angenommen ist, aber dass bei unilateral contracts es schon als Annahme gilt, wenn der Erklärungsempfänger vorbereitende Handlungen im Hinblick auf die Erfüllung vornimmt.

67 In Amerika finden wir jedoch eine bedeutende abweichende Meinung. Denn anders als die übrigen Autoren geht A.L. Corbin davon aus, dass der sogenannte »unilateral contract« in einem einseitigen Versprechen besteht.[30]

68 Den bislang aufgeführten Erläuterungen ist noch eine hinzuzufügen.

69 In England, und noch mehr in den Vereinigten Staaten, ist die Idee der »action in reliance« gut gefestigt. Deutlich formuliert ist sie in § 90 der Restatements (second): Ihr zufolge ist ein Versprechen, wenn es abgegeben wurde und der Versprechende vernünftigerweise erwarten muss, dass dies den Versprechensempfänger zu einem bestimmten Verhalten veranlasst und darauf effektiv auch diese Verhalten folgt, dann bindend, wenn ein ungerechtes Ergebnis nur durch die Erfüllung dieses Versprechens vermieden werden kann. Beispiele: Um Gaius dazu zu bringen, bestimmte Aktien zu erwerben, verspricht ihm Tizio, ihm den eventuellen Verlust zu ersetzen;[31] Tizio veranlasst Gaius, dem Sempronius ein Darlehen zu gewähren, wobei der für dessen Verpflichtung bürgt;[32] usw.

70 Es ist noch zu bemerken, dass im Common Law der feierliche Akt (deed) und mit diesem der Übertragungsakt unbeweglichen Eigentums (conveyance) einseitige Instrumente sind. Allgemeiner gesprochen, die Voraussetzung der acceptance besteht im Rahmen des englischen Vertrages, aber nicht im Rahmen all derjenigen Akte, die zwar nicht in England, wohl aber in Frankreich Verträge darstellen würden, die nämlich die feierliche Annahme einer (bedingten oder unbedingten) Verpflichtung oder die feierliche Rechtsübertragung mit sich bringen. Darüber hinaus gebrauchen die Juristen des Common Law, um diesen (durch eine für seine Wirksamkeit nicht erforderliche Zweiseitigkeit geschaffenen) deed zu bezeichnen, dann, wenn der feierliche Akt auch vom Begünstigten unterzeichnet wurde, den Ausdruck Vertrag (contract under seal). Hier erscheint der zweiseitige Abschluss nicht schon als eine Voraussetzung, damit der Akt gültig ist, sondern als eine Voraussetzung, damit der Akt (der auch ohne Annahme gültig wäre) sich Vertrag nennen kann.

8. Die Bedeutung der gesammelten Materialien

71 Man kann also die Schlussfolgerung ziehen, dass in den romanistischen Ländern die Verpflichtung des Versprechenden, wenn sie auf einem unentgeltlichen Rechtsgrund

---

30 A.L. Corbin, *Contracts*, St. Paul, Minnes., 1963, I, 52 ff.: »Ein unilateral contract besteht aus einem oder mehreren Versprechen, die nur von einer der Verhandlungsparteien gemacht und gewöhnlich von der anderen Seite angenommen werden ... Aber es gibt viele Fälle, in denen eine ähnliche Übereinkunft nicht verlangt ist (...).
Die Unterscheidung zwischen diesen beiden Arten von Verträgen (unilateral und bilateral) ist wichtig, (...) und sie nicht zu beachten, hat in vielen Fällen dazu geführt, falsche Ansätze zu formulieren, wie etwa: »Beide Parteien müssen gebunden sein oder keine von ihnen ist gebunden«. Oder es hat fast alle Autoren dazu veranlasst zu erklären, »dass es so etwas wie einen einseitigen Vertrag nicht geben kann«, und dass »von einem einseitigen Vertrag zu sprechen so ist, wie von einem einseitigen Elefanten zu sprechen«; und deshalb meint man, dass »solange ein Angebot nicht angenommen worden sei, der Vertrag »unilateral« sei, und als solcher kann er nicht wirksam sein.«.

31 Trenholm v. Klopper, 129 N.W. 436 (1911).

32 Bishop v. Eaton, 37 N.E. 665 (1894).

beruht, ohne die Zustimmung des Versprechensempfängers bindend ist, wenn das Versprechen nicht von einem Gegenversprechen abhängig gemacht ist.

Es wäre wenig umsichtig, sich auf diese Schlussfolgerung zu verlassen, ohne eine weitere Untersuchung vorzunehmen: 72

- für formgebundene Verträge,
- für Verträge, die darauf abzielen, dingliche Wirkungen zu erzielen. Hinzuzufügen ist, dass die in der französischen Praxis gefundenen Beispiele aus drei Gründen, die alle in dem Fall aus dem Jahre 1938 erkennbar werden, nicht als vollkommen geeignet angesehen werden könnten:
  - der Kassationsgerichtshof hat nicht gesagt, dass {das Schweigen in dem vorliegenden Fall als Annahme gilt}, sondern er hat geäußert, dass {der Tatsachenrichter entscheiden kann, dass das Schweigen in dem betreffenden Fall als Annahme gelten kann};
  - es handelte sich bei diesem Fall um Personen, die schon durch einen laufenden (Miet-) Vertrag miteinander verbunden waren; dies kann relevant sein, um zum einen die Pflicht, den eigenen Willen ausdrücklich zu erklären, zum anderen den daraus folgenden »erklärenden« Wert des Schweigens zu bestimmen;
  - in dem Sachverhalt ging es um eine Reduzierung des Mietzinses, dh um eine Art Erlass, und der Erlass besitzt eine nicht ganz eindeutige Natur zwischen Vertrag und einseitiger Erklärung.

Dennoch können die französischen Beispiele herangezogen werden. Das Urteil von 1938 ergibt sich aus Lehrmeinungen, die eine allgemeine Reichweite haben, und die Lehre billigt dem zitierten Urteil ebenfalls eine allgemeine Reichweite zu. 73

Wenn man auf diese Weise die Gültigkeit der oben genannten Regel bestätigt hat, welche Funktion übernehmen dann bei ihrem Entstehen das Gesetz, die Lehre und die Gerichte? 74

Die Gesetze verfolgen nicht in einem einzigen Land die Idee der Zweiseitigkeit. Die Lehre hingegen proklamiert überall, dass der Vertrag ein zweiseitiges Rechtsgeschäft sei. Die Gerichte lesen zwar in den Gesetzestexten die Formulierungen der Lehre, aber sie befreien sich davon, indem sie eine fingierte, vermutete oder schweigende Zustimmung des Versprechensempfängers sozusagen wiederfinden, wenn das Angebot dazu bestimmt ist, lediglich Vorteile zu seinen Gunsten hervorzurufen. 75

Die Übersicht der Zustimmungen zu dem Ansatz, demzufolge einseitige Versprechen genügen, ist ausgesprochen eindeutig, und man kann sie wie folgt darstellen (das Zeichen ½ gibt dabei Mittellösungen an). 76

	Gesetz	Lehrmeinung	Rechtsprechung
Frankreich	ausreichend	nicht ausreichend	Ausreichend
Deutschland	ausreichend	nicht ausreichend	Ausreichend
England	–	nicht ausreichend?	½
Vereinigte Staaten	–	nicht ausreichend?	½

77 Doch die soeben aufgezeigte Übersicht hat eine Lücke. Sie gibt nicht an, dass wir bei den Ausführungen der Rechtsprechung einerseits einen Leitsatz mit einem definitorischen Inhalt finden, welcher der These der Zweiseitigkeit anhängt, und auf der anderen Seite konkrete Anwendungen, die sich mit Hilfe von Fiktionen und anderen Notbehelfen von diesem Prinzip befreien und unterscheiden.

78 Fügen wir nun hinzu, dass die Lehre der Rechtsprechung in der Kunst voraus ist, zur gleichen Zeit eine generelle, an das Ideal der Zweiseitigkeit gebundene, Formel und eine Reihe von Anwendungen zu pflegen, welche anhand einer Kasuistik und beispielhaften Darstellung ausgeführt werden und sich von der allgemeinen Formel kraft derjenigen logischen Hilfsmittel unterscheiden, von denen uns der zuvor zitierte Demolombe ein Beispiel gibt.

79 Wenn wir jedoch genauer hinschauen, stellen wir fest, dass sogar die Gesetzgeber einem System anhängen, in dem der Begriff des Vertrages (wie im übrigen auch der des Eigentums, der Ehe und so weiter) sich in ein Definitionspaar aufspaltet: Die eine Definition, knapp und feierlich – byzantinischen Ursprungs und von naturrechtlichem und lehrartigem Gepräge –, beharrt auf der Einigung (Art. 1101 Code Nap., § 145 ff. BGB, Art. 1321 Codice civile it.), die andere, detailliert und kasuistisch, verzichtet darauf, die Annahme eines Versprechens zu verlangen, welches nicht durch ein Gegenversprechen bedingt ist (Art. 1108 Code Nap., Art. 1333 Codice civile, § 516 BGB usw). Man kann also sagen, dass der Widerspruch zwischen erhabenen Formeln und tatsächlichen Entscheidungskriterien auf allen Ebenen gefunden werden kann (auf der Ebene des Gesetzes, der Lehre und der Gerichte), und er kann tabellarisch in einem Überblick wie folgt dargestellt werden:

	Gesetz		Lehre		Rechtsprechung	
	Allgemeine Definition	Spezielle Normen	Allgemeine Formeln	Kasuistik	Leitsätze	Angewandtes Entscheidungskriterium
Frankreich	nicht ausreichend	ausreichend	nicht ausreichend	ausreichend	nicht ausreichend	ausreichend
Deutschland	nicht ausreichend	ausreichend	nicht ausreichend	ausreichend	nicht ausreichend	ausreichend
England	–	–	nicht ausreichend	ausreichend?	–	–
Vereinigte Staaten	–	–	nicht ausreichend	ausreichend?	–	–

80 Die Übersicht der Übereinstimmungen hat hier eine eigene, charakteristische Bedeutung.

81 Die Übereinstimmungen zeigen sich jedes Mal dann, wenn wir die Texte der zwei romanistischen Länder gegenüberstellen; oder die Lehrdefinitionen dieser Länder; oder ihre Rechtsprechungen. Die Gegensätze hingegen zeigen sich dort, wo man nicht denken würde sie überprüfen zu müssen: Sie charakterisieren das inhomogene Verhältnis zwischen den Gesetzen und den Formeln, zwischen den Formeln und dem angewand-

ten Recht; oder besser das Verhältnis zwischen den Definitionen und den konkreten Anwendungsregeln.

Das, worum es an diesem Punkt geht, ist die Funktion der Formeln, denn ihr Nutzen erscheint zweifelhaft. 82

Die erreichten Ergebnisse werden zum Teil vom angloamerikanischen Recht bestätigt. 83

Im Common Law bindet das nicht angenommene, nicht auf Gegenleistung angelegte Versprechen nicht; aber in den Definitionen dürfte es (je nach den verschiedenen Ansichten) entweder so erscheinen, als sei es bindend, oder als ob es des Eintritts der gesamten Bedingung bedürfte, der es unterliegt. Hingegen scheint im angewandten Recht erforderlich zu sein, dass der Versprechensempfänger begonnen hat, seine eigene Stellung zu verschlechtern, indem er die Leistung vorbereitet. 84

Die gefundenen Ergebnisse im romanistischen Bereich könnten sogar zu dem Schluss führen, dass zwischen benachbarten Systemen homologe Formanten einander eher ähneln, als dass ein jeder von ihnen den anderen Formanten seines eigenen Systems ähnelt. 85

Die Untersuchung der anderen Themen wird die soeben formulierte Vermutung ausschließen, was uns vermuten lässt, dass die transnationale Verbreitung weitläufiger durch die Anwendungsregeln erfolgt als (es sei denn vereinzelt) durch die theoretischen Definitionen. 86

Die auf dem romanistischen wie auf dem Gebiet des Common Law gefundenen Ergebnisse lassen jedenfalls erkennen, dass die zur Erkenntnis beitragenden sowie diejenigen Formanten, die Definitionen enthalten, dazu neigen, die Unterscheidungen und die Kasuistik nicht besonders zu berücksichtigen. 87

§ 3 Das objektive Tatbestandselement, welches zur deliktischen Haftung führt

9. Das Problem[1]

1 Welche Voraussetzungen führen zur deliktischen Haftung? Ist, abgesehen von der Schuld des Handelnden und dem Schaden, noch eine weitere Voraussetzung erforderlich, die wir objektives Tatbestandselement nennen wollen? Auf diese Frage gibt es zwei denkbare Antworten:

a) jeder Schaden führt bei vorliegendem Verschulden zur Haftung (allumfassender Ansatz, Prinzip des neminem laedere),
b) das Verbot, anderen zu schaden, gilt nur in bestimmten typischen Fällen (Regel der »Typisierung der unerlaubten Handlung«).

2 Bekanntermaßen wurde die zweite Lösung vom römischen und dem alten englischen Recht übernommen, wo die einzelnen Klagen aufgelistet waren, die jeweils vom Opfer gegen den Verantwortlichen der schädigenden Handlung erhoben werden konnten: die Klage de effusis et deiectis, de positis et suspensi, furti, iniuriarum, de damno iniuria dato usw; trespass, assault, libel usw.

10. Die französische Konzeption von 1806 bis heute

3 Die Formel des neminem laedere kann man aus Art. 1382 Code Nap. herleiten: »tout fait quelconque de l'homme, qui cause à autrui un dommage«, berechtigt zum Schadensersatz.

4 Die Übereinstimmung des napoleonischen Textes mit der Lösung des neminem laedere ist jedoch nur hypothetisch. Die Geschichte der Auslegungen, die zu Art. 1382 vorgeschlagen wurden, zeigt vielmehr, dass dieser Artikel vollständig mit der Idee der Typisierung des zivilrechtlichen Delikts übereinstimmt: Sämtliche französischen Autoren der ersten Hälfte des 19. Jahrhunderts und eine bedeutende Anzahl aus späterer Zeit haben in Art. 1382 das Äquivalent zu derjenigen Norm gesehen, die später in § 823 BGB enthalten war und die den Schadensersatz auf die Möglichkeit der Verletzung eines absoluten Rechts des Opfers beschränkt hat.

5 Dieses Verständnis des Art. 1382 wird besonders bei deutschen Auslegern des Code civil sowie denjenigen französischen Autoren deutlich, die von deutschem Gedankengut beeinflusst waren.

6 Für K.S. Zachariae »ist die unerlaubte Handlung im zivilrechtlichen Sinne diejenige Handlung, mit der man, bewusst oder fahrlässig, unerlaubterweise die Rechte einer anderen Person verletzt«[2]. Dieselbe Definition findet man bei Aubry und Rau bis zur vierten Auflage ihres Werkes.[3] Die entgegengesetzte Formulierung, die man in den neueren Auflagen desselben Buches liest, geht auf die Aktualisierung durch E. Bartin

1 Zu diesem Thema vgl. R. Sacco, *L'ingiustizia di cui all'art.* 2043, in: *FP* 1960, 1420 ff.; Ders., *Definizioni generali e criterii operativi nei sistemi romanistici*, in: M. Rotondi (Hrsg.), *Inchieste di diritto comparato*, II, Padua, 1973; P.G. Monateri, *Règles et technique de la définition: la synecdoque française*, in: *Revue intern. de droit comparé*, 1984, 7; R. Gallo, *Il tort of negligence*, Mailand, 1988; K. Zweigert und H. Kötz, Einführung in die Rechtsvergleichung, § 17.

2 K.S. Zachariae, *aaO*, § 444.

3 C. Aubry und C. Rau, *aaO*, § 444.

und A. Esmein zurück und beweist, dass die Neufassung der Formulierung bewusst und gewollt war.

Darüber hinaus ist, was das 19. Jahrhundert anbelangt, mehr noch als das Werk Zachariaes die alte Definition Toulliers repräsentativ.[4] Dieser Autor, der heute in Frankreich nicht mehr rezipiert wird, setzt den Anhängern der sehr weiten Generalformel des Art. 1382 eine restriktive Auslegung der neuen Vorschrift entgegen. Er wollte nicht, dass auch gerechtfertigte Verhaltensweisen in die weite Vorschrift des Art. 1382 fallen könnten (man denke daran, den Eigentümer, der auf seinem eigenen Grundstück baut und dabei kein nachbarschaftliches Dienstrecht verletzt, dem Nachbarn jedoch Licht und Aussicht raubt, zum Schadensersatz verpflichtet zu sehen). Gemäß der von Toullier vorgeschlagenen Formulierung würde Art. 1382 zwar grundsätzlich jede Tat sanktionieren, die einen Schaden verursacht. Doch würde eine Ausnahme zugunsten desjenigen gemacht, der ein eigenes Recht ausübt; das »Recht auf Freiheit« würde dann darin bestehen, alles das zu tun, was nicht spezifisch durch ein Gesetz verboten ist; die jeweilige Ausübung würde keiner Sanktion unterliegen und die Verpflichtung zum Schadensersatz stattdessen die Verletzung einer von Art. 1382 verschiedenen Norm voraussetzen, die dem Schutz des Opfers dient. Dies ist die Idee, die man – wenn auch mit der Zeit immer weniger deutlich – bei Laurent, Planiol und sogar bei Demogue findet.[5] Eine derartige Auslegung, die der Verletzung eines Rechts des Opfers Bedeutung zumisst, impliziert offensichtlich eine auffällige Ergänzung des Gesetzestextes. 7

Gegen Ende des 19. Jahrhunderts begann jedoch diese zunächst so positiv aufgenommene Auslegung an Boden zu verlieren. Man wurde sich des Umstandes bewusst, dass auch schädigende Handlungen, die unabhängig von jeglicher Verletzung eines subjektiven Rechts des Opfers waren, verfolgt wurden (unlauterer Wettbewerb, Tötung des Ehegatten, Verführung, falsche Auskunft, Abschluss eines nichtigen Vertrages). 8

Betrachten wir einmal, wie ein Autor wie Laurent, der die Rechtsprechung beobachtete, die sich zu Beginn des letzten Viertels des 19. Jahrhunderts entwickelte, auf dieses Klima reagierte. 9

Prinzipiell besteht immer eine Verbindung zwischen Haftung und Verletzung eines Rechts. 10

»Jede Verletzung eines Rechts stellt ein Delikt im Sinne des Art. 1382 dar (...). Es bedarf vor allem eines Rechts: (...) Man muss sich davor hüten zu glauben, dass die *Verletzung* in dem *Schaden* besteht, der sich aus einer Tat ergibt. Denn der Schaden ist nur ein Element der schädigenden Tat und genügt alleine nicht: Es muss also ein *Recht verletzt* sein.«[6] 11

Doch wurde diese Definition durch Anpassungen und signifikante Anwendungen entwertet. 12

---

4 Ch. B. Toullier, *Le droit civil français*, 4. Auflage, Brüssel, 1848, VI, Nr. 117, 119, 120.

5 F. Laurent, *Principes de droit civil français*, 5. Auflage, Brüssel-Paris, Band XX, 1893, Nr. 404 ff.; M. Planiol, *Traité élémentaire de droit civil*, 4. Auflage, Paris, 1907, II, Nr. 863 ff.; R. Demogue, *Traité des obligations, Sources*, III, Paris, 1923, Nr. 226, 227 ff., 240.
Laurent war im Unterschied zu den anderen angegebenen Autoren Belgier.

6 F. Laurent, *Principes*, *aaO*, Nr. 404, S. 321. Die Gleichstellung von Delikt und Verletzung eines Rechts ist so ausgeprägt, dass in der praktischen Aufzählung die gegen den Usurpator einer Firma zugestandene Untersagungsverfügung für eine Anwendung des Art. 1382 gehalten wird (ebenda, Nr. 495).

13 Denn es ergeben sich teils eigenartige Ergebnisse hinsichtlich der verletzten Rechte: Der, der seinen Vater mit falschen Behauptungen davon abhält, den eigenen natürlichen Sohn anzuerkennen, soll das Recht des Kindes auf Anerkennung, wer einen anderen an einem Testament hindert oder zu einem Testament drängt, dessen *ius testandi* verletzen. Dort, wo ein Gesetz fehlt, auf das man das verletzte subjektive Recht gründen könnte, muss man, um die Haftung zu rechtfertigen, auf die Figur des Rechtsmissbrauchs zurückgreifen: so etwa für den irreführenden Markengebrauch, für den unlauteren Wettbewerb, für die mutwillige Prozesssucht. In anderen Fällen beruft Laurent sich auf eine vertragliche Schuld (Notarhaftung).[7] Aber diese Anpassungen sind nicht immer ausreichend.

14 Hier und da muss der Autor weise jeden Hinweis auf das verletzte Recht unterschlagen, um mit der Rechtsprechung übereinstimmen zu können, die die Verführung mit Heiratsversprechen der Haftung aussetzte, die Kreditbeschaffung für einen Zahlungsunfähigen, die täuschende Handelsreferenz oder die Setzung einer schuldenfreien Person auf eine Liste zahlungsunfähiger Schuldner.

15 Dennoch können diese ersten Systembrüche möglicherweise geheilt werden. Es geht darum, die neuen Formen der unerlaubten Handlung den alten und bekannten Figuren der Verletzung eines Rechts anzupassen: dazu wurden neue und allgemeinere Verletzungskategorien entworfen, die in der Lage waren, zu einer Schadensersatzpflicht zu führen.

16 Noch am Anfang des 20. Jahrhunderts scheint sich Planiol[8], wenn auch argwöhnisch, auf dem Gebiet der Typisierung zu bewegen, und er glaubt sogar, dass der Unterschied zwischen dem französischen Text und dem des BGB ein rein formaler sei: »Der Ausdruck *tout fait quelconque*, um das Verschulden zu qualifizieren, ist zu unbestimmt: Dies ist nicht irgendeine Handlung, sondern eine Handlung, die gerade durch ihren widerrechtlichen Charakter charakterisiert ist. Im französischen Text nun scheint diese wesentliche Idee nicht einmal mehr auf. Der deutsche Gesetzestext hingegen sagt im Gegenteil sehr genau: derjenige, der das Leben, den Körper, die Gesundheit (...) eines anderen widerrechtlich (...) verletzt (§ 823).« Für ihn hat der Art. 1382 eine rein sanktionierende Funktion, die keine neuen Pflichten schafft.

17 Ein weiterer Schritt desselben Autors scheint dann die Bedeutung dieser langen Voraussetzung zu entleeren, da er vollständig von einer Generalpflicht ausgeht, sich jeder Handlung zu enthalten, für die es eine Fähigkeit oder einer Kraft bedarf, die der Handelnde nicht besitzt. Mit Einführung dieser generellen Haftung für mangelnde Fähigkeit macht er die Auslegung seines wahren Gedankens recht schwierig.

18 Und die Ideen Planiols werden nur aus der nachfolgenden Untersuchung zum Schaden deutlich. In seinen Beispielen hängt jeder ersatzfähige Schaden von der Verletzung eines typisierend geschützten und zu der geschädigten Person gehörenden Gutes ab. Es werden einbezogen Sachbeschädigung, unlauterer Wettbewerb, die Verletzung des Lebens oder der Gesundheit und die Ehrverletzung (der er, immer noch begleitet von der neueren Rechtsprechung, die Verführung gleichsetzt); um den Schadensersatz zugunsten der Angehörigen eines Getöteten zu rechtfertigen, erarbeitet er die eigens dazu bestimmte Verletzung der familiären Bindung. Neben diesen mit einer Verletzung verbundenen Schäden sehen wir dann die Fälle des Rechtsmissbrauchs betrachtet, die aber

7 Ebenda, Nr. 405, 406, 497, 500, 412, 511.

8 M. Planiol, *aaO*, Nr. 863, 865, 866, 868.

durch ein psychologisches Element charakterisiert sind, das sich von der Schuld unterscheidet.

Die Unsicherheiten Planiols sollten nicht unbeobachtet bleiben. Nach ihm maß Demogue auf einer logischen Ebene der Notwendigkeit der Verletzung eines Rechts als objektives Element der Schuld eine wieder größere Bedeutung bei (neben dem subjektiven Element: der Nachlässigkeit); und er warf Planiol vor, einen Teil (die Nachlässigkeit) mit allem (Schuld) verwechselt zu haben.[9] 19

Aber eine solche logische Strenge wird an anderer Stelle kompensiert; die Rechte Demogues haben nämlich eine unverständliche Struktur: »Es ist nicht einfach, die Grenze der Rechte zu bestimmen. Sie hat häufig mal einen objektiven, mal einen subjektiven Charakter (...). Manchmal hat ein Recht, je nach den Umständen, in denen man es ausübt, keinerlei Bedeutung, manchmal hingegen variiert seine Bedeutung gemäß den Personen, denen gegenüber es ausgeübt wird. Manchmal wiederum lassen bestimmte Umstände seine Bedeutung wachsen. Woanders spielen subjektive Umstände eine Rolle: Eine Person hat ein stärkeres Recht, weil sie es mit einer sozialen Intention ausübt, oder sie hat ein Recht, eine Freiheit nur gegen eine bestimmte Art von Einmischung. Schließlich üben auch die Gewohnheiten ihren Einfluss aus, um die Grenze der Rechte zu bestimmen (...).«[10] 20

Im zweiten Quartal des 20. Jahrhunderts ist die Theorie der Typisierung der unerlaubten Handlung in eine schwere Krise geraten. 21

Sogar in den neuen Auflagen alter Werke unterdrücken die Autoren der Neuausgaben die Hinweise auf die verletzten subjektiven Rechte[11] und auf die Typisierung des Schadens.[12] 22

Es blieb jedoch zu klären, warum so viele menschliche Handlungen, selbst wenn sie einen Schaden verursachen, nicht zur Haftung führen. 23

Während es in einer ersten Zeit für ausreichend angesehen wurde, dass derjenige, der ein eigenes Recht ausübte, keine unerlaubte Handlung beging, wurde diese Formulierung im Folgenden heftig kritisiert. Man wurde sich des Umstandes bewusst, dass sie praktisch zu einer vollständigen Aushöhlung des Art. 1382 Code Nap. führte. So wurde etwa vertreten: »Kann man nicht in der Tat sagen, dass jede Handlung eines Menschen, welche nicht ausdrücklich vom Gesetz verboten ist, die Ausübung eines Rechts darstellt? Allein schon das Kommen und Gehen, zur Jagd zu gehen, das Herumlaufen (...), all dies erscheint wie eine Ausübung der so allgemeinen Rechte, welche öffentliche oder, wie man zu anderen Zeiten sagte, Menschenrechte genannt werden.«[13] 24

Notwendig ist also, einen anderen Ansatz für die Rechtfertigungsgründe zu suchen. Die Lehre scheint sich in den Handbüchern hinter die Unterscheidung zwischen der 25

9 R. Demogue, *aaO*, Nr. 226: »Schuld liegt vor, wenn man bestimmte Rechte verletzt, die das Gesetz schützt«; siehe dazu auch ebenda, Nr. 240 ter. Zur Kritik an Planiol siehe Fn. 3 bei Nr. 225, ebenda.

10 R. Demogue, *aaO*, Nr. 226, S. 370. Die hier wiedergegebene Formulierung ist eine geglückte Zusammenfassung der rechtswissenschaftlichen Analyse des Rechts auf Ansehen und auf Vertraulichkeit, durchgeführt von Demogue, ebenda, Nr. 227 und 229.

11 6. Auflage von Aubry und Rau, 1951, durchgeführt von A. Esmein (1951). Die von E. Bartin (1920) betreute Auflage enthält noch die Erwähnung der Verletzung eines Rechts (S. 339).

12 Planiol, Ausgabe 1962, bearbeitet von A. Esmein und J. Boulnger, II, Nr. 892 ff.; in den Nummern 1003 ff. ist die Klassifizierung der Schäden durch die Kategorie des verletzten Rechts durch eine Klassifizierung ersetzt, die teils auf der Natur der geopferten Interessen, teils auf der Natur des Schadens basiert.

13 A. Colin und H. Capitant, *Cours élémentaire de droit civil français*, 10. Auflage, II, Paris, 1953, Nr. 324, S. 235.

allgemeinen Ausübung eines Rechts, welches nicht rechtfertige, und der Ausübung eines bestimmten Rechts zurückzuziehen, was hingegen eine gültige Verteidigung des Schadenverursachers darstelle.[14]

26 Aber nicht einmal diese Lösung blieb von Kritiken verschont: Auch die Ausübung eines bestimmten Rechts kann demnach Quelle eines zu ersetzenden Schadens sein.

27 »Der Schaden, den der Urheber mit Hilfe eines ihm gehörenden Eigentums verursacht«, so liest man, »ist nicht rechtmäßiger als derjenige, den er mit Hilfe eines Objektes verursacht, dessen Eigentümer er nicht ist.«[15]

28 Es geht also darum, an anderer Stelle Rechtfertigungsgründe zu suchen.

29 Man verzichtete auf ein begriffliches Vorgehen, welches das »rechtmäßig handeln« aus dem »ein Recht ausüben« entwickelte. Stattdessen ging man induktiv vor und griff auf die gerichtliche Kasuistik zurück, um mehr oder weniger allgemeine Regeln herzuleiten.

30 Das Eingeständnis, dass das Gesetz nicht in der Lage ist, Rechtfertigungsgründe zu regeln, ist deutlich: »Der Code civil zwingt den Urheber einer jeden zurechenbaren Handlung, die anderen einen Schaden zufügt, zur Wiedergutmachung. Abgesehen von den Fällen, in denen das Gesetz eine Handlung entweder ausdrücklich oder dadurch verurteilt, dass es eine straf- oder zivilrechtliche Sanktion verhängt, obliegt es daher dem Richter zu sagen, welche Handlungen schuldhaft sind (...). Es ist bemerkenswert, dass eine solche Macht in einer kodifizierten Rechtsordnung dem Richter zukommt.

31 Man hat dennoch sagen können, dass in Frankreich eine generelle Pflicht besteht, anderen nicht zu schaden (...). Aber diese Aussage (...) ist nicht ganz exakt, weil es zahlreiche Fälle gibt, in denen es gestattet ist, anderen willentlich Schaden zuzufügen.«[16]

32 An anderer Stelle liest man, dass die Rechtfertigungsgründe sich »dann, wenn die Texte schweigen, aus den Bedürfnissen des sozialen Lebens ergeben. Solche sind beispielsweise das Recht, seine eigenen Gedanken auszudrücken, das Recht, sich auch unter gleichzeitiger Vorverurteilung anderer zu verteidigen, moralische oder Vermögensgüter, die man rechtmäßiger Weise anstrebt, das Wettbewerbsrecht, die Nachbarschaftsrechte. Diese stellen außergesetzliche, dh Billigkeitsrechte mit der Erlaubnis dar, anderen zu schaden. Wenn der Gesetzgeber eingreift, macht er dies in der Regel, um einen besonderen Fall dieser präexistenten Rechte zu kodifizieren.«[17]

33 Die einzelnen Rechtfertigungsgründe werden getrennt dargestellt. Dabei ist die

34 »unvermeidliche Parallelität der menschlichen Aktivitäten«[18] unter ihnen vorrangig, die die (jedenfalls legale) Konkurrenz allgemein und jede analoge Betätigung rechtfertigt.

---

14 Deutliche Abweichung zwischen der 5. und 6. Auflage des Handbuchs von C. Aubry und C. Rau (verursacht durch E. Bartin, siehe *aaO*, § 444 bis; und von A. Esmein, *aaO*, 6. Auflage, § 444 bis, S. 458). Mühsamer, aber in gleicher Weise sicher ist der analoge Standpunkt bei A. Colin und H. Capitant, *aaO*. Die Theorie wurde in das Werk von M. Planiol eingeführt von den Betreuern der Neuauflage (siehe Ausgabe 1952, betreut von A. Esmein und J. Boulanger, II, Nr. 984).

15 R. Savatier, *Traité de la responsabilité civile*, 2. Auflage, Paris, 1951, Nr. 38, S. 52. Vgl. zusätzlich Req. 23. März 1927, D. 1928, I, 73: »Die Ausübung eines Eigentumsrechts bleibt der Bedingung untergeordnet, dass man nicht dem Eigentum anderer dadurch Schaden zufügt.«.

16 A. Esmein, *aaO*, Nr. 505.

17 R. Savatier, *aaO*, S. 49, Nr. 36.

18 R. Savatier, *aaO*, Nr. 37. Man liest in C. Aubry und C. Rau (*aaO*, 6. Auflage, betreut von A. Esmein, § 444 bis, S. 445), unter Bezugnahme auf diese Figuren: »Nicht geschützt sind widerrechtliche Gewinne. Andererseits

Mittels des Mechanismus der Rechtfertigungsgründe wird man in zahlreichen Fällen den Urheber des Schadens freisprechen können, ohne dafür auf das Prinzip zu verzichten, dass jeder Schaden ersetzt werden müsse: In systematischer Hinsicht wird sich das Verbot, Schaden zuzufügen, immer als die Regel darstellen, und die Freiheit, jemandem zu schaden, wird immer als Ausnahme gelten. Auf diese Weise verlagert sich die Aufmerksamkeit von der rechtlichen Situation des Opfers hin zum Verhalten des Schädigers: Das Element der Verletzung wird, manchmal, von dem der »faute« absorbiert. Die »faute« wird als die Verletzung einer Pflicht angesehen (zB die Pflicht zur Begutachtung, zur Sorgfalt usw), von der man nicht sagt, dass sie sich auf eine Situation des Opfers bezieht.[19] 35

Der Art. 1382 ist also kompatibel mit zwei entgegengesetzten Formulierungen: einer sehr weiten und einer restriktiven. Die eine drängt auf eine Verurteilung jedes Mal dann, wenn ein Schaden entstanden ist, die andere hingegen, abgesehen von den wenigen Fällen der qualifizierten Verletzung, zum Freispruch. 36

Im neuen Jahrtausend stellt es sich anders dar. Die Rechtsprechung hat die Umstände festgelegt, unter denen die Situation des Opfers den Schutz rechtfertigt. Die als Orientierungspunkt dienende Lehre[20] hat sich umfassend angepasst und erwähnt das Problem nicht einmal mehr. Vielleicht berührt sie dieses bei der Feststellung, dass die Rechtsprechung frei ist und sich in diesem Sinne[21] weiterentwickelt hat (aber hier ist das Thema vielmehr, welcher Nachteil bzw. Schaden ersatzfähig ist, und nicht die Schädigung selbst). Gemäß der Lehre macht der Kläger eine »intérêt légitime« geltend. Von diesem Ausdruck darf sich der Italiener jedoch nicht täuschen lassen. Er bezieht sich nicht auf die Folgen des schädigenden Verhaltens des Beklagten. Das Interesse, um das es geht, ist das Interesse am Schadensersatz und die Legitimität bezieht sich auf das verletzte Rechtsgut, dessen Äquivalent der Kläger verlangt: Das betroffene Rechtsgut darf nicht illegal sein (der Dieb kann nicht vor Gericht Ersatz für Schäden verlangen, die ihm bei der Verhinderung des Diebstahls zugefügt worden sind). 37

Die Lehre setzt sich mit dem Thema »préjudice purement économique« auseinander. Auch hier darf sich der italienische Wissenschaftler nicht täuschen lassen. Innerhalb dieses Diskurses bedeutet économique »das Vermögen betreffend«. 38

11. Die deutsche und die italienische Lösung

Während die französischen Autoren ihrem System die Verfolgung jedes erfolgten Schadens zugrunde legen, hat man den Eindruck, dass die deutschen Ausleger einem Rechtssystem treu bleiben, welches an der Enumeration der unerlaubten Handlungen orientiert zu sein scheint. Grundsätzlich ist man im Sinne des § 823 nur haftbar, wenn man fahrlässig oder vorsätzlich »das Leben, den Körper, die Gesundheit, die Freiheit, das Eigentum oder ein sonstiges Recht« des Opfers verletzt. Andere Paragrafen setzen 39

sind, obwohl sie sich als gerechtfertigte Gewinne zeigen, bestimmte finanzielle Interessen nicht geschützt, sei es, weil sie von Interessen aufgewogen werden, denen eine größerer Bedeutung für die Gesellschaft zugemessen wird, wie im Fall eines Schadens, der von einer zulässigen Konkurrenz verursacht worden ist, sei es, weil sie nicht vollständig geschützt werden können und weil im Übrigen ein jeder, wenn er eine von diesen Verletzungen erleidet, den Vorteil hat, anderen dieselben Unannehmlichkeiten aufzuerlegen, wie im Fall der nicht exzessiven Nachbarschaftsstörung«.

19 M. Puech, *L'illicéité dans la responsabilité civile extracontractuelle*, Paris, 1973.

20 Diese sind G. Viney und P. Jourdain, *Les conditions de la responsabilité*, 3. Auflage, Paris, 2006, in: *Traité Ghestin*; F. Terré, P. Simler, Y. Lequette, *Les obligations*, 11. Auflage, Paris, 2013.

21 Hierzu L. Cadiet, *Les métamorphoses du préjudice*, in: *Journées Savatier*, Paris, 1998, 37.

dem Tatbestand des § 823 eine Reihe weiterer Möglichkeiten gleich (§§ 824, 825 usw). Schließlich macht § 826 denjenigen verantwortlich, der bewusst einem anderen in einer gegen die guten Sitten verstoßenden Weise Schaden zufügt. Es muss also ein Element einer besonderen Qualifikation vorliegen: entweder im objektiven Bestandteil des Tatbestands (Verletzung eines Rechts oder einer anderen vom Gesetz vorgesehenen Möglichkeit) oder im subjektiven Bestandteil (Schädigungsvorsatz).

40 Die Relevanz, die das deutsche Gesetz dem Schädigungsvorsatz zuschreibt, scheint prinzipiell mit dem französischen Recht unvereinbar, welches jeglichen Unterschied zwischen den Wirkungen der Absicht und denen des einfachen Verschuldens ausgelöscht hat.

41 Diese prinzipiellen Unterschiede zwischen dem System der französischen und dem der deutschen Lehre laden dazu ein, die Rechtsprechung beider Länder zu überprüfen, um die Fälle herauszufinden, die eine Haftung in Frankreich, nicht jedoch in Deutschland begründen.

42 Angesichts der genannten Voraussetzung müsste man eigentlich denken, man würde diese auf Schritt und Tritt finden. Die Überprüfung zeigt jedoch, dass diese Vermutung falsch ist. Ja, wir können sogar feststellen, dass die Entwicklung des angewandten französischen und deutschen Rechts von einer überraschenden Parallelität beherrscht ist. Tatsächlich wurde die strengere Konzeption, die den Deliktstatbestand von der Rechtsverletzung befreite, in Frankreich gegen Ende des letzten Jahrhunderts vorgeschlagen, als die Praxis die Haftung für den Abschluss eines nichtigen Vertrages, für die Verführung, für die falsche Auskunft, den unlauteren Wettbewerb usw einführte. Als diese Möglichkeiten unter die Deliktskategorie fielen, musste der französische Jurist der traditionellen Gleichsetzung zwischen Delikt und Rechtsverletzung den Rücken zukehren.

43 Auch Deutschland verspürte am Ende des Jahrhunderts das Bedürfnis, die Haftung des Verführers, desjenigen, der eine falsche Auskunft gibt, oder desjenigen, der ungültige Verträge schließt, festzulegen. Jedoch war in Deutschland die Aufgabe der traditionellen Formel nicht in gleicher Weise erforderlich. Der Gesetzgeber, der mit der Redaktion des BGB beschäftigt war, konnte eine Reihe von Möglichkeiten bestimmen, in denen der Ersatz von jeder Rechtsverletzung losgelöst war.

44 Auf der anderen Seite ist die Anerkennung neuer Delikte, was täglich in Frankreich geschieht, in Deutschland, wie man angesichts des Systems der Typisierung hätte vermuten können, nicht verhindert worden.

45 Eine Handlung ist in Deutschland unerlaubt, wenn ein Recht verletzt wird: Aber der Ausleger wird der traditionellen Aufzählung manches neue Recht hinzufügen können (wie beispielsweise das Recht am Gewerbebetrieb).[22] Außerhalb des Falles einer Verletzung eines speziell geschützten Rechtsguts jedoch liegt eine unerlaubte Handlung nur dann vor, wenn Vorsatz und ein Verstoß gegen die guten Sitten gegeben sind. Aber die Handbücher beschreiben eine Reihe von Fällen, in denen das Reichsgericht eine Haftung aufgrund eines schweren Verschuldens zugelassen hat. Beispielsweise unterlag ein Arzt dieser Haftung, weil er durch fahrlässige Unachtsamkeit die Entmündigung des

22 Mit einem Verfahren, welches sich nicht von dem in Frankreich im 19. Jahrhundert von den Anhängern der Auslegung Touillers verfolgten unterscheidet, dazu s. oben Nr. 10.

Opfers verursacht hatte.[23] Entsprechende Lösungen gelten auf dem Gebiet der falschen Auskunft.[24]

Die Einheitlichkeit der Anwendungsregeln zeigt sich auch beim subjektiven Element der unerlaubten Handlung. Das französische Gesetz reduziert die Bedeutung des Vorsatzes auf Null, während § 826 BGB dem Vorsatz eine hervorragende Stellung zuweist. Trotz dieses Befundes offenbaren die gerichtlichen Lösungen in den beiden Ländern einen unerwarteten Gleichklang. In Frankreich gelangt der Richter zu einer Haftung aus Vorsatz mittels eines zwei Stufen umfassenden Begründungsschemas: Es wird anerkannt, dass der Handelnde in der Ausübung eines Rechts gehandelt hat, wenn er jemanden nicht mit Absicht schädigen wollte; denn dies würde den Tatbestand des Rechtsmissbrauchs darstellen, der Raum für die Haftung gibt. Dieses Schema ist mit verschiedenen Worten (und vielleicht Kategorien) im angewandten französischen Recht vorhanden und bietet, indem es eine Haftung für Schädigungsvorsatz konstruiert, eine neue Parallelität zum angewandten deutschen Recht. 46

Anhand dieses Schemas sind die Verbote des unlauteren Wettbewerbs, der mutwilligen Prozesssucht oder der bewussten Verletzung eines Alleinvertragsrechts in das französische System eingedrungen, die den klassischen Anwendungsbereich des § 826 in Deutschland darstellen. 47

Kommen wir von der Haftung für Schädigungsvorsatz wieder zurück zu derjenigen aufgrund schuldhaften Verhaltens. Es müsste jetzt klar sein, dass man jedes praktische Ergebnis rechtfertigen kann, so viel man auch hinzufügt (alle Verletzungen eines Rechts, zuzüglich all der Fälle, die diesen Verletzungen gleichgestellt sind) und so viel man auch abzieht (alle Schadensfälle abzüglich derjenigen, die unter dem Deckmantel eines Rechtfertigungsgrundes eingetreten sind). 48

Und in Italien?[25] Der Gesetzgeber verlangt für das Entstehen eines zivilrechtlichen Schadens nicht ausdrücklich die Verletzung eines Rechts; aber dadurch, dass er den »ungerechten« Schaden in Art. 2043 Codice civile sanktioniert und diese unbestimmte und gleichsam philosophische Idee der »Ungerechtigkeit« nicht näher ausgeführt hat, hat er dem Richter eine echte Ermessensgewalt zugestanden. Doch der italienische Richter profitiert von diesem zugunsten der Gerichte installierten Machtverhältnis nicht. An der Universität ausgebildet hat er vielmehr die zwei Konzeptionen gelernt, die jeweils auf der Verletzung eines Rechts (oder der ihm gleichgestellten Situationen) oder auf der Regel des neminem laedere aufbauen. Von seiner Seite aus wird er dann noch die Regel des geringsten Aufwandes hinzufügen und die Regel der Rechtsverletzung propagieren, wenn er freisprechen, die umfassende Regel hingegen, wenn er verurteilen muss.[26] 49

23 L. Enneccerus und H. Lehmann, *Recht der Schuldverhältnisse*, in: L. Enneccerus, T. Kipp, M. Wolff, Lehrbuch des BGB, 15. Auflage, Tübingen, 1958, § 238.

24 F. Ranieri, *La responsabilità da false informazioni*, in: *Giur. com.*, 1976, I, 630.

25 Zur enigmatischen und widersprüchlichen Situation in Italien siehe den glänzenden und informativen Beitrag von P.G. Monateri, *La responsabilità civile*, Turin, 1998, in: *Trattato Sacco*, besonders 195-227 (mit weiteren Nachweisen).

26 In den sechziger und siebziger Jahren des letzten Jahrhunderts entwickelte sich zu diesem Thema eine umfangreiche Bibliographie. Wir verweisen für weitergehende Literatur auf G. Alpa, *Il problema dell'atipicità dell'illecito*, Neapel, 1979; P.G. Monateri, *La responsabilità civile*, Turin, 1998.

12. Die Situation in England und den Vereinigten Staaten von Amerika[27]

50 In England (und parallel auch in den Vereinigten Staaten von Amerika) waren die »torts«, als Quelle der deliktischen Haftung, bis in die jüngere Zeit hinein streng typisiert. Verhalten und Verletzung variieren nämlich von Delikt zu Delikt. Der trespass impliziert den Eingriff in das Gut des Opfers, die conversion wiederum, sich als Eigentümer gegenüber den Gütern anderer zu gerieren, die nuisance ihrerseits die unerlaubte Immission auf das benachbarte Grundstück usw. Und außerhalb der einzelnen Vorschriften gab es keine Generalklausel.

51 Gegen Ende des Jahrhunderts jedoch änderte sich etwas. Der »negligence« wurde nämlich als ein autonomer tort aufgefasst; der Rechtsbehelf, den er bot, dehnte seinen eigenen Anwendungsbereich auch auf Gebiete aus, in denen sich eine Haftung bislang aus anderen torts ergab, wie etwa aus dem trespass, der conversion, der nuisance usw. Am Ende dieser Entwicklung stellte sich die negligence als bevorzugter Rechtsbehelf auf dem Gebiet der außervertraglichen Haftung dar.

52 Der Tatbestand des negligence hat vier Voraussetzungen: a) eine Sorgfaltspflicht; b) eine Verletzung dieser Pflicht; c) einen Schaden; d) der nicht indirekt sein darf (duty of care, breach of the duty of care, damage, Ausschluss der remoteness of damage).

53 Der breach of the duty of care, der damage und die qualifizierte kausale Verknüpfung entsprechen der Schuld, dem Schaden und der qualifizierten kausalen Verknüpfung, die aus dem kontinentalen Recht bekannt sind. Diese drei Elemente führen zur Verurteilung des Handelnden, wenn im konkreten Fall eine duty of care bestand, dh eine Sorgfaltspflicht, die dem Handelnden oblag.

54 In einer ersten Zeit wurden die Sorgfaltspflichten nur sehr begrenzt angenommen. Dies ist gleichbedeutend damit zu formulieren, dass es kein Generalprinzip der Verschuldenshaftung gab.[28]

55 Mit dem Verstreichen der Zeit wuchs die Zahl der anerkannten Sorgfaltspflichten, bis man von einer implied duty of care sprach, der für jeden galt, der irgendeine Aktivität ausübte, die möglicherweise anderen Schaden zufügen konnte.[29]

56 In den Ländern des Common Law muss man, wie in Frankreich, in einer Reihe von Fällen den Antrag auf Schadensersatz zurückweisen, weil man nicht will, dass der gegebene Sachverhalt zur Haftung führt. Man nutzt also Rechtfertigungsgründe, von denen, in den Ländern des Common Law, die wichtigsten unter der Rubrik der policy considerations zusammengefasst sind.

---

27 Zu diesem Thema siehe: Sir H. Pollock, *The Law of Torts*, London, 1877; A. Weir, *Casebook on Tort*, London, 1983; R.W.M. Dias und B.S. Markesinis, *Tort Law*, Oxford, 1984; P.H. Winfield und J.A. Jolowicz, *On Torts*, 12. Auflage, London, 1984; P. Gallo, *L'elemento del tort of negligence*, Mailand, 1988; B. Gardella Tedeschi, *L'interferenza del terzo nei rapporti contrattuali. Un'indagine comparatistica*, Mailand, 2008; J.F. Clerk und W. Lindsell, *On torts*, 2. Auflage, London, 2010; R.A. Epstein, *Cases and Materials on Torts*, 9. Auflage, New York, 2008.

28 Lord Esher in Le Lievre v. Gould, 1893, 1 Q.B. 491, 497: »Jeder hat das Recht, so nachlässig zu sein, wie es ihm gegenüber allen anderen angemessen scheint, wenn er nicht eine Pflicht gegenüber diesen hat.«.

29 »Die Regel, der zufolge man seinen Nächsten lieben soll, wird auch im Recht angewandt: man darf einem anderen keinen Nachteil zufügen. Und die Frage des Juristen: Wer ist mein Nächster?, erhält eine präzise Antwort: man muss vernünftige Sorgfalt walten lassen, um Handlungen oder Unterlassung zu vermeiden, von denen man vorhersehen kann, dass sie dem Nächsten Schaden zufügen können«. So Lord Atkin in Donoghue v. Stevenson, 1932, A.C. 562, 580.

Die Verallgemeinerung der duty of care liest man jetzt auch in den Urteilen und der Lehre; es könnte also so scheinen, dass in den Ländern des Common Law mittlerweile nicht mehr ein System der Typisierung der unerlaubten Handlung gilt, wie es noch im 19. Jahrhundert der Fall war, sondern vielmehr ein Prinzip, welches dem neminem laedere vergleichbar ist, dh ein allgemeines Prinzip der Verschuldenshaftung, welches auf dem tort of negligence basiert. 57

In Wirklichkeit darf man sich jedoch von den Deklamationen nicht hinters Licht führen lassen. Die Untersuchung der Kasuistik erlaubt es, dies zumindest teilweise zu dementieren. Tatsächlich hat es eine Ausdehnung der Haftung gegeben, und man kann sie durch zahlreiche Beispiele bekräftigen, bei denen man vor Zeiten gewohnt war, jede Wiedergutmachung auf der Basis der Überlegungen zu verneinen, dass es keine duty of care gab (Produzentenhaftung, Haftung des Arbeitgebers, des Besetzers und Besitzers von Land, rescuers, trespassers, prenatal injuries usw). Aber dieser Schluss gilt nur für genau begrenzte Bereiche. 58

Die Haftung wirkt vor allem da, wo ein materiell schädliches Verhalten gegen das Eigentum oder die physische Integrität zur Diskussion steht. 59

Außerhalb dieser ersten Möglichkeit (welche an § 823 BGB denken lässt) finden wir einen weiten Bereich rein wirtschaftlicher Schäden – economic loss. In diesem Feld wird die Wiedergutmachung von Schäden durch die Klage nur in genau bestimmten Fällen zugesprochen: bei der Berufshaftung, der Haftung des Beamten, des Untervertragnehmers usw. P. Gallo [30] hat in seinem schon zitierten Werk aufgezeigt, dass die Deklamationen des Common Lawyers sich mit den französischen berühren, während die angloamerikanische Kasuistik die deutsche berührt (siehe besonders die Folgenlosigkeit der Anspruchsverletzung – abgesehen von dem Recht der Angehörigen bei dem Tod ihres Verwandten –, der Verleitung zur Nichterfüllung usw). Und in dem Werk von B. Tedeschi[31] wird die (begrenzte) Ausdehnung des Schutzes des Geschädigten, die sich zwischen den zwei Jahrhunderten entwickelt hat, rekonstruiert. 60

13. Schlussfolgerungen

Wenn wir mit T die Regel der Typisierung anzeigen und mit NL die des neminem laedere, mit A das Vorhandensein von auf Rechtfertigungsgründen beruhenden Ausnahmen, mit ½ ambivalente und Mittellösungen, können wir die Untersuchungsergebnisse in folgender Weise überblickartig zusammenstellen: 61

30 P. Gallo, *aaO.*
31 B. Gardella Tedeschi, *aaO.*

	Gesetz			Lehrformulierung			angewandtes Recht
	Generalklausel	Einheitsregel	Spezialregeln	allgemein	einheitlich	detailliert	
Frankreich 19. Jahrh.		NL?			T		T
Frankreich 20. Jahrh.		NL?		NL		NL-A	1/2
Italien 20. Jahrh.		½			NLoT		1/2
Deutschland 20. Jahrh.	T		(T)	T		(T)	1/2
England 19. Jahrh.	–	–	–		T		T
Engl./USA 20. Jahrh.	–	–	–	NL		NL-A	1/2

62 Das so aufgezeigte Schema verlangt verschiedene Anmerkungen.

63 Besonders die festgestellten Rechtfertigungsgründe im französischen, englischen und amerikanischen Recht haben keinen Ausnahmecharakter: Sie wirken sich so aus, dass die Stellung der Rechtsprechung (und der Lehre) sich merklich an die Typisierung der zivilrechtlichen Delikte annähert.

64 Die deutsche Lehre wiederum ist, wie fast immer, sehr gesetzestreu. Hinsichtlich des deutschen Gesetzes darf man jedoch nicht bei den §§ 823 und 826 BGB stehenbleiben, sondern man muss den ganzen der deliktischen Haftung gewidmeten Titel in den Blick nehmen: So wird deutlich, wie der gesetzliche Formant sich in Wahrheit verdoppelt, in *allgemeine Regeln* auf der einen und *Spezialregeln* auf der anderen Seite, die den Schutz von den subjektiven Rechten auf jedes gesetzlich geschützte Interesse ausdehnen.

65 Schließlich ist in Italien die Lehre zwischen denjenigen, die zur Typisierung der Fälle des ersatzfähigen Schadens neigen (und sich damit der deutschen Position annähern), und denjenigen gespalten, die eher die Typisierung bei den Rechtfertigungsgründen vornehmen wollen (gemäß dem Modell der französischen Lehre).

66 Abschließend können wir eine gewisse Neigung zur Transnationalität der Anwendungsregeln festhalten und damit das Bestehen eines einheitlichen angewandten Rechts im ganzen Westen konstatieren: Dieses ist auf halber Strecke zwischen der jeweils in Frankreich, den USA und England auf der einen und der in Deutschland gebräuchlichen Lehrmeinung auf der anderen Seite einzuordnen, dh, zwischen der auf dem Prinzip des neminem laedere beruhenden Formel und der, die eine qualifizierte Verletzung verlangt.

Vergleichen wir die Ergebnisse dieser Untersuchung mit denjenigen, die wir zum Vertrag erhalten haben, stellen wir einen deutlichen Unterschied fest: Im Bereich der deliktischen Haftung erscheinen die Gegensätze tatsächlich sehr viel stärker auf der Ebene der allgemeinen Regeln. Wir finden sodann einen Bereich des fließenden Übergangs, in dem die extremen Positionen von Formulierungen der Lehre allgemeinen Charakters und mit leichter Abweichung von den jeweiligen französischen und deutschen gesetzlichen Generalklauseln eingenommen werden, während man, je näher man sich dem »zentralen Feld« nähert, nach und nach spezielle gesetzliche Formulierungen, detaillierte Lösungen der Lehre und schließlich die Anwendungsregeln der Rechtsprechung findet. 67

Keine Bestätigung hat demzufolge die These (zuvor in Bezug auf die Bildung des Vertrages aufgestellt) gefunden, nach der die homologen Formanten ähnlicher Systeme sich eher untereinander als verschiedene Formanten eines einzigen Systems sich einander gleichen würden. 68

In dem in diesem Paragrafen untersuchten Gebiet finden sich die allgemeinen Regeln verschiedener Systeme auf entgegengesetzten Positionen und tendieren zu einer extremen Lösung, während die Anwendungsregeln entspannter zu Zwischenlösungen neigen. 69

Dies bedeutet nicht, dass die schulmäßigen Erklärungen eine Neigung hätten, welche sie zu partikularen oder territorialen Spezialisierungen drängte. Die Lehre hat vielmehr eine internationale Neigung, sie überwindet die politischen und sprachlichen Grenzen, aber sie neigt auch zu Extremen und kann mit entgegengesetzten Lehrmeinungen alternieren, welche ihrerseits zu Extremen neigen und ebenfalls international ausgerichtet sind. Der Bereich der Rechtsanwendung hingegen tendiert zu möglichst gleichem Abstand zu allen Extremen, und deshalb bringt er eine weniger markante Unterscheidung mit sich, betrachtet man die Rechtsordnungen und die politischen und sprachlichen Grenzen. 70

Ist es möglich, die in § 6 gefundenen Ergebnisse einerseits und die aus § 7 andererseits miteinander zu harmonisieren? Sicherlich ja, und zwar in dem Sinne, dass in beiden Fällen die allgemeinen Formulierungen eine Regel generalisieren, anstatt eine Anwendung zu umschreiben (der Vertrag soll *immer* zweiseitig sein; der Schaden *immer* ersatzfähig; oder der Schadensersatz *immer* der Verletzung eines Rechts untergeordnet). Die Anwendungsregeln hingegen sind viel genauer. 71

Dies bestätigt das jedenfalls unter Praktikern verbreitete Gefühl, dass die Rechtswissenschaft häufig zu »abstrakt« (dh mit irreführenden Generalisierungen arbeite) und zu »weit vom Leben entfernt« sei (sie vergesse nämlich die Bedeutung einiger Elemente des Tatbestandes). 72

§ 4 Die Übertragung beweglichen Eigentums

14. Das Problem[1]

1 Was ist erforderlich, um unter Lebenden das Eigentum an einer bestimmten beweglichen Sache zu übertragen?

2 Die Elemente, die von den verschiedenen Rechtsordnungen jeweils verlangt werden können, sind: der Konsens (der auf die Übertragung des Eigentums gerichtet ist), ein Rechtsgrund für den Konsens, die Übergabe der Sache, die Bezahlung des Kaufpreises und Öffentlichkeit.

3 Jedes System könnte, damit die Übertragung wirksam ist, nur ein einziges Element (den einfachen Konsens oder die einfache Übergabe der Sache) oder mehrere Elemente verlangen (Konsens + Übergabe oder Konsens + Rechtsgrund). Ausgehend von dem uns am besten vertrauten Wissen betreiben wir eine Gegenüberstellung zwischen der römischrechtlichen Lösung (Übergabe und der Wille hierzu sowie partielle Erheblichkeit des Rechtsgrundes) und derjenigen, die heute in Italien in Kraft ist (Konsens + Rechtsgrund).

4 Wir sollten vor allem vom gemeinen Recht ausgehen. Für unsere Zwecke können wir als Lösung der Zeit des gemeinen Rechts ansehen, dass ein gültiger Vertrag zuzüglich einer Übergabe erforderlich waren (titulus zuzüglich modus).

15. Vom gemeinen Recht zu den französischen und italienischen Lösungen

5 Ausgehend vom gemeinen Recht vollzog sich in Frankreich eine Veränderung. Das Ergebnis dieser Veränderung findet sich in Art. 1138 Code Napoléon[2]: »L'obligation de livrer la chose est parfaite par le seul consentement des parties contractantes. Elle rend le créancier propriétaire... encore que la tradition n'ait point été faite...«.

6 Der Wortlaut dieser Vorschrift verlangt einige Präzisierungen.

7 Besonders der Ausdruck »consentement« (Konsens) ist missverständlich. Ein wenig aufmerksamer Exeget könnte den Wortlaut des Gesetzes in dem Sinne verstehen, dass allein die Übereinstimmung der Willenserklärungen verlangt sei, auch ohne dass ein Rechtsgrund erforderlich wäre. Und tatsächlich, in ihren allgemeinen deklamatorischen Äußerungen pflegt die französische Lehre allein auf den autonomen und souveränen Willen als notwendige und ausreichende Bedingung für die Übertragung des Eigentums zu verweisen. Eine genauere Untersuchung zeigt jedoch, dass sich der Gesetz-

---

1 Für weitere Nachweise und eine ausführlichere und kritischere Darstellung der Probleme s. L. Vacca (Hrsg.), *Vendita e trasferimento della proprietà nella prospettiva storico-comparatistica*, 2 Bände, Mailand, 1991 (Beiträge eines Kongresses); R. Sacco, *Le transfert de la propriété des choses mobilières déterminées par acte entre vifs en droit comparé*, in: *Rivista di diritto civile*, 1979, I, 442, und dort die Fallverweise; L.P.W. Van Liet, *Transfer of movables in Germany, French, English and Dutch law*, Nimwegen, 2000.
Für den, der an dem Thema interessiert ist, ist die Tatsache relevant, dass Letzterer bei den Arbeiten für die Vorbereitung eines europäischen Gemeinschaftsrechts berücksichtigt wurde. Die Arbeit verdankt sich Forschern, die von W. Faber und B. Lurger, vereint in der Working Group on Transfer of Movables (bekannt als TOM), angeleitet wurden. Diese haben dann das Buch VIII des Draft Common Frame of Reference (DCFR, 2005–2009) konzipiert, zusammengeströmt in der *Study Group on a European Civil Code* (SGEC, 2011). Für eine synthetische Studie siehe B. Lurger, *European Property Law. Transfer of Ownership of Movables*, in: Moccia (Hrsg.), *The Making of European Private Law: Why, How, What, Who*, München, 2013, 131–147.

2 Im Code civil gibt es kein eigenes Kapitel, welches der Übertragung des Eigentums gewidmet ist, die diesbezüglichen Normen finden sich an verschiedenen Punkten und unter verschiedenen Überschriften des Gesetzes verteilt. Der Art. 1138 befindet sich im Titel über die Wirkungen der Verpflichtungen.

geber auch hier, wie schon bei Art. 1101, eine Synekdoche zunutze gemacht hat: Er nennt nur einen Teil anstelle des Ganzen. Er spricht allein vom reinen Konsens und hat doch die Absicht, sich auf den Vertrag zu beziehen, dh auf die Verbindung von {Konsens + Rechtsgrund}.[3]

Betrachten wir nun die ungewöhnliche Technik, derer sich der Gesetzgeber in Art. 1138 bedient hat: Anstatt sich auf eine Auflistung der Elemente zu beschränken, die für eine wirksame Übertragung erforderlich sind, war er eher darum bemüht anzugeben, dass die Übergabe *nicht* notwendig ist. Die Erforderlichkeit einer solchen Präzisierung kann man nur nachvollziehen, wenn man bedenkt, dass in Frankreich bis zur Kodifizierung theoretisch die auf ein Rechtsgrundelement (titulus) gestützte Übergabe erforderlich war. Die mittelalterliche Praxis hat jedoch diese Regel überholt und die materielle Übergabe der Sache durch ein Besitzkonstitut ersetzt: Diesem zufolge trennte sich der Veräußerer zugunsten des Erwerbers von dem Besitz der Sache, ohne sie ihm materiell zu überlassen; vielmehr blieb er deren Gewahrsamsinhaber (in diesem Zusammenhang wird die römischrechtliche Regel, die die Möglichkeit des Besitzkonstituts der Präsenz der Sache unterordnete, aufgegeben). Dieser erstmals (von Rolandino de' Passeggeri) in Italien überlegte und angewandte Trick wurde in Frankreich sehr häufig genutzt. Dies ging so weit, dass die französischen Juristen des 18. Jahrhunderts bei einem Verkauf oder einer Schenkung diese Bestimmung, wenn sie unterlassen wurde, als einbezogen betrachteten. 8

Nun zu zwei anderen Artikeln des Code civil: die Art. 1583 und 938. Der erste bestimmt bezüglich des Kaufvertrages, dass der Kauf »zwischen den beiden Parteien abgeschlossen und das Eigentum von Rechts wegen vom Käufer gegenüber dem Verkäufer von dem Moment an erworben ist, in dem eine Übereinkunft über die Sache und den Preis erzielt ist, auch wenn die Sache nicht übergeben und der Preis nicht gezahlt worden ist«. Der zweite bestimmt seinerseits, dass »die ordnungsgemäß angenommene Schenkung allein durch den Konsens der Parteien vollzogen ist; und das Eigentum an den geschenkten Objekten geht an den Beschenkten über, ohne dass es einer *anderen* Übergabe bedarf«. Der Artikel 938, mit seiner Verweisung auf die »autre tradition«, lässt uns verstehen, dass für den Gesetzgeber bereits eine erste Übergabe erfolgt war – und dh, es ist eine fiktive oder vermutete Übergabe geschehen, an die man gewohnt war. Was den Art. 1138 anbelangt, dieser unterstreicht einen Übergabeakt in folgender Art: Der »consentement des parties« (zu verstehen als Willen plus Rechtsgrund) schafft eine »obligation de livrer«, welche kraft Gesetzes »parfait«, dh für erfüllt erklärt wird. Dadurch wird der Gläubiger der Verpflichtung Eigentümer. Die Übertragungswirkung ergibt sich also nicht unmittelbar aus dem Konsens, sondern ist an den Eingriff des Gesetzgebers gebunden, der die Verpflichtung in demselben Moment für erloschen erklärt, in dem sie entsteht. 9

Italien erbte von Frankreich, über die Vermittlung durch den sardischen Gesetzeskodex (Art. 1229), die konsensualistische Lösung, deren Umfang es mit Art. 1125 des Codice von 1865 vertiefte, der statuierte, dass die Übertragung des dinglichen Rechts Folge einer »Einigung« und nicht einer »Verpflichtung« ist (Art. 1321). 10

Und im aktuellen italienischen Codice heißt es ausdrücklich, dass der Vertrag sowohl tatsächliche als auch obligatorische Wirkung haben kann und dass »... das Eigentum durch...die wirksame Einigung übergeht« (Art. 1376); Artikel 1376 benutzt die übliche 11

3 Diesbezüglich in ausführlicher Weise P.G. Monateri, *Les sineddoche, aaO.*

Synekdoche: Er spricht von Konsens, während er den Vertrag meint (das heißt Einigung und Rechtsgrund).

16. Vom gemeinen System zum BGB und ABGB

12 Die Ausarbeitungen Savignys haben das deutsche System tief geprägt. Dieser nahm als typisches Beispiel für den Übertragungsakt das an einen Bettler gegebene Almosen und lehrte, dass zwei Elemente für eine wirksame Übereignung erforderlich sind: der übereinstimmende Wille, die Übereignung des Eigentums zu bewirken; und die Übergabe.

13 Das erste Element kann man Vertrag nennen, jedoch nur dann, wenn man damit nicht einen Kausalvertrag meint, sondern die reine Willenseinigung. Es handelt sich also nicht um einen titulus im Sinne des gemeinen Rechts. Wenn man dies berücksichtigt, schadet das Fehlen eines Rechtsgrundes der Eigentumsübertragung nicht (aber ermöglicht in dem Fall eine Klage wegen ungerechtfertigter Bereicherung zugunsten desjenigen, der ohne Rechtsgrund gezahlt hat).

14 Bestimmendes Element ist also die Übergabe, der modus des gemeinen Rechts: Vor dieser – siehe den Almosenfall – ist nichts (dh, es gibt keine Verpflichtung zur Übertragung), nach ihr ist das Eigentum bereits übergegangen.

15 Die von Savigny vorgeschlagene Lösung, die in der gesamten damaligen deutschen Lehre verbreitet war, wurde vom BGB (§§ 929 ff.) aufgenommen, welches die Übertragung des Eigentums an beweglichen Sachen an diese zwei notwendigen und ausreichenden Voraussetzungen knüpfte: den übereinstimmenden, auf die Übereignung gerichteten Willen und die Übergabe.

16 Die Gründe des Übertragenden, der sein Eigentum ohne Vorhandensein eines diesen Akt rechtfertigenden Grundes verloren hat (Beispiel: Er hat die Sache übergeben, um einen nichtigen Vertrag zu erfüllen, den er für gültig hielt), sind dann durch die persönliche Restitutions-, und dh durch die Bereicherungsklage geschützt.

17 Das gemeine Recht wird also in Frankreich dadurch vereinfacht, dass die Erforderlichkeit des modus wegfällt; in Deutschland hingegen erfolgt die Vereinfachung in umgekehrter Weise, indem nämlich die Notwendigkeit des titulus beseitigt wird.

18 Österreich gab sich ein Gesetzbuch, bevor sich die Lehre Savignys verbreitete. Der Gesetzgeber blieb daher der Formel des gemeinen Rechts treu, der zufolge titulus und modus verlangt waren. Dies sieht man deutlich am Wortlaut der §§ 425 und 426 ABGB.

19 Wir können also sagen, dass der Code civil von der Idee des titulus inspiriert ist, das BGB von der des modus und das ABGB von beiden (titulus und modus).

17. Das englische System

20 Die bislang untersuchten Lösungen schöpfen noch nicht alle möglichen Kombinationen der Elemente aus, die wir zu Beginn aufgezählt haben: Es ist noch möglich, dass ein System den Beteiligten die Wahl zwischen dem Gebrauch des Konsenses (mit Rechtsgrund) und der Übergabe überlässt.

21 Dieser Mechanismus charakterisiert unserer Ansicht nach das englische System.

In diesem verband die älteste Regel die Rechtsübertragung mit der Übergabe. Im 19. Jahrhundert ließ ein neues Statut (der *Sale of Goods Act*) den Konsens der Parteien für die Veräußerung ausreichen. 22

Wenn wir nun zu der Regelung der Übereignung kommen, finden wir auf den Seiten, die von den englischen Juristen der Eigentumsübertragung gewidmet sind, als häufigste Aussage diejenige, dass das Eigentum angesichts des dem Willen der Parteien zu schuldenden Respekts aufgrund eben dieses Willens übergeht. 23

Von dieser Aussage darf man sich jedoch nicht irreführen lassen: Der Wille, der für die Übertragung »between the parties« (= zwischen den Parteien) erforderlich ist, wird mit einem Kauf, dh einem Vertrag kundgetan (bei dem der Wille von der »consideration« begleitet ist). 24

Das Verkaufsgeschäft allein überträgt das Eigentum ausschließlich »between the parties«; so wenigstens gemäß dem *Sale of Goods Act* von 1893, der mehrmals bis 1979 geändert wurde. Das Eigentum geht in dem Zeitpunkt über, der von den Parteien vereinbart wurde; und man geht davon aus, dass die Parteien den Übergang des Eigentums der Bedingung unterstellen wollten, dass der Preis gezahlt oder zumindest dem Käufer ein Aufschub eingeräumt worden ist, der einen Termin für die Zahlung bestimmt. 25

Ist der Vertrag geschlossen und die Zahlung erfolgt, bedarf es, damit die Übereignung gegen alle und mit allen Wirkungen (to all purposes) gilt, der Übergabe der Sache (delivery).[4] 26

18. Von den allgemeinen Regeln zu den Anwendungen

Wenn die kumulative Regel (wie sie in Österreich vom ABGB formuliert ist) streng angewandt würde, müssten die Normen über die ungerechtfertigte Bereicherung demjenigen, der eine Sache ohne Rechtsgrund, ohne einen gültigen titulus, übergeben hat, immer erlauben, diese zurückzufordern; und zudem zu vindizieren (denn das Eigentum kann nicht allein kraft der Übergabe übergegangen sein). Die Normen des ABGB über die Rückforderung des Nichtgeschuldeten (§ 1432) schließen allerdings die Klage desjenigen aus, der die Sache übergeben hat, ohne dass er sich im Irrtum über die Gültigkeit des titulus befunden hat. Die Lehre sieht es als sicher an, dass der Ausschluss der Bereicherungsklage gleichbedeutend ist mit dem der Vindikation; dies bedeutet, dass die Übergabe, die sine causa und ohne Irrtum erfolgt ist, das Eigentum überträgt! 27

Die österreichische Lehre hat diesen Aspekt des Phänomens immer wieder betont, und deshalb hat die Theorie Savignys in Österreich zu dieser Zeit eine gewisse Popularität genossen: Der durch die speziellen Regeln (wie etwa durch diejenige bezüglich der Rückforderung) festgelegte Ansatz, demzufolge das Vorhandensein des modus genügt, selbst wenn kein titulus vorliegt, hebt das Prinzip auf, das beide gleichermaßen verlangt; dieses jedoch war von der Norm mit der generellen Reichweite erklärt worden. 28

Dennoch bleibt in Österreich ein Unterschied gegenüber der Regelung des BGB: Im BGB ist die Abstraktion vollkommen durchgeführt, die Übergabe hat in jedem Fall 29

4 Die Gegenüberstellung von »between the parties – to all purposes« scheint den Juristen nunmehr schlecht formuliert. Hierzu in der italienischen Literatur A. Chianale, *Obbligazione di dare e trasferimento della proprietà*, Mailand, 1990, 362 ff.

übertragende Wirkung, auch wenn sich der Übertragende im Moment des Vollzuges in einem Irrtum über die Gültigkeit des titulus befindet.

30 Die Feststellung dieser Systemverschiedenheit hat die österreichische Lehre dazu gebracht, sich beim Verständnis des ABGB von den Lehren Savignys zu entfernen und in der Übergabe, die ohne Irrtum und ohne vorangehendes Versprechen erfolgt, vielmehr eine Schenkung zu sehen (im österreichischen Recht bestehen, anders als im italienischen Codice civile, keine Wertgrenzen bezüglich der Handschenkung). Heute schließlich überwiegt die Ansicht, die als Rechtsgrund der Übergabe, abgesehen von dem Ziel, eine vorangehende Verpflichtung einzulösen, jede rechtmäßige Absicht gelten lässt. Auf diese Weise wird anerkannt, dass der modus von einem Rechtsgrund begleitet sein muss, doch wird ein solcher in jedem rechtmäßigen Zweck gesehen. Das österreichische System kann also in einer Mittelposition zwischen dem System des einfachen modus und dem kumulativen System des titulus plus modus eingeordnet werden.

31 Österreich ist nicht das einzige Land, in dem eine Verschiebung erforderlich ist, um von den allgemeinen zu den Anwendungsregeln zu gelangen. Eine sogar noch wichtigere Verschiebung findet man im französischen Recht.

32 Wir haben schon gesehen, dass die französischen deklamatorischen Ansätze die Idee des alleinigen Willens an die Stelle der Idee des Willens zuzüglich des Rechtsgrundes setzen; und dass die Auslegung die Formel von der Übergabeverpflichtung, der das Gesetz die Übereignung folgen lässt, durch die Formel des Übereignungswillens (der Parteien) ersetzt hat.

33 Doch nun müssen wir uns mit einer wenig untersuchten Verschiebung beschäftigen.[5]

34 In Frankreich ordnet der Art. 1235 (und man beachte hingegen den Art. 1376 für die subjektive Nichtschuld) die Rückforderung einer Nichtschuld allein der objektiven Bedingung der Nichtexistenz der zu zahlenden Schuld unter: »Tout payement suppose une dette; ce qui a été payé sans être dû est sujet à répétition«. Der französische Ausleger hat hingegen lange die römische Regel angewandt, die die condictio indebiti von einem Irrtum des Schuldners abhängig machte.[6] Die logischen Konsequenzen dieser Lösung sind offensichtlich: Weil mit der Ablehnung der Rückforderung (ohne dies zu sagen – so offensichtlich scheint den Franzosen diese Sache) zugleich die Vindikation der Sache abgelehnt wurde, schloss man, dass der Schuldner mit der Zahlung das Eigentum an der Sache verlor – dh mit anderen Worten, dass er, indem er die Sache übergab, das Eigentum an ihr übertrug. Von 1993 an hat die französische Rechtsprechung jedoch die Regel der condition d'erreur gestrichen.[7]

35 Der Code ordnet in seinem Art. 931 die Wirksamkeit der Schenkung der notariellen Form unter. Aber die Auslegung hat, was auch immer der Betrag des Geschenks sei, stets die Wirksamkeit der Handschenkung anerkannt. Die Lehre von der Handschenkung schwächt die Lehre von der Rückforderung des Nichtgeschuldeten: Denn wer zahlt, was nicht geschuldet ist und weiß, dass er nichts schuldet, kann normalerweise wie ein Schenker betrachtet werden.

---

5 Zu dieser Verschiebung R. Sacco, *Un cryptotype en droit français: la remise abstraite?*, in: *Études Rodière*, Paris, 1981, 273 ff.

6 Aber wenn der Schuldner gegen den Empfänger eine »action en nullité« anstrebte, konnte bereits das Urteil der Nichtigkeit des Vertrages die Rückgabe mit sich bringen.

7 Cass., ass. plén., 2.04.1993, Nr. 89, 15490, in allen Zeitschriften veröffentlicht. Siehe in *Juris Classeur*, Civil Code, Art. 1315 bis Art. 1382, *Quasi Contrats, Paiement de l'indu*, Nr. 40 und 41; dort auch die Auflistung der folgenden, alle übereinstimmenden Urteile.

In Frankreich kann wie in den anderen Ländern der, der zahlt, um eine Naturalobligation zu erfüllen, nicht das zurückfordern, was er bezahlt hat. Und in Frankreich reicht die Naturalobligation bis dorthin, wohin das Gefühl des Verpflichtetseins reicht. Die ohne Irrtum über den Rechtsgrund mit der Absicht, das Eigentum zu übertragen, erfolgte Übergabe, wird folglich, normalerweise, entweder aus dem Gefühl heraus geschehen, eine Pflicht zu erfüllen (und damit unter die Bezahlung einer Naturalobligation fallen), oder aus Unentgeltlichkeit (und damit als Handschenkung anzusehen seien). Das Eigentum wird kraft der Übergabe übergehen. Nur außerhalb dieser Fälle ist zugunsten des Schuldners die Klage auf Rückforderung eröffnet. Wir können sagen, dass die Übergabe einen Abstraktionsgrad hat, der vergleichbar mit Österreich ist.[8] Wir können auch sagen, dass in Frankreich derjenige, der Eigentum veräußern will, die Wahl zwischen dem System des Kausalvertrages und dem System der Übergabe hat, die auf einem unentgeltlichen oder auf dem Gefühl des Verpflichtetseins basierenden Veräußerungswillen beruht. 36

Angewandtes und gesetzliches Recht unterscheiden sich auch in Deutschland. 37

In Deutschland stützt sich die gesetzliche Regel auf den modus. Aber die Geschäftspraxis verbreitet etwas anderes: das Besitzkonstitut, welches die Stellung der Übergabe einnimmt; und die die Übergabe (auch stillschweigend) begleitende Bedingung, nach der diese keine Wirkung entfaltet, wenn der Grundvertrag, der ihr vorausgeht, unwirksam ist. 38

Wie in Österreich, so ist auch in Deutschland und Frankreich etwas eingetreten, was die allgemeine gesetzliche Regel verändert hat. In England interveniert etwas, sodass die allgemeinen deklaratorischen Regeln unberücksichtigt bleiben. 39

Dass diese Veränderungen nicht absolut unverrückbaren Notwendigkeiten entsprechen, wird aus den folgenden Umständen deutlich. 40

In der Schweiz und der Türkei gilt, wie in Österreich, das System der doppelten, kumulativen Voraussetzungen; in der Schweiz wird die auf eine Nichtschuld geleistete irrtumsfreie Bezahlung, wie in Österreich, als Übertragung des Eigentums angesehen; in der Türkei hingegen weist die Auslegung eine solche Lösung zurück, weil sie der Ansicht ist, diese widerspreche der Regel, nach der die Veräußerung an das Vorliegen eines titulus gebunden ist. 41

In Italien erinnern die gesetzlichen Quellen an die französischen Lösungen, die Auslegung lehnt es jedoch, abgesehen von den bescheidenen Zugeständnissen, die bezüglich der Handschenkung und der Naturalobligation gemacht worden sind, ab, von der Voraussetzung des titulus abzurücken. 42

In England berücksichtigen die allgemeinen definitorischen Formeln nicht die dem angewandten Recht entspringenden Regeln. 43

Wenn die delivery angewandt wird, aber ein sie rechtfertigender Vertrag fehlt, dürfte ein Problem vorliegen. Die Frage war bis zum Jahr 1913 ungeklärt: Damals wurde der Fall Stock gegen Wilson in dem Sinne entschieden, dass die delivery, die von einem Eigentumsübertragungswillen begleitet wurde, einen Eigentumserwerb bewirkt, auch wenn sie durch den Irrtum desjenigen herbeigeführt wurde, der sich zu Unrecht zur 44

8 Wer davon ausginge, dass im Irrtumsfall die Klage auf Rückübereignung nicht aber Herausgabe zulässig sei, müsste zu dem Schluss kommen, dass die Übergabe, wie in Deutschland, abstrakt sei.

Übergabe verpflichtet glaubte.[9] In dem Sachverhalt hatte der Übereignende eine »conversion«-Klage betrieben (eine Klage, die sich gegen denjenigen richtet, der sich zufällig in Besitz einer Sache befindet, ohne eine diesbezügliche Berechtigung zu haben). Auf die Entgegnung des Verklagten, der als Berechtigung die delivery angab, antwortete er, dass die delivery zwar den Besitz schaffe, ihn jedoch nicht rechtfertige und daher kein »title« sei. Der Richter wies die Klage zurück und sagte, dass die delivery einen title zugunsten desjenigen bewirke, der eine Sache erhalte.[10]

45 Konsequenterweise kann man festhalten, dass in England das auf dem Vertrag basierende System (wie in Frankreich) ebenso anerkannt ist, wie das – auch in Deutschland anerkannte – System, das auf der von einem Übereignungswillen getragenen Übergabe basiert (unabhängig von dem Motiv der Übergabe). Der Handelnde kann im Rahmen der englischen Regel, wie auch der Handelnde der französischen Regel, zwischen den beiden Systemen wählen; aber die delivery in England scheint einen weiteren Raum einzunehmen als die französische remise, weil er auch in dem Fall des Irrtums über den titulus wirkt. Es bleibt hinzuzufügen, dass die Übereignung des Eigentums »mit allen Wirkungen«, wie in Deutschland, immer an die Voraussetzung der delivery anknüpft.

19. Die graphische Übertragung der Daten

46 Wir halten es für möglich, eine graphische Übertragung der bislang gesammelten Daten zu erstellen.

47 Denn die Regel, die die Übergabe für ausreichend und erforderlich erachtet, hat mit der Regel, die sowohl den modus als auch den Rechtsgrund verlangt, ein gemeinsames Element, und sie hat ebenfalls ein gemeinsames Element mit der Regel, die zwischen der Übergabe und dem Vertrag die freie Wahl lässt.

48 Die Regel, die beides verlangt, Rechtsgrund und modus, verfügt über ein gemeinsames Element mit der Regel, die nur den Rechtsgrund, und mit der, die nur den modus verlangt.

49 Die Regel, die nur den Rechtsgrund verlangt, besitzt ein gemeinsames Element mit der Regel, die einen Rechtsgrund und modus, und mit der, die eines von beiden verlangt.

50 Die Regel, die nur eines von beiden verlangt, hat sowohl etwas gemeinsam mit der Regel, die nur den Rechtsgrund, als auch mit derjenigen, die nur den modus verlangt.

51 Umgekehrt, ist die Regel, die beides verlangt, der Regel, die nur eines verlangt, entgegengesetzt, und die Regel, die allein das Vorliegen des modus verlangt, ist der Regel entgegengesetzt, die allein die Vorlage des Rechtsgrundes für erforderlich hält.

52 Die verschiedenen Lösungen können also längs einer Kreislinie dargestellt werden. Wenn wir an den nördlichen Punkt die Regel setzen, die die abstrakte Übergabe für ausreichend hält (modus, M), werden wir am südlichen Punkt diejenige finden, die nur den kausalen Rechtsgrund verlangt (titulus, T), im Westen die Lösung, der eines von beiden genügt (alternativ, A), und im Osten die Lösung, die sich auf beides stützt, dh titulus und modus kumuliert (C).

---

9 Stock v. Wilson, 1913, 2 K.B. 235, 146, und G.C. CHESHIRE und C.H. FIFOOT, *Cases in the law of Contract*, London, 1977.

10 Natürlich wird der Übereignende mit einer anderen Klage vorgehen können, um die »Restitution« zu erreichen.

Der Punkt E, in der Mitte zwischen M und C, kann das System darstellen, das prinzipiell beides verlangt, aber das Ausreichen der »halbabstrakten« Übergabe anerkennt (dh die Übergabe, die sich des Fehlens eines objektiven Rechtsgrundes bewusst ist). Der Punkt I, zwischen T und A, kann das System darstellen, welches prinzipiell einen Rechtsgrund verlangt, aber gleichermaßen anerkennt, dass die halbabstrakte Übergabe ausreicht. 53

Auch die anderen Daten können in unserer Graphik untergebracht werden. Eine Position W, die von allen bislang angezeigten Punkten gleich weit entfernt ist und sich daher im Zentrum der Kreislinie befindet, ist von denjenigen theoretischen deklamatorischen Formeln besetzt, die allein auf den reinen Willen verweisen, der den Eigentumsübergang bestimmt. 54

Unser Schema sieht daher wie folgt aus: 55

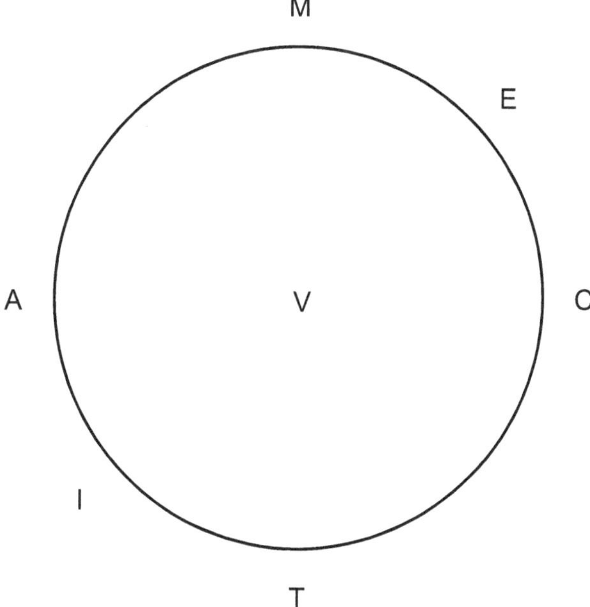

Das System, welches mit den in Deutschland gebräuchlichen gesetzlichen Formulierungen korrespondiert, findet sich bei dem Buchstaben M; das, welches zu den österreichischen Formeln gehört, beim Buchstaben C; der mit den französischen Regeln korrespondierende Buchstabe ist T. Das englische System schließlich enthält eine Formulierung des Typus A. 56

Eine Deklamation, die sich überall findet, aber keinerlei Anwendungsgehalt aufweist, entspricht dem Typus V. 57

Aber die Formeln oder Formulierungen, von denen wir sprechen, sind von der sich aus den Anwendungsregeln ergebenden Wirklichkeit unabhängig. Wir müssen uns also mit diesen Abweichungen beschäftigen. 58

20. Die Abweichungen (besonders die Erläuterungen der Lehre)

59 Die Geschichte erfreut sich daran, beständig ein System durch ein anderes zu ersetzen. Die Lösung des ius commune konnte sich an eine große Zahl verschiedener Bedingungen anpassen, von denen wir Spuren in den schottischen, österreichischen, argentinischen und weiteren Systemen finden.

60 Die Veränderungen der Systeme entstehen üblicherweise, indem sie die von uns aufgezeigte Kreislinie durchlaufen: Mal entspricht die Entwicklung dem Uhrzeigersinn (vom ius commune zum Code Nap.); mal verläuft sie in entgegengesetzter Richtung (vom ius commune zum BGB). Aber an dieser Stelle beschränkt sich unser Interesse auf die zeitgenössische Geschichte. Und die Abweichungen, die wir betrachten möchten, sind diejenigen, die synchron, dh innerhalb eines bestimmten Rechts verlaufen: die Trennungen zwischen Gesetz und angewandtem Recht zum Beispiel, oder zwischen Anwendungsregeln und den Vorstellungen von diesen Anwendungsregeln (die die Juristen des betrachteten Landes pflegen).

61 Der Ehrgeiz des Rechtsvergleichers besteht darin zu untersuchen, ob diese Aufspaltungen vorhersehbare und rational erklärbare Entwicklungen sind.

62 Die drei Gegensätze, die wir für interessant halten, bestehen zwischen {dem Gesetz ≠ dem angewandten Recht}, {dem Recht ≠ dem Verständnis vom Recht}, {der Situation, die das Gesetz für normal hält ≠ der soziologisch normalen Situation}. Diese drei Gegensätze führen in Frankreich, Deutschland, der Schweiz, Ungarn und England zu Abweichungen.

63 In Frankreich knüpft das gesetzliche System grundsätzlich an eine Variante des Systems T an, welche darin besteht, den Eigentumsübergang allein von dem Verpflichtungswillen abhängig zu machen (die einzige Ausnahme findet man auf dem Gebiet der Schenkung). Die Lehre hingegen sieht das System so, als wäre es von der perfekten Symmetrie zwischen dem vertraglichen Willen und seinen Wirkungen inspiriert; sie sieht in diesem Veräußerungs- bzw. Erwerbswillen das einzige Element des Übertragungsvertrages. Das angewandte Recht wiederum stellt dem Vertrag als modus der Eigentumsübertragung die quasi-abstrakte Übergabe an die Seite. Die Lehre scheint diese Abweichung zu ignorieren.

64 Die genannten Abweichungen entstehen also in zwei Richtungen: Vom Gesetz zur Praxis erfolgt die Verschiebung T → I; vom Gesetz (als angewandtem Recht) zum Verständnis, welches der französische Jurist von seinem Recht hat, erfolgt die Verschiebung von I → T und von T → V.

65 Die Geschichte zeigt uns Situationen, in denen die Instabilität des vertraglichen Modells (T) auf die Verschiebung zugunsten des kumulativen Modells (C) zurückzuführen ist.

66 Im Italien des Codice civile von 1865 gab es zur gleichen Zeit zwei verschiedene Auslegungstendenzen: 1) den Franzosen in ihrem Gang zum alternativen System zu folgen; 2) zurückzukehren zur Vergangenheit und die Eigentumsübertragung bis zum Moment der Übergabe hinauszuzögern (gem. dem kumulativen Modell).

67 Im Russland des Svod Zakonov wurde das sich an das französische Recht anlehnende Gesetz, welches das Modell T verfolgte, von den Auslegern in Richtung auf das Modell C verlagert. Der GK RSFSR von 1922, der das Modell T wieder aufnahm, wurde von den Osnovy des Jahres 1961 für die UdSSR ersetzt, die unter dem Druck der Aus-

leger zum kumulativen Modell zurückkehrten, bis der GKRF, in diesem Jahrhundert in Kraft getreten, beim Modell M (Art. 2231 und vgl. auch Art. 454) ankam.

In Österreich konnte ein System, welches sich in der Mitte zwischen dem kumulativen und dem Abstraktionsmodell befindet (und also beim Buchstaben E einzuordnen ist), einerseits zu Formulierungen der Lehre führen, die auf dem Modell C beruhten, und andererseits zu anderen Lehrmeinungen, die auf das Modell M zurückgriffen. Wie üblich erfolgte die Bewegung, die von der Lehre ausging, hin zu weniger nuancierten Lösungen. 68

In England gibt es alle Übereignungsmechanismen. Das Eigentum geht alternativ entweder kraft Vertrages (äquivalent dem titulus des ius commune) oder kraft der Übergabe über (welche dem modus des gemeinen Rechts entspricht), aber die Juristen glauben, ihr System gut zu beschreiben, wenn sie den Kauf ausschließlich am Vertrag festmachen; und hin und wieder sprechen sie sogar allein von dem Willen (A → T → V). 69

In den romanistischen Ländern führt die Lehre von der Abstraktion zu verhältnismäßig wichtigen Abweichungen. Die schweizerischen Ausleger haben, angesichts des Schweigens ihres Gesetzbuches, das Kausalitätsprinzip (jeweils E und C) gewählt, ohne eine wahre Trennung vollziehen zu müssen. Die Ausleger der DDR mussten, weit vor der Annahme des ZGB, die Lehre des BGB durch das kumulative Prinzip ersetzen (M → C). 70

Deutschland blieb seiner Position der abstrakten Übergabe treu. Aber zwei Tendenzen scheinen die gesetzlichen Texte einem gewissen Druck auszusetzen, um bestimmte Praktiken zu rechtfertigen, die das Gesetz vielleicht für möglich gehalten haben mag, es jedoch sicherlich nicht vorgesehen hat: Die Praxis, die die Übergabe als kausal ansieht (indem sie deren Wirkungen mittels einer Bedingung der Gültigkeit des Verpflichtungsvertrages untergeordnet hat) (M → C); und die Praxis, die die Übergabe aushöhlt, weil sie sie durch ein Besitzkonstitut ersetzt, welches implizit im Vertrag über den Eigentumswechsel enthalten sei (M → V). Kumulierte und kombinierte man die beiden Systeme, würde das System dem Typus T gleich werden (M → V → T; M → C → T). 71

In den Systemen, die für die Eigentumsübertragung den titulus und den modus verlangen, bildet die zwischen dem einen und dem anderen Element bestehende Beziehung den Gegenstand verschiedener Erläuterungen. 72

Die Österreicher konnten eine Zeitlang daran festhalten, dass die Übereignung – auf derselben Ebene – durch den Kaufvertrag und die Übergabe bedingt war; und momentan ziehen sie die Auffassung vor, die Eigentumsübertragung werde durch den Übertragungsvertrag bewirkt (dh durch den Vertrag zwischen Veräußerer und Erwerber, wobei das Moment der Übergabe miterfasst ist), und der Vertrag, der die Verpflichtung schafft, sei der Rechtsgrund für den Übertragungsvertrag. 73

Die Schweizer wiederum möchten die Eigentumsübertragung allein auf den Vertrag zurückführen, den die Parteien im Moment des Verpflichtungsvertrages abgeschlossen haben. Was die Übergabe anbelangt, sei dies nicht ein Vertrag, sondern eine materielle Handlung. 74

Die sozialistischen Systeme (das sowjetische, ungarische, deutsche der DDR) waren immer mit einer größeren diesbezüglichen Entschiedenheit ausgestattet. Sie stellten den Vertrag als wahren Rechtsgrund für die Übereignung dar und reduzierten die Übergabe darauf, Hinweis für den Zeitpunkt der Übereignung zu sein. 75

76 Es ist nicht leicht zu sagen, ob diese verschiedenen Konzeptionen auf den Besonderheiten der verschiedenen positiven Systeme beruhen oder einfach von systematischen Vorlieben der Theoretiker der verschiedenen Länder abhängen (dies würde mit einer unnützen Vervielfältigung der Lösungen korrespondieren).

77 Wenn die Übergabe, die nicht auf einer zuvor existenten Verpflichtung beruht, das Eigentum überträgt, erscheint dies den Theoretikern noch nicht als eine ausreichende Erklärung. Es erscheint ihnen vielmehr als ein empirischer Ansatz, der noch geeigneter Erläuterungen bedarf, um von einem dogmatischen Standpunkt her eingegliedert zu werden. Die Suche einer derartigen Erklärung kann zu zahlreichen Ergebnissen führen.

78 In gewisser Hinsicht löst die Idee der Abstraktion das Erklärungsproblem: Die Übergabe ist ein in sich ausreichender Akt, weil er abstrakt ist. Wir haben gesehen, dass eine so ausgefeilte Lehre wie die Savignys dem deutschen Recht diese Lösung gebracht hat. Eine zweite Erklärung basiert auf der Schenkung: Wenn der Veräußerer die Sache übergeben hat, ohne dazu verpflichtet gewesen zu sein und ohne irrtümlich an eine Verpflichtung zu glauben, beabsichtigte er eine Schenkung. Im englischen Recht hat diese Erklärung einen sozusagen offiziellen Charakter; sie hatte auch Anhänger in Österreich; sie wird in Frankreich und schließlich (jedoch alternativ mit anderen Erklärungen) in der Schweiz gebraucht. Eine dritte Erklärung basiert auf der Nichtigkeit der Akte und auf der Möglichkeit, sie für wirksam zu erklären: Wenn jemand die Sache übergibt, ohne dazu verpflichtet zu sein, heißt dies, dass die Partei, die die Sache übergeben hat, die Absicht hatte, die Nichtigkeit des zugrundeliegenden Aktes zu heilen; diese Erklärung überwiegt in Argentinien. Noch einmal: Zu einem einzigen Phänomen gibt es also drei verschiedene Erklärungen aus der Lehre.

79 Man kann jedoch festhalten, dass sich die Lehre auch in diesem thematischen Bereich eine Möglichkeit hat entgehen lassen.

80 Sie hätte begriffliche Kategorien erarbeiten können, die in der Lage gewesen wären, die Grenze zwischen den Rechtssystemen zu überwinden. Doch sie macht genau das Gegenteil; sie fügt den Grenzen der Anwendungsregeln die Grenzen verschiedener Erläuterungen und Erklärungen hinzu.

81 Darüber hinaus favorisiert sie systematisch bestimmte allgemeine, sehr abstrakte Definitionen (die Regeln M, C, T, A, wenn nicht sogar die aus dem Vernunftsrecht entwickelte Regel V).

82 Der Vergleichung stehen besondere Aufgaben bevor. Sie muss von der Anwendungsregel ausgehen, dh bei der Regel mit der geringsten Ausdehnung beginnen. Dann, nach und nach, kann sie zu den Verallgemeinerungen und den allgemeinen Regeln zurückkehren.

21. Der Eigentumsverkehr und der Inhalt des Eigentums

83 Bislang haben wir uns so ausgedrückt, als hätte der Begriff des »Eigentumsverkehrs« eine genaue Bedeutung: Wir haben höchstens berücksichtigt, dass die englische »statutory norm« zwischen einer Eigentumsübertragung »zwischen den Parteien« und derjenigen »mit allen Wirkungen« unterscheidet. Aber wir haben nicht in Zweifel gezogen, dass der Begriff »Eigentumsübertragung« einen einheitlichen Inhalt hat.

84 Dieses Verhalten wäre nur dann nicht zu tadeln, wenn alle Rechte und Pflichten des Eigentümers zeitgleich vom Veräußerer auf den Erwerber übertragen würden.

Zu den Pflichten und Rechten des Eigentümers zählen wir: 85

- das Recht, den Besitz oder den Gewahrsam an der Sache von der Gegenpartei zu fordern;
- und von Dritten, die sie ohne Rechtsgrund zurückhalten;
- die Befugnis, über die Sache zugunsten Dritter zu verfügen;
- den Erwerb der Früchte;
- die Gefahr des Sachverlusts;
- die Bestimmung der Sache als allgemeine Sicherheit für die Schulden des Eigentümers;
- die Verantwortung für Schäden Dritter, die von der Sache verursacht werden;
- usw, usw.

Man muss also überprüfen, ob diese verschiedenen Befugnisse alle zugleich übertragen 86
werden oder nicht.

In einer jeden Rechtsordnung gebührt das Recht, die Sache von der Gegenpartei zu 87
verlangen, dem Käufer vom Moment des Vertragsschlusses an, sofern er sich mit der Zahlung des Kaufpreises nicht im Verzug befindet. Wenn der Vertrag das Eigentum übertragen hat, wird sich dies daraus ergeben, dass der Käufer Eigentümer ist, im umgekehrten Fall aus der Verpflichtung des Verkäufers. Die Handlungen sind verschieden etikettiert; aber die Konsequenzen sind die gleichen.

Wenn sich hingegen der Käufer im Verzug mit der Zahlung des Kaufpreises befindet, 88
wird ihm der erfolgte Eigentumserwerb weder vor dem right of stoppage in transitu, noch vor dem ius retentionis, noch vor dem sich aus der Nichtzahlung ergebenden Zurückbehaltungsrecht der Gegenseite schützen.

Das Recht des Käufers, die Überlassung der Sache vom Verkäufer zu verlangen, er- 89
wirbt man also nicht im Moment des Eigentumserwerbs.

Der Käufer müsste das Recht erhalten, die Sache von Dritten herauszuverlangen, so- 90
fern (aber nur sofern) er Eigentümer geworden ist. Aber es bestehen zahlreiche Ausnahmen. In England kann der Käufer, der Eigentümer geworden ist, nicht auf conversion und auf detinue klagen, wenn er kein Besitzrecht hat. In Ungarn scheint der Käufer (der nicht bereits Eigentümer ist) keine Vindikation betreiben zu können. In Deutschland kann der Käufer (der noch nicht Eigentümer ist) gegen den Dritten (jedenfalls, wenn dieser bösgläubig ist) mit einer Klage aus der deliktischen Vorsatzhaftung vorgehen, wobei das Prinzip der Wiedergutmachung in einer besonderen Form Anwendung findet (§ 826 BGB).

In manchen Ländern ist die Zurückerlangung der Sache zwei verschiedenen Klagen 91
übertragen: einer, die petitorisch, und einer anderen, die possessorisch genannt wird.: Die eine ist die Reaktion gegen den unberechtigten Besitz eines Dritten, die andere gegen die willkürliche Inbesitznahme der Sache durch einen Dritten. Das Recht, eine possessorische Klage zu erheben, wird nur mit der Übergabe der Sache selbst übertragen.

In Italien, Deutschland und Österreich finden wir darüber hinaus, dass die von jedem 92
titulus losgelöste Übergabe dem Empfänger den Besitz überträgt und daher das Recht, eine Klage oder die possessorische Klage anzustrengen: Auf diese Weise wird er in eine Situation der Zugehörigkeit eingeordnet, die zwar nicht Eigentum genannt wird, diesem jedoch ähnlich ist (in bestimmten Grenzen wirkt auch in Italien das Kriterium M).

Dies reduziert den Unterschied zwischen der Regel, die die Eigentumsübertragung der Übergabe unterordnet, und der entgegengesetzten Regel.

93 In England und den Vereinigten Staaten umfasst das, was wir Eigentumsübertragung nennen, nur die vom Common Law vorgesehene Zugehörigkeit, der (zumindest auf dem Gebiet des Immobiliarrechts) ein equitable interest gegenübergestellt werden kann (besonders: kraft eines trust), welches die Common Lawyers als eine Art eigentumsbezogene Zugehörigkeit betrachten und das auf der Basis vollständig verschiedener Vorgänge übertragen wird.

94 Das Recht des Käufers, die Überlassung der Sache von einem Dritten zu verlangen, hängt also nicht immer von seiner Stellung als Eigentümer ab.

95 In vielen Rechtsordnungen überträgt die Übergabe das Eigentum, auch wenn ein titulus fehlt. Dies schafft einen Gegensatz zu den Rechtsordnungen, in denen die Eigentumsübertragung einen gültigen Rechtsgrundvertrag voraussetzt (zusätzlich zu der Übergabe, oder ohne dass diese erforderlich ist). Nun ist der Augenblick erreicht, daran zu erinnern, dass dieses ohne titulus erreichte Eigentum Hand in Hand mit einer Rückgabeverpflichtung einhergehen kann (die auf den Regeln der Rückforderung der Nichtschuld oder der ungerechtfertigten Bereicherung beruht); zudem ist zu bedenken, dass die Struktur eines von einer Rückgabeverpflichtung begleiteten Eigentums von der Struktur des normalen Eigentums recht verschieden sein kann. Es kann tatsächlich vorkommen, dass der Dritte, der unentgeltlich das Eigentumsrecht an einer Sache von einem zur Rückgabe verpflichteten Eigentümer erwirbt, dazu kraft der Grundsätze des Bereicherungsrechts angehalten ist (gegenüber dem Gläubiger, der das Recht auf Rückgabe hat); und derselbe Dritte kann, wenn er arglistig das Eigentum von dem zur Rückgabe verpflichteten Eigentümer erworben hat, einer deliktischen Haftung (gegenüber dem Gläubiger) unterliegen; wir finden diesen doppelten Schutz in Deutschland in §§ 812 und 826 BGB;[11] dort erhält der Schutz eine besondere Dichte, weil der zur Haftung verpflichtete Dritte in spezifischer Weise zur Wiedergutmachung verpflichtet ist (und dh zur Übereignung und Überlassung zugunsten des Rechtsinhabers). Anderswo ist der Gläubiger mittels der Surrogationsklage, dh der Klage auf den Eintritt in die Gläubigerrechte, dazu berechtigt, die Rechte geltend zu machen, welche dem Schuldner gegenüber Dritten zustehen (Art. 1166 Code Nap., Art. 2900 Codice civile). Und schließlich kann der Gegensatz zwischen dem von einer Rückgabeverpflichtung begleiteten sowie dem nicht erfolgten Eigentumserwerb aufgrund der die Rückgabeverpflichtung betreffenden Detailregelungen sehr stark reduziert sein.

96 Des Weiteren müsste es dem Verkäufer in den Ländern, in denen der Verkauf das Eigentum dem Käufer übertragen hat, unmöglich sein, die Sache an einen Dritten zu veräußern; andererseits müsste es ihm (unabhängig von der vertraglichen Haftung gegenüber dem Käufer) möglich sein, sie in den Ländern, in denen er trotz des Verkaufs Eigentümer geblieben ist, an einen Dritten zu veräußern.

97 Tatsächlich verhält es sich in den untersuchten Ländern anders.

11 Dies stellt einen wichtigen Berührungspunkt zwischen dem deutschen und dem englischen System dar. Im englischen System erwirbt der Versprechensempfänger bei unbeweglichen Sachen, der noch nicht Eigentümer geworden ist, ein equitable interest, welches ihm einen Schutz gegen denjenigen Dritten zusichert, der unentgeltlich oder bösgläubig das Eigentum erwirbt. Im Text sprechen wir davon nicht, weil, wie wir gesehen haben, sich diese Trennung zwischen Vertrag und Erwerbsakt außerhalb des Immobiliarrechts zu verflüchtigen scheint; und es scheint, dass der Versprechensempfänger im Bereich des Mobiliarsachenrechts nicht das Eigentum equitable an der Sache erwirbt.

Auch der Verkäufer, der das Eigentum verloren hat, kann die Sache an einen Dritten veräußern, wenn er sie übergibt und der Dritte gutgläubig ist: So geschieht es in Frankreich und Italien dank des Prinzips »Besitz gilt als Berechtigung« (Art. 1131 Code civil, Art. 1155 Codice civile); so auch in England dank der Vermutung, der zufolge der treuwidrige Verkäufer im Auftrag des Käufers gehandelt hat; so geschieht es in Louisiana, weil der Verkauf lediglich Wirkungen »zwischen den Parteien« erzeugt. Alles verhält sich also wie in den Ländern, in denen das Eigentum erst im Moment der Übergabe übergeht. 98

Andererseits kann der Verkäufer, der das Eigentum nicht verloren hat, die Sache nicht immer wirksam an einen Dritten veräußern, der um den ersten Verkauf weiß. In Ungarn beispielsweise wäre der zweite Verkauf nichtig, weil er gegen die guten Sitten verstieße. In Deutschland ist der Dritte, wenn er vorsätzlich gehandelt hat, einer Klage aus deliktischer Haftung ausgesetzt, die von dem ersten Käufer verfolgt werden kann. Und kraft des Prinzips der Wiedergutmachung in seiner besonderen Ausprägung würde er dazu verurteilt, dem ersten Käufer die Sache zu überlassen. 99

Das ius disponendi ist also keine ausschließliche Befugnis des Eigentümers. 100

Das Risiko des Untergangs der Sache müsste (gemäß elementarer Logik) allein den Eigentümer belasten (res perit domino). Aber es ist abwegig, sich Systeme vorzustellen, in denen es den Besitzer (der über die Sache wacht) oder den Käufer (casum sentit creditor) belastete. 101

Tatsächlich jedoch begegnet man Systemen, in denen dieses Risiko den Käufer-Eigentümer trifft, auch wenn er nicht Besitzer ist (französisch-italienische Lösung, Art. 1182 Code Nap., Art. 1465 Codice civile, sec. 30 ff. des Sale of Goods Act); und darüber hinaus auch Systemen, in denen der Käufer diesem Risiko nur unterliegt, wenn er mit der Übergabe auch das Eigentum an der Sache erlangt (§ 446 ff. BGB, § 1048 ABGB usw). Aber in der Schweiz geht das Risiko mit dem Zeitpunkt des Vertragsschlusses über, ohne den Übergang des Eigentums abzuwarten; und gemäß der Wiener Konvention (*Konvention der Vereinten Nationen zum internationalen Kaufvertragsrecht an beweglichen Sachen*, 1980, Art. 69) gehen die Risiken mit der Übergabe über, auch wenn das Eigentum bereits vorher aufgrund einer Übereinkunft übergegangen ist. 102

Andere Symmetrien trifft man, wenn man sich auf weitere Gebiete begibt: etwa das der Geltendmachung des vertraglichen Erwerbs gegenüber den Gläubigern des Verkäufers, der Geltendmachung des Eigentumsvorbehalts gegenüber den Gläubigern des Käufers, der Geltendmachung der Kündigung wegen Nichterfüllung gegenüber den Gläubigern des Käufers und so weiter. 103

Zu welchen Schlussfolgerungen führen diese Untersuchungen? 104

Wir stellen fest, dass die künstlichen und verkürzenden Sätze, wie »das Eigentum geht in diesem oder jenem Moment über«, Gefahr laufen, die in dem betrachteten Rechtsgebiet tatsächlich geltende Regel zu verfälschen. Sie lassen in den verschiedenen Rechtsordnungen extreme Regeln sichtbar werden, die einander frontal gegenüberstehen, ohne irgendeinen Berührungspunkt miteinander aufzuweisen. Der Vergleich gestattet uns zu sehen, wie verzerrt das Verständnis ist, das ein jeder Jurist von seiner Rechtsordnung besitzt, und wie es zwischen den Systemen bestehende Unterschiede übertreibt, um auf diese Weise jedes nationale Recht auf eine einfache und radikale Idee zurückzuführen. 105

106 Wenn die einzelnen Anwendungsregeln in den verschiedenen Rechtsordnungen auch einheitlich sind (zB: Schutz des zweiten, gutgläubigen Käufers, der den Besitz erlangt hat), so werden sie doch mithilfe von Erläuterungen und »dogmatischen Konstruktionen« auf ganz unterschiedliche Weise in den verschiedenen Systemen erklärt und ausgedrückt. Dieser Überfluss an variierenden Erklärungen gehorcht jedoch nicht einer logischen Notwendigkeit oder unwiderlegbaren Wissenschaft. Er ist sogar, im Gegenteil, darauf angelegt, Schwierigkeiten zu bereiten: Weil er die Einheitlichkeit der Lösungen verhindert, lenkt er ab und verfälscht die Ergebnisse der Vergleichung.

107 Die allgemeine Regel privilegiert eine monistische, kompakte, radikale Lösung (»das Eigentum geht im Zeitpunkt des Konsenses über«; oder »das Eigentum geht im Moment der Übergabe über«). Die speziellen Regeln hingegen differenzieren und privilegieren Lösungen, die zwischen den zwei Extremen vermitteln.

108 Was findet also die Rechtsvergleichung, wenn sie die Formanten der einzelnen Rechtsordnungen voneinander trennt und ihr Verhalten untersucht? Sie stößt auf den Umstand, dass die verschiedenen genannten Grundelemente dazu neigen, sich in einer vorhersehbaren Weise voneinander abzusetzen, auch wenn dies auf den ersten Blick nicht sonderlich einsehbar ist. Die Formulierungen der Lehre – welche die Art und Weise reflektieren, in der der Jurist sein eigenes System erfährt – sind allgemein, abstrakt, radikal, auf ihre Art rational. Die Anwendungsregeln hingegen sind unbeständig, empirisch, ausgleichend, folgen unbewussten, ihnen unterworfenen und wenig bekannten Bedeutungen und sind auf ihre Weise einer ihnen eigenen Rationalität verpflichtet.

109 Die erklärenden Regeln haben sodann eine Tendenz zur unnützen Vervielfachung. Das Phänomen, das vorliegt, wenn die Willenserklärung, das Eigentum an einer Sache zu übertragen, keine einklagbare Wirkung zeitigt, während die Ausführung dieser Willenserklärung mittels der Übergabe zu unwiderruflichen Ergebnissen führt, verbirgt sich hinter fünf theoretischen Konzeptionen: der der Handschenkung, der Naturalobligation, der Bestätigung der nichtigen Rechtsgeschäfte, der nicht möglichen Rückerstattung der Bezahlung sowie der Abstraktheit der Ausführungshandlung!

110 Die Aufgaben der Wissenschaft sind demzufolge unter anderem: die Beseitigung der falschen klassifizierenden und verkürzenden Gegenüberstellungen; die Suche nach Berührungspunkten zwischen den verschiedenen Anwendungsregeln; und schließlich, auf dieser Grundlage, die Abschätzung der Unterschiede, die tatsächlich zwischen den verschiedenen Rechtsmodellen bestehen.

Fünftes Kapitel: Die Ergebnisse der Rechtsvergleichung

§ 1 Der Beitrag der Vergleichung zur Wissenschaft

1. Die Kryptotypen

Von allen bislang betrachteten Formanten, wurden einige schon verbalisiert (der Formant der Lehre etwa ist eng mit der Verbalisierung verbunden), anderen hingegen nicht. 1

Wir werden diese impliziten Modelle, deren Bedeutung außerordentlich groß ist, »Kryptoypen« nennen. 2

Der Mensch wendet ununterbrochen Regeln an, derer er sich nicht vollständig bewusst ist oder die er jedenfalls nicht genau zu formulieren wüsste. Sie existieren zum Beispiel in unserer Grammatik. Aber auch wie viele von denjenigen, die ein Fahrrad fahren können, wüssten beispielsweise anzugeben, welcher Teil des eigenen Gewichtes die Pedale in den verschiedenen Phasen des Tretens beschwert? 3

Die Linguisten und Kognitivisten klären seit Jahren diese Phänomene. 4

Wir unterliegen bestimmten Regeln, ohne diese wahrzunehmen.[1] 5

Diese den impliziten Umständen zugemessene Bedeutung korrespondiert mit einer fundamentalen Entdeckung in der Metawissenschaft. Diese spricht mittlerweile überzeugt von dem Gegensatz zwischen {von gewissen Regeln beherrscht werden} und {diese Regeln kennen}.[2] 6

---

1 Vertiefende Überlegungen dazu finden sich bei B.L. Whorf, *Language Thought and Reality*, Cambridge Mass., 1956 (von jetzt an zitiert in der französischen Übersetzung von C. Carme, Paris, 1969). Siehe vor allem die Seiten 75, 119, 121.
Von ihm hat das vorliegende Werk den Begriff »Kryptotyp« übernommen.
Er ist mittlerweile vollständig erforscht und akzeptiert: R. Caterina (Hrsg.), *La dimensione tacita del diritto*, Neapel, 2009; R. Sacco, *Il diritto muto*, Bologna, 2015.
Den Linguisten haben sich die Philosophen und Neurowissenschaftler angeschlossen.

2 Siehe dazu F.A. von Hayek, *Rules, Perception an Intelligibility*, in: *Proceedings of the British Academy*, XLVIII, 1962.
Dort wird erklärt, dass wir in unseren Tätigkeiten (linguistischen usw.) Mechanismen gebrauchen, welche explizit zu erklären unmöglich ist; zudem wird der im Text angegebene Gegensatz illustriert und, besonders bedeutend, uns bewusstgemacht, dass wir diese Modelle kennen und sie übertragen können, auch wenn wir nicht in der Lage sind, sie zu spezifizieren.

7 Die gesamte Wissenschaft schreitet voran, indem sie (wirkende, aber) nicht bekannte Umstände entdeckt; der Kryptotyp ist einfach das noch nicht bekannte Modell, das in Zukunft bekannt werden kann. Und nur die Vergleichung hat die Beharrungskraft, die erforderlich ist, um diese impliziten Umstände zum Bewusstsein zu bringen.

8 Diese letzte Aussage bedarf einer kurzen Demonstration, die wir schon zuvor gegeben haben, jedoch hier noch einmal wiederholen wollen.

9 Solange wir ein Rechtssystem nur eines Landes studieren und nur für sich beobachten, wird uns die Notwendigkeit, die verschiedenen Merkmale in einer systematischen und synchronen Sicht zu sammeln, dazu anhalten (oder zumindest dazu verleiten), das Gesetz, die Erläuterung der Lehre, den Ansatz in einem wissenschaftlichen Aufsatz, die Schultradition, die gerichtliche Begründung, die gerichtliche Entscheidung und die Entscheidung der Praxis als homogen zu betrachten. Und das Studium des internen Rechts erlaubt uns nicht, umfassend die große optische (auf der synchronen Sicht gegründete) Täuschung zu leugnen, bis wir die Straße der Vergleichung eingeschlagen haben und so herausfinden, dass in verschiedenen Ländern gleiche Gesetze verschiedene Anwendungslösungen eröffnen; oder dass identische Anwendungslösungen das Produkt verschiedener Gesetze sind, oder dass sie von entgegengesetzten und unvereinbaren logischen Begründungen abhängig erscheinen und so weiter.

10 Die Entdeckung von Formanten, die sich von den verbalisierten unterscheiden, führt uns zur Identifizierung der Kryptotypen. Dies geschieht, wenn das Vorgehen, das uns zu einer Entscheidung führt, einem Weg folgt, der sich von dem unterscheidet, der dann in dem Leitsatz des Urteils ausgedrückt ist. Genau dies ist ein nicht verbalisiertes Modell, welches sich auf die Darstellung und Entscheidung einer juristischen Frage auswirkt.

11 Diese Modelle spielen in vielen traditionellen Gesellschaften eine ursprüngliche Rolle.[3] Und eine aufmerksame Untersuchung zeigt, dass sie auch im ausgebildeten Recht von besonderer Bedeutung sind.

12 Die Entdeckung eines Kryptotypen mittels der Vergleichung wird häufig erleichtert, wenn – wie es oft geschieht! – ein in einem System impliziter Begriff sich explizit in einem anderen wiederfindet.

13 Im folgenden Abschnitt werden Beispiele von Rechtsmodellen aufzeigen, die die Ausleger im Licht verborgener (oft ehemals geltender) Modelle erarbeitet haben, die in ihrem Verständnis, nicht jedoch in ihren Erklärungen vorhanden waren.

14 Eine interessante Besonderheit stellt der Gebrauch von Synekdochen dar, der darin besteht, verbal nur einen Teil eines bestimmten Umstandes anzuzeigen, sich jedoch insgeheim (kryptotypisch) auf alles zu beziehen (etwa, wenn wir vom »Konsens« sprechen,

---

Derselbe Autor vertritt, in *Law Legislation and Liberty*, Band 1, *Rules and Order*, Chicago, 1973, die These, dass das Recht nicht seine Kenntnis verlangt; und dass wir es uns deshalb als rational vorstellen, weil wir einer anthropomorphen Konzeption folgen, die uns dieses als von einem Geist geplant erscheinen lässt.
Der zitierte Autor ist Träger des Wirtschaftsnobelpreises.

3 Wir haben schon gesehen, dass ein großer Unterschied zwischen dem ausgebildeten Recht (geschriebenen, vorrangigen, Gewohnheitsrecht) und dem Ethnorecht (dh dem Recht der schriftlosen Völker) in dem Umstand besteht, dass ersteres (in weitem Bereich!) bewusst und verbalisiert ist, so dass viele Personen sich damit beschäftigen, die jeweiligen Formulierungen zu entwerfen, während das zweitgenannte – bis, von außen, der Ethnologe eingreift – frei von Verbalisierung bleibt. Das Ethnorecht hat also als üblichen Charakter eine Qualität, die man gegenüber dem ausgebildeten Recht als pathologisch betrachtet.

jedoch in der Mehrzahl der Fälle »Konsens, der auf einem Rechtsgrund beruht« meinen, ohne dies jedoch wiederum explizit auszudrücken).

Versuchen wir nun ein letztes Beispiel. Im deutschen Recht kann die »Übergabe« durch ein Besitzkonstitut ersetzt werden. Man weiß genau, dass dies im Bereich der Übertragung des Eigentums gilt. Zweifelhaft ist jedoch, ob dies auch bei der Pfandbestellung gilt. Es ist schwierig, innerhalb des deutschen Systems eine Begründung zu finden, die den Gegensatz zwischen »dem Übereignungstatbestand beim beweglichen Eigentum« und dem Tatbestand »der Bestellung eines Pfandes« rechtfertigte. Dennoch zeigen die Diskussionen, die sich damit beschäftigen, dass die deutschen Juristen meinen, ein solcher Gegensatz sei möglich. Die Vergleichung zeigt ihrerseits, dass in Frankreich und Italien die Übergabe für den Eigentumsübergang nicht, bei der Pfandbestellung jedoch sehr wohl erforderlich ist. 15

Es bestehen Kryptotypen, die eher spezifisch und solche, die eher allgemein sind. Hinsichtlich derer, die wir innerhalb einer Rechtsordnung finden, ist es umso schwieriger, einen Kryptotyp zu bemerken, je genereller Charakter er hat, bis zu dem Grenzfall, in dem er als konzeptuelles Bild im ganzen System auftritt. 16

Die Kryptotypen werden, wenn auch nicht verbalisiert, so doch wahrgenommen und von einer Juristengeneration an die nächste weitergegeben,[4] ähnlich wie auch die Rechtsregeln in schriftlosen Gesellschaften gehütet und durch die Zeiten weitergegeben werden. Diese erlangen bei ihrem Träger den Charakter einer »offenkundigen« Angelegenheit. Üblicherweise empfindet ein Jurist, der einem bestimmten Rechtssystem angehört, größere Schwierigkeiten, sich von der Gesamtheit der in seinem System vorhandenen Kryptotypen zu befreien, als die Regeln aufzugeben, derer er sich vollkommen bewusst ist. Diese Befangenheit gegenüber den Kryptotypen konstituiert die »Mentalität« des Juristen eines bestimmten Landes. Und der Unterschied der »Mentalitäten« stellt das wesentliche Hindernis für das Verständnis zwischen Juristen verschiedener Provenienz dar; diesem kann man sich nur mit der Übung der Rechtsvergleichung auf einem systemologischen und institutionellen Niveau nähern. 17

2. Eine neue Wissenschaft: die Systemologie

Als R. David ein Werk verfassen wollte, mit dem er die Grundlagen der Rechtsvergleichung legen sollte, hatte er eine glückliche Intuition. Seine Forschung, die sich mit verschiedenen Systemen beschäftigte, vernachlässigte die lediglich vorübergehenden Elemente (dh diejenigen, die sich, je nach Laune der Mächtigen, als erstes ändern), und bestimmte die dauerhafteren und weniger veränderlichen Umstände. Und so war er auf der Suche nach den, einer ganzen Rechtsordnung oder doch zumindest ihrem Großteil gemeinsamen Eigenschaften. 18

Nachdem er diese Richtung eingeschlagen hatte, fand R. David unschwer heraus, dass die dauerhaftesten Umstände in keiner Weise mit den Inhalten der autoritativen oder zumindest verbalisierten Normen der verschiedenen Systeme übereinstimmten. Sie betreffen vielmehr beispielsweise die im Bereich des Common Law vorhandene Neigung, Regeln mit nur einem kleinen Anwendungsbereich zu formulieren; demgegenüber findet sich im romanistischen Rechtsbereich die umgekehrte Neigung, nämlich Regeln möglichst weit zu formulieren. Und sie betreffen auch die jeweilige Stellung des Rechtstheoretikers und Rechtspraktikers (wer von beiden folgt dem anderen?), die 19

4 Von Hayek, *Rules*, *aaO*.

Ausbildung der Juristen, das Vorhandensein von Berufsjuristen in einer bestimmten Gesellschaft und so weiter.

20 Nach ihm hat G. Gorla solche Untersuchungen weiter betrieben. Er hat vor allem deutlich gemacht, warum einem Präzedenzfall in Frankreich eine sehr viel längere Zeit Autorität zukommt als in Italien. Später hat er in sehr klarer und allgemeiner Weise dargestellt, dass nicht immer ausdrücklich formulierte Regeln ein System prägen und ausmachen: Diese wirken sich auf die Art und Weise des Rechtsdenkens (kasuistisch, systematisch, begrifflich) aus; auf die Auslegung des Rechts; auf die Art und Weise der Rechtslehre; auf die Ausbildung der legal professions; auf den Modus des (tatsächlichen) Funktionierens der Justiz sowie der öffentlichen Verwaltung; auf den »Stil« der Gesetze, der Urteile und der Lehrwerke; auf das Verhältnis zwischen Gesetzgeber, Richter und Lehrmeinung; auf den tatsächlichen Wert einer Präzedenzentscheidung.[5]

21 R. David wie G. Gorla haben die Bedeutung der Geschichte bei der Bildung dieser Konstanten betont.

22 Kurz gesagt: Die Rechtsvergleicher haben gewissen konstanten, in jeder Rechtsordnung vorhandenen Faktoren Aufmerksamkeit entgegengebracht, um die sich die Gelehrten der einzelnen nationalen Ordnungen nie gekümmert hatten.

23 Doch lassen sich Anzeichen für eine Veränderung dieser Situation bemerken. Historiker wie van Caenegem widmen sich den verschiedenen Gewichtungen der Faktoren, die das Recht in den europäischen Ländern schaffen.[6] In Amerika untersucht eine neue Gedankenrichtung – legal process – die tatsächlichen Bedingungen, die sich auf das Entstehen einer Norm auswirken.

24 Aber diese Veränderungen befinden sich noch in einem Anfangsstadium.

25 Man nehme etwa Italien als ein Beispiel. Die großen Lehrbücher über die verschiedenen Rechtsinstitute – angefangen von dem E. De Ruggieros bis hin zu denen von P. Rescigno, P. Schlesinger, P. Trimarchi und F. Gazzoni – beschreiben das Verhalten des italienischen Richters angesichts eines von ihm selbst geschaffenen Präzedenzfalls nicht; sie geben keine Einschätzung seiner Resistenz gegenüber möglicherweise vernunftwidrigen Normen; auch nicht dazu, welches Gewicht die klassischen Auslegungsmittel (das historische, rationale, soziologische und systematische Kriterium) bei der richterlichen Begründung besitzen; sie beschreiben auch nicht, wie stark die universitäre Wissenschaft und die Vorschläge der Lehre beim Richter einwirken.

26 Erst in neuerer Zeit beginnen diese Untersuchungen über die Eigenschaften, die den gesamten Mechanismus des positiven Rechts in einem bestimmten Land ausmachen, das Interesse der sich mit einem nationalen System beschäftigenden Juristen zu wecken. So erfreuen sich beispielsweise Veranstaltungen über den Stellenwert richterlicher Leitsätze, über die Unterscheidung zwischen Leitsätzen und Urteilsbegründungen oder über den Stellenwert von obiter dicta als Präzedenzentscheidungen immer größerer Beliebtheit.

27 Im Bereich der Rechtswissenschaft ist auf diese Weise ein neues Feld entstanden, welches sich mit den positiven (im Sinne von effektiven) Eigenschaften einer Rechtsordnung und ihrer verschiedenen Gebiete befasst. Dieses darf nicht mit der allgemeinen

5 G. Gorla, *»Brevi temporis praescriptio« e »neglectio« della giurisprudenza in Italia: comparazione con la Francia*, in: *Studi A. Torrente*, Mailand, 1968, I, 519. Ders., *Diritto comparato e straniero, aaO*, 2.4.

6 R.C. van Caenegem, *Judges, Legislators and Professors*, 1987.

Rechtstheorie verwechselt werden; ja, in gewissem Sinne ist es sogar ihr Gegenteil. Die allgemeine Rechtstheorie formuliert einige allgemeine Regeln; und sie bestimmt einige allgemeine Begriffe, unter die die einzelnen Normen und Institute einzuordnen sind; sie bildet somit einen allgemeinen Teil für die Normen und Begriffsbildungen dieses bestimmten Rechtssystems. Ihre Schlussfolgerungen haben für eine unbegrenzte Anzahl an Systemen Gültigkeit. H. Kelsen, W.N. Hohfeld, M. Allara und viele andere haben allgemeine universale Theorien entwickelt, die angesichts einer jeden beliebigen konkreten Rechtsordnung Geltung beanspruchen können. In dem Bereich jedoch, über den wir hier sprechen, will der Gelehrte auf einer experimentellen Basis beschreiben, wie das positive Recht tatsächlich in einem bestimmten Land funktioniert.

Die Forschungen, über die wir sprechen, bedürfen eines Namens: Wir werden sie Sys- 28
temologie oder auch Wissenschaft von den Eigenschaften eines Systems nennen.

Ist es bedeutsam, dass die Systemologie vor allem von den Rechtsvergleichern geschaf- 29
fen worden ist, gleichsam als weiteres Produkt der vergleichenden Überlegungen zu den einzelnen Instituten? Warum haben sich die Dinge in dieser Weise entwickelt? Die Antwort ist einfach. Der Jurist, der sich nur mit einem einzigen System beschäftigt, wird immer wieder mit denselben systemologischen Daten konfrontiert, die wahrzunehmen, zu bestimmen und zu bezeichnen er nicht vorbereitet ist. Denn sie sind ein Teil der »offenkundigen« Dinge, die unerwähnt bleiben und keiner eigenen Erwähnung bedürfen. Trotz ihrer überwältigenden Bedeutung bleiben sie im Bereich der Kryptotypen, bis der Rechtsvergleicher aufgrund der Mentalitätsunterschiede, auf die er in den verschiedenen Rechtsgebieten trifft, sich an das Werk macht, das erforderlich ist, um diese Unterschiede zu beschreiben; und damit beschreibt er die Systeme.

Während das Studium der systemologischen Eigenschaften eines einzelnen Rechts erst 30
verspätet zu einer offiziellen Anerkennung gelangt ist, ist umgekehrt auf der Ebene der Rechtsvergleichung die Überzeugung gereift, dass eine geeignete Lehre sich mit der »Rechtsvergleichung der Systeme« beschäftigen muss.

3. Die Rechtsvergleichung im Dienst der Gesellschaftswissenschaften

Kann diese Rechtsvergleichung, die alle tatsächlichen, innerhalb der betrachteten Sys- 31
teme vorhandenen Umstände ermessen soll, den Bereich der rein rechtlichen Phänomene verlassen, sich in interdisziplinäre Untersuchungen einfügen und dem, mit gesellschafts-, politik- oder sozialwissenschaftlichen Fragestellungen beschäftigten Gelehrten nützen?

Die Antwort ist positiv. Der Formalismus wurde von der Dogmatik vorbereitet. Die 32
vergleichende Methode spricht, mit ihrem Bezug auf das Tatsächliche, die Sprache aller auf das Tatsächliche gerichteten Wissenschaften.

Welche Dienste kann also die Vergleichung den Nachbarwissenschaften des Rechts so- 33
wie dem Recht auf einer außerformalen Ebene selbst anbieten?

Einen ersten möglichen Beitrag der Rechtsvergleichung für die Gesellschaftswissen- 34
schaften erspürt man geradezu intuitiv. Die Rechtsvergleichung sieht die Modelle in ihrer unaufhaltbaren Zirkulation, in ihren Verbindungen, in ihren verschiedenen Diversifizierungen. Recht, Sprache und Kultur entflechten sich in verschiedenste Bereiche rechtlicher, linguistischer und kultureller Morpheme. Die Soziologie kann, wenn sie will, das Verhalten dieser kulturellen Morpheme sowie die Gesetze, die ihrem Entstehen und ihrer Zirkulation vorausgehen, untersuchen. Weil die Vergleichung selbst da-

rauf ausgerichtet ist, die diesbezüglichen Daten zu erarbeiten, können wir auch sagen, dass sie ihre eigenen Ergebnisse der Soziologie anbietet, damit diese sie annimmt. Wenn die Soziologie dann diese Daten nicht gebraucht, ist dies nicht mehr die Schuld des Rechtsvergleichers.

35 Der Soziologe wird uns – wie der mit den Gesellschaftswissenschaften beschäftigte Jurist – im Übrigen sagen, dass die, die Zirkulation der Modelle betreffende, Regel hinter seinen anfänglichen Befürchtungen zurückbleibt. Er will nicht nur wissen, wie die Zirkulation der Modelle abläuft, sondern er will auch die Ursachen benennen können, die diese Zirkulation hervorrufen: wirtschaftliche, kulturelle, psychologische und andere Ursachen. Kann ihm die Vergleichung helfen, dieses Ziel zu erreichen?

36 Man scheint antworten zu können, dass die Vergleichung gerade auf diesem Gebiet sogar unersetzlich ist: Diese Themen zu behandeln, fällt in ihren grundlegenden und ureigenen Aufgabenbereich.

37 Wenn in einem bestimmten Land eine gesetzliche Neuerung in Kraft tritt, wird es schwierig sein zu beweisen, dass die Ursache für diese Neuerung A, B, C, D oder E ist, solange wir, Blinde Kuh spielend, die Suche allein auf dieses betreffende Land beschränken.

38 Die Vergleichung hingegen bietet ein solches Kontrollinstrument.

39 Sie erstellt ein Verzeichnis all der Länder, in denen das Ereignis eingetreten ist. Sie stellt fest, welche Ereignisse diesem in einem jeden von diesen Ländern vorangegangen sind, und sucht auf der Basis dieser Überlegungen eine auf dem Kriterium der unzweideutigen Entsprechung zwischen Ursache und Wirkung ruhende Schlussfolgerung.

40 Dies erschiene als ein einfaches Kriterium, das offensichtlich den elementaren Grundregeln wissenschaftlicher Lauterkeit entspricht. Und doch wird dieses Kriterium nahezu immer vernachlässigt.

41 Denn was lässt uns nämlich die Praxis feststellen?

42 Unter den verschiedenen antiformalistischen Tendenzen in der Methodik ist diejenige besonders verbreitet, die rechtliche Phänomene an den diesen zugrunde liegenden sozioökonomischen Realitäten messen will. Aber die Korrelation zwischen sozioökonomischer Realität und der Lösung eines Rechtsproblems bedarf einer ersten Kontrolle: Diese besteht in der Feststellung aller rechtlichen Lösungen, die eine bestimmte sozioökonomische Situation begleiten, und aller sozioökonomischen Situationen, die einer bestimmten rechtlichen Lösung verbunden sind.

43 Aber diese Grundregel wird nie eingehalten.

44 Fügen wir noch hinzu, dass eine bemerkenswerte Gruppe von rechtlichen, auf soziale und ökonomische Analysen hin ausgerichtete Untersuchungen alle ihre Aufmerksamkeit auf die Geschichte der Kategorien lenkt, die sich nicht von der Geschichte der Worte unterscheidet. Sie interessiert es nicht zu wissen, ob man eine Korrelation zwischen den sozialen und wirtschaftlichen Anstößen einerseits und der jeweiligen Wortauswahl andererseits feststellen kann. Wenn sie hingegen auf die Vergleichung zurückgriffe, könnte auch sie zu der Schlussfolgerung neigen, dass diese Korrelationen gar nicht existieren.

Die Vergleichung als Möglichkeit der Kenntnis des eigenen Rechts ist auf diese Art auch (verifizierende oder falsifizierende) Kontrolle der die soziologische Analyse des Rechts betreffenden Möglichkeiten. Sie wird darüber hinaus zu einer Vermittlerin zwischen Rechtswissenschaft und Geschichte sowie zwischen Rechtswissenschaft und allgemeiner Rechtstheorie. 45

§ 2 Die Veränderung der Modelle

4. Rechtliche Veränderungen

1 Das Recht ist nicht statisch. Es verändert sich ununterbrochen. Der Mensch pflegt zwar von Zeit zu Zeit die Vorstellung, das wahre Recht, ein Auswahlkriterium für die verschiedenen Rechtsmodelle oder einen allumfassenden und unveränderlichen, endgültigen und zur gleichen Zeit überall geltenden Entscheidungsgrund finden zu können (oder sogar schon gefunden zu haben). Aber die Wirklichkeit hat bislang diese Vorstellung Illusion bleiben lassen, auch wenn die edle Bemühung, mit universell gültigen Begründungen ausgestattete Regeln zu finden, einen Anreiz darstellt, das positive Recht zu verbessern, indem es von Vernunftwidrigem gereinigt und hin zu offeneren Horizonten geführt wird.

2 Die Rechtsmodelle verändern sich, wie auch die linguistischen Modelle, ohne Unterbrechung: durch eine langsame Evolution (wie etwa in Turin der Übergang vom Latein zum Turiner Dialekt) oder durch eine umfassende Überlagerung (wie etwa vom Keltischen hin zu einer Ausdrucksform, die das Keltische und Lateinische umfasst, und von diesem dann zu einem lateinischen Dialekt; in der Folge vom lateinischen zum Turiner Dialekt und vom diesem zu einem System, in dem Turiner und toskanischer Dialekt, Latein und Französisch nebeneinander existierten, und von da aus zu einem System, das auf ein in Phonetik und Grammatik angepasstes Toskanisch, Turiner Dialekt und ein bisschen Englisch zurückgeht).

3 Weil sich die Rechtsnorm ändert, ist es legitim, sich zu fragen (auch wenn die Juristen sich noch nie dieser Frage gestellt haben), ob diese Veränderungen gewissen nachvollziehbaren Rhythmen oder Regeln gehorchen (im Sinne von Naturgesetzen, nicht schon im Sinne von Rechtsregeln!). Zudem liegt es nahe, sich nach den Ursachen dieser Veränderungen zu fragen.[1]

1 Die Bibliographie zu (den allgemeinen Problemen bezüglich) der Veränderung der Rechtsmodelle stammt aus jüngerer Zeit.
Vor allem ist die allgemeine Rezeption fremder Rechtsmodelle untersucht worden. Die Internationale Akademie der Rechtsvergleichung hat diese in die Themen ihres VIII. Kongresses (Pescara, 1970) eingeschlossen. Es wurden drei nationale Beiträge veröffentlicht: I. Zajtay, in: *Études de droit contemporain*, nouvelle série, Paris, 1970 (*Travaux et recherches de l'Institut de Droit comparé de Paris*, XXXIII), 31 ff.; D. Oeconomidis, in: *Revue hellénique de droit international*, 1970, 333; F.F. Stone, in: Hazard und Wagner (Hrsg.), *Legal thought in the U.S.A. under contemporary pressures*, Brüssel, 1970, 127.
Von den siebziger Jahren an wurde die Frage nach der Zirkulation der Modelle zu einem klassischen Thema. Dies ist insbesondere das Verdienst von A. Watson, der sich seit zwei Jahrzehnten diesem Thema mit seiner gesamten Zeit zu widmen scheint. Wir möchten an dieser Stelle seine Werke noch einmal aufführen, auch wenn wir sie schon zuvor erwähnt haben: *Legal Transplants. An Approach to Comparative Law*, Edinburgh, 1974; *Legal Transplant and Law Reform*, in: *L.Q.R.* 92, 1976, 79; *Society and Legal Change*, Edinburgh, 1977; *Comparative Law and Legal Change*, *Camb. L. J.*, 38, 1978, 313; *The Making of Civil Law*, 1981; *Society's Choice and Legal Change*, in: *Hofstra L. Rev.* 9, 1981, 1473; *Legal Change: Source of Law and Legal Culture*, in: *Un. of Pennsylvania L. Rev.* 131, 1983, 1121; *Sources of Law, Legal Change and Ambiguity*, Philadelphia, 1984; *The evolution of Law*, Baltimore, 1985. S. Ferreri hat eine Untersuchung der Parallelen in den Gedanken A. Watson und denjenigen, die in der Einleitung dieses Werkes geäußert werden, vorgenommen: *Di qua e di là dell'Oceano Atlantico*, in: *Quad.*, 1992. Die Ideen Watson finden eine Fortführung bei E.M. Wise, *The Transplant of Legal Pattern*, in: *Am. J. Comp. Law*, VIII, Beilage, 1990, 1.
Siehe in den anglophonen Ländern, über die genannten Autoren hinaus, F. Schauer, *The Politics and Incentives of Legal Translation*, in: J. Nye und J. Donahue (Hrsg.), *Governance in a Globalizing World*, Cambridge (MA), 2000, 253; B.Z. Tamanaha, *A General Jurisprudence of Law and Society*, Oxford, 2001, 27 ff.; B. Markesinis, *Juges et universitaires face au droit comparé*, Paris, 2006 (ursprünglich auf English erschienen, 2003).
Das Thema wird auch in Frankreich bearbeitet: M. Ancel, *Utilità*, *aaO*, 56–82; R. Rodière, *Approche d'un phénomène: les migrations de systèmes juridiques*, in: *Mélanges d. à G. Marty*, Toulouse, 1978, 947; J. Gaudemet,

Eine grundlegende Unterscheidung muss in diesem Zusammenhang zwischen den ori- 4
ginären Veränderungen, dh den Innovationen einerseits und den Nachahmungen andererseits, gemacht werden.

Innovationen findet man bei den Rechtsmodellen auf Schritt und Tritt. Das Urteil oder 5
auch die von einem Studenten beim Examen gegebene unvorsichtige Antwort enthalten eine Innovation.

Die einzigen Innovationen jedoch, die zählen, sind diejenigen, die von einer »Autori- 6
tät« kommen, sich von dieser zu eigen gemacht werden oder Nachahmer finden und sich auf diese Weise verbreiten.

In synchroner Hinsicht ist jede Innovation, die nicht von einer Autorität kommt, ein 7
»Irrtum«: des Richters, des Anwalts oder des Studenten. In diachroner Hinsicht ist die Natur der Innovation nicht so eindeutig: Wenn sie Nachahmer findet, wird sie eine Neuschöpfung, eine Entdeckung sein; wenn sie keine findet, wird sie eine Einzelmeinung, ein Irrtum bleiben.

Von nun an beziehen wir uns, wenn wir von Innovation sprechen, allein auf diejenige, 8
die in der Lage ist, Bestandteil der Rechtsordnung zu werden.

Im 20. Jahrhundert entstand neuartig in einem skandinavischen Land die Institution 9
des Ombudsmanns. Ebenfalls in diesem Jahrhundert entstand erstmals die – auf A. Venediktov zurückgehende – Qualifizierung der Herrschaftsgewalt des sozialistischen Unternehmens über die Produktionsmittel als Führungsrecht (pravo upravlenija). Einige Jahrhunderte zuvor wurde zum ersten Mal ein Rechtsbehelf auf der Grundlage der »equity« entwickelt, die zu dem vom Lordkanzler des Königreiches England entwickelten trust führte. Die Einführung des Abkommens über die Strafe im italienischen Strafprozessrecht war hingegen eine Nachahmung, weil dieses Institut bereits zuvor im (englischen und) amerikanischen Recht existierte. Die Rezeption des römischen Rechts in Deutschland ist ebenfalls Beispiel für eine Nachahmung.

Das Entstehen eines originären, eigenen Systems ist sehr viel seltener als die Nachah- 10
mung.[2] Insbesondere kann kein Gesetzbuch eine vollständige Eigenkreation sein. Die politische Herrschaftsmacht oder eine eigens eingesetzte Kommission kann zwar kurze und bestimmte Regeln neu gestalten, aber beide können keine komplexen Gesetzeswerke verfassen, die Tausende von zusammenhängenden und erschöpfend regelnden Artikeln enthielten. Ein Gesetzbuch verdankt sich selbst zumindest auch der nationalen Lehre, darüber hinaus auch fast immer einem anderen Gesetzbuch. Von den hunderten Zivilgesetzbüchern, die von 1804 an erlassen wurden, sind lediglich der Code Napoléon, das ABGB, das montenegrinische Zivilgesetzbuch von 1888 und das BGB anderen Gesetzbüchern gegenüber (nicht notwendigerweise auch gegenüber einer frem-

Les transferts de droit, in: *L'année sociologique*, 1976, 29; R. Rivéro, *Les phénomènes d'imitation des modèles étrangers en droit administratif*, in: Aa.Vv., *Pages de doctrine*, Paris, 1980, II, 458; und schließlich, sehr umfassend, E. Agostini, *Droit comparé*, Paris, 1988 (Überschriften der einzelnen Teile: *L'évolution des systèmes juridiques*, in: *Revue intern. de droit comp.*, 1990, 461).
Unter den Anthropologen hat sich mit den Veränderungen der traditionellen Systeme ausführlich beschäftigt N. Rouland, *Anthropologie juridique*, Paris, 1988, 337–394; vorher dazu M. Alliot, *Acculturation juridique*, in: Poirier (Hrsg.), *Ethnologie générale*, Paris, 1968, und H. Lévy-Bruhl, *Notes sur les contacts entre les systèmes juridique*, in: *Symbolae R. Taubenschlag dedicatae*, I, Breslau und Warschau, 1956.
In Italien siehe das V. Kapitel von G. Lombardi, *Premesse, o. o. A.*
Die Internationale Akademie für Rechtsvergleichung hat publiziert J. Sanchez Cordero (Hrsg.), *Legal culture and legal transplants*, 2 Bände, Mexiko-Stadt, 2012 (Beiträge eines internationalen Kongresses).

2 So auch A. Watson, *Transplants, aaO*, 83; Ders., *Society and Legal Chance, aaO*, 79; E.M. Wise, *Transplant, aaO.*

den Lehre) originär; zumindest in Teilen als originär können die drei heute überholten Kodifikationen, der sowjetischen Osnovy von 1961, der (tschechoslowakische) obč.zák. von 1964 und das ZGB der DDR (Deutsche Demokratische Republik) von 1975, gelten. Was die anderen anbelangt, diese ahmen jeweils nur ein anderes Gesetzbuch nach oder übernehmen einige von der Praxis oder Auslegung geschaffene Erweiterungen bestimmter Ausmaße.

11 Ganz Ähnliches gilt dann auch für die Verfassungen, die Gesetzbücher zu den Prozessrechten, die Verwaltungsgesetze usw.

12 Man muss sich also vor Augen halten, dass von tausend sich verwurzelnden Rechtsveränderungen vielleicht nur eine einzige originären Charakter hat. Es ist jedoch nicht alles Originalität, was als solche angesehen wird. Ein Forscher, der bereit wäre, eine mühevolle und umfangreiche Arbeit zu erstellen, könnte in einer grotesken Anthologie die Anpreisungen der Originalität und Neuerung eines jeden kopierten oder nachgeahmten Rechtsmodells sammeln.[3]

13 Der Jurist neigt dazu, die Veränderung des Rechts als ein Ereignis anzusehen, das innerhalb eines Augenblicks stattfindet.

14 Der Historiker hingegen weiß, dass der Weg, der die Engländer von der Monarchie zur Demokratie führen sollte, Jahrhunderte dauerte; und dass die Rezeption des Corpus iuris in Deutschland ebenfalls Jahrhunderte benötigte.

15 Wer die Veränderungen untersucht, muss sorgfältig zwischen vereinzelten Ereignissen einerseits und der Kette von geschichtlich in Zusammenhang stehenden und koordinierten Episoden andererseits unterscheiden, die ein Institut verändern, indem sie es geradezu revolutionieren; genauso muss er die originären Innovationen von den Nachahmungen unterscheiden. Hat er diese Unterscheidungen präsent, kann (und müsste) er sich fragen, mit welcher Geschwindigkeit die Veränderungen des Rechts stattfinden und ob diese Zeitdauer vorhersehbar ist.[4] Wenn der Linguist Unterschiede zwischen zwei auf gemeinsame Vorfahren zurückgehenden Sprachen feststellt, zieht er daraus ein Argument, um die für den Prozess der Differenzierung erforderliche Zeit zu bestimmen. Der Genetiker wendet ebenfalls das Zeitelement an, um zwischen verschiedenen menschlichen Gruppen bestehende Abweichungen zu erklären.[5] Auch der Jurist muss sich auf diese Aufgabe vorbereiten.

16 Dies erscheint umso richtiger, weil der Gelehrte die systemologischen Spuren einer bestimmten Rechtsordnung selektiert; und in diesem Zusammenhang die Klassifizierung und Einteilung der Systeme in Familien vornimmt, indem er *die sich weniger schnell verändernden Eigenschaften* des jeweiligen Systems isoliert (es ist einfacher, in einer Momentaufnahme über die Dauer der Verjährung zu sprechen und sie von 30 auf 10 Jahre einzuschränken, als über den Grad der Offenheit des Richters gegenüber der Lehre).

3 M. ANCEL, *Utilità*, *aaO*, 71, spricht von Xenophobie und Misstrauen des Juristen gegenüber Normen fremden Ursprungs.

4 A. WATSON, *Legal Change*, *aaO*, 1124, ist der Ansicht, dass die Vergleichung diese Geschwindigkeit nicht misst. In der auf den Vortrag über die Zirkulation der Rechtsmodelle folgenden Diskussion verwies auch R. DRAGO auf dieses Thema; er fragte sich auch, warum die Verbreitung mancher Modelle (beispielsweise des Ombudsmanns) schneller geschehe als die anderer Modelle.

5 Der bekannte Genetiker L. CAVALLI SFORZA wandte sich informell an R. SACCO, um zu wissen, ob Studien existierten, die sich mit der für die Veränderung des Rechts notwendigen Zeit beschäftigen.

Fügen wir jetzt hinzu, dass die genetische Veränderung immer einer rechtlichen Innovation (und nie einer Rezeption) gleichzusetzen ist. Die rechtliche Rezeption jedoch lässt (im Unterschied zur Innovation) nicht so sehr an eine sich verändernde Sprache, als vielmehr an eine Gemeinschaft denken, die im Begriff ist, eine ihr bislang fremde Sprache zu gebrauchen. 17

Die Lehre hat sich bislang intensiver mit der Zirkulation als mit der originären Schöpfung von Modellen beschäftigt. Tatsächlich erlaubt die Zirkulation gerade auch deshalb weitergehende und verschiedenartigere Beobachtungen, weil die Zirkulationsereignisse zahlreicher sind. Auch die Sprachen kennen mehre Synonyme für Zirkulationen. Im Französischen finden wir die Worte diffusion, emprunt, imitation, migration, propagation, réception, transfert, transposition. Im Englischen finden wir etwa borrowing, spread, transmission, transplant. 18

5. Die Identität des sich verändernden Rechtsmodells

Wenn es wahr wäre, dass innerhalb eines jeden Systems jede Frage von einer einzigen Regel beantwortet würde, müssten sich bei einem Wechsel gleichzeitig alle Modelle verändern (das gesetzliche, das gerichtliche und das der Lehre); tatsächlich treffen wir jedoch auch in der Phase der Veränderungen von Normen auf den Umstand, dass die Modelle sich sehr wohl voneinander abweichend entwickeln.[6] 19

Wer niemals etwas mit dem Ausdruck des »negozio« (Rechtsgeschäft) zu tun hatte, kann nicht von sich behaupten, das italienische Recht zu kennen. Gleichwohl fehlt im italienischen Codice civile dieser Ausdruck; stattdessen spricht man vom »contratto« (Vertrag), »testamento« (Testament), »procura« (Vollmacht) usw: Der Gesetzgeber von 1942 hat diese letztgenannten Ausdrücke verwandt, weil er sie im Gesetzbuch von 1865, zuvor in den Gesetzbüchern, die vor der Einigung Italiens galten, und im Code Napoléon vorgefunden hat. Die Lehre vom »negozio«/Rechtsgeschäft kam jedoch über die deutsche Lehre des vergangenen Jahrhunderts nach Italien. In Italien kann also ein gesetzliches Modell *französischer Herkunft* mit einem Modell *deutscher Herkunft* zusammenleben. Die Zirkulation des einen wie des anderen ist dabei eigenständige Wege gegangen. 20

Die Länder der ehemaligen Sowjetunion und Polen haben die deutsche Rechtsgeschäftslehre gemeinsam: Wenn wir aber die Rezeption der entsprechenden Rechtsregeln anhand der voneinander getrennten Formanten untersuchen, stellen wir fest, dass das Rechtsgeschäft in Russland und dasjenige in Polen nicht die gleichen sind. In Russland wurde die Lehre vom Rechtsgeschäft durch die Akademie aufgenommen, von dort dann an die Universität gebracht und anschließend in das Projekt der »graždanskoje uloženie« von 1908 eingeführt; im Folgenden gelangte es dann in das russische Zivilgesetzbuch von 1922, sowie daraufhin in die »osnovy« des Zivilrechts für die UdSSR von 1961, in die republikanischen Gesetzbücher von 1964 und schließlich in das GKRF: Die Nachahmung vollzog sich also in der Lehre, und aus dieser gingen dann die Kodifikationen hervor. In Polen hingegen finden wir einen ganz anderen Weg: 1946 wollte man einen entscheidenden Schritt hin zur Vereinheitlichung des Rechts tun und entschied sich infolgedessen, die Materie des Rechtsgeschäfts zu vereinheitlichen. Dabei nahm man das Modell des Allgemeinen Teils des BGB zum Vorbild. Von 21

6 Bestätigung finden wir in den Ansichten von A. Watson (*Transplant*, *aaO*, 30; und vgl. E. M. Wise, *Transplants*, *aaO*, 8).

dem Dekret von 1946 aus gelangte das Rechtsgeschäft dann auch in den »Kodeks cywilny« von 1964.

22 Es gibt Nachahmungen von Gesetzen. Der Code Napoléon beispielsweise hat sehr viele Nachahmer gefunden: unter anderem etwa die Piemonteser mit ihrem »Codice albertino«, die Neapolitaner mit ihrem »Codice borbonico«, viele Schweizer Kantone, die Niederländer, die Badener, die Polen der Zeit des Herzogtums Warschaus, die Russen zur Zeit des Svod Zakonov (1832). Dann, in einer zweiten Nachahmungswelle, die Rumänen, Bulgaren, Türken (mit dem Mecelle von 1869), die Ägypter und – durch die Nachahmung des ägyptischen Gesetzbuches von 1949 – die Somalier (1973), die Algerier (1975) und viele andere.

23 Es gibt jedoch auch Nachahmungen von Lehrmodellen. Die deutsche Lehre des 19. Jahrhunderts hat ihre Modelle in Skandinavien, Russland, Ungarn, Rumänien, Bulgarien, Slowenien, Italien, Spanien, im spanisch sprechenden Teil Amerikas sowie in den Niederlanden verbreitet.

24 In einem Großteil der romanischen Länder, von Russland bis Italien, von Spanien bis nach Rumänien, sind demzufolge französische Gesetzesmodelle und Modelle der deutschen Lehre aufeinandergetroffen.

25 Weniger untersucht wurden bislang die Nachahmungen der von den Gerichten entwickelten Modelle.[7] Der Richter hat weniger Gelegenheit als der Wissenschaftler oder Gesetzgeber, sich über die Vorgänge in anderen Ländern zu informieren. Dabei existieren in diesem Bereich drei Gruppen interessanter Phänomene, die es verdienen, genannt zu werden.

26 a) Die direkte Nachahmung richterlicher Modelle durch Richter[8] (ein Speziallfall liegt vor, wenn der Richter in einem System arbeitet, das nicht über eine gesetzliche Grundlage verfügt). Bis vor wenigen Jahren galt es als unbestritten, dass die englische Rechtsprechung sich ausschließlich auf der Grundlage autochthoner Modelle herausgebildet habe. Es war Gorla, der bewies, dass diese Sichtweise englischer Rechtsprechung zu einschränkend war[9]: Während einiger Jahrhunderte (von der Hälfte des 15. bis zur Hälfte des 17. Jahrhunderts) lasen die englischen Richter Rechtsprechungssammlungen der europäischen Gerichte und wandten sie, natürlich begrenzt aufgrund der nur bedingten Kompatibilität der Institute, im englischen Recht an. Weil das Common Law in England beispielsweise erst 1602 den »contract« anerkannte, konnte sich bis zu diesem Zeitpunkt in England eine Lehre vom Vertrag nicht etablieren; dass die Richter nach seiner Anerkennung versucht haben, sich anhand verschiedener Quellen mit ihm vertraut zu machen, liegt auf der Hand.

---

7 In seinem passionierten Plädoyer, die Nachahmungen der von den Gerichten entwickelten Modelle als Ziel der Rechtsvergleichung betrachtend, B. Markesinis, *Juges et universitaires face au droit comparé*, Paris, 2006 (ursprünglich auf English, 2003).

8 Für Deutschland siehe E. Jayme, *Precedente e Rechtsfortbildung nel sistema tedesco dell'illecito civile. L'influenza del diritto comparato*, in: *Foro italiano*, 1988, V, 366.

9 Bezüglich der richterlichen Rezeption sind grundlegend die Werke von G. Gorla, *Diritto comparato e diritto comune europeo, aaO*, Kapitel 20 (543 ff.); Ders., *La communis opinio totius orbis et la réception jurisprudentielle du droit* (...), in: Cappelletti (Hrsg.), *Nouvelles perspectives d'un droit commun de l'Europe*, Florenz, 1978. Dort findet man auch weiterführende Literaturhinweise.
Auch die Verfassungsgerichte ahmen nach. Dazu E. Mc Whinney, *Federal Constitutional Courts and their judges, as Instrument of a Democratic Polity*, in: *Die moderne Demokratie und ihr Recht. Festschrift für F.G. Leibholz*, II, Tübingen, 1966, 518. Seitdem sind stetig mehr Beispiele gefolgt. Hierzu beispielsweise Barsotti und Varano (Hrsg.), *Il nuovo ruolo delle Corti supreme nell'ordine politico e istituionale. Dialogo di diritto comparato* (Tagungsbeiträge), Teil des: *Annuario di dir. comp., aaO*, 2012.

Die neuesten Untersuchungen auf diesem Gebiet legen den Schluss nahe, dass es bis zur französischen Revolution neben einem Europa der Universitäten auch ein Europa der Richter gab, die sich nicht nur durch die Ideen der Lehren, sondern auch durch nationale und fremde Rechtsprechung inspirieren ließen. 27

b) Nachahmung durch Vermittler. Heute sind den grenzüberschreitenden richterlichen Nachahmungen durch die supranationalen Gerichtsbarkeiten die Tore weit geöffnet.[10] In Deutschland beispielsweise ist den Verwaltungsrichtern das sog Verhältnismäßigkeitsprinzip sehr vertraut[11]; als sich ein supranationales Gericht dieses zu eigen machte, ließ sich auch der französische Conseil d'État – gewöhnlich nicht sonderlich dazu geneigt, Modellen deutscher Herkunft zu folgen – zumindest zeitweise für dieses Prinzip einnehmen. 28

c) Ein anderer Fall einer vermittelten Nachahmung liegt vor, wenn die Rechtsprechung eines Landes von der eigenen Lehre dargestellt und kommentiert und diese dann von der Lehre eines anderen Landes nachgeahmt wird, was dann seinerseits zu einer weiteren richterlichen Rezeption führt. 29

So wie die Nachahmungen der Lehre sind auch die Nachahmungen der Gerichte von den Entsprechungen der gesetzlichen Modelle der betroffenen Länder recht unabhängig. 30

Ein charakteristisches Beispiel für diese Abweichung ist das zivilrechtliche Modell, welches wir in der Türkei finden: Das Gesetzbuch ist aufgrund des Willens des Gesetzgebers (dh Kemal Atatürks) schweizerisch. Dieser wollte die Türkei durch eine gesetzliche Modernisierung an den Westen heranführen; aber die Rechtsprechung ist eine Zeit lang zum Teil den französischen Modellen verhaftet geblieben.[12] 31

Die Zirkulation geschieht also, über die Systeme hinweg, von einem Formanten zu einem anderen homologen Formanten. 32

Davon zu unterscheiden jedoch ist die Zirkulation von einem Formanten zu einem nicht homologen Formanten, die dann im Innern eines Systems vor sich geht. Es ist völlig normal, dass die Lehre Gesetzbuch und Rechtsprechung aus der Taufe hebt, dass die Rechtsprechung Gesetzbuch oder Lehre bestimmt usw. 33

10 V. Grementieri, *La circolazione dei modelli normativi nel sistema giuridico europeo: il contributo delle Corti europee*, in: *Rivista di diritto civile*, 1990, II, 547.

11 Diesem zufolge muss ein Verwaltungsakt angesichts des zu regelnden Sachverhaltes verhältnismäßig sein. Die Verletzung dieses Grundsatzes ähnelt dem italienischen »eccessi di potere«. Weil dieses Thema auf dem 10. Kongress der Rechtsvergleicher behandelt wurde (Budapest, 1978), hat sich dazu in den anlässlich dieses Kongresses erschienenen Materialien eine eigene Bibliographie entwickelt (dazu *Rivista di diritto civile*, 1978, I, 637).

12 Auch in diesem Fall spielt – wie in analogen Fällen – eine linguistische Komponente eine Rolle.
Die Türken der Revolutionszeit kannten als internationale Sprache das Deutsche. Als die Kenntnis dieser Sprache verloren ging und stattdessen diejenige der französischen Sprache wuchs, empfanden es die Türken weniger leicht, einen Zugang zur schweizerischen Rechtsprechung zu finden und wandten sich demzufolge der französischen zu. Heute ist das Englische bekannter als das Französische, aber die englischen law reports erscheinen häufig demjenigen nicht nutzbar, der einen Sachverhalt anhand der schweizerisch-türkischen Begriffskategorien rechtlich begründen muss.

34 Die Kombination dieser zwei Arten von Zirkulationen führt zu einem Stammbaum folgender Art:

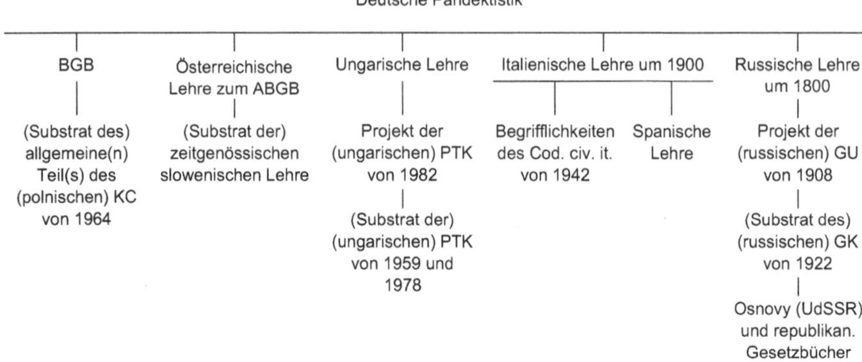

6. Die Ursachen rechtlicher Veränderung

35 Es liegt auf der Hand, dass der Jurist daran interessiert ist, die Ursachen[13] der Veränderungen von Rechtsmodellen kennenzulernen. Diese sind entweder sehr nahe- oder aber fernliegend, und die fernliegenden Ursachen werden wahrscheinlich von Wissenschaftlern herausgefunden werden müssen, die keine (oder zumindest nicht nur) Juristen sind. Die Innovation etwa, die die schriftliche Quelle bewirkt, hat als entfernte Ursache die Erfindung der Schrift, und die Untersuchung dieses Umstandes fällt nicht in die Kompetenzen desjenigen, der allein Jurist ist.

36 Daher besteht nur dann eine ausschließliche Kompetenz des Juristen, wenn die Ursache einer Veränderung in einem Rechtsphänomen liegt: vorherige Existenz einer ähnlichen Norm in einer anderen Rechtsordnung, unüblicher Charakter einer Norm innerhalb eines bestimmten Systems usw.

37 In diesem Zusammenhang lässt sich das Verhalten des Juristen und des Sprachwissenschaftlers in Bezug auf die Ursachen der von jedem von ihnen untersuchten Veränderungen vergleichend betrachten. Der Linguist widmet sich ausführlich der Untersuchung der Regeln, die linguistischen Veränderungen zugrunde liegen (zB: die Lautverschiebung der Konsonanten in den indoeuropäischen Sprachen, die Diphtongierung einiger betonter Vokale in zahlreichen Sprachen). Und darüber hinaus betrachtet er die mit den Ursachen dieser Veränderungen zusammenhängenden Probleme als seine Aufgabe, wie beispielsweise die Interaktion zwischen den verschiedenen Sprachen oder der Drang zu möglichst ökonomischen sprachlichen Lösungen.

38 Der Jurist hingegen zeigt sich, seitdem er begonnen hat, die Phänomene der Rezeption (dh der weltweiten Verpflanzung) von Rechtsnormen zu untersuchen, dazu geneigt, sich mit der Zirkulation normativer Modelle und ihrer Ursachen zu beschäftigen.

---

13 P. Wieacker erinnert in seiner *Privatrechtsgeschichte der Neuzeit*, 2. Auflage, Göttingen 1967, daran, dass in den historischen Disziplinen eher von den Vorgängen als von den Ursachen gesprochen wird. Aber der, der eine *große* Anzahl von Veränderungen betrachtet, tut dies mit dem Auge eines Soziologen, nicht mit dem eines Historikers.
A. Watson widmet diesem Thema das dritte Kapitel seines Buches *Evolution*, wo er die Ergebnisse seiner von ihm zuvor durchgeführten Untersuchung zusammenfasst.

Die den Ursachen rechtlicher Veränderungen entgegengebrachte Aufmerksamkeit hat die Wissenschaftler zu einander widersprechenden Positionen und polemischen Verhaltensweisen geführt. 39

Bis 1974 konnte man es – unter den Rechtsvergleichern genauso wie unter den Rechtswissenschaftlern der jeweiligen Länder – als Allgemeingut betrachten, dass das Recht das Ergebnis der sozioökonomischen und kulturellen Situation des betrachteten Landes in der betreffenden Zeit ist. 40

Gesellschaftliche Anreize unterschiedlicher Natur würden von Mal zu Mal die Veränderungen der Norm verursachen, die notwendig und ausreichend seien, sie zu befriedigen und zu beruhigen. 41

Im Rahmen dieses auf einer sozioökonomischen Grundlage beruhenden Konzepts der Rechtsveränderung kam der umfassendste und spezifischste Vorschlag von der von K. Marx und F. Engels durchgeführten Untersuchung von Gesellschaft und Geschichte, die nachfolgend durch ihre Ausleger vervollständigt und erhellt wurde. Bei dieser Idee ist das Recht die Gesamtheit der zwingend geltenden Regeln, die mit Macht (dh mittels des Staatsapparats) von der herrschenden Klasse eingerichtet wurden, um so die Ordnung in den Produktions- und Austauschverhältnissen zu gewährleisten, die ihrem wirtschaftlichen Interesse entspricht. Außerhalb dieser Rechtsnormen, die direkt die Wirtschaftsbeziehungen regeln, fände man andere Normen, die von moralischen und kulturellen, augenscheinlich außerwirtschaftlichen Werten bestimmt seien: Aber jede moralische und kulturelle Ideologie ist ihrerseits eine Unterstruktur der Wirtschaft, und die Rechtsregel, die sie entwickelt, ist ein zusätzlicher Schutzmechanismus für die wirtschaftliche Disziplin der Gesellschaft. Die großen Veränderungen des Rechts mit revolutionärem Charakter werden von großen Revolutionen der wirtschaftlichen Strukturen begleitet. Jede kleine Veränderung des Rechts ist ihrerseits ein Reflex auf eine partielle Veränderung der wirtschaftlichen Basis der jeweiligen Gesellschaft. 42

Die wirtschaftliche Basis eines Landes ist jedoch niemals statisch. In den Gesellschaften miteinander kämpfender Klassen würden die einander entgegengesetzten Initiativen der ausbeutenden Klasse und der ausgebeuteten Klasse unaufhörlich das Rechtsnetz dieses Landes erschüttern. In den von der Ausbeutung befreiten Gesellschaften hingegen würde die Errichtung des Sozialismus (und, später, des Kommunismus) voranschreiten, wobei jeder Schritt den jeweils folgenden vorbereiten würden.[14] 43

Eine von der marxistischen Vorstellung unvoreingenommene Untersuchung jedoch führt zu dem Schluss, dass zwischen der jeweiligen Klassen- und Machtsituation einerseits und der Lösung eines einzelnen Rechtsproblems andererseits nicht immer eine eindeutige Entsprechung besteht. 44

Man betrachte etwa die Norm, nach der Motorfahrzeuge rechts oder links fahren müssen. Es ist kein Fall bekannt, in dem die Auflösung des Klassenkampfes die Veränderung der Fahrseite von Motorfahrzeugen mit sich gebracht hätte. 45

14 Die internationale marxistische Lehre wendet das angezeigte Schema nur auf die Anwendungsregeln an. Eine bei den italienischen marxistisch orientierten Juristen recht verbreitete Auffassung hingegen neigt dazu, diese Erklärungen auch auf das Gebiet der Dogmatik sowie, allgemein, der Mittel der Rechtserkenntnis auszudehnen: Diese unterschieden sich dann, wenn in den betrachteten Ländern je unterschiedliche Klassen- und Machtverhältnisse bestünden (so sei beispielsweise die Kategorie des Rechtsgeschäftes von einem weit entwickelten Kapitalismus geschaffen worden; man vernachlässigte die Tatsache, dass die Kategorie in den anglo- und frankophonen Ländern unbekannt war, während sie in der Sowjetunion und dem China Mao Zedongs zentrales Element war).

46 Oder man nehme etwa die Art und Weise der Übertragung beweglichen Eigentums. Die Demarkationslinie zwischen dem Gebiet der »kumulativen Lösung« und dem »Titulus-System« kreuzte sich mit derjenigen zwischen dem Gebiet der freien Wirtschaft und dem sozialistischen Raum.

47 Gibt es also von einem »Klassengesichtspunkt« aus betrachtet »neutrale« Normen?[15]

48 Die Antwort ist positiv.

49 Viele Normen überleben Revolutionen, gerade weil sie keinen Wert an sich verkörpern, keiner Ideologie entsprechen, sich außerhalb eines jeden moralischen Systems befinden und auf eine elementare Notwendigkeit gesellschaftlicher Organisation antworten. Keine gesellschaftliche Form wird frei davon sein, den Fahrzeugen zu erlauben, nach Gutdünken auf der rechten oder linken Straßenseite zu fahren. Aber eine jede gesellschaftliche Form wird andererseits frei darin sein, nach Belieben die rechte oder linke Seite als Fahrseite auszuwählen.[16]

50 Dies alles erscheint noch klarer, wenn wir über eine noch allgemeinere Wahrheit nachdenken.

51 Unterteilt man alle gesellschaftlichen Merkmale in ökonomische und nicht-ökonomische, findet sich das Recht in der zweitgenannten Abteilung wieder, an der Seite der Sprache, der Mode usw. Die Evolution der Sprache bietet uns das typische Beispiel einer Gesamtheit an kulturellen Merkmalen in unaufhörlicher und unaufhaltbarer Entwicklung; aber die Entwicklung der Sprache ist nicht an die Wertelehre oder Moral oder Entscheidung einer Klasse gebunden. Die Wahl der Sprache, die zu gebrauchen oder anderen vorzugeben ist, wird oft von der Politik beherrscht. Aber die Inhalte einer jeden Sprache gehorchen in keiner Hinsicht der Entscheidung einer Klasse. Als die Germanen stimmhafte Konsonanten stimmlos werden ließen und die stimmlosen des indoeuropäischen Modells aspirierten, stand hinter dieser Veränderung keine Klassenentscheidung, keine Ideologie, keine Wertelehre. Die Vielfalt kultureller Formen stammt aus einer Zeit, die durch das Entstehen von Klassenkonflikten besonders bewegt war.[17]

52 Welche Stellung nehmen nun in diesem Zusammenhang Rechtsmorpheme ein? Es gibt manche Rechtsmorpheme, die unmittelbar eine Interessen- oder Wertentscheidung übersetzen. Ein Beispiel dafür ist die Verstaatlichung des Eigentums der industriellen Produktionsmittel. Es gibt jedoch andererseits auch solche Rechtsmorpheme, die gegenüber diesen Interessen- oder Wertentscheidungen neutral sind. Dies erklärt sowohl das Überleben römischer Modelle in so verschiedenen Rechtsmodellen wie dem feuda-

15 Auch bei den sozialistischen Rechtswissenschaftlern unterstrich zur damaligen Zeit eine Minderheit, dass sich nicht alle Normen mit der Umwälzung der wirtschaftlichen Basis einer bestimmten Gesellschaft veränderten: Das Verbot der Selbsttötung beispielsweise widersteht der gesellschaftlichen Veränderung, die vom Kapitalismus zum Sozialismus führt, weil es dem Schutz von Werten dient, die beiden gesellschaftlichen Strukturen (den kapitalistischen wie den sozialistischen) innewohnen.
Dies sind die in Rumänien geäußerten Ansichten von T. und A. Jonascu und A.M. Naschitz (von Letzterem siehe *Teorie si tehnica in procesual de creare a dreptului*, Bukarest, 1969, sowie andere Werke.).

16 So bereits in R. Sacco, *Buts et méthodes, aaO.* In gleicher Weise A. Watson, in: *Legal Change, aaO*, 1121 ff.

17 In den fünfziger Jahren des vergangenen Jahrhunderts erschienen Überlegungen dieser Art vollständig unvereinbar mit der von Marx und Engels geprägten Lehre. In dieser Zeit führten vier bekannte Artikel Stalins über die Sprache in die marxistische Lehre die Idee der Autonomie der Inhalte der Sprache gegenüber den wirtschaftlichen Strukturen verschiedener Gesellschaften ein. Und der Beweis erschien so entschieden, dass niemand mehr auf diesen Streit zurückgekommen ist.
Die vier Artikel befinden sich in dem Werk J. Stalin, *Marxismus und Fragen der Sprachwissenschaft*, deutsche Übersetzung hrsg. von H. P. Gente, München, 1968.

len, freiheitlichen oder sozialistischen (beispielsweise die obligatio, die rei vindicatio, die emptio venditio usw), als auch die jeweilige Unverrückbarkeit mancher angloamerikanischen und romanistischen Institute. Insbesondere verfügt das Recht (besonders das Zivilrecht) über einen ihm eigenen Genius: dieser ermöglicht es ihm, die gesellschaftliche Dialektik durch den Wechsel der Subjekte eines Rechtsverhältnisses (das Eigentum wird dem Staat, dh den Parteien, anstatt den Privaten anvertraut; es entsteht eine Gesellschaft öffentlichen anstatt Privatkapitals; usw) oder durch den Wechsel der Objekte des Rechtsverhältnisses nachzuvollziehen (die Streichung des Sklaven von der Liste der möglichen Eigentumsobjekte), ohne die diese Beziehung gestaltende Rechtsregel zu verändern.

Die Lehre von Marx und Engels hat sicherlich nicht als Einzige vertreten, dass bei der Suche nach den Ursachen rechtlicher Veränderungen den gesellschaftsimmanenten Umständen – Wirtschaft, gesellschaftliche Kräfte verschiedener Natur – ein Ehrenplatz gebühre; darüber hinaus ist genauso die Idee verbreitet, dass die Veränderung des Rechts der Verbreitung von Ideologien und Werten unterschiedlicher Natur zu verdanken sei. 53

Von 1974 an wurden gegenüber der Idee, der zufolge gesellschaftliche Strukturen und das Recht üblicherweise parallel seien, Einwände vorgebracht.[18] England, Schottland und die Niederlande verfügen über nicht besonders unterschiedliche Zivilisationsstrukturen. Die Sprache ist germanischen Ursprungs und mit einem dem Deutschen gegenläufigen Konsonantismus versehen. Die Religion ist die des westlichen Christentums. Die industrielle Revolution war tiefgreifend. Die Befahrung des Meers sowie der überseeische Kolonialismus hatten für die wirtschaftliche Entwicklung eine besondere Bedeutung. Seit Jahrhunderten sind die genannten Länder nicht mehr kriegerisch aufeinandergetroffen; im Gegenteil, in der Regel haben sie Seite an Seite gekämpft. Das Bemühen um Demokratie und allgemeine Freiheiten hat die ideologische Dynamik und die Geschichte für gut vier Jahrhunderte geprägt. Und trotzdem ist England das Land, in dem das Common Law entstanden ist und nach wie vor blüht, die Niederlande sind dem romanistischen Rechtskreis verhaftet geblieben und Schottland, das politisch zu England gehört, hat ein zwischen beiden Rechtskreisen anzusiedelndes Rechtssystem. 54

Umgekehrt verfügen die Niederlande über ein romanistisches Rechtssystem wie auch Peru und Kolumbien, obwohl die gesellschaftlichen und wirtschaftlichen Differenzen zwischen diesen Ländern äußerst bedeutsam sind. 55

Die Kultur der Juristen und – wenn diese Kultur fest verwurzelt ist – die Tradition haben das Recht der verschiedenen Länder nachhaltig beeinflusst. 56

Diese soziologische Erklärung erscheint nicht angemessen. Daher greifen einige Juristen, um konkreter individualisierbare Fakten zu erhalten, auf die politische Ereignisgeschichte zurück. Die geschichtliche Verschiedenheit zwischen England und Deutschland würde beides erklären: Zum einen die Erstarkung des germanistischen Gewohnheitsrechts in England, wo die nicht in Frage gestellte Macht des Königs dazu führte, dass zentralisierte Gerichte ein einziges Recht auf alle zu entscheidenden Rechtsfragen anwendeten; und zum anderen der Niedergang des Gewohnheitsrechts in Deutschland, wo dessen partikularistischer und territorial zersplitterter Charakter den Wunsch nach 57

18 S. besonders A. Watson in allen seinen schon angegebenen Werken. Beispielsweise *Legal Transplants and Law Reform*, *aaO*, 1124, wo er sich mit O. Kahn Freund (*Comparative Law as an Academic Subject*, in: *L. Q. R.*, 82. Jahrgang, 1966, 40, und *Book Review – Legal Transplants*, in: *L. Q. R.*, 91. Jahrgang, 1975, 292) auseinandersetzt; Ders., *Transplants*, *aaO*, Kapitel XVI. S. auch E.M. Wise, *Transplants*, *aaO*, 7.

einer einheitlichen Norm wachsen ließ (die dann im römischen Recht gefunden wurde).

58 Dieser historische, etwas einfache Erklärungsansatz ist durch Untersuchungen widerlegt worden.[19] Denn die politische Geschichte von Ländern mit unterschiedlichem Recht ist üblicherweise verschieden. Aber auch die Geschichte von Ländern, die mit einem relativ einheitlichen Recht ausgestattet sind, kann sehr unterschiedlich sein. Die Geschichte Kolumbiens und diejenige Bayerns haben nicht sonderlich viel gemein.

59 Man hat auch, noch allgemeiner, vertreten, dass die Rechtskultur und die Tradition die eigentlich Verantwortlichen für das sind, was man im Bereich des Rechts insgesamt findet.[20] Diese Verallgemeinerung jedoch ist unzutreffend formuliert. Allein aus Trägheit ist, wenn sich nichts ändert, das Recht von gestern auch das von heute. Aber die großen Rezeptionen und unaufhörlichen Nachahmungen erschüttern auch in »anti-geschichtlicher« Weise einen jeden Überblick und eine jede ideologische Trennungslinie. Die Rechtskultur ist eng mit derjenigen Taxonomie verbunden, die in dem betrachteten Umfeld vorherrscht. Aber die Kultur erlaubt keine ex ante Sicht, und deshalb keine ex post Erklärung der Innovationen, die in jedem System geschehen sind oder werden.

60 Für die Erklärung der Bildung eines bestimmten Umstandes in einem bestimmten System untersucht man seit einiger Zeit sehr gerne, wie groß die Macht eines jeden Organs ist, das in der Lage ist, das Recht zu beeinflussen – vor allem des Parlaments, des Königs, des Klerus, Professors oder Richters.[21] Möglicherweise wird die Strömung des »Legal Process«[22] genaue Erkenntnisse in dieser Richtung bieten können.

61 Von unserer Seite aus haben wir es nie für vorteilhaft gehalten, uns auf die gesellschaftlichen und wirtschaftlichen Umstände zu beschränken, um darin die einzige Ursache zu sehen, die in unmittelbarer Weise und ohne zeitliche Phasenverschiebungen eine Veränderung des Rechts hervorrufen kann.

62 Wenn der wirtschaftliche Druck in der Lage ist, das Recht zu bestimmen, müsste er vermutlich einheitlich auf den Gesetzgeber, Richter und Ausleger des Rechts wirken. Wenn der Filter des rechtlichen Formalismus in vollkommener Weise funktioniert, würde die Veränderung (die von der Lehre als Lösung »de iure condendo« antizipiert wäre) zu wirken beginnen, wenn der Druck die Oberhand über den Gesetzgeber gewönne; von diesem Moment an übernähme der Richter von sich aus die von den gesellschaftlichen Erfordernissen suggerierte oder reklamierte Lösung. Wenn der Filter des rechtlichen Formalismus hingegen nicht funktioniert, könnte es geschehen, dass der gelehrte Ausleger und der Richter als Erste dem gesellschaftlichen Druck ausgesetzt wären und auf diese Weise die Lösung vorwegnähmen, die das Gesetz nachfolgend anböte.

63 Es wäre übertrieben zu sagen, dass die Praxis die Idee einer eindeutigen Entsprechung zwischen gesellschaftlicher Notwendigkeit und Veränderung der Rechtsnorm bestätigte. Häufig widersetzt sich die Rechtsprechung mehr oder weniger bewusst einem neuen Gesetz und verpflichtet uns so zu postulieren, dass dem neuen Gesetz nicht eine so un-

19 Die Widerlegung findet man bei C.A. Cannata und A. Gambaro, *Lineamenti, aaO*, II, 129 ff.

20 A. Watson, *Evolution, aaO*, besonders 32.

21 Typisch für diese Richtung ist etwa R.C. van Caenegem, *Judges, Legislators and Professors*, Cambridge, 1987.

22 Einen ersten Eindruck von dieser Strömung, die von einer bekannten Schule in Harvard unterstützt wird, kann man erhalten in A. Amar, *Law story*, in: *Harv. L. R.*, 102 (1989), 688.

streitige gesellschaftliche Erforderlichkeit vorausgegangen sei; in diesem Fall »schafft« die Rechtsprechung allein durch ihr Beharren das, was bereits zuvor bestand.

Ein erstes Beispiel für diese Möglichkeit wird uns von der substantiellen Bewahrung der Übergabe als Modus der Eigentumsübertragung im französischen Recht angeboten, die trotz des Bestreitens dieses Institutes vom Code Nap. angewandt wurde (s. oben, 4. Kapitel, Nr. 15 und 18). 64

Die vom Code Nap. bestrittene Wirksamkeit der Veräußerung des Anscheinserben, die deshalb erklärbar noch heute auch vom belgischen Anwender abgelehnt wird, ist in Frankreich von dem Tag an, in dem sie vom Gesetz her beseitigt wurde, gleichwohl anerkannt. Dies überrascht uns jedoch nicht, weil dies in Frankreich einem römischen Kryptotyp entspricht. 65

Die Modalitäten rechtlicher Veränderungen bedürfen also, mehr als der aprioristischen Vermutungen, der Beweise, die mit einer angemessenen Methode zu ermitteln sind. 66

7. Die Ursachen originärer Innovationen

Hin und wieder wird die schöpferische Innovation von einer bewussten, von Veränderungen der Werte oder der Ideologie angetriebenen politischen Entscheidung abhängen, oder auch von der Machtübernahme durch die Träger von Werten oder Ideologien, die sich von den bisher herrschenden unterscheiden. 67

Andererseits ist jedoch auch denkbar, dass die Innovation durch strukturelle Phänomene herbeigeführt wird, die einem bestimmten Rechtssystem zu eigen sind. 68

Denn der Grundsatz rechtlicher Ökonomie empfiehlt, zwei verschiedene, auf einen Sachverhalt zutreffende Normen durch eine einzige Norm zu ersetzen. Beispielsweise hat die aquilische Klage während der Zeit des ius commune allen anderen Klagen auf deliktische Haftung den Geltungsraum genommen, bis sie schließlich die actio iniuriarum und zahlreiche andere Rechtsmittel ganz beseitigt und die allgemeine Figur des Art. 1382 Code Nap. geschaffen hat. In diesen Fällen ist die Innovation von einem Wunsch nach Verallgemeinerungen (nach Harmonie, Analogie, Assimilierung) getragen.[23] 69

Diese Tendenz zur Assimilierung funktioniert, indem die eine Kategorie prägenden Elemente unterdrückt werden; wenn es sich um eine Kategorie des Tatbestandes handelt, wird sie ein anderes Element des Tatbestandes beseitigen (und ihn so vereinfachen). 70

Man muss sich dabei vor Augen halten, dass der derart vereinfachte Tatbestand häufig allein in den deklamatorischen Formanten der Lehre existiert (dies gilt für die Bedeutung des Konsenses als zwei Willen, für die Bedeutung der Souveränität des Volkes usw), besonders da, wo der Ansatz der Lehre kein Dogma sein will, dh nicht verlangt, einen unabdingbaren Wert anzupreisen; aus diesem Grund, mehr noch als aus anderen verdienstvollen Gründen, verwendet das französische Recht vereinfachte Definitionen (Synekdochen), die im deutschen Raum nicht oder nur weniger verwendet werden. 71

Das Vorhandensein einer unabhängigen Lehre, die potenziell in der Lage ist, das angewandte Recht zu beeinflussen, hat das Recht der romanistischen Länder sehr viel mehr an den Generalklauseln festhalten lassen als die Systeme des Common Law mit ihren unzerstörbaren Einzelregeln. 72

23 A. Watson führt die Regel der Typizität bei der unerlaubten Handlung als Beispiel für eine soziologisch neutrale Norm an: *Evolution*, *aaO*, 33.

73 Zur gleichen Zeit trachten die Mitglieder einer jeden Gesellschaft danach, ihre eigenen Bedürfnisse mit immer unterschiedlicheren und zahlreicheren Techniken zu befriedigen. Um dies zu erreichen, übernehmen sie immer spezialisiertere Rechtsregeln und kombinieren in immer komplexerer und virtuoserer Art grundlegende rechtliche Institute. Jedes neue Gesetzbuch regelt eine wachsende Anzahl typisierter Verträge (und auf diesem Gebiet ereignet sich jeder Eingriff in das Gesetzbuch erst nach der Ausarbeitung autonomer rechtsgeschäftlicher Modelle durch die Lehre).

74 Die Rationalisierung rechtlicher Modelle erfolgt also entweder durch Assimilierungen (gleiche Behandlung einzelner Fälle, weil sie ein analoges Element enthalten) oder durch Dissimilierungen (unterschiedliche Behandlung einzelner Fälle, weil sie ein Element enthalten, das sie unterscheidet).

75 Andere Male fügt sich eine Innovation in eine Auslegung eines bekannten Ansatzes ein. Tizio formuliert einen Ansatz, Gaius will diese Idee wiederholen und nimmt sich vor, sie besser zu erklären; deshalb formuliert er sie mit anderen Worten. Mevius sieht in diesen Worten des Gaius eine andere Idee als die des Tizio und macht sie sich zu eigen. In solchen Fällen entspringt die »neue« Idee wahrscheinlich (nicht formulierten) Ideen, die Gaius und Mevius mit sich herumtrugen, bevor sie sie an den von Tizio formulierten Überlegungen maßen.

76 Wir werden immer wenig über die Ideen wissen, die der Ausleger bei der Bearbeitung eines bestimmten rechtlichen Umstandes anwendet, bis wir uns über die Rechtsideen juristischer Laien und insbesondere der jungen Menschen informieren: Eine systematische Sammlung der Fehler, die die Studierenden des ersten Jahres bei ihrer Prüfung machen, wäre von diesem Standpunkt aus gesehen von großem Interesse.

8. Die Ursachen der Nachahmungen

77 Wodurch hingegen wird eine Nachahmung verursacht? Natürlich können die Ähnlichkeiten kultureller, gesellschaftlicher, wirtschaftlicher oder der Umweltbedingungen bei der Ausprägung oder Ermöglichung einer Nachahmung entscheidend sein. Aber die Wissenschaft hat keine Mittel, um das Verhältnis einzuschätzen, das zwischen jenen und dieser besteht.

78 Die naheliegendsten, für den Juristen wahrnehmbaren Ursachen reduzieren sich praktisch auf zwei: die Oktroyierung und das Ansehen.

79 Jede Kultur, die Vertrauen in ihren eigenen Wert hat, möchte ihre eigenen Modelle verbreiten; wer die dazu erforderliche Macht hat, oktroyiert diese den anderen auf. Die auf Gewalt beruhenden Rezeptionen sind reversibel und verschwinden wieder, wenn das Gewaltverhältnis sich ändert. Doch sind Rezeptionen, die allein auf Gewalt beruhen, in der Geschichte relativ selten. Der Gedanke liegt natürlich hinsichtlich der Verbreitung europäischer Modelle in den Kolonien nahe; aber gerade auch in diesem Bereich lässt sich feststellen, dass das europäische Modell von der lokalen Herrschaftsmacht allein im Verhältnis zwischen den Europäern oder für die Beziehungen eingeführt wurde, die das lokale Recht nicht regelte (für das Wechselrecht etwa, für Schecks oder Aktiengesellschaften); demgegenüber erfolgte die allgemeine Anwendung des europäischen Rechts nach der Dekolonialisierung aufgrund des Willens der dann unabhängigen lokalen Macht.

80 Das Element, das sich noch viel grundlegender als Basis der Rezeption darstellt, ist der Wunsch, sich die Strukturen anderer anzueignen, wenn diese eine Qualität besitzen,

die wir nicht anders als mit dem Namen »Ansehen« zu bezeichnen wissen.[24] Die hier gegebene, auf dem Ansehen beruhende Definition ist tautologisch, und auch die Rechtsvergleichung verfügt nicht über eine Erklärung des Wortes »Ansehen« (deren Untersuchung, wenn überhaupt, anderen Disziplinen obliegt). Aber das Wirken des »Ansehens« ist eine Voraussetzung, um die Zirkulation der meisten kulturellen Modelle zu erklären: Wenn die Bewohner der westlichen Täler des Piemont es akzeptieren, Italienisch zu sprechen, kann man dies durch den Einfluss der Schule, der Zeitung sowie des Radios und Fernsehens erklären; aber wenn dieselbe Bevölkerungsgruppe dazu übergeht, piemontesisch zu sprechen, hilft die für das Italienische gegebene Erklärung nicht mehr weiter, und man muss statt dessen vom Ansehen sprechen; das Ansehen liegt der Verbreitung der Kleidungsmode genauso zugrunde wie derjenigen zahlreicher anderer Modelle. Und es ist auch das Ansehen, das jede nicht wahrnehmbare linguistische Veränderung verbreitet (nachdem diese Veränderung ein erstes Mal erfolgt ist).

Das Ansehen unterstützte das gemeine Recht bei seiner Eroberung Europas; es trieb den Code Napoléon genauso an wie die wissenschaftlichen Modelle deutscher Schulen innerhalb und außerhalb der Grenzen des romanistischen Einflussbereichs; das Ansehen hat das Eindringen französischer oder englischer Modelle in Afrika unumkehrbar gemacht; das Ansehen der šarīʿa liegt der Erosion zahlreicher afrikanischer Gewohnheiten zugrunde. 81

Die Nachahmung ist sehr häufig auf der Suche nach künstlichen »Rationalisierungen«. Die Gütergemeinschaft zwischen Eheleuten, verwurzelt in den germanisierten ländlichen Coutumes des Mittelalters sowie in den ländlichen Gebräuchen der russischen Ebene, widerstand jeder Versuchung liberaler, aufklärerischer, rationaler oder sozialistischer Modernisierung, welcher Art auch immer sie waren.[25] Das mittelalterliche bäuerische Modell konnte sich dem italienischen Gesetzgeber von 1975 mit einer doppelten Aureole präsentieren, die sich aus seinem Vorhandensein sowohl im liberal-sozialen kapitalistischen französischen und amerikanischen Recht als auch im sozialistischen Recht der Sowjetunion ergab. Natürlich entsprachen die wohlklingenden Gründe für seine Rezeption in Italien der Rationalisierung (dessen Kohärenz und logischen Wert noch nie jemand überprüft hat), und waren mit Werten verbunden, die zur Zeit der Rezeption hochgeschätzt wurden. 82

Die Dynamik der Nachahmung folgt feststellbaren Regeln, die jedoch lediglich als Tendenzen zu verstehen sind, denen einzelne Hindernisse den einen oder anderen Aspekt entziehen können. 83

Das Feld, in dem das Ansehen wirkt. Das Ansehen kann ein einzelnes Institut oder eine ganze Rechtsordnung kennzeichnen (oder auch eine Gruppe von Rechtsordnungen). Bei dieser zweiten – und häufigeren – Situation wird die Zirkulation ausschließlich in eine Richtung ablaufen: von dem angesehenen Modell hin zu einem anderen. Heute ist es wenig wahrscheinlich, dass ein europäisches Land ein afrikanisches, die USA ein venezolanisches, die Skandinavier ein italienisches Modell nachahmen usw; 84

24 Ich verweise auch hier auf A. Watson, *Comp. Law and Legal Change, aaO.*

25 Schon der Svod Zakonov führte de iure eine eindeutige Gütertrennung zwischen Mann und Frau ein. Die Entscheidung wurde durch das russische Familiengesetzbuch von 1918 sowie das ukrainische von 1919 bestätigt. Aber die Tradition war so viel stärker als jedes Hindernis, dass der oberste ukrainische Gerichtshof an einem bestimmten Punkt der gesetzlichen Norm den Rücken zukehrte; und infolgedessen brachte auch die russische Rechtsprechung mit ihrer Treue gegenüber dem Gewohnheitsrechtsmodell den Gesetzgeber 1926 dazu, diese Modernisierung des russischen Rechts wieder zurückzunehmen.

während hingegen Nachahmungen in umgekehrter Richtung sehr wohl vorstellbar sind.

85 *Exponierte Gebiete, Randgebiete usw* Es ist nicht gesagt, dass ein Modell an dem Ort, an dem es entstanden ist, tiefere Wurzeln besitzt als anderswo. Der kreative Charakter des Modells A, das im Lande A' entstanden ist, impliziert, dass das Land A' eine innovative Fähigkeit besitzt, welche sich zukünftig durch die Ersetzung des Modells A durch ein anderes Modell B wird zeigen können. Wenn sich in der Zwischenzeit das Modell A in den Ländern B', C', D' und E' verbreitet hat, werden diese Länder das Modell länger bewahren als das Land A'. Das niederländische Südafrika ist ein Beispiel eines Gebiets, das, weil es in geographischer Hinsicht von der romanistischen Welt isoliert ist, weniger den Wellen jüngerer Modelle »exponiert« war und deshalb ein Rechtsquellensystem konservativer, der Kodifikation des 18. Jahrhunderts vorhergehender, Prägung bewahrt hat. San Marino wiederum zeigt uns das Beispiel eines Gebietes, welches sich Innovationen dank einer Marginalisierung entzieht, die einer Isolierung gleichkommt.

86 *Benachbarte und weit entfernte Systeme.* Zwischen zwei ähnlichen Systemen finden gewöhnlich (einseitige oder wechselseitige) Beeinflussungen und Nachahmungen häufiger statt als zwischen völlig verschiedenen Systemen.[26] Denn das Modell, das System A vom System B übernimmt, wird dann neben all die anderen im System A vorhandenen Modelle eingefügt werden müssen: Dies setzt die Überwindung von Schwierigkeiten voraus, die umso größer sein werden, je größer die allgemeinen Unterschiede zwischen dem System A und dem System B sind. So kann beispielsweise ein bestimmtes System nur schwer gesetzliche Elemente übernehmen, die mittels Definitionen formuliert sind, die in seiner Lehre unbekannt sind, usw. Wenn zwei Systeme über identische (gesetzliche oder von Richtern entwickelte) Quellen verfügen, können die beiden entsprechenden Lehren leichter die Urteile des jeweils anderen nachahmen.

87 Der Umstand, dass die Nachahmung meistens durch jeweils andere Formanten geschieht, lässt die untersuchte These richtiger und offenkundiger erscheinen.

88 Bei völlig unterschiedlichen Systemen findet man eher eine globale Rezeption als eine vereinzelte Nachahmung einzelner Modelle.

89 *Die Lücken.* Ein lückenhaftes System wird, um die Leere auszufüllen, zu Nachahmungen neigen, welche auch immer sie seien.

90 Natürlich können wesenseigene Umstände (die Qualität der verschiedenen Modelle) oder außerhalb liegende Rahmenbedingungen die Nachahmung erleichtern, prägen oder auch verhindern. Man sagt eine Banalität, wenn man feststellt, dass eine Gesellschaft, in der niemand zu lesen versteht, ein geschriebenes Recht nicht leicht wird rezipieren können. Einige dieser Umstände können dabei sehr wohl bestimmt werden.

91 *Der formale Aspekt der Regel.* Der Jurist neigt dazu zu glauben, dass seine Wissenschaft alle Regeln der Rechtsordnung beherrscht. Die Erfahrung hingegen zeigt, dass in jedem System deutliche (kryptotypische) Normen wirken, die sich erst im Moment der

---

26 Vgl. E.M. WISE, *aaO.*
Aber es muss betont werden, dass auch größte gesellschaftliche Unterschiede eine Verpflanzung nicht verhindern: A. WATSON, *Transplants, aaO,* 83: »(...) die Verpflanzung von Rechtsnormen ist, von einem gesellschaftlichen Standpunkt aus gesehen, leicht (...). Dies ist auch dann richtig, wenn die Normen von einem ganz anderen System kommen.«.

Auslegung zeigen und bei ihr eine Rolle spielen. Wenn es auch leicht ist, eine ausdrückliche Regel nachzuahmen, ist es nahezu unmöglich, einen Kryptotypen nachzuahmen.

Gegenüber der Zirkulation besonders immune Kryptotypen sind diejenigen, die an die Mentalität und die impliziten Gewohnheiten der Juristen gebunden sind. Wie kann man durch Nachahmung das Ausmaß der Treue des Richters gegenüber dem eigenen vorangehenden Urteil übertragen, wie das Ausmaß der Unterordnung des Richters unter die Schöpfungen der Lehre? Bestimmte Veränderungen des Rechts können nur dann geschehen, wenn sie gewisse Vorbedingungen reifen lassen: Beispielsweise durch die Änderung der Rekrutierung der Richter oder der Ausbildung des Juristen, oder indem man den Richter verpflichtet, sein Urteil zu begründen, usw. 92

Das Verhältnis zwischen Recht, Politik und Taxonomie. Wir sind schon häufiger auf die folgenden Unterscheidungen getroffen: zwischen der mit genauen politischen Entscheidungen verknüpften Anwendungsregel (beispielsweise die Abschaffung der Adelsprivilegien), der politisch neutralen Anwendungsregel und dem taxonomischen, systematischen, vom Juristen entwickelten Begriffsgerüst. 93

Die Regel, die an eine politische Entscheidung gebunden ist, die die Bürger zu begeistern vermag, kann sicherlich zirkulieren. Aber eine bestimmte Bedingung ist mit der Nachahmung verbunden; die Regel zirkuliert, wenn die politische Idee zirkuliert. 94

Die politisch neutrale Idee zirkuliert mit weniger Problemen: Sie wird durch das Ansehen, das die bestimmte Regel in dem sie nachahmenden Land oder von dem Ansehen, das das Ursprungsland dort genießt, mitgezogen. 95

Das Begriffsgerüst des Juristen zirkuliert (zumindest auf den ersten Blick) ohne Behinderung durch die gesellschaftlichen Bedingungen in den interessierten Ländern oder durch den Inhalt der zuvor existierenden Anwendungsregeln. Dennoch ist es gerade die Viskosität dieses Begriffsgerüsts, die bis heute den Gegensatz zwischen Civil Law und Common Law aufrechterhalten hat. 96

Kenntnis, Erkennbarkeit, leichte Erkennbarkeit des nachzuahmenden Modells. Manche Modelle sind verhältnismäßig leicht zu betrachten und zu lernen.[27] Es ist leichter, ein gesetzliches als ein gewohnheitsrechtliches Modell wahrzunehmen: Wobei natürlich dieser Unterschied verschwindet, wenn gut recherchierte wissenschaftliche Arbeiten uns die Gewohnheitsregeln erklären. 97

Die Kenntnis des nachzuahmenden Modells – besonders die profunde Kenntnis – kann die Nachahmung beflügeln. Aber von einem realistischen Standpunkt aus gesehen, geht die Nachahmung der Kenntnis des Modells häufig voran, sie folgt ihr nicht nach.[28] Die Somalier haben 1973 das ägyptische Gesetzbuch nachgeahmt und dabei zu Unrecht geglaubt, dessen Redaktoren hätten ein nicht vom europäischen Recht inspiriertes Werk geschaffen. 98

Das nachzuahmende Modell und Sprache. Die Kenntnis des nachzuahmenden Modells erfordert eine gewisse Kenntnis der Sprache, in der sich dieses Modell ausdrückt.[29] Aber das gesellschaftliche Leben verfügt über Mittel, die erforderlich sind, um mit 99

27 E.M. Wise, *aaO.*

28 Sehr deutlich formuliert dies A. Watson: »(...) das fremde Recht kann einen Einfluss auch dann ausüben, wenn es völlig missverstanden wird«, er erwähnt dabei die Geschichte von Bell und des *constructive delivery: Transplants, aaO*, 86; dazu auch *Comp. Law and Legal Change, aaO*, 313; *Evolution, aaO*, 118.

29 E.M. Wise, *aaO*, erwähnt zwischen den Bedingungen, die eine Rezeption begünstigen, die Abwesenheit sprachlicher Barrieren. Seine Formulierung trifft es genau.

sprachlichen Unverständlichkeiten zurechtzukommen. Der Code Napoléon und die Pandektenlehre Windscheids haben alle sprachlichen Schwierigkeiten überwunden. Überall gibt es Übersetzer. Und zudem wurde in Italien in den Jahren von 1920 bis 1950 faktisch kein Jurist zur universitären Laufbahn zugelassen, der nicht in der Lage war, Deutsch zumindest zu lesen.

100 Darüber hinaus kann die sprachliche Barriere die richterliche Nachahmung behindern: Bis heute werden Urteile seltener übersetzt als Beiträge der Lehre.[30] Wir haben schon eruiert, dass die Türkei der Revolutionszeit das Deutsche – als internationale Sprache – kannte. Später wurde die Kenntnis der deutschen Sprache seltener und für eine gewisse Zeit wandte sich der türkische Ausleger französischen Modellen zu. Heute ist – in der Türkei wie überall – Englisch die internationale Sprache, aber die englischen law reports bieten dem Juristen, der eine Argumentation mittels Begriffskategorien des schweizerisch-türkischen Rechts führen muss, keine großen Beschäftigungsmöglichkeiten. Dies gilt auch für andere Länder: Die Peruaner, die ein Strafgesetzbuch nach schweizerischem Modell übernommen haben, haben in der Folgezeit – aus sprachlichen Gründen – nicht von den in der Schweiz erfolgten Auslegungen profitiert.[31]

9. Bekannte Typen und Beispiele von Nachahmungen

101 Im Laufe der Ausführungen sind wir einer reichen Typologie von Nachahmungen begegnet. Wir haben über globale oder partielle Nachahmungen gesprochen. Die Rezeption kann oktroyiert oder freiwillig sein. Sie kann zwischen ähnlichen oder heterogenen Systemen erfolgen. Sie kann als Wirkung eine kulturelle Anpassung[32] (wenn die schwächere nachahmende Gesellschaft ihre eigene kulturelle Identität verliert) oder eine Assimilierung zeigen. Die Oktroyierung ist das Ergebnis einer Eroberung. Die Rezeption ist die nicht erzwungene Übernahme. Die Verpflanzung, selbst Teil der Verbreitung, verdankt sich der Immigration eines Volkes in ein neues Gebiet.

102 Die kleinen Nachahmungen werden heute auch von höchst selbstständigen Ländern praktiziert und nicht verheimlicht. In Frankreich konnte M. Ancel 1971 sagen, dass »es in der öffentlichen Meinung eine häufige und recht weit verbreitete Xenophobie gibt, zu der man die, wir könnten sagen: natürliche, Abneigung des Juristen gegenüber Normen fremden Ursprungs oder internationaler Reichweite hinzuaddieren könnte«; 1990 unterstrich E. Agostini dann bei einem internationalen Kolloquium die Bedeutung des ausdrücklichen rechtsvergleichenden Bezugs bei juristischen Reformen (bei den Themen der Abstammung, des Eigentumsvorbehalts, der Aktiengesellschaft und des Ombudsmanns).[33]

---

30 Heute, nachdem ein die richterliche Verpflanzung begünstigendes Klima geschaffen ist, übersetzen viele Zeitschriften (etwa der Foro italiano) ausländische Urteile. Übersetzungen erfolgen zudem äußerst zahlreich beim Europäischen Gerichtshof. Übersetzungen werden verfasst, um die Anwendung des Einheitsrechts darzustellen.

31 Hurtado-Pozo, *Rapport national suisse* zum Thema *La circulation des modèles juridiques*, präsentiert auf dem XIII. Kongress der Internationalen Akademie für Rechtsvergleichung (Montréal, 1990).

32 Zur kulturellen Anpassung, M. Alliot, *L'acculturation juridique*, in: J. Poirier (Hrsg.), *Ethnologie générale*, Paris, 1968; N. Rouland, *Anthropologie, aaO*, 337–392.

33 M. Ancel, *Utilità, aaO*, 71. E. Agostini, *Circulation, aaO*. Der Diskurs von Agostini betrifft das Gesetz L. 72–3 vom 3. Januar 1971 zum Abstammungsrecht, das sich in der Gesetzesbegründung auf die englischen, deutschen und niederländischen Gesetze bezog; das Gesetz L. 80355 vom 12. Mai 1980 über die Eigentumsvorbehaltsklausel, welche das deutsche Recht erwähnt; und die Gesetze, die sich auf Gesellschaften mit Leitungsgremien beziehen; diesbezüglich sei auch auf die Ausführungen von A. Tunc mit seinen auf rechtsvergleichenden Argumenten beruhenden Reformvorschlägen hingewiesen.

Die Nachahmung kann aufgrund von Missverständnissen und schlechten Übersetzungen zu Divergenzen gegenüber dem Ursprungsmodell führen, die nicht vorhergesehen waren. Es kann auch geschehen, dass diese Divergenzen eine nicht zu verachtende (bewusste oder instinktive) Anpassungsfunktion erfüllen. Aber sie können auch zu sehr schlechten Lösungen führen. Oft betrifft das Missverständnis nicht so sehr die als Modell genommene Norm selbst, als vielmehr die Stellung, die diese in ihrer Ursprungsordnung im Verhältnis zu anderen Normen einnimmt, die sie ausgleichen oder ihre Anwendungsweise bestimmen.[34] 103

Im Laufe der Ausführungen sind wir häufig auf einige große Nachahmungen – dh globale Rezeptionen – gestoßen. 104

Das Corpus iuris civilis hat zu einer antonomastischen Rezeption geführt. Eine diesbezügliche Literatur beschäftigt sich mit diesem bedeutenden Phänomen. An dieser Stelle wollen wir nur anmerken, dass das Subjekt der Zirkulation – oder, wenn man möchte, das Objekt der Rezeption – das hauptsächlich auf das Privatrecht bezogene Corpus (rechtliches Werk und begründete taxonomisch-konzeptuelle Zusammenschau) war und nicht das römische Recht in seiner Gesamtheit. 105

Die Grundlagen des britischen Verfassungsrechts und seine Instrumente wurden in den ehemaligen amerikanischen Kolonien genutzt. Diese boten wiederum den Kontinentaleuropäern Modelle an, die diese während der Zeit der großen Umwälzungen (1789–1815) und dann nach der erfolgten Restauration bei ihrem unaufhaltsamen Marsch zur Freiheit und Demokratie gebrauchten. Von Großbritannien und Europa aus verbreiteten sich diese Modelle daraufhin in China und Japan und – infolge der Dekolonialisierung – in Amerika, in ganz Asien, in Afrika und Ozeanien. Durch Höhen und Tiefen hinweg haben diese Modelle schließlich auch das postsozialistische Europa erreicht. Es handelt sich dabei um einen – den einzigen – Fall einer quasi weltweiten Rezeption (zurückgewiesen wird sie beispielsweise von den islamischen Staaten). 106

Der Code Napoléon erlebte drei Rezeptionen. Zuerst wurde er in Europa nachgeahmt, das das revolutionäre und imperiale Frankreich mit seinen Innovationen kennengelernt hatte; und dies sieht man in Italien, (zum Teil) in der Schweiz, (zum Teil) in Deutschland, in Belgien und den Niederlanden sowie in Polen. Dann wurde er in den kleinen europäischen Staaten rezipiert, die nach und nach unabhängig wurden (Rumänien, Bulgarien) und teilweise in der Türkei. Schließlich wurde er weiter verbreitet in asiatischen und afrikanischen Ländern, die diesen als das allgemeine europäische Modell ansahen. 107

Die von der deutschen Pandektistik erarbeiteten Begriffslehren führten zu den Nachahmungen, die wir oben beschrieben haben; und diesen müssen wir noch die Rezeptionen hinzufügen, die in den skandinavischen Ländern[35] und anderswo erfolgten. 108

Eine Rezeption, die das Schicksal von Milliarden von Menschen betrifft, zeigt sich in Asien in den nachahmenden Ländern China, Japan und Indien und im gesamten Afrika. Die nachgeahmten Rechtsordnungen sind entweder englisch, amerikanisch, französisch oder deutsch. 109

---

34 Nicht geglückte Nachahmungen stehen oft im Mittelpunkt und dienen als Beispiele der Untersuchung von G. Lombardi, *Premesse*, cit., *passim*. Er schuf die Kategorie der «dialektischen» Nachahmungen.

35 Für das dänische Recht siehe den Vortrag von Tamm, *Relazione nationale danese*, zu dem Thema *La circulation des modèles juridique*, auf dem XIII. Kongress der Internationalen Akademie für Rechtsvergleichung (Montréal, 1990). Auch die dänische Rechtssprache passte sich der Rezeption an.

110 Manche Nachahmungen sind aufgrund ihrer Weite, mit der das nachahmende Land vorging, außergewöhnlich, auch wenn der einzelne Rezeptionsvorgang recht begrenzte Inhalte hat. So veränderte beispielsweise die Türkei der Revolutionszeit ihr gesamtes eigenes Gesetzesrecht, aber wählte dabei Modelle verschiedener Herkunft für die verschiedenen Gesetzbücher aus (das Zivilrecht ist schweizerisch, das Strafrecht italienisch usw). Ähnliches ist in einigen Ländern des Balkan geschehen.

111 Unter den bislang genannten Rezeptionen haben drei eine Gemeinsamkeit: Das nachgeahmte Modell ist romanistisch. Aber die englischen und amerikanischen Modelle bieten sich für die Nachahmung nicht weniger an als die anderen. Wenn in der weit zurückliegenden Vergangenheit nur das englische Verfassungsmodell der kontinentalen Revolution allgemeine Grundzüge anbieten konnte, ist die Nachahmung des Common Law außerhalb des Verfassungsrechts neueren Datums. Aber seit den fünfziger Jahren profitierte Europa in großem Maße sowohl von den amerikanischen methodischen Modellen (ökonomische Analyse des Rechts, Rechtsrealismus) wie auch von positiven Rechtsregeln aus dem Bereich des Common Law.[36]

36 Es genügt, an das italienische Strafprozessrecht von 1989 zu denken. Aber alle europäischen Länder (und mit diesen die Europäische Union) ahmen vorwiegend das angloamerikanische Recht nach – und oft direkt das amerikanische Recht.

§ 3 Vergleichung und Rechtsvereinheitlichung

10. Fortschritte und Ideologie der Vereinheitlichung

Supranationale Institutionen vereinen oder vereinheitlichen das Privatrecht. Multinationale Konventionen vereinheitlichen das Privatrecht und garantieren diese Einheitlichkeit. Die Zirkulation der Rechtsmodelle vereinheitlicht das Privatrecht. Die internationalen Handelskammern haben mit ihren Standardvertragsregeln und die Schiedsverfahren mit ihren (offiziell Teil des nationalen Rechts bildenden, aber de facto) nicht nationalen Regeln ein einheitliches lex mercatoria geschaffen, das maßgebend als Recht der Zukunft bezeichnet wird. In dem einen oder dem anderen Bereich wird das Privatrecht vereinheitlicht werden.[1] 1

Das Phänomen hat solche Dimensionen angenommen, dass von einer laufenden »Globalisierung« allen Rechts gesprochen wird[2] (einige sprechen sogar schon von einer abgeschlossenen Globalisierung). Es wird von einer »Standortverlagerung« des Rechts vorbereitet, durch die zunehmend das von einer Quelle abstammende Recht, außerhalb des Autoritätsgebiets eben dieser Quelle, angewandt wird. Auf einer höheren als der nationalen Ebene wirken überstaatliche Institutionen, die wissenschaftliche und gerichtliche Nachahmung verbreitet Lösungen von einem zum anderen Bereich und schließlich begünstigt die wachsende Rolle von Werten und Rechtsgrundsätzen, und mit ihnen der Zugang zu nicht rein juristischen Kodizes (ethischen[3], zB bioethischen, ihrer Natur nach geeignet für die Ausbreitung und Universalisierung zulasten der reinen positivistischen Rechtsquellen), die Vision einer universellen Ordnung, die aus verschiedenen, aber institutionell eines mit dem anderen verbundenen Teilen besteht, die, aneinander angrenzend, vom gemeinsamen Rechtsrahmen profitieren und in einigen Bereichen über die ganze Erde ausgedehnt sein könnten. 2

Die Vereinheitlichung geschieht meistens von der Peripherie aus nach innen. Man vereinheitlicht die Haftung des Verkäufers bei einem Handelskauf über bewegliche Sachen. Man vereinheitlicht die Wirkung des Wechselverkehrs a non domino oder des Verkaufs eines gestohlenen Kunstwerkes. Man vereinheitlicht hingegen nicht den Moment, in dem das Eigentum übergeht, und noch weniger schafft man eine Einheitsregel im Bereich des Sachenrechts, die es erlauben würde, eine einheitliche Kategorie des Eigentums zu bestimmen. Man vereinheitlicht auch nicht die Wirkung der Veräußerung a non domino im Allgemeinen. 3

---

1 Die Bibliographie zur Vereinheitlichung ist immens.
UNIDROIT publiziert die Revue de droit uniforme, Uniform Law Review.
Bezüglich verschiedenster Probleme H. Coing, C. Schmitthoff, J. Hellner, L. Gleichmann, *Methoden der Rechtsvergleichung*, Frankfurt aM, 1974; M. Cappelletti (Hrsg.), *Nouvelles perspectives d'un droit commun de l'Europe*, Florenz, 1978 (15 Autoren); Aa. Vv., *Le nuove frontiere del diritto e il problema dell'unificazione*, 2 Bände, Mailand, 1979; M. Ancel, *Rapprochement, unification ou harmonisation des droits?*, in: Mélanges dédiées a. G. Marty, Toulouse, 1978, H. Kötz, *Rechtsvereinheitlichung. Nutzen, Kosten, Methoden, Ziele*, in: *Rabels Z.*, 1986, 1; R. David, *Unification ou harmonization*, in: Droit comparé, Paris, 1982.
Die allgemeinen Werke zur Rechtsvergleichung haben zumeist ein Kapitel über die Rechtsvereinheitlichung.

2 I. Edge, *Comparative Law in Global Perspective*, Ardsley, 2000; M.R. Ferrarese, *Il diritto al presente. Globalizzazione e tempo delle istituzioni*, Bologna, 2002; B.D. Sous Santos, C.A. Rodriguez-Garavito (Hrsg.), *Law and Globalisation from below*, Cambridge (UK), 2005; P. De Cruz, *Comparative Law in a changing World*, 3. Auflage, London und New York, 2007, Kapitel XIV; S. Cassese, *Il diritto globale. Giustizia e democrazia oltre lo Stato*, Turin, 2009; J. Basedow, T. Kono, *Legal Aspects of Globalisation*, Den Haag, 2009; M. Bussani, *Il diritto dell'occidente*, Turin, 2010; M. Delmas Marty, *Les forces imaginantes du droit*, 4 Bände, Paris, 2014.

3 Jüngst zu diesem Thema F.A. Benatti, *Etica, impresa, contratto e mercato. L'esperienza dei codici etici*, Bologna, 2014.

4 In manch vereinzelten Bereich – vor allem im Bereich der Freiheiten und der Persönlichkeitsrechte – vereinheitlicht man hingegen, in durchaus zufriedenstellendem Maße, gerade auch die gefundenen Prinzipien und toleriert divergierende Details.

5 Zu welchen Ergebnissen führt uns die Vereinheitlichung?

6 Ihr Vorteil besteht unumstritten darin, gefährliche, durch Rechtskonflikte geschaffene Widersprüche zu vermeiden. Wenn in Land A ein Vertrag als abgeschlossen gilt, wenn der Annehmende seine Willenserklärung abgibt, und im Land B, wenn die Annahme dem Erklärungsempfänger zugeht, hat der Widerruf der Annahmeerklärung auf halber Strecke zwischen dem Sender und dem Empfänger keinen Einfluss auf die Existenz des Vertrages gemäß den Regeln des Landes A, gilt aber als nicht zustande gekommen gemäß den Regeln des Landes B. Es ist nicht vorhersehbar, ob die Gerichte des Landes A oder des Landes B über die Existenz eines Vertrages entscheiden. Daher ist es auch nicht vorhersehbar, ob der Vertrag existiert oder nicht. Das internationale Privatrecht sieht eine Vereinheitlichung hinsichtlich des anzuwendenden Rechts vor und regelt insoweit, dass das Recht des Ortes gilt, an dem der Vertrag geschlossen wurde. Aber gemäß dem Recht in Land A wurde der Vertrag am Wohnort des Annehmenden geschlossenen und gemäß dem Recht in Land B würde ein Vertrag am Wohnort des Erklärungsempfängers geschlossen werden. Die rechtliche Unsicherheit bleibt.

7 Wenn das internationale Privatrecht machtlos ist und auch die Vertragsautonomie der Parteien keine Hilfe darstellt, ist es die logische Folge, die Einheitlichkeit der rechtlichen Lösungen selbst anzustreben.

8 Darüber hinaus will das Einheitsrecht verhindern, dass eine bestimmte Beziehung widersprüchlich dies- und jenseits der Pyrenäen, des großen oder kleinen St. Bernhard, des Ärmelkanals oder des Indischen Ozeans geregelt wird. So vermeidet es störende Ungleichbehandlungen, die der örtlichen Trennung der Personen, der Güter oder den Tatsachen geschuldet sind.

9 In den Grenzen der Vernunft sind Unterschiede zu vermeiden. Die Europäische Union hat ihren Mitgliedern verschiedene vereinheitlichte Regeln auferlegt um Marktverzerrungen zu verhindern. Der Wettbewerb zwischen Mitbewerbern ist ein zu schützendes Gut, wenn der Verbraucher Zugang zum besten Produkt haben soll. Und der Wettbewerb kann auch durch die Vielzahl von widersprüchlichen Regeln verzerrt werden.

10 Die vernünftigen Menschen sind sensibilisiert für die Bedürfnisse nach einer Vereinheitlichung in räumlicher Hinsicht. Wenige hingegen sind es für das Bedürfnis nach einer größeren Vereinheitlichung in zeitlicher Hinsicht. Wir wollen nicht, dass dieselbe menschliche Handlung in Belgien oder Frankreich unterschiedlich beurteilt wird. Wir finden es hingegen normal, dass etwas in zehn verschiedenen Arten und Weisen geregelt wird, wenn der Gesetzgeber mit zehn verschiedenen Vorschriften innerhalb von zehn Jahren eingreift. Wir erkennen die Ungerechtigkeit von räumlicher Ungleichbehandlung an. Wir ignorieren hingegen jene in zeitlicher Hinsicht.

11 Zumindest in Bezug auf den räumlichen Wert einer Norm bewegen wir uns hin zu einer Vereinheitlichung. Man will die Vereinheitlichung und hält sie für ein Gut.

12 Und es wird angenommen, dass die Rechtsvergleichung das richtige Mittel hierfür ist. Zwischen Rechtsvergleichung und Rechtsvereinheitlichung wird eine untrennbare Verbindung gesehen.

Diese Verbindung zwischen Rechtsvergleichung und der Schaffung eines einheitlichen Rechtsmodells, die, da so anderes als die übliche Lehre der Rechtsquellen, imaginär erscheinen könnte, kann hinsichtlich einer bestimmten Reihe von Umständen nicht bestritten werden. Diese paradoxen Umstände treten auf, wenn in einem bestimmten territorialen Bereich, der in verschiedene Rechtsbereiche untergliedert ist, eine einheitliche Regel entsteht, aber niemand den genauen Inhalt dieser Regel präzisiert. In solchen Fällen kann der Richter (wenn er um die verschiedenen Systeme vor der vereinheitlichenden Regel weiß) einen gemeinsamen Kern bestimmen und ihn anwenden. Diese Situation kann zum Beispiel in der Europäischen Union auftreten. Die Regeln, mit denen die Europäische Union die Beziehungen zwischen Unternehmen und ihren Mitarbeitern regelt, sind zwangsläufig einheitlich. Aber die Gesetzestexte, die die Pflichten der Unternehmen bestimmen, haben hier weder definiert, was ein Unternehmen ist, noch in anderen Fällen beispielsweise Regelungen hinsichtlich der Erstattung von durch Einzelpersonen an die Gemeinschaft gezahlten Beträgen getroffen. Der Gerichtshof hat also ein auf der richterlichen Rechtsquelle basierendes Recht geschaffen, dessen Dreh- und Angelpunkt der durch die Rechtsvergleichung erhaltene gemeinsame Kern ist.[4] 13

In Fällen wie dem erwähnten bietet die Rechtsvergleichung eine, durch eine politische Entscheidung notwendig gemachte, Vereinheitlichung. 14

Oft wird oder wurde der Verbindung zwischen Rechtsvergleichung und Rechtsvereinheitlichung ein universeller Wert zugeschrieben. Wie wir bereits beobachtet haben, wurde die Rechtsvergleichung in der Vergangenheit schon genau durch diese Identifizierung der Wissenschaft der Rechtsvergleichung mit der Ausarbeitung von Möglichkeiten für die Rechtsvereinheitlichung geprägt.[5] 15

Die universelle Vision verdient Respekt. Sie wurde geboren, als der Anwalt sich der geltenden Beschränkungen bewusst geworden ist, die seinen Horizont über die nationalen (legislativen) Grenzen hinaus einschränken. Und sie hat sich deutlich weiterentwickelt, als man davon ausging, dass die Vereinheitlichung Ergebnis einer rechtsvergleichenden Prüfung der in Frage kommenden Lösungen sein könnte und so das kulturell und sozial am besten entwickelte Modell gefunden werden könnte. 16

Dies befreit jedoch nicht davon, sowohl das Ideal der Rechtsvereinheitlichung als auch die angebliche Verbindung zwischen Rechtsvergleichung und Vereinheitlichung kritisch zu überprüfen. 17

11. Einige kritische Anmerkungen zur Vereinheitlichung

Die Ideologie der Rechtsvereinheitlichung wird auch kritisch beanstandet. 18

Einwände werden bezüglich der Untrennbarkeit von Rechtsvergleichung und Rechtsvereinheitlichung geltend gemacht. 19

Das Handbuch der Einführung in die rechtsvergleichende Untersuchung von D. Kokkini-Iatridou rezensierend, erklärt J. Vanderlinden scharf: »Die erste Überraschung sind die dreißig Seiten (dh ein Drittel des ersten Teils, abzüglich der Referenzlisten), die von D. Kokkini Iatridou der *Negation der Rechtsvergleichung selbst* oder auch der Vereinheitlichung des Rechts gewidmet werden. An sich sind sie ausgezeichnet (von J.G. Sau- 20

---

4 S. diesbezüglich P. Pescatore, *Le recours, dans la jurisprudence de la Cour de justice des Communautés européennes, à des normes déduites de la comparaison des droit des États membres*, in: *RIDC*, 1980, 337. S. auch B. Markesinis, *aaO.*

5 S. oben, Nr. 4 des 1. Kapitels.

veplanne und R.H. Lauwaars) geschrieben, aber warum wird auf einem zweifellos interessanten Phänomen beharrt, das *dazu führt, dass die Rechtsvergleichung unnötig und unmöglich wird*?«[6] Die Rechtsvergleichung wird folglich nicht einstimmig als die vorbereitende Phase einer künftigen Rechtsvereinheitlichung betrachtet. Einige sehen in der Rechtsvergleichung eine Wissenschaft, die das Bewusstsein um die Individualität der Lösungen, ihre Vielfalt und ihre Pluralität schafft.

21 Die Kolonisierung und Dekolonisierung führten von Anfang an zu einem Prozess der Verbreitung des europäischen Modells in den Kolonien, dem dann eine kritische Bewertung dieser Beeinflussung folgte, die die Europäer in dem Glauben vornahmen, den traditionellen Gesellschaften eine weiter fortgeschrittene Ebene hinsichtlich Kultur, Gerechtigkeit, Rationalität und sozialer Entwicklung zu bieten.

22 Vereinheitlichung ist in der Sprache derer, die sich auf die Beziehung zwischen den Modellen der technologisch fortgeschrittenen Länder und den traditionellen Modellen konzentrieren, das Synonym für Dekulturation und Unterdrückung der Identität der Schwächsten geworden;[7] und in jedem Fall bedeutet es eine Zerstörung von etwas, das existierte und seinen eigenen Wert hätte haben können.[8]

23 Ein anderer Einwand gegen die Vereinheitlichung der Modelle folgt aus der Berücksichtigung der Möglichkeit der Evolution der Rechtsmodelle. Je verschiedener die Modelle sind, desto größer ist die Möglichkeit, dass auf ihrer Basis in Bezug auf die sich ändernden Bedürfnisse progressive Modelle entwickelt, versucht, getestet, verbreitet und imitiert werden. Die Einheitlichkeit der Ausgangslösung bietet stattdessen nur ein einziges Spielbrett.

24 Die Vereinheitlichung, demokratisch durch Gesetz oder Vereinbarung umgesetzt, impliziert den Konsens der Mehrheit (der vereinheitlichten Bereiche oder bezüglich der einzelnen vom Übereinkommen betroffenen Bereiche). Aber sie ignoriert tatsächlich anspruchsvollere Anwendungen als das Prinzip der Konsens.

25 Insbesondere verpflichtet die herkömmliche Vereinheitlichung die Vertragsstaaten durch einen Konsens, der ohne zeitliche Begrenzung bindet und damit jede bessere zukünftige Lösung verhindert, sofern diese (aus mangelndem Interesse oder Faulheit) keine Zustimmung durch die anderen Vertragspartner findet. Das heißt, für die Verbesserung der Entscheidung braucht die Staatengemeinschaft die Zustimmung des langsamsten und borniertesten Mitgliedslandes.

26 Darüber hinaus opfert die Vereinheitlichung, auch wenn demokratisch entwickelt, zu weitgehend andere gedankliche Lösungen. Die Lösung A für das gesamte einheitliche Gebiet zu wählen, weil 60 % der Bürger entsprechend gewählt haben, bedeutet diejenigen Bürger zu vernachlässigen, die eine andere Lösung B in Teilbereichen des einheitlichen Gebiets mit einer 70- oder 90prozentigen Mehrheit wollen. Die Vereinheitlichung

---

6 Das zitierte Werk ist *Inleiding*, *aaO*. Eine Rezension hiervon bietet J. VANDERLINDEN, *Qu'est-ce que le droit comparé? A propos de deux ouvrages récents*, in: *RIDC* 1989, 1057.

7 Zu allen Problemen des Rechtspluralismus, N. ROULAND, *Anthropologie*, *aaO*, 94–121 (mit weiteren Nachweisen).

8 Diskussionen für und gegen die Vereinheitlichung finden auch in anderen als rechtlichen Bereichen statt: im Bereich der Sprache beispielsweise auf allen Ebenen (zwischen der englischen Sprache, einer internationalen Sprache, und den regionalen Sprachen; zwischen der geschriebenen Sprache und den regionalen traditionell ungeschriebenen Sprachen; zwischen der Aussprache der nationalen geschriebenen Sprache und den verschiedenen lokalen und klassenabhängigen Aussprachen; usw); die Bedeutung dieser Auseinandersetzungen korreliert teilweise mit der Bedeutung der Auseinandersetzungen für spezifische rechtliche Modelle.

(auch wenn mittels demokratischer Entscheidung) bedeutet mithin – in einem gewissen Rahmen – eine Dekulturation auf Kosten der Minderheit.

Geht man von einer quantitativen zu einer qualitativen Betrachtung über, stehen die üblichen rechtlichen Vereinheitlichungsverfahren ganz im Gegensatz zu dem freiheitlichen Bestreben einer flächendeckenden Steuerung der Norm, die durch die einzelnen Benutzer, die sich ihr aus freier Wahl unterwerfen, ausgeführt wird. Diese Steuerung erfolgt nur, wenn die Norm spontan gebildet wird (durch die sogenannte Gewohnheit). Auch diese spontane Norm zirkuliert normalerweise durch Nachahmung oder auf andere Weise (die lex mercatoria des internationalen Handels ist zum Teil derart spontan) und ist in der Lage zu beeindruckenden Vereinheitlichungen; aber sie lässt es nicht zu, den räumlichen Geltungsbereich der verschiedenen Rechtsanwendungen und die unterschiedlichen gesetzlichen Regelungen vorzudefinieren. 27

Der Politikwissenschaftler sollte nun seine Aufmerksamkeit auf einen wichtigen Umstand richten. Die weltweite Gemeinschaft hat ein Interesse daran, die verschiedenen Modelle aufrecht zu erhalten, damit sie in Konkurrenz zueinander stehen, so dass die Bürger individuell das eine oder andere auswählen können.[9] Es kann eine Utopie bleiben, zu so etwas wie ritterlichen Lanzenduellen zurückzukehren, bei denen sich die Konkurrenten in Wettbewerben messen. Aber die Ausbildung, die soziale Sicherheit und das Gesundheitswesen könnten durch den Wettbewerb zwischen den verschiedenen Modellen, die sich jeweils von einem bereits bestehenden nationalen Modell ableiten, profitieren. Noch stärker könnten im Bereich des Vertragsrechts die verschiedenen Modelle den Bürgern eine viel größere Auswahl bieten, je abwechslungsreicher und zahlreicher die in den verschiedenen Bereichen durch das dispositive Recht bereitgestellten Instrumente sind. 28

Heutzutage besteht die Gefahr einer Überstandardisierung. Das, was auf europäischer Ebene geschieht, sollte besser beobachtet werden: Vor Jahren begann man sogar darüber nachzudenken, ob es angebracht sei, den Verlagsvertrag zu vereinheitlichen. 29

Auf Vertragsmaterie sollte der einheitliche Gesetzgeber sicherlich in eine bestimmte Richtung Einfluss ausüben. Und zwar indem er den Mitgliedsstaaten aufgibt, prinzipiell all jene Willensakte, Verpflichtungen, Verträge und Vereinbarungen anzuerkennen, die in jedenfalls einem der assoziierten Staaten Rechtsgültigkeit besitzen. Internationalisierung bedeutet Freizügigkeit aller Vertragsmuster, die in jedenfalls einem der Mitgliedsländer erlaubt sind. Die starren nationalen und kulturellen Schranken werden durch die Begrenzungen der öffentlichen Ordnung und dem zwingenden Recht auferlegt. Eine Offenheit für über die nationalen Grenzen hinausreichende Horizonte wird nur erreicht, indem die Idole rein nationaler Ordnung auf den Scheiterhaufen gebracht werden. 30

12. Vereinheitlichung und politische Entscheidungen

In gewissen – nicht engen – Grenzen ist die Vereinheitlichung des Rechts notwendig, nützlich oder gewünscht. Fragen wir uns also: Welche Widerstände verlangsamen den Weg hin zu diesem Ziel? Warum ist das Eigentumsrecht in England und den Beneluxstaaten niemals einheitlich geworden? 31

9 Umfassend zum Thema P. Bernholz, *Aspetti istituzionali dell'integrazione europea*, in: E. di Robilant und G. Radnitzky (Hrsg.), *Una società libera per l'Europa*, 1992, 211.

32 Der Unbedarfte denkt, dass die Vielfalt der politischen Standpunkte die Vereinheitlichung verhindert. Die Menschen sind über viele politische Werte uneins, und diese Situation hat etwas Pathologisches an sich. Die Widersprüche werden noch ausdrücklicher und formalisierter sein, wenn die verschiedenen Werte von den Organen unterstützt werden, die zwischen dem Bürger und dem Gesetzgeber vermitteln, dh also von den politischen Parteien.

33 Der umsichtige Beobachter wird darüber hinaus feststellen, dass (zumindest innerhalb Europas) gerade der Bereich des Privatrechts (insbesondere der Bereich des Familienrechts), der immer schon zu den lautesten politischen Gegensätzen geführt hat und immer noch führt, derjenige ist, in dem die Zirkulation der Modelle und, in geringerem Maße, das auf Konventionen beruhende einheitliche Recht die solideste Vereinheitlichung geschaffen haben. Vielleicht wirkt sich hier der Umstand aus, dass in diesem Bereich die historischen Grundlagen sowohl in den Ländern des Common Law als auch in den romanistischen Ländern kanonischer Natur sind; aber jedenfalls sind einheitliche europäische Lösungen nicht immer auch die des kanonischen Rechts.

34 Man hat ein einheitliches Recht geschaffen, das die Unauflöslichkeit der Ehe anerkennt, und welches zugleich die Möglichkeit der Scheidung kennt. Überall proklamiert man die Gleichheit der Rechte zwischen den Eheleuten sowie eine gewisse Vermischung zwischen den Einkünften des einen und des anderen Ehegatten. Überall ist die elterliche Gewalt zugunsten der Kinder auszuüben. Überall neigt im Rahmen der drei Kindschaftsrechte – des gesetzlichen, des biologischen und des gewählten – das zweite gegenüber dem ersten und das dritte gegenüber den anderen beiden zu überwiegen. Die Adoption ist in diesem Zusammenhang ein wichtiges Beispiel. Die großen Unterschiede zwischen den politischen Programmen haben die Einheitlichkeit der Lösungen nicht verhindert. Jüngste Neuerungen kreieren wieder Unterschiede: Aber die neuen Modelle finden auch in den Ländern anklang, in denen die Neuerungen noch nicht rezipiert wurden: Das ius condendum ist überall das Gleiche.

35 Umgekehrt finden wir keine entsprechende Übereinstimmung in dem Bereich, in dem es keine politische Debatte gibt. Als Beispiel können dienen: a) das Eigentum, das als alleinige und unteilbare (romanistisches Modell) oder hingegen als teilbare Herrschaft (englisches Modell) aufgefasst wird; b) der Eigentumsübergang, der auf einem von einem Rechtsgrund getragenen Konsens beruht (Modell der französischen Lehre), oder hingegen auf einem äußerlichen oder feierlichen Akt (deutsches und, zum Teil, englisches Modell); c) der Schutz des Eigentums, der einem absoluten und tatsächlichen Rechtsmittel (römisches Modell) oder einem relativen und persönlichen Rechtsmittel überantwortet sein kann (englisches Modell); d) die Natur des Vertrages, der in Frankreich der Lehrgleichung »pacta sunt servanda« entspricht, in England hingegen die ausgefallene Voraussetzung der consideration verlangt.

36 Überprüfen wir also direkt, welcher Natur die Gegensätze sind, die wir im Recht verschiedener Länder vorfinden.

13. Die Messung der Unterschiede

37 Stellen wir uns vor, ein Händler gäbe einem eigenen Mitarbeiter (ohne Vertretungsmacht zu erteilen) den Auftrag, ein Grundstück zu erwerben; und dass er sich nach erfolgtem Erwerb zu seinem Anwalt begäbe, um herauszufinden, ob er selber oder der Mitarbeiter nun als Eigentümer anzusehen sei.

Der Anwalt wird für die Antwort weit ausholen müssen. Wenn wir in England sind, müssen wir zwischen Common Law und equity unterscheiden; bei Letzterem wird derjenige, der ein Grundstück im Interesse eines anderen erwirbt, trustee des Betroffenen; und das Eigentum zerfällt in ein legal ownership, das dem Erwerber zusteht, und einen equitable interest, der dem Interessierten gebührte; das Erstgenannte beinhaltet die Macht, gegen Dritte mittels der normalen, für Sachen zur Verfügung stehenden Verteidigungsmittel vorzugehen; der equitable interest hingegen beinhaltet ebenfalls eine wirksame in equity beruhende Verteidigungsmöglichkeit gegen den trustee, nicht jedoch gegenüber bösgläubigen oder ungerechtfertigt bereicherten Dritten. Dies also wird der Anwalt seinem Mandanten erklären. Und ergänzen, wenn der Mandant ein Kontinentaleuropäer ist, dass sich in England das Eigentum aufteilen kann, so wie sich auch die Rechtsordnung in die zwei großen Komponenten des Common Law und der equity aufgeteilt hat. 38

Doch die vom englischen Anwalt gegebene Antwort hat auch in Deutschland und in Italien Gültigkeit. Der Beauftragte, der ein Grundstück erwirbt, heißt Eigentümer und verfügt über die Befugnis, die Sache zu vindizieren; gleichwohl ist er jedem Rechtsmittel ausgesetzt, das dazu bestimmt ist, das Interesse des Auftraggebers zu schützen. Diese Lösung war auch die des römischen Rechts, auch wenn sie heute in einem romanistischen Land (in Frankreich) nicht mehr zu gelten scheint. 39

Zusammengefasst: Die Lösung der dem Anwalt gestellten Frage ist in England und Deutschland identisch. Aber in England kann man diese nicht formulieren, ohne auf die Ideen des trust und der Teilbarkeit des Eigentums zurückzugreifen; in Deutschland hingegen wird die Lösung als eine offensichtliche Konsequenz aus dem Umstand vorgestellt, dass der Beauftragte ohne Nennung des Namens gehandelt hat und die Führung eines Geschäftes keine Wirkung für den Vertretenen haben kann, wenn dieser Vorgang ohne die contemplatio domini erfolgt. 40

Das Recht ist, im Sinne der Anwendungsregel, in den beiden Ländern einheitlich. Aber die Erklärungen, dh die zur Erklärung dieses einheitlichen Rechts erarbeiteten Konzepte, sind vollkommen verschieden. Die Bedeutung des subjektiven Rechts fasst die Idee des geschützten Interesses und des Rechts auf Schutz zusammen; und dies hat dem deutschen und italienischen Wissenschaftler (und, noch vorher, dem Wissenschaftler des römischen Rechts) verwehrt zu verstehen, dass der rechtliche Schutz auch zugunsten eines Dritten wirken kann, und dass dies nicht der Trennung zwischen law und equity bedarf. 41

In England heißt der, der ein vorübergehendes Recht auf die physische Sachkontrolle hat, owner, so wie auch derjenige, der ein dauerndes Recht darauf hat. In Frankreich macht die Unteilbarkeit des Eigentums ein nur vorübergehendes Eigentum schwierig. Das vorübergehende Recht ist zwar anerkannt, dies ist wahr; aber es wird Nießbrauch, Nutzungsrecht und Wohnrecht (sowie in Italien ergänzt um die zeitliche Erbpacht) genannt. Die Regeln sind also einheitlich, aber die Taxonomie schafft entgegengesetzte Klassifizierungen. Man beachte jedoch im romanistischen Europa, dass der Inhaber des Fideikommisses dort, wo er noch anerkannt ist, als Eigentümer vorgestellt wird, obwohl sein Recht nur vorübergehend ist. 42

Zuvor (in Kapitel 4, § 4) haben wir schon einmal das Phänomen der Eigentumsübertragung untersucht. Es geht dabei darum zu wissen, ob der Übergang dieses Rechts aufgrund des Verkaufs, eines weiteren Ausführungsakts – Übergabe, Publizität usw – oder jedoch der durch den Käufer erfolgten Zahlung erfolgt. 43

44 Der deutsche Student weiß, dass der Eigentumsübergang an die Übergabe der beweglichen Sache gebunden ist oder an die Auflassung und Eintragung, wenn es sich um eine unbewegliche Sache handelt; und er weiß auch, dass diese Übertragungsakte – Übergabe und Auflassung zuzüglich Eintragung – auch dann Wirkung entfalten, wenn der Kauf selber ungültig ist oder gar nicht existiert.

45 Der französische Student weiß, dass der Eigentumsübergang an den Kaufvertrag gebunden ist.

46 Der englische Student schließlich weiß, dass im Mobiliarsachenrecht der Kauf das Eigentum between the parties überträgt, während die delivery hinzukommen muss, damit das Eigentum to all purposes übertragen ist. Im Immobiliarsachenrecht hingegen verlangt die Übertragung die conveyance, dh den feierlichen einseitigen Akt des Veräußerers, sowie die Übergabe des Dokumentes an den Erwerber (der Vertrag gewährt im Übrigen dem Erwerber einen Schutz in der equity).

47 Nehmen wir nun einmal an, dass alle diese gut vorbereiteten Studenten ihren Dozenten folgende, gleiche Frage stellen: Was geschieht, wenn der Verkäufer zwischen dem Moment des Kaufvertrages und demjenigen der Übergabe der beweglichen Sache oder der Bekanntmachung bei einer unbeweglichen Sache, die bewegliche Sache an einen Dritten veräußert und übergibt bzw. die unbewegliche Sache an einen Dritten veräußert und den Vorgang unmittelbar bekannt macht?

48 Alle Dozenten werden antworten, dass der Dritte, sofern er gutgläubig war, das Recht erwirbt.

49 Im ersten Moment versteht man nicht, warum in Frankreich, wo der Kauf den ersten Käufer hat das Eigentum erwerben lassen, der Verkäufer nach Verlust seines Eigentums eine wirksame erneute Veräußerung vornehmen kann. Doch die Professoren haben sofort eine Antwort parat. In Deutschland und – bei unbeweglichen Sachen – England veräußert der Verkäufer wirksam, weil er Eigentümer geblieben ist; in Frankreich erwirbt der Dritte kraft seines auf der Übergabe und der Publizität gestützten guten Glaubens; in England schließlich wird fingiert, dass der Verkäufer einer beweglichen Sache als Beauftragter des ersten Käufers veräußert.

50 Der Unterschied zwischen den verschiedenen Systemen lässt sich also bestätigen. Und damit auch die Gleichheit der angewandten Regel im Falle der Gutgläubigkeit des Dritten.

51 Jetzt stellen die Studenten ihren Dozenten eine andere Frage. Sie wollen wissen, was geschieht, wenn der Verkäufer vor der Übergabe der beweglichen Sache oder vor der Bekanntmachung bzw. der conveyance bei der unbeweglichen Sache an einen bösgläubigen Dritten veräußert und ihm die bewegliche Sache übergibt bzw. die Bekanntmachung resp. conveyance vornimmt.

52 Die Dozenten werden antworten, dass der Dritte, wenn er bösgläubig gehandelt hat, das Recht nicht erwirbt. Das Recht kann Bösgläubigkeit nicht schützen.

53 Die Studenten werden nicht verstehen, dass, wenn in Deutschland und – was die unbeweglichen Sachen anbelangt – auch in England der Verkäufer noch Eigentümer war, der von ihm vorgenommene Veräußerungsakt unwirksam sein soll.

54 Die Professoren haben jedoch erneut eine Antwort parat. In Frankreich erwirbt der bösgläubige Dritte aus dem elementaren Grund nicht, weil sein Rechtsvorgänger nicht mehr Eigentümer war. In England müsste jedoch der Dritte das Recht wirksam erwer-

ben, gerade weil er ja vom wahren Rechtsinhaber erwirbt. Aber die Dinge laufen anders, weil man in England nicht nur das Common Law zur Anwendung kommen lässt, sondern auch die equity; und die equity will, dass dem Käufer ein equitable interest an der verkauften Sache zugesprochen wird; kraft dieses seines interest nimmt der Dritte, der das »legal« Eigentum unentgeltlich oder in Kenntnis des vorhergehenden Kaufs erwirbt, die Stellung eines trustees zugunsten des ersten Käufers ein: Diesem muss er dann das Eigentum an der Sache übertragen, sobald dieser es von ihm fordert. In Deutschland ist die equity noch nicht erfunden worden, und daher konnte die englische Lösung – oder sagen wir besser, die englische Erklärung – dort nicht Fuß fassen. Doch führt in Deutschland jedes vorsätzlich schädigende Verhalten, das gegen die guten Sitten verstößt, zu einer deliktischen Haftung (§ 826 BGB), und dieses anwendbare Rechtsmittel führt zu einer Naturalrestitution: Der betrügerische Erwerb des Dritten fällt unter die genannte Vorschrift des BGB, und deshalb kommt es zu einer Verpflichtung, dem ersten Käufer die Sache zu übertragen. Wenn der zweite Erwerber die Sache unentgeltlich erworben hat, wird dies darüber hinaus auch noch als eine ungerechtfertigte Bereicherung gem. § 812 BGB angesehen und deshalb muss er – aufgrund dieser Bestimmung – die Sache dem ersten Käufer übertragen.

Die Verschiedenheit, aber auch die Identität zwischen den verschiedenen Rechtsordnungen, lässt sich also erneut bestätigen. 55

An diesem Punkt könnten noch immer Fragen an die die Dozenten gestellt werden. 56 Kann der Käufer, der bezahlt hat, nach Abschluss des Kaufvertrages und vor der Übergabe bzw. der Bekanntmachung oder conveyance die Übergabe der Sache beanspruchen? Die Antwort wird überall bejahend ausfallen: In Frankreich wird die Zustimmung von dem Umstand abhängen, dass der Käufer Eigentümer ist; in den anderen Ländern hingegen davon, dass der Käufer über einen vertraglichen Anspruch verfügt.

Und wenn die bewegliche Sache ohne einen zuvor geschlossenen Kaufvertrag übergeben worden ist? Wird bei dieser Möglichkeit das Eigentum übergegangen sein? Die Antwort wird überall positiv ausfallen. In Deutschland wird dies von dem Umstand abhängen, dass die Übergabe abstrakt ist. In England hingegen wird man sagen, dass derjenige, der den delivery erhalten hat, zugleich auch einen title erworben hat, und demzufolge kann er nötigenfalls in conversion gegen den vorgehen, der die Sache ohne einen titel innehat. In Frankreich wird der Diskurs sofort auf die Möglichkeit einer persönlichen Restitutionsklage hinauslaufen. Aber an dieser Stelle setzt auch in Deutschland und England der Diskurs wieder ein. In Frankreich setzt jede Zahlung eine Schuld voraus, und was bezahlt wurde, ohne dass es geschuldet war, führt zur Rückforderung. In Deutschland führt der grundlose Tilgungsakt zu einer ungerechtfertigten Bereicherung, aus der die Rückgabeverpflichtung entsteht. In England hingegen fehlt eine entsprechende Regel. In Deutschland ist aber die Bereicherung nicht ungerechtfertigt, wenn der, der den Tilgungsakt vorgenommen hat, wusste, dass er dazu nicht verpflichtet war. Schließlich führt die irrtümlich geleistete Zahlung in England wiederum zu einem Restitutionsmittel, das gerade auf dem Irrtum beruht. In Frankreich besteht ein Recht auf Rückzahlung der nichtgeschuldeten Leistung, aber dieses Prinzip wird dadurch aufgeweicht, dass die Erfüllung einer natürlichen Obligation angenommen wird, wenn die Übergabe aus Großzügigkeit, als Handschenkung oder aus dem Gefühl des Verpflichtetseins heraus geschehen ist. 57

Die Anwendungslösungen sind also überall (bis auf Italien) parallel. 58

59 Kehren wir nun zu unseren Studierenden zurück. Diese müssen also lernen, was ein Eigentümer tun muss, wenn sein Eigentumsrecht an einer unbeweglichen Sache mit dem ungerechtfertigten Besitz eines Dritten kollidiert. Die Studenten wissen, dass der Eigentümer in einem solchen Fall eine Restitutionsklage erheben muss, und werden nun wissen wollen, wie eine solche Klage gesetzlich geregelt ist.[10]

60 Der englische Dozent gibt dem Studenten eine recht einleuchtende Antwort. Der Kläger gewinnt, wenn er beweist, dass sein eigener Besitz (oder der seines Rechtsvorgängers) dem des Beklagten (oder dessen Rechtsvorgängers) vorausgegangen ist, es sei denn, der Beklagte beweist einen rechtmäßigen Rechtsübergang vom Kläger (oder seines Rechtsvorgängers) auf ihn (oder seinen Rechtsvorgänger). Natürlich wird der Kläger, der heute gewinnt, unterliegen, wenn er wiederum von jemandem verklagt wird, der einen noch weiter zurückliegenden Besitz beweisen kann. Diese Situationen, denen zufolge Tizio heute gegen Gaius gewinnt und morgen Mevius unterliegt, führen zu der Schlussfolgerung, dass das englische Eigentum relativen Charakter besitzt.

61 Die Antwort des französischen Professors ist komplexer. Das französische Recht ist, wie immer, von einer unfehlbaren Logik inspiriert: Das Eigentum kann nur absolut sein, man ist entweder allein oder niemandem gegenüber Eigentümer. Wer beweist, über dieses absolute Eigentum zu verfügen, kann die Sache zurückverlangen. Weil der sich aus dem Erwerb ergebende Titel nicht als solcher beweist, dass der Erwerb a domino erfolgt ist, beweist er auch nicht per se das absolute Eigentum: Der Vindikationskläger muss also entweder eine Ersitzung beweisen oder aber, dass er die Sache von einem Rechtsvorgänger erworben hat, der sie seinerseits ersessen hat (man wird, zu diesem Zweck, die accessio possessoris nutzen). An diesem Punkt könnte der Diskurs beendet erscheinen, wenn nicht noch das Thema offenbliebe, mit welchen Mitteln man das Eigentum beweist. Dies gibt Gelegenheit zu unterstreichen, dass es in praktischer Hinsicht unmöglich ist zu beweisen, eine Sache die für die Ersitzung erforderlichen dreißig Jahre besessen zu haben. Wenn der Kläger daher beweist, dass er selbst oder sein Rechtsvorgänger den Besitz der Sache oder einen Titel gehabt hat, die älter sind als der Besitz oder Titel, den der Beklagte oder dessen Rechtsvorgänger für sich in Anspruch nehmen können, tut man auch dann, wenn die Ersitzung sich nicht unmittelbar ergibt, so, als ergäbe sie sich.

62 Die Anwendungslösungen sind also in England und Frankreich dieselben. Auch die Beschreibung, die man von ihnen gibt, ist einheitlich. Aber die Regel, die in England als eine materiellrechtliche Regel vorgebracht wird, ist in Frankreich eine prozessuale Vorschrift. Und deshalb wird das englische Eigentum als relativ, das französische hingegen als absolut klassifiziert. Und dies wird als kardinalster Unterschied zwischen diesen beiden Systemen hervorgehoben.

63 Unsere Studierenden kennen das Werk von R. David über den Vertrag im englischen Recht.[11] Sie wissen, dass in Frankreich jeder Vertrag bindend ist, weil der Respekt gegenüber dem gegebenen Wort heilig ist, während in England der Vertrag selber nicht verpflichtet und die Vereinbarung allein durch die sie begleitende consideration ihre Kraft gewinnt.[12]

10 Zu diesem Thema sowohl inhaltlich umfassend als auch kritisch analysierend S. Ferreri, *Le azioni reipersecutorie in diritto comparato*, Mailand, 1988.

11 R. David und D. Pousley, *Les contrats en droits anglais*, 2. Auflage, Paris, 1985.

12 *Op. cit.*, Fn. 101 und 102.

Sie werden den englischen Professor fragen, ob es wahr sei, dass es in England unmöglich sei, etwas zu schenken, weil doch ein Geschenk der Idee der consideration widerspreche. Die Antwort wird lauten, dass auch in England das Geschenk anerkannt ist. Aber es bedarf nicht der consideration, weil es sich nicht um einen Vertrag handelt. Das Mittel, mit dem man schenkt, ist der deed, der feierliche Akt also. Der Student könnte ebenso den französischen Professor fragen, ob man in Paris auch nur durch das formlose Wort schenken kann. Auf diese Weise wird er erfahren, dass in Frankreich die Schenkung einen notariellen Akt, genauso feierlich wie der deed, voraussetzt. Für die Schenkung einer beweglichen Sache genügt in dem einen wie dem anderen Land die Übergabe der Sache. 64

Der Unterschied zwischen den beiden Systemen liegt also darin, dass die feierliche Schenkung in England gültig ist, *weil sie kein Vertrag ist* (und deshalb der Regel über das erforderliche Vorhandensein der consideration entzogen ist), während die feierliche Schenkung in Frankreich gültig ist, *weil sie ein Vertrag ist* (und deshalb bindend sein muss); dass darüber hinaus die einverständliche Schenkung ohne Beachtung einer Form in keinem der zwei Länder gültig ist; und dass in beiden Ländern die Übergabe einer beweglichen Sache den Eigentumsübergang als Ziel der Schenkung mit sich zieht. 65

In England sind die unentgeltliche Verwahrung und die Leihe, auch wenn absolut einverständlich, nicht bindend, weil in dem einen wie dem anderen Fall eine consideration fehlt. Aber auch in Italien und in Deutschland bindet der Konsens nicht, weil wir es mit Realverträgen zu tun haben, welche nur zusammen mit der Übergabe/Ausführung als geschlossen angesehen werden. Ist die Übergabe erfolgt, kommt die Idee »pacta sunt servanda« wieder zur Geltung. In England verpflichtet die Übergabe den Verwahrer, über die Sache zu wachen, und ermächtigt den Entleiher zum Gebrauch der Sache nicht deshalb, weil Verwahrung und Leihe Verträge sind, sondern weil die Übergabe zu einem bailment führt. 66

Unsere Studenten stellen nun vielleicht fest, dass die Schule und die Bücher sie enttäuscht haben; dass die Anwendungsregeln in den angegebenen Ländern analog sind, dass jedoch die einzelnen Phänomene mit Techniken, Begriffen und dogmatischen Vorgehensweisen erklärt werden, die in den verschiedenen Ländern komplett entgegengesetzt sind. 67

Jemand sitzt am Steuer, als ein anderes, schlecht gefahrenes Auto auf seins auffährt. Die Schäden belaufen sich auf 1000 Euro. Der Verursacher bestreitet seine Haftung nicht.[13] 68

Der französische Jurist ist der Meinung, dass der Schadensersatz sicher geschuldet wird, weil jede Tat eines Menschen, die anderen einen Schaden zufügt, eine Pflicht zum Ersatz des Schadens zugunsten desjenigen bewirkt, zu dessen Lasten der Schaden entstanden ist. 69

Der deutsche Jurist teilt diese Meinung nicht. Es sei nicht möglich, dass jedes schuldhafte Handeln zu einer Pflicht führe: Die Verpflichtung entstehe vielmehr aus einer schuldhaften und unrechtmäßigen Verletzung eines absoluten Rechts des Opfers. In unserem Fall ist das Eigentum an dem angefahrenen Fahrzeug verletzt, und die Quelle der Verpflichtung entstammt dieser Verletzung. 70

13 Zu dem nachfolgenden Problem siehe schon zuvor § 3 des 4. Kapitels.

71 Der Engländer wiederum versteht diese Lehre von den absoluten Rechten überhaupt nicht. Die Haftung besteht, wenn man eines der vom Recht genau vorgesehenen torts begeht; in unserem Fall ist eine bewegliche Sache durch einen Täter durch einen physischen Schlag beschädigt worden, also haben wir einen trespass to a chattel.

72 Der Rechtsanwender misst nun mit der gesamten richterlichen Kasuistik ihrer drei Länder und findet heraus, dass die empirischen Lösungen weitgehend einheitlich sind. Der französische Richter wird, wenn er verurteilt, vom »tout fait quelconque« inspiriert; und wenn er freispricht, gebraucht er die Lehre von den causes de justification. Wenn der deutsche Richter verurteilen muss, findet er immer eine Gesetzesvorschrift, die die Sanktionen legitimieren wird; und wenn er freisprechen muss, wird er sich problemlos darauf berufen, dass nicht verbotene Handlungen erlaubt seien. In England schließlich erlauben die immer mehr zunehmenden Erweiterungen des tort of negligence, die Typenbildung der für die deliktische Haftung gebildeten Ansprüche zu neutralisieren.

14. Die vereinheitlichende Wissenschaft

73 Die Praxis bedarf ordnender begrifflicher Kategorien. Aber diese Kategorien sind in den verschiedenen Ländern unterschiedlich, und die Juristen der verschiedenen Länder unternehmen nichts, um sich von dieser Verschiedenheit zu befreien.

74 Die Gegensätze, die wir vor Augen haben, bestehen bei den Definitionen, dem Sprachgebrauch, den Beschreibungen, den Erklärungen und den Begriffen. Sie bestehen hingegen nicht bei den Anwendungsregeln.

75 Die Aufgabe der Wissenschaft ist es also, diese absurden begrifflichen Gegensätze zunächst zu relativieren, dann zu verbannen und schließlich ganz auszutreiben; sie könnte diese Aufgabe bewältigen, wenn sie gut überlegte, vergleichende Methoden verwenden würde.

76 Die Wissenschaft selbst würde, wenn sie sich geschickt zu bewegen wüsste, genügen, um die Wege der Rechtskenntnis zu vereinheitlichen. Dieses Ziel erreicht, wäre die Vereinheitlichung der rechtlichen Lösungen selbst einfach. Und vielleicht wäre sie nicht einmal mehr erforderlich.[14]

77 Weil dieses vereinheitlichende Werk der Wissenschaft in Verzug ist, bewegt sich jeder Einheitsgesetzgeber auf äußerst schwierigem Terrain, welches von schweren sprachlichen Disharmonien vermint ist.

78 Sind jedoch die entsprechenden Voraussetzungen geschaffen, wird der Einheitsgesetzgeber, wenn wir es wollen, ans Werk gehen können.

79 Womit kann man ihn ermuntern und ihm weiterhelfen?

80 Drei Empfehlungen können ihm mit auf den Weg gegeben werden.

81 Er darf nicht nur auf vereinzelten Gebieten voranschreiten und die tragenden Grundzüge der verschiedenen und unterschiedlichen Systeme bestehen lassen; er muss hinge-

14 R. SACCO hat diese Ergebnisse in einem Kolloquium 1978 am Istituto Universitario Europeo Fiesole vorgestellt unter dem Titel *Droit commun de l'Europe, et composantes du droit*, in: M. CAPPELLETTI (Hrsg.), *Perspectives, aaO.* Ihnen zustimmend F. WERRO, *L'harmonisation des règles du droit privé entre pays de droit civil et de common law*, schweizerischer Vortrag beim 13. Kongress der Internationalen Akademie für Rechtsvergleichung (Montréal, 1990).

gen die Grundzüge vereinheitlichen; die Vereinheitlichung vereinzelter, bestimmter Bereiche ist dann optional.

Weil Gesetze zu erlassen gleichbedeutend damit ist, neue Normen zu erstellen, und dies 82
wiederum die Ausübung einer Autorität verlangt, die auf Widerstände stoßen kann, muss er die Anzahl dieser Neufassungen reduzieren, indem er, soweit es geht, den Bereich der rechtsgeschäftlichen Autonomie und individuellen Entscheidungen erweitert.

Schließlich muss er den Spielraum elastischer Normen reduzieren, wenn diese in der 83
Lage sind, verschiedene Anwendungen in den unterschiedlichen Ländern herbeizuführen.

Sechstes Kapitel: Die Rechtsvergleichung in der Ausbildung des Juristen

Inhalt: **§ 1 Die italienische Regelung.** – 1. *Die Tabelle von 1938 und deren Verfall.* – 2. *Internationale Gremien.* – 3. *Die Lage im nationalen Recht und an den Universitäten.* – **§ 2 Perspektiven und Aussichten.** – 4. *Verschiedene Konzepte der Lehre der Rechtsvergleichung.* – 5. *Einige Aussichten.*

§ 1 Die italienische Regelung

1. Die Tabelle von 1938 und deren Verfall

1 Die großen juristischen Lehren gedeihen, wenn Schulen darauf bedacht sind, auf einem höheren Niveau zu forschen.

2 Die mittelalterlichen Universitäten taten dies von Anfang an mit ihrem römischen Recht und usus modernus pandectarum. Ebenso taten dies die Naturrechtler. Und auch, für ganz Deutschland gemeinhin, taten dies die deutschen Universitäten des neunzehnten Jahrhunderts, die das Recht der einzelnen Staaten nur sekundär und primär ein, ein wenig idealisiertes, römischrechtliches Modell lehrten. Heute beschreiten jene amerikanischen Fakultäten diesen Weg, an denen für ganz Amerika gültige Aspekte gelehrt werden.

3 In jeder Epoche zeichnen Fortschritt der Wissenschaft und Fortschritt der Praxis jene Universitäten aus, die in der Lage waren, wissenschaftlich fundierte Modelle zu lehren.

4 Die Verstaatlichung des Rechts senkt das Niveau der Lehre, vor allem, wenn die Verstaatlichung von der Idee begleitet wird, dass nur das territoriale Recht gelehrt werden soll.

5 Die Universität des Königreichs Italien wurde vor dem Risiko einer Provinzialisierung dank der Dogmatik, dem methodischen Instrument im Mittelpunkt der wissenschaftlichen Forschung und Lehre, gerettet.

6 In jüngster Zeit hat der dogmatische Ansatz seine Zentralität in Deutschland eingebüßt und ist auch in Italien verloren gegangen, was zu bedauern ist. Unterdessen, als entsprechende Folge, findet sich die Lehre damit ab, das, was die Praxis macht, verständlich darzustellen. Die Verlage von 1915 druckten universitäre Lehrbücher; die Verlage aus dem Jahr 2015 drucken Professoren anvertraute Analysen der Rechtsprechung (obwohl natürlich der eine oder andere weiterhin Lehrbücher und Lexika druckt). Das Problem der universitären Lehre steht im Zusammenhang mit der Frage, welche Werkzeuge den Studenten an die Hand zu geben sind, damit sie nicht nur Ausführungen über Regeln und Präzedenzfälle für die Prüfung auswendig lernen und dabei warten, dass neue Regeln und neue Präzedenzfälle die früheren ersetzen und in Datenbanken gespeichert werden, auf die der Rechtsanwender zurückgreift.

7 Die erste Gefahr, vor der es sich zu schützen gilt, ist das Risiko einer zu positivistischen Lehre, umso kleinlicher positivistisch je lokaler, territorialer und kasuistischer diese

ausgerichtet ist. Das Heilmittel gegen dieses Risiko liegt nicht in einer stärkeren Entwicklung der philosophischen Lehre (nützlich als Metawissenschaft, aber untauglich Rechtsmodelle zu schaffen); eine Rationalisierung der historischen Lehre ist sicherlich willkommen, ist aber aus sich heraus nicht genug, um Lehrgrundlagen zu modernisieren.

Das richtige Mittel um die juristische Lehre problemorientiert (anstelle rein informativ), offen für die institutionellen, politischen und wirtschaftlichen Realitäten, bereit, sich auf die professionellen Bedürfnisse der neuen Lernenden einzulassen, aufzustellen, ist dasjenige, das mit der Priorität des lokalen Rechts bricht und die Probleme in einer Gesamtschau, das heißt aus einer vergleichenden Perspektive, betrachtet. 8

Wie stehen die italienischen Universitäten bezüglich dieser Prämisse? 9

Die Antwort erfordert einige historische Betrachtungen. 10

Im Jahr 1938, dem 16. Jahr der faschistischen Ära, zwischen dem Anschluss von Österreich an das Dritte Reich und dem Ausbruch der Sudetenkrise, perfektionierte das italienische Ministerium für nationale Bildung die Tabelle des grundlegenden (und damit erforderlichen) Lehrstoffes der juristischen Fakultäten. 11

Deren Leitlinien kann man sich in der damaligen Situation im Land vorstellen. Die Politik der Zeit hatte die wirtschaftliche Autarkie (und damit die Ablehnung des grenzüberschreitenden Handels), die internationale Isolation (Italien war mit Getöse aus den Vereinten Nationen ausgetreten) und kulturelle Isolation gewählt. Die »Tabelle«, die vom Ministerium für Bildung zusammengestellt wurde, entspricht derjenigen, die unter den Bedingungen dieser Epoche zu erwarten war. 12

Sie begrüßte (ohne dies notwendigerweise zur Schau zu stellen) das nationalistische Erbe der französischen Jakobiner und die deutsche Dogmatik; natürlich lehnte sie die Idee grenzüberschreitenden Handels ab, daher auch der Mangel an Aufmerksamkeit für das internationale Privatrecht sowie jeglicher nicht territorialen und regionalen Perspektive; als einziges kulturelles Korrektiv gegenüber dem Rechtspositivismus hält sie die Tür zum Studium des römischen Rechts offen. 13

Die Zeit vergeht und die Geschichte blättert viele Seiten weiter. Der Krieg überwältigt Italien und die damalige politische Ordnung. 14

In der Tabelle der Kernfächer der Rechtsfakultäten nimmt infolgedessen das Arbeitsrecht die Stelle des Gesellschaftsrechts ein. 15

Ansonsten bleibt die Liste von '38 Orientierungspunkt der italienischen juristischen Ausbildung. 16

Die italienische Wirtschaft basiert nun auf dem grenzüberschreitenden Handel. Italien nimmt mit Elan am grenzüberschreitenden rechtlichen und wirtschaftlichen Leben teil, das sich in der UNO und anderen Bereichen institutionalisiert. Es entsteht die Europäische Union mit ihrem stetig wachsenden und natürlich auch in Italien anwendbaren Recht. Der italienische Anwalt wird – dank der Arbeitnehmerfreizügigkeit der EU – ein europäischer Anwalt. 17

Diese europäischen Rechtsanwälte wurden gegen Ende des letzten Jahrtausends an Universitäten ausgebildet, in denen die Tabelle der faschistischen Epoche noch immer Anwendung fand. 18

Innovative Vorschläge zur Änderung kamen. Einige davon sind von Bedeutung. 19

20 Man könnte denken, dass der Vorschlag, das Recht in umfassender rechtsvergleichender Form zu lehren, nur von einem Rechtsanwender der Praxis kommen könne, der um die kulturelle Bildung der Studenten besorgt ist, aber dabei die fachlichen und technischen Zwecke, denen das Studium gilt, vergisst.

21 Dem ist nicht so, wenn man sich an die, am 16. September 1981 in Brescia genehmigten Abänderungsvorschläge des 16. nationalen *congresso giuridico forense* erinnert. Der Kongress hatte die Auswirkungen der EU-Richtlinie vom 22. März 1977 über die Dienstleistungen von Rechtsanwälten geprüft und mit der Aufforderung abgeschlossen, dass

»– die betreffenden Fakultäten der italienischen Universitäten dem Studium des Gemeinschaftsrechts, der europäischen Rechtsvergleichung und dem Recht der Mitgliedsstaaten sowie den Fremdsprachen eine angemessene Bedeutung geben, mithilfe:
  a) der Bereitstellung von Lehrplänen, die auf eine juristische Vorbereitung europäischen Charakters ausgerichtet sind;
  b) der Schaffung von Stipendien für Europa;
  c) der Entwicklung eines kulturellen Austausches mit den Universitäten anderer Mitgliedsstaaten;
– die Rechtsanwaltsvereinigung und alle Anwaltskammern jede Initiative der Ausbildung eines europäischen Rechtsanwalts fördern und unterstützen, insbesondere
  d) die Förderung, die Erleichterung und die Entwicklung gegenseitiger Praxis- und Berufsausbildungsperioden junger Referendare und Anwälte in den Ländern der Europäischen Gemeinschaft, mit zeitlicher Anrechnung bezüglich der in den Ländern der Gemeinschaft bestehenden Ausbildungsvorgaben für den Abschluss der vorgesehenen praktischen Berufserfahrung;
  e) den Austausch von beruflichen Erfahrungen zwischen den Anwälten der Mitgliedsstaaten;
  f) die Organisation von Seminaren und Workshops zu den Problemen, die sich in der Praxis des Europäischen Gemeinschaftsrechts und bei der europäischen Rechtsvergleichung zeigen.«

22 Zulassungen und Titelanerkennungen kamen zuletzt auch von der Politik und Bürokratie.

23 Zum Zweck der Strukturierung des Zulassungsverfahrens für Universitätsprofessoren wurden Gruppen von Disziplinen gebildet, darunter die Rechtsvergleichung.

24 Doktorandenstellen im Bereich der Rechtsvergleichung wurden ebenfalls etabliert.

25 Auch die Fakultäten ihrerseits haben sich bewegt und in ihren Statuten rechtsvergleichende Materien aufgenommen.

26 Eine große Anzahl der Fakultäten ermöglichte die Lehre der Privatrechtsvergleichung in Kombination mit einem weiteren Fachbereich (Verfassungs- oder Gemeinschaftsrecht). Die aufgeklärtesten unter ihnen führten einen Kurs der Vergleichung der Systeme ein und schufen Raum für neue Fach- und Themenbereiche. In Turin stellte die Fakultät vier separate »Studienpläne« für die Studenten zusammen; darunter einer auf »das Recht des grenzüberschreitenden Handels« gerichtet. In Palermo, Triest und Salerno wurde ein »Lehrplan für internationale Studien« eingeführt.

Die vergleichende Fakultät par excellence war diejenige von Trento.[1] 27

2. Internationale Gremien

Sobald, statt der nationalen Bürokraten aus Politik und Universitäten, Professoren und Politiker in überstaatlichem Gewand auf die Bühne treten, unterscheiden sich der Diskurs und die ihm folgenden Praktiken. 28

1954 kritisierte Ch. Eisenmann in einem Buch, unter der Schirmherrschaft der UNESCO veröffentlicht und den »Sozialwissenschaften in der Hochschulbildung« gewidmet, die nationalstaatliche Mentalität der Fakultäten: »Eine Lehre der Botanik oder Biologie, die sich a priori auf eine einzige Spezies von Pflanzen oder Lebewesen beschränkt, ist unvorstellbar«... »soweit es sich um rechtliche Beziehungen und Rechtsbereiche handelt, die rein nationalstaatlichen Regelungen unterliegen, bezieht sich das Studium allein auf das Recht eines Staates, auf ein Zivilrecht, auf ein bestimmtes Handelsrecht. Dies zeigt in sehr spezifischer Art und Weise, an welchem Punkt der Antipoden der grundlegenden wissenschaftlichen Anforderungen wir uns befinden.«[2] 29

Im Jahr 1976 sah der Europarat die Notwendigkeit, eine Konferenz, die 4. Konferenz der europäischen Rechtsfakultäten (die von Vertretern der Fakultäten und Regierungsdelegierten besucht wurde), anzuregen, um zu diskutieren, ob es nicht an der Zeit wäre, die Ausbildung der Anwälte weniger an die territorialen Rechte gebunden und stärker für eine europäische Perspektive offen auszugestalten. 30

Am Ende der dreitätigen Arbeiten (26., 27. und 28. Oktober) dieses Treffens, an dem Hunderte von Vertretern teilnahmen, wurde einstimmig eine Resolution verabschiedet, bei der, auch viele Jahre später, nur schwer etwas hinzuzufügen oder zu streichen wäre. 31

Das Ergebnis lautet: 32

»Das Wissen der Rechtsvergleichung ist ein unverzichtbares Werkzeug der allgemeinen Bildung und juristischen Ausbildung der Schüler, um ihnen ein exaktes Verständnis des nationalen Rechts (...) zu ermöglichen. 33

Das Studium der Rechtsvergleichung ermöglicht es ihnen, das notwendige Wissen für die Ausübung der beruflichen Tätigkeit im öffentlichen und privaten Bereich (...) zu erwerben.

Die Kommission schlägt einstimmig folgende Maßnahmen vor:

(...)

Sie empfiehlt die Organisation eines obligatorischen Einführungskurses in die Rechtsvergleichung (...), der eine Skizze der wichtigsten Rechtssysteme und die Einführung in die Vergleichsmethoden umfassen muss (...).

Sie ist der Meinung, dass, nach dieser allgemeinen Einführung, die Kenntnis der Rechtsvergleichung entsprechend der spezifischen Ausgestaltung der Fakultät entwickelt werden sollte: Die Weiterbildung kann sowohl in Form von speziellen Kursen strukturiert sein (unterteilt nach den verschiedenen geographischen Gebieten und nach

1 Siehe das Panorama in den Beiträgen, die R. Sacco im *Foro it.* (*Il diritto degli scambi transnazionali, un nuovo piano di studii nella facoltà giuridica torinese*, 1981, V, 77, und *La riforma delle facoltà giuridiche*, 1986, V, 254) und in Vierteljahresschriften (*L'insegnamento del diritto comparato: situazione di diritto e situazione di fatto*, 1987, 138) publiziert hat.

2 Zitiert aus H.A. Schwarz-Liebermann v. Wahlendorf, *Droit comparé*, *aaO*, 177.

den verschiedenen privat- oder öffentlichrechtlichen Bereichen) als auch durch die Integration eines vergleichenden Ansatzes in der allgemeinen Lehre der verschiedenen Disziplinen (einschließlich der historischen).

Die Förderung der Rechtsvergleichung beinhaltet eine Erweiterung des Netzes ihrer Lehrer. Zu diesem Zweck weist die Kommission zunächst auf die Notwendigkeit einer verstärkten Mobilität der Lehrkräfte (...) zwischen den einzelnen Staaten (...) hin.«

34 Der Europarat hat jedoch keine Befugnisse.

35 Sein Appell – obwohl von sehr kompetenten Personen geschrieben – hatte daher zu jener Zeit keine praktischen Folgen.

3. Die Lage im nationalen Recht und an den Universitäten

36 Seit den achtziger Jahren hat sich etwas auf nationaler Ebene zu bewegen begonnen. Das Ministerium hat mehrmals der Konferenz der Dekane der Rechtsfakultäten die Aufgabe der Überarbeitung der »Tabelle« der Lehrinhalte, die in das universitäre Curriculum aufzunehmen sind, anvertraut; es hat Kommissionen ernannt, die sich mit dem gleichen Problem beschäftigen. Zu diesem Punkt hat sich das nationale Universitätskonsil geäußert. Hieraus ist die Idee der grundlegenden Bedeutung der Rechtsvergleichung immer bestärkt hervorgegangen.

37 Im Jahr 1994 erneuerte eine ministeriale Entscheidung die Tabelle und ordnete dabei an, dass jeder Rechtsstudent für seinen Abschluss einen einjährigen Kurs in einem Bereich der Rechtsvergleichung absolvieren muss (und die korrelierende Prüfung bestehen muss).

38 Seitdem sind die alten Fakultäten verschwunden; die alten Regeln wurden an die neue Art und Struktur der Studienkurse angepasst und die »Studiengänge« in die Abschlüsse laurea magistrale und laurea in scienze dei servizi giuridici eingeteilt.

39 Mit den neuen Regeln kommt den Universitäten große Macht hinsichtlich der (hier relevanten juristischen) Fachbereiche und Studiengängen zu.

40 Die Regeln, von denen wir sprechen, bestätigen mithin, dass diejenigen, die einen juristischen Abschluss anstreben, sich mit der Rechtsvergleichung (quantifiziert durch Studiencredits) beschäftigen müssen.

41 Welche sind, im Rahmen dieser Regeln, die konkreten Entscheidungen bezüglich der Fachbereiche und der Kurse?

42 In der Praxis der Universitäten wurden bis zum 1. Oktober 2013 weiterhin Anpassungen in derselben Richtung vorgenommen, so dass sich die Fakultäten mit neuen Kursen füllten. Damals bot die Universität von Turin – eine der aufgeschlossensten bezüglich der Rechtsvergleichung – ihren Studenten 239 Kurse an (bis zu 4 Kurse für einen einzigen Themenbereich, wenn die Zahl der Schüler es erforderlich machte). Von diesen 239 Kursen befassten sich 29 mit der Rechtsvergleichung oder ausländischem Recht, 11 betrafen das europäische Recht und 9 das internationale Recht.

43 Normalerweise praktiziert die Universität nicht die Idee eines speziellen Kurses mit einleitendem Charakter. Sie fasst einen (oft als vorbereitend zu den anderen markierten) Kurs über die Rechtssysteme als grundlegende Rechtsvergleichungsmaterie auf. In

der Folge bietet sie einen oder mehrere »Gebietsbereiche« (die Rechtssysteme des Common Law, ostasiatisches Recht, islamisches Recht und so weiter) und verschiedene Themenbereiche (Privatrecht, Verfassungsrecht, Strafrecht und so weiter) an.[3]

3 Und im Rest der Welt? 2014 hat die Internationale Akademie für Rechtsvergleichung ihren alle vier Jahre stattfindenden Kongress in Wien abgehalten. Eines der behandelten Themen war *Die Internationalisierung der juristischen Ausbildung*. Es würde sich empfehlen, die – sehr zahlreichen – nationalen Vorträge hierzu zu publizieren.

§ 2 Perspektiven und Aussichten

4. Verschiedene Konzepte der Lehre der Rechtsvergleichung[1]

1 Die erneute Erachtung der Rechtsvergleichung als Instrument der juristischen Ausbildung kommt in Italien in den 50er Jahren auf. In Turin lehrte das Institut für Europäische Studien mit vollem Elan im Bereich der Rechtsvergleichung; Italiener trugen zur Lehre an der Faculté internationale von Straßburg bei; Gorla schrieb *Il Contratto*.

2 Zu dieser Zeit wurde den Juristen deutlich bewusst, welche Hilfe die Rechtsvergleichung sowohl als alternatives Mittel zur Forschung bezüglich der Dogmatik als auch als Möglichkeit zur Überprüfung der einzelnen Dogmen (den einzelnen Definitionen) bot. Die Rechtsvergleichung nahm somit ihren Platz in der Geschichte als Kontrollinstrument systematischer Daten ein. Wer sich mit den Problemen der Rechtsmethodik beschäftigte, zögerte nicht, auf die Lackmuspapierteste der Rechtsvergleichung zu schauen, die in der Lage sind, die Widersprüche zwischen mehreren Formanten innerhalb eines einzigen Systems aufzuzeigen; und er zögerte nicht zu sehen, dass die Rechtsvergleichung – und sie allein – zur Erfassung der spezifischen konstanten und grundlegenden Daten eines jeden Systems führt und damit die Konstruktion einer »Systemologie« oder Wissenschaft über die speziellen Charakteristika der verschiedenen Rechtsordnungen einleitet.

3 Der Rechtsvergleicher führt diese Missionen mit der Bestimmung von reinen Fakten aus, also mit Verzicht auf seine persönlichen Annahmen sowie klassifizierende oder auslegende Einordnungen in die von ihm studierten Rechtssysteme. Auch verbindet ihn diese Haltung mit den Historikern. G. Gorla und andere, die nach ihm kamen, waren beständig darin, den wesentlichen historischen Charakter der vergleichenden Wissenschaft zu stützen.

4 Die daraus erwachsende Rechtsvergleichung präsentiert sich so der Rechtsgemeinschaft mit der Idee, sich, genauso wie die Geschichte, weiterzuentwickeln, und mit seiner speziellen epistemologischen Funktion.

5 In den siebziger Jahren sollte sich dieses Panorama bereits verändern.[2] Die Fakultäten für Politikwissenschaft hatten die Türen für rechtsvergleichende Lehren geöffnet; die Verfassungsrechtler hatten ein neues Bild der Rechtsvergleichung als Möglichkeit, das beste Rechtsmodell zu finden, entwickelt. Die Betonung der politischen Dimension in der Rechtsforschung, sensibles Terrain in diesem Jahrzehnt, fügte sich zu den anderen genannten Aspekten hinzu und der Rechtsvergleichung wurde so eine weitere Funktion und eine weitere Ausgestaltung zugewiesen. Die Rechtsvergleichung wird nun für den

1 Zur Lehre der Rechtsvergleichung und ihrer Grenzen, J.N. Hazard, *Comparative Law in Legal Education*, in: *Chicago L.R.*, 1938, 615; M. Cappelletti, *Il diritto comparato e il suo insegnamento in rapporto ai bisogni della società moderna*, in: *RDC*, 1968, I, 162; R. Schlesinger, *The Role of the «Basic Course» in the Teaching of Foreign and Comparative Law*, in: *Am. Journ. of Comp. Law*, 1971, 616; K. Zweigert und H.J. Puttfarken, *Die Bedeutung der Rechtsvergleichung in der Juristenausbildung der Bundesrepublik Deutschland*, in: *Ztschr. vgl. Rechtswiss*, 1974, 125; G. Pugliese, *L'importance du droit comparé dans l'enseignement juridique en Italie*, in: *Rapports nationaux italiens au IX Congrès int. de droit comparé*, Mailand, 1974; D. Tallon, *Les perspectives de l'enseignement universitaire de droit comparé*, in: *Mélanges en l'honneur de Imre Zajtay*, Tübingen, 1982, 479; R. David, *Le droit comparé*, Paris, 1982, Teil II (39–86); A. Gambaro, *L'insegnamento del diritto comparato e la riforma degli studi giuridici*, in: *Quad.*, 1987, 87; B. Markesinis, *Il ruolo della giurisprudenza nella comparazione giuridica*, in: *C. e I.*, 1992, 1350; R. Sacco, *One Hundred Years of Comparative Law*, in: *Tulane Law Rev.*, 2000–2001, 1159; M. Reimann, *The Progress and Failure of Comparative Law*, in: *Am. Journ. Comp. Law*, 2002, 671; D.J. Gerber, *Method, Community and Comparative Law*, in: *Roger Williams U.L. Rev*, 2011, 110.

2 In diesem neuen Klima s. M. Cappelletti, *aaO*.

Öffentlichrechtler, den Kirchenrechtler und den Arbeitsrechtler eine Wissenschaft im Dienst von Werten. Für den sich damit beschäftigenden Juristen ist diese Auffassung der Rechtsvergleichung ein Axiom. Sie legitimiert ihr Eindringen in die Disziplinen der politikwissenschaftlichen Fakultäten.

In den letzten Jahrzehnten hat sich eine neue Sensibilität verbreitet. Juristische Absol- 6
venten, die mehrere Sprachen sprechen und Rechtsvergleichungskursen gefolgt sind, haben Positionen in supranationalen Organisationen (der UNO, dem Europarat und insbesondere der EU) eingenommen, sind Anwälte für grenzüberschreitende Transaktionen geworden oder sind, in zunehmender Weise, Unternehmensjuristen und dort für den an (bzw. über) Grenzen stattfindenden Handel zuständig; oder aber sie beschäftigen sich mit den EU-Vorschriften. Eine neue Daseinsberechtigung für das Studium der Rechtsvergleichung manifestiert sich: Die Rechtsvergleichung als Grundlage für die Kenntnis des ausländischen Rechts, die eng mit dem internationalen Privatrecht und dem (Privat-) Recht der Europäischen Union verbunden ist, interessiert die Mehrzahl der Jurastudenten, die sich in der Zukunft mit nicht durch Recht nationaler Art zu lösenden Problemen befassen werden müssen. Natürlich betrifft diese Notwendigkeit, das nicht italienische (Gemeinschafts-, supranationales oder ausländisches) Recht zu kennen, bestimmte Bereiche mehr als andere – insbesondere Industrie und Gewerbe, mit den entsprechenden gesetzlichen Grundlagen. Aus dieser Notwendigkeit entstehen die an den weiterentwickelten Universtäten zu findenden Studiengänge mit grenzüberschreitender Ausrichtung.

Wird es andere Vorstellungen der Rechtsvergleichung geben, die mit den bisher eruier- 7
ten konkurrieren? Man kann dies bejahen. Die Universitäten werden sich schließlich daran erinnern, dass es ihre Aufgabe ist, eine bestimmte Mentalität zu schaffen und nicht nur über den Stand der jüngsten Gesetzgebung und Rechtsprechung zu informieren. Dann könnte an den Universitäten die Lehre in zwei Phasen stattfinden, mit einer ersten (zB dreijährigen) Phase, in der die Rechtsfragen mit fundierten theoretischen und problemorientierten Prämissen behandelt würden, gefolgt von einer vertieften rechtsvergleichenden Untersuchung; und einer zweiten Phase, in der die rechtlichen Inhalte empirischer und positivistischer sowie territorialer Art behandelt würden. Vielleicht könnte diese zweite Phase innerhalb der Gerichte und Ämter erfolgen. Die wahre Wissenschaft auf Universitätsniveau ist zu kostbar, um sich mit diesen banaleren Daten zu beschäftigen.

Man würde nicht mehr vom innerstaatlichen Recht zur Rechtsvergleichung übergehen, 8
sondern man würde vom Recht im Allgemeinen zu seinen nationalen Ausgestaltungen kommen.

Wer nur für möglich hält, was er sieht, sei an die deutschen Universitäten des neun- 9
zehnten Jahrhunderts erinnert, die ein (römisches) Recht – nicht überall und nicht umfassend anwendbar – gelehrt und durch Lehren zum territorialen Recht ergänzt haben. Positives Recht wurde in den zwei Jahren des Referendariats, die am Gericht stattfanden, gelernt. Schweizer Universitäten lehrten, auch noch während des gesamten zwanzigsten Jahrhunderts, ein abstraktes Zivilprozessrecht und erst im Anschluss folgten die Studenten einem empirischen Kurs zum kantonalen Prozessrecht.

Natürlich akkumulieren sich die verschiedenen pädagogischen Werte, die mit der 10
Rechtsvergleichung einhergehen.

11 Aus dem Wert der Rechtsvergleichung für die Ausbildung folgt die Notwendigkeit, dass die Studenten ein Mindestmaß an Rechtsvergleichung mit etablierten Methoden betreiben. Der Wert für die Praxis gebietet, den Studenten ein länderübergreifendes Panorama zu bieten, in dem die Kenntnis des nationalen Rechts durch eine Vielzahl von fremden Rechtsbegriffen ergänzt wird, die den Zugang zur Rechtsvergleichung, zum überstaatlichen Recht und zum internationalen Privatrecht ermöglichen.

5. Einige Aussichten

12 Welchen Platz nimmt die Rechtsvergleichung in der Gesamtschau der juristischen Ausbildung ein?

13 Es scheint, dass instinktiv dem Adjektiv »vergleichend«, soweit neben die Angabe des betroffenen Rechtsbereichs gestellt (zB vergleichendes Wirtschaftsrecht), zugeschrieben wird, eine bestimmte zusätzliche Bedeutung zu haben und somit einen speziellen Teilaspekt des Rechtsbereichs zu bilden.

14 Eine solche Haltung vernachlässigt ein wichtiges Element. Wenn wir vom »Zivilrecht» sprechen, impliziert im tatsächlichen Sprachgebrauch das Wort »zivil» die Beschränkung »deutsches«. Das vergleichende Privatrecht ist nicht ein Bruchteil des allgemeinen »Privatrechts«, da wir mit »Privatrecht« das »deutsche Privatrecht» meinen. Wenn überhaupt, wird das Gegenteil der Fall sein: Der Rechtsvergleicher, der Zivilrechtler und kein nur durch Auslandserfahrungen geprägter Gelehrter ist, ist ein Liebhaber des nationalen Zivilrechts. Oft ließ sich in Italien beobachten, dass Inhaber römischrechtlicher Lehrstühle zur Lehre des bürgerlichen Rechts übergegangen sind: Das vergleichende Zivilrecht enthält mehr italienisches Zivilrecht als das römische Recht.

15 Die Rechtsvergleichung ist darüber hinaus Spezialmaterie; tatsächlich hoch spezialisierte Materie in dem Sinne, dass der Liebhaber des nationalen Rechts nicht zum Rechtsvergleicher werden kann, ohne viele Erfahrungen bezüglich des ausländischen Rechts und der rechtsvergleichenden Methoden zu sammeln. Die parallele Darstellung der sich in mehreren Ländern entwickelten juristischen Lehre mit Bezug auf das positive Recht eben der betreffenden Länder ist der Vorraum der Rechtsvergleichung; sie ist aber nicht, schon aus sich selbst heraus, Rechtsvergleichung.

16 Und so kommen wir zu dem sehr zentralen Problem der Beziehung zwischen der rechtsvergleichenden Untersuchung und derjenigen des ausländischen Rechts.

17 Dass diese voneinander trennbar sind ist unumstritten. Die Werke von R. David oder G. Criscuoli über die Verträge im englischen Recht, von Rechtsvergleichern geschrieben, sind anders als ein englisches Werk, das stattdessen das gängige Informationsmedium für denjenigen wäre, der einen englischen Rechtsabschluss anstrebte. Wenn einmal festgestellt, dass die Rechtsvergleichung und die Untersuchung des ausländischen Rechts voneinander abgrenzbar sind, kann man sich aber fragen, ob sich der Studierende dem Rechtsvergleich oder dem ausländischen Recht zuwenden sollte. Die Schweizer und Engländer berücksichtigen in ihren universitären Lehrprogrammen das Studium des ausländischen Rechts, nicht hingegen auf seiner anspruchsvollen Ebene die Rechtsvergleichung. Das Erasmus-Projekt, von der Europäischen Union ins Leben gerufen, begünstigt ausländische Rechtserfahrungen, während es in Bezug auf die Rechtsvergleichung neutral bleibt.

18 Auf verschiedenen Ebenen fragt man sich, wo die Kompetenzen der Rechtsvergleicher beginnen und wo sie aufhören. Einzelne Dozenten unterrichten rechtsvergleichendes

Privatrecht auf der Grundlage der großen Systeme, lassen aber die afrikanischen und asiatischen Systeme beiseite. Im Gegenzug wird derjenige, der über den Inhalt der Rechtsvergleichung ohne territoriale Grenzen nachdenkt, gezwungen sein sich zu fragen, ob eine solche Rechtsvergleichung eine All-Wissenschaft ohne klare Grenzen und damit ohne eine ausreichende Identifizierung von deren Inhalten ist.

Diese Fragen sind legitim. Aber sie sollten nicht dramatisiert werden. 19

Auf dem Gebiet der Vergleichung ist der Jurist nicht der Erste. Vor ihm hat der Lingu- 20
ist die Vergleichung weiterentwickelt. Und die Sprachwissenschaften waren immer darauf bedacht, die Probleme der Eigenheiten der verschiedenen Disziplinen nicht zu ignorieren, und haben sich davon nicht abschrecken lassen. Fremdsprachenkenntnisse befähigen einen Übersetzer; die Fähigkeit, mehrere Sprachstrukturen zu vergleichen, zeichnet hingegen den Sprachwissenschaftler oder Linguisten aus. Die Sprachwissenschaftler haben die Kompetenz, sich mit allen bestehenden Sprachen oder solchen der Vergangenheit auseinanderzusetzen, und kein Übersetzer würde jemals davon träumen, sie als Anhänger einer All-Wissenschaft zu verspotten. Die Linguistik wiederum bietet Forschung und Lehre, die auf die einzelnen Sprachen ausgerichtet sind, unverzichtbare Werkzeuge. Und die Universitäten lehren sowohl Fremdsprachen als auch Linguistik. Wenn ein Professor der italienischen Sprache einer literaturwissenschaftlichen Fakultät vorschlagen würde, den Umfang der Lehre von Fremdsprachen und Linguistik auf die Größe zu reduzieren, die sie bezüglich des ausländischen Rechts und der Rechtsvergleichung in den rechtlichen Fakultäten hat, würde man ihn für verrückt halten.

In den juristischen Fakultäten besteht also Raum für die Rechtsvergleichung und für 21
das Studium ausländischer Rechtsordnungen. Die Rechtsvergleichung erlaubt eine unerreichte Vertiefung methodischer Themen und bietet den effizientesten und lohnendsten Ansatz für die Kenntnis ausländischen Rechts.

Bezüglich des Studiums ausländischen Rechts lohnt sich ein weiterer Blick. Die litera- 22
turwissenschaftlichen Fakultäten nehmen mit Erfolg die Figur des Lektors auf, der der professoralen Ebene untergeordnet ist und die italienischen Studenten in seiner eigenen Muttersprache unterrichtet. Aus unserer Sicht wären entsprechende juristische Lektorate eine gute Idee. Französische, englische oder deutsche Lektoren würden den italienischen Studenten *bereits Rechtsvergleichung atmend* einen französischen, englischen oder deutschen Bereich beibringen.

Die Antwort auf die Frage, ob es angemessener ist, Rechtsvergleichung oder vielmehr 23
das ausländische Recht zu lehren, lautet also: Jeder Jurist sollte eine fundierte Einführung in die Rechtsvergleichung, als Erkenntniswerkzeug und als Schlüssel, für die Arbeit in verschiedenen Rechtssystemen, erhalten. Einer bestimmten Anzahl von Studenten muss dann ermöglicht werden, ausführliche Informationen über das ausländische Recht zu erwerben. Ein gewisses Maß an Rechtsvergleichung ist für alle von wesentlicher Bedeutung. Dem daran interessierten Studenten muss die Möglichkeit eines bezüglich desjenigen ausländischen Rechts, das er dann direkt in seiner beruflichen Tätigkeit nutzen will, weitgehend offenen Studiums gegeben werden.

Langfristig zeigt der Vergleich einzelner Rechtsnormen oder einzelner Rechtsinstitute, 24
dass, bezüglich eines bestimmten Systems, die Regeln dazu tendieren, relativ homogenen Charakter zu haben. Auf dieser Feststellung basiert die Teildisziplin der Rechtsvergleichung, die die Funktionen der einzelnen Rechtssysteme hervorhebt.

25 Diese besondere Teildisziplin wird von den Italienern Systemologie genannt und wird in vielen juristischen Kursen unter dem Namen Vergleichung der Rechtssysteme gelehrt. Sie ist der umfangreichste Stoff der Rechtsvergleichung, weil sie sich mit dem Charakter eines jeden Rechtssystems, als Ganzes betrachtet, befasst und in ihren Horizont alle bestehenden Systeme einbezieht.

26 Kein juristisches Studium sollte Rechtsvergleichung lehren, ohne mit der Systemologie zu beginnen.

27 Die fortschrittlichen Universitäten – Trento, Turin, Mailand, Florenz – sehen dies ausdrücklich vor. Andere Universitäten kommen gleichermaßen diesem Bedürfnis nach, ohne dies explizit zu benennen: Tatsächlich haben alle rechts- oder wirtschaftswissenschaftlichen Fakultäten, die rechtsvergleichende Kurse anbieten, einen privatrechtsvergleichenden Kurs, der – bis auf wenige pathologische Einzelfälle – die verschiedenen Rechtssysteme (ausschließlich oder als Teil des Kurses) behandelt. So wie das Privatrecht als einführende Materie im Verhältnis zum gesamten Rechtssystem fungiert (in ihm wird zum Beispiel die allgemeine Gesetzesauslegung vermittelt), so dient die Privatrechtsvergleichung – wo nicht ein eigener Kurs den Rechtssystemen gewidmet ist – als Einführung hinsichtlich der gesamten Rechtsvergleichung.

28 Es nicht gesagt, dass die EU für immer gegenüber der universitären Juristenausbildung indifferent bleibt. Wenn sie beschließt, Einfluss darauf zu nehmen, auf welche Art und Weise europäische Rechtsanwälte ausgebildet werden, muss sie dafür sorgen, dass diesen die geeigneten Instrumente an die Hand gegeben werden, um zu verstehen, wie das europäische Recht, sowohl hinsichtlich des Rechts der gesamten EU als auch hinsichtlich des Rechts der verschiedenen europäischen Staaten, funktioniert.

Siebtes Kapitel: Die Systeme und Familien

Inhalt: **§ 1 Die Zusammenfassung der Systeme in Gruppen.** – 1. *Die Verschiedenheit der Rechtssysteme.* – 2. *Die Ähnlichkeiten, die Gruppierungen.* – 3. *Der Aufbau der Systemmerkmale.* – **§ 2 Bedeutende Kennzeichen der verschiedenen Systeme.** – 4. *Die Gewichtung der Unterschiede.* – 5. *Systeme ohne zentralisierte Macht.* – 6. *Varianzen im Recht der Gesellschaft ohne zentralisierte Macht.* – 7. *Systeme mit einer zentralisierten Macht.* – 8. *Systeme mit und Systeme ohne Gesetzgeber.* – 9. *Systeme mit und Systeme ohne Juristen.*

§ 1 Die Zusammenfassung der Systeme in Gruppen

1. Die Verschiedenheit der Rechtssysteme

Die verschiedenen Rechtssysteme unterscheiden sich voneinander. Auf dieser empirischen Beobachtung basiert die Möglichkeit der Vergleichung insgesamt. 1

Ein einziges System – oder zumindest eine bestimmte Gesamtheit von Normen – kann in mehreren Staaten in Kraft sein (dies ist vor allem der Fall, wenn absichtlich ein Einheitsrecht durch entsprechende Konventionen oder Institutionen *ad hoc* geschaffen worden ist). 2

Und innerhalb eines einzigen Staates können andererseits auch mehrere Systeme in Kraft sein (auch in Italien unterscheidet sich das regionale Recht von Region zu Region; noch bemerkenswerter sind die Unterschiede zwischen dem englischen und schottischen Recht oder zwischen dem allgemeinen kanadischen und dem in Québec geltenden Recht usw). 3

Die Unterschiede zwischen den Systemen können von größerer oder auch kleinerer Reichweite sein. Die zwischen dem französischen und dem belgischen Zivilrechtssystem bestehenden Unterschiede waren unmittelbar nach der belgischen Unabhängigkeit sehr gering. Die Gesetzbücher waren gleich, die dem jeweiligen Kodex folgenden Spezialgesetze waren nicht sonderlich zahlreich, die Schöpfungen der Ausleger waren noch nicht besonders vielfältig und die kulturellen Ausgangsvoraussetzungen der Ausleger waren homogen. Umgekehrt haben das nordkoreanische und das belgische Recht nicht viele gemeinsame Merkmale. Der Betrachter ist von Anfang an von dem Bild dieser Differenzen und Analogien zwischen den einzelnen Systemen überwältigt und er bemerkt, dass es möglich ist, in einer Ordnung ähnliche Systeme unter diesen zusammenzufassen. Der Rechtsvergleicher bietet der Rechtswissenschaft seine Technik an, um die zwischen den verschiedenen Systemen bestehenden Unterschiede zu erfassen. 4

Schon beim ersten Internationalen Kongress für Rechtsvergleichung im Jahr 1900 begann die noch immer laufende wissenschaftliche Diskussion hinsichtlich der Klassifizierung der Rechtssysteme. Es fragt sich, ob es möglich ist – und wenn ja auf welcher Grundlage –, im Wege der Verallgemeinerung die Anzahl der beobachteten Phänomene zu kategorisieren. 5

Eine Reihe von Vorschlägen wurde gemacht. Einige, jetzt aufgegeben, basierten auf geografischen oder rassischen Elementen, mit der Folge, dass sie beispielsweise Rechts- 6 traditionen einander angrenzender Gebiete als ähnlich erachteten.[1] Die Erfahrung hat schnell die Widersprüchlichkeit dieser Annahmen gezeigt. Damals auf dem Kongress von Paris – und nunmehr erneut zitiert – schlug Esmein vor, die Rechtssysteme (romanische, germanische, angelsächsische, slawische, islamische) auf der Basis der historischen Entwicklung und der Grundstrukturen von Gruppierungen zu untergliedern.[2] Man wollte das vergleichende Wissen nicht in ein fragmentarisches Gefüge, sondern in ein organisches Ganzes einfügen, gebildet durch Gruppen, Familien, Gattungen und Arten, die verschiedenen Bereiche unterteilend.

7 Zusammenfassend zeigt sich, dass das gleichzeitige Vorhandensein von Unterschieden nur im Detail sowie solcher großer Reichweite nahelegt, alle diejenigen Systeme zusammenzufassen, die sich nur durch kleinere Differenzen voneinander unterscheiden; ihnen jedoch diejenigen gegenüberzustellen, in denen größere Differenzen bestehen.

8 Der Gegensatz zwischen oberflächlichen und tiefgreifenden Unterschieden spiegelt sich auch in der vergleichenden Forschung selbst wieder, die sich in die Makrovergleichung (die weiter voneinander entfernte Systeme vergleicht) einerseits und die Mikrovergleichung (die benachbarte Systeme einander gegenüberstellt) andererseits unterteilt. Die Mikrovergleichung beispielsweise pflegt die Rechtstermini des untersuchten Systems in die Sprache des Forschers zu übersetzen; die Makrovergleichung hingegen gebraucht die Originalbezeichnungen.

9 Die Vergleichung hat herausgefunden, dass die verschiedenen Systeme über Merkmale verfügen, die ihre tiefliegenden und konstanten Eigenschaften bestimmen; sie hat diese Merkmale dazu genutzt, um zwei Systeme als benachbart oder weit voneinander entfernt einzustufen.

10 Etwas konkreter gesagt heißt dies: Als die Vertreter der wichtigsten ausgebildeten Systeme einen ersten Vergleich zwischen diesen vier Systemen oder Systemgruppen des französischen, englischen, deutschen und US-amerikanischen Rechts vornahmen, fanden sie heraus, dass die Unterschiede zwischen dem englischen und dem amerikanischen System weniger tiefgehend und andauernd waren (und sind) als diejenigen zwischen den kontinentaleuropäischen und den angloamerikanischen Systemen. Die Grundlage für eine erste Klassifizierung der Rechtssysteme in zwei Gruppen war auf diese Weise geradezu intuitiv gelegt.

11 Zu ihrer Zeit hat die sozialistische Revolution die Rechtslösungen in zahlreichen europäischen Ländern verändert. Die Lehre dieser Länder verlangte, dass die grundlegende makrovergleichende Unterscheidung auf dem Interesse der das System inspirierenden Klasse begründet sein müsse; und demzufolge in der Gegenüberstellung von bürgerlich-kapitalistischen und sozialistischen Systemen. Dieser Ansatz war es in diesem Zusammenhang wert gehört zu werden. Aber das Vorhandensein von besonderen, für diese Systeme charakteristischen Formanten, die an die immense Macht der (Einheits-)Partei gebunden sind, rechtfertigte es, die sozialistische Gruppe nicht nur als von der angloamerikanischen, sondern auch von der kontinentaleuropäischen Gruppe verschieden anzusehen.

12 Die Aufgabe der eurozentristischen Sichtweise hat schließlich dazu geführt, über die Unterscheidungsmerkmale der in China, Indien, den islamischen Ländern und

1 Wie in G. Sauser-Hall, *Fonction et méthode du droit comparé*, Genf, 1913.

2 A. Esmein, *Le droit comparé et l'enseignement du droit*, in: *Congrès international de Droit comparé, procès verbaux des séances et documents*, Paris, 1905, I.

Schwarzafrika vorhandenen Systeme nachzudenken. Zu dieser Überlegung hat auch die Feststellung beigetragen, dass die erfolgte Übernahme europäischer Quellen (zB französischer Gesetzbücher) nicht zugleich auch eine entsprechende Rezeption des europäischen Rechts seitens dieser Länder bedeutet hat. Es schält sich also die Erkenntnis der Existenz besonderer außereuropäischer Systemgruppen heraus, die über ganz eigene, tief liegende Merkmale verfügen.

2. Die Ähnlichkeiten, die Gruppierungen

Mit welchem Ergebnis und welchem Vokabular kann nun die Eingruppierung der verschiedenen Systeme erfolgen?[3] 13

Die Gruppe wurde von Anfang an *Familie* (von Systemen) genannt. 14

Der Begriff Familie implizierte eine Metapher, eine sprachliche Figur, die auf dem Gebiet der Wissenschaft nicht immer gut aufgenommen wurde. Es wird daher bevorzugt, sich auf die *gemeinsame Tradition* zu beziehen, die sich am Ursprung der bestehenden Ähnlichkeiten befindet. 15

Und was sollte der Marker sein, der die Identität der einzelnen Gruppen bestimmte? Viele Vorschläge wurden formuliert. 16

Es wurden zB die Quellen (Gesetze, Rechtsprechung, Lehre, Gewohnheit) genannt oder der Grad der Zentralisierung oder Dezentralisierung in der Rechtsetzung. Vanderlinden, zum Beispiel, entschied sich dafür, sich auf ein Kriterium zu stützen, das die Art der verwendeten Rechtsquelle heranzog, und unterschied hierbei zwischen einem Gewohnheitssystem, einem Lehrsystem, einem Rechtsprechungssystem, einem Gesetzessystem und schließlich einem auf göttlicher Offenbarung basierenden System.[4] 17

Es wurde vorgeschlagen, die Rechtssysteme nach der Beziehung zwischen gesetzlicher Regelung und sozialer Funktion zu klassifizieren.[5] 18

L.J. Costantinesco findet die »entscheidenden Elemente« in verschiedenen Analyseebenen: der Konzeption des Gesetzes, der wirtschaftlichen Struktur, der Rolle des Staates, der Hierarchie der Rechtsquellen, der Methoden der Auslegung von Gesetzen und Recht sowie der Identifizierung der grundlegenden rechtlichen Kategorien.[6] 19

Ein anerkannter Vorschlag zur Klassifizierung wurde von Ugo Mattei gemacht,[7] der einen Diskurs von F. de Solá Cañizares aufgriff: Dieser nimmt eine Dreiteilung an, bei der er danach einteilt, ob die Rechtssysteme auf der Grundlage der rule of law basieren, ob in ihnen politische Ideologien von zentraler Bedeutung sind und schließlich, ob 20

---

3 Mit diesem Thema hat sich die Literatur beschäftigt.
Über die im Folgenden zu diesem Thema genannten Autoren hinaus seien die Ideen erwähnt von A. Malmström, *The System of Legal Systems*, in: *Scandinavian Studies in Law*, 1969, 128, und die kritischen und konstruktiven Positionen in Aa. Vv., *Diritto comparato e sistemologia: le nuove sfide*, in: *Ann. Dir. comp. e di studi legisl.*, 2013, 4–412 (und insbesondere sez. I, »*Critiche e prospettive per una nuova sistemologia*« – hierzu haben beigetragen B. Pozzo, J. Gordley, V. Palmer, S. Lanoi, M. Timoteo, M. Guadagni, L. Pecoraro, G.M. Piccinelli, V. Donini).

4 So J. Vanderlinden, *Comparer les droits*, Diegem, 1995, 25.

5 Die Geschichte dieser Art von Taxonomie ist in der Rechtsanthropologie (É. Durkheim, *Les règles de la méthode sociologique*, 5. Auflage, Paris, 1988, 188 ff.) und in der Rechtssoziologie (M. Weber, «L'oggettività conoscitiva della scienza sociale e della politica sociale», in: Id., *Il metodo delle scienze storico-sociali*, Turin, 1958, 53–141, dort ins Italienische übersetzt) zu suchen.

6 L.J. Costantinesco, *Introduzione*, *aaO*, 224.

7 U. Mattei, *Three Patterns of law: Taxonomy and Change in the World's Legal Systems*, in *American Journal of Comparative Law*, 45, 1997, 5.

die Systeme auf religiösem oder kulturellem Hintergrund, wie in den islamischen Ländern und im Fernen Osten, basieren.

21 Die Zirkulation der Modelle kann den Rechtsvergleicher täuschen, indem sie ihn zu dem Ergebnis einer Identität zwischen dem nachahmenden Modell und dem Ursprungssysystem, aus dem das Modell stammt, führt. Tatsächlich ist die Kenntnis der Modelle hinsichtlich des Rechts nicht erschöpfend. Niemand kann die Funktionsweise eines bestimmten Modells verstehen, indem er sich darauf beschränkt, lediglich die Gesetzestexte zu untersuchen. Entsprechende Mankos haben sich vor allem in der Forschung von *Law & Development* (Gesetze und die Entwicklung der archaischen Gesellschaften, zB der afrikanischen) und in der Untersuchung des Übergangs der ehemals sozialistischen zu marktwirtschaftlichen Systemen mittels Einführung der europäischen oder amerikanischen Modelle, gezeigt. In den beiden genannten Beispielen wirkte eine ungewöhnliche Anzahl an Rechtstransplantationen. Die betriebenen Analysen dieser Phänomene waren nicht in der Lage, die Entwicklung der übernommenen Modelle vorherzusagen. Neuere Studien haben gezeigt, dass die Wahl der Modelle von gesellschaftlichen Kräften, von an dem Prozess beteiligten Institutionen und sogar von ausländischen Gruppierungen (Nicht-Regierungs-Organisationen und internationale Institutionen) bestimmt wurde.[8] Mit anderen Worten, jedes Modell ist in erster Linie das Ergebnis der Interaktion zwischen den verschiedenen gesellschaftlichen Kräften.

22 Wenn die Zusammenfassung der Systeme ausschließlich die Analogien und Unterschiede berücksichtigen müsste, die zwischen den verschiedenen Rechtsordnungen bestehen, müsste man einen Baum entwerfen, bei dem sich die Systeme, die einen normalen Rechtsstudenten noch näher interessieren, auf einem einzigen Zweig befänden. Die Unterschiede, die zwischen dem deutschen und dem amerikanischen System existieren, sind minimal im Vergleich zu denjenigen zwischen den Systemen der Amazigh (früher sagte man: Berber) und der Inuit (in der Vergangenheit als Eskimos bezeichnet).

23 Ein Baum der Systeme, der allein unter wissenschaftlichen Überlegungen erarbeitet würde, müsste zahlreiche Zweige für die verschiedenen traditionellen Systeme tragen, und dann in einem Zweig nur die Systeme zusammenfassen, die den Einfluss der Magie auf die Rechtsfindung ablehnen, die die Gesetzgebungsmacht der Autorität übertragen, die über Organe verfügen, die eine Norm durch ein Urteil anwenden können, oder die eine spezialisierte Rechtssprache gebrauchen, die von Persönlichkeiten erarbeitet wurde, die in der Kenntnis der Regel versiert sind.

24 Tatsächlich bilden sich die Gruppen, aus praktischen Gründen, so, dass die Systeme, mit denen der jeweilige Wissenschaftler am meisten Kontakt hat, die größte Aufmerksamkeit erhalten.

25 In diesem Sinne setzt man die romanistischen Systeme, die des Common Law, diejenigen Osteuropas (dh die ehemals sozialistischen), die lateinamerikanischen, die in den islamischen Ländern errichteten Systeme sowie die Systeme Ostasiens und des Afrikas südlich der Sahara einander gegenüber.

---

8 Zum Thema s. F. Schauer, *The Politics and Incentives of Legal Transplantation*, in J. Nye, J. Donahue (eds.), *Governance in a Globalizing World*, 2000, 253; D. Berkowitz, K. Pistor, J.F. Richard, *Economic Development, Legality and the Transplant Effect*, in *Eurupean Economic Review*, 47, 2003, 165; T. Carothers, *Promoting the Rule of Law Abroad: The Problem of Knowledge*, in *Carnegie Endowment for Int. Peace Working Paper* (2003); C. Alkon, *The Cookie Cutter Syndrome: Legal Reform Assistance Under Post-Communist Democratization Programs*, *Journal of Dispute Resolution*, 2002, 327.

Dies kann als praktisches Hilfsmittel akzeptiert werden, das die Erklärung der Daten erleichtert. 26

3. Der Aufbau der Systemmerkmale

Schauen wir uns nun an, wie man konkret die Merkmale herausfindet, anhand derer man die Systeme in Gruppen einteilen kann. 27

Es wurde schon aufgezeigt, dass der Ansatz, der einerseits den weniger veränderlichen und beständigeren Systemmerkmalen die wesentliche Rolle zuspricht und andererseits denjenigen, die das gesamte Leben einer Rechtsordnung bedingen, dh allen seinen Formanten, am überzeugendsten ist. Betrachten wir also nun, wohin dieses Kriterium führt. 28

Der Beobachter ist, auf den ersten Blick, von der Vielzahl der Norminhalte überrascht. In Marokko ist die Ehe monogam angelegt, in den Nachbarländern hingegen kann ein Ehemann vier Frauen haben. In manchen amerikanischen Staaten gibt es die Todesstrafe, in Italien und Deutschland hingegen nicht. Doch die Inhalte dieser Normen sind leicht zu revidieren: Wenn wir läsen, die zuständigen Organe hätten die Polygamie in Marokko wieder zugelassen oder die Todesstrafe in diesem oder jenem amerikanischen Staat abgeschafft, so fänden wir dies interessant, wären aber nicht überrascht. 29

Eine größere Bedeutung können jedoch die Verfassungsregeln besitzen, besonders diejenigen, die die Rechtsquellen betreffen. Aber selbst diese sind so veränderbar, dass sie, in bestimmten Grenzen, vergänglich erscheinen. Frankreich hatte lange die Gewohnheit, seine Verfassung mehrere Male in jeder Generation zu ändern. Die grundlegenden Eigenschaften des Systems bleiben hingegen unverändert: Es gibt keinen französischen Rechtsstil gem. Louis Philippe oder der Kultur des Zweiten Kaiserreichs, wie es etwa einen bestimmten Stil gibt, der Betten, Schränke oder Sessel charakterisiert. Es gibt keinen bestimmten Typ französischer Rechtsprechung der dritten Republik, der sich von dem Stil der vierten Republik unterschiede. 30

Der Wechsel von der Monarchie zur Republik hatte ebenfalls einen nur äußerst begrenzten Einfluss auf die Normen des Systems. 31

Ein signifikanter Marker ist hingegen die Art und Weise, wie die Befugnis zur Rechtsschöpfung zwischen den verschiedenen, in diesem System wirkenden Kräften aufgeteilt ist, besonders zwischen den Legislativorganen (Parlament oder kleinere Organe), den Gerichten (die dazu berufen sind, Recht durch Präzedenzfälle zu schaffen) und der Lehre: Letztere mit der Aufgabe, die Ausbildung der Studierenden und zukünftigen Richter zu prägen und zudem die Materialien vorzubereiten, die der Richter, wenn er denn will, konsultieren kann. Natürlich ist auch das Kräfteverhältnis zwischen Parlament, Richtern, Professoren und politischen Parteien (oder Partei) veränderlich. Aber diese Veränderung ist langsam, und um sie künstlich hervorzurufen, bedarf es komplexer Vorgehensweisen oder Eingriffe. Man könnte dem zukünftigen Richter die Aus- bzw. Weiterbildung verbieten (man könnte etwa dem angehenden Richter des Common Law untersagen, eine Fakultät zu besuchen, an der Civil Law gelehrt wird): Auf diese Weise versetzte man dem Einfluss des Professors einen Schlag. Legt man dem Richter auf, von einer Begründung der Urteile abzusehen, so träfe man damit das Präzedenzrecht. Man könnte die Partei beauftragen sich um die Redaktion der Gesetze zu kümmern sowie auch um die der Textbücher für die juristischen Fakultäten, die Auswahl der Urteile vorzunehmen, die in den Fachzeitschriften veröffentlicht werden sol- 32 len, und vorweg den (einzigen) Kandidaten zu benennen, der sich dann vorstellen kann, um für ein Richteramt gewählt zu werden. Alle diese Konstruktionen, alle diese Mechanismen durchdringen als solche das ganze System und prägen maßgeblich seine Formanten. Sie haben eine sehr viel größere systemologische Bedeutung als die einzelnen Rechtsnormen.

33 Auf diese Weise besitzen die vom Juristen gebrauchte Taxonomie sowie die nicht verbalisierten Regeln eine ein System in höchstem Maße prägende und auszeichnende Funktion.

34 Die Juristen geben von Generation zu Generation Begriffe und das diese Begriffe ausdrückende Vokabular weiter. Die Gegensätze innerhalb dieses Begriffsnetzes können tausend Jahre lang andauern, obwohl jeder taxonomische Bestandteil sich unaufhörlich verändert und offen gegenüber aus jedem anderen System kommenden Einflüssen ist. Der Gegensatz zwischen den Systemen des Common und denen des Civil Law findet sich in erster Linie in den von den Juristen beider Familien verwendeten Taxonomien. Und nur mit Schwierigkeiten könnte die legislative Gewalt diese Begriffskonzeptionen verdrängen.

35 Die am tiefsten in einem jeden System verwurzelten Regeln schließlich sind die Kryptotypen, dh die nicht verbalisierten Normen. Gerade weil sich diese Normen dem Betrachter entziehen, kann der Gesetzgeber sie weder beseitigen noch in ihrer Anwendung begrenzen. Regeln dieser Art veranlassen den englischen Richter dazu, einer Rechtsregel eine deutlich begrenztere Reichweite zuzusprechen, als dies sein kontinentaleuropäischer Kollege tut. Es sind offensichtlich diese Regeln, die die Machtverteilung zwischen dem abstrakten Denken (der Lehre) und dem angewandten Denken (der Rechtsprechung) bestimmen.

§ 2 Bedeutende Kennzeichen der verschiedenen Systeme[1]

4. Die Gewichtung der Unterschiede

Ein europäischer Jurist wird leicht den Unterschied wahrnehmen, der die Systeme des Common Law von denjenigen des Civil Law trennt (die ihrerseits auf die doppelte Erfahrung des Gemeinen Rechts und der Kodifikation zurückblicken). Ein größerer Unterschied trennt diese zwei Familien von den Ordnungen der islamischen Länder, die die šarī'a in das Zentrum ihres Systems stellen, eine durch die Berufung auf die Offenbarung legitimierte Rechtsquelle der Lehre. Aber noch größer ist der Unterschied zwischen diesen drei Familien und den traditionellen afrikanischen Systemen, die funktionieren, ohne dass eine gegenüber den streitenden Parteien übergeordnete Autorität die Aufgabe übernähme, die Streitigkeit zu regulieren und zu schlichten. 1

Der Unterschied, der zwischen zu verschiedenen Traditionen gehörenden Systemen besteht, ist unendlich viel größer, als ein Jurist, der nicht bei der Geschichte im weiteren Sinne (einschließlich der Ur- und Frühgeschichte) und der Anthropologie beginnt, sich vorzustellen pflegt. 2

Das Verständnis dessen, was wir zuvor gesagt haben, wird erleichtert, wenn wir einen Moment innehalten, um Systeme zu betrachten, die über Merkmale verfügen, die sich wesentlich von denjenigen unterscheiden, die eine romanistische oder Common Law Rechtsordnung kennzeichnen. 3

5. Systeme ohne zentralisierte Macht[2]

Wir sind es gewohnt, eine bestimmte Beziehung zwischen dem Recht und dem Vorhandensein einer dieses Recht garantierenden höheren Macht als unauflöslich anzusehen; diese Macht wird sich zudem auf eine Ermächtigungspyramide demokratischer Art stützen können, ist aber in jedem Fall eine relativ ausgedehnte, mit umfangreichen und verschiedenen Möglichkeiten ausgestattete und zentralisierte Macht: Dies führt dazu, dass die Ausübung solcher Funktionen, die das Recht regelt, nicht den einzelnen Bürgern zukommt. 4

Insbesondere die Streitbeilegung erfordert dort, wo sie nicht konsensual erfolgt, die Tätigkeit eines Richters, dem die Parteien institutionell unterworfen sind, und der über die Mittel verfügt, die erforderlich sind, um die unwillige Partei zur Befolgung seines Urteils zu bringen. 5

Zusammengefasst: Wenn wir an das Recht denken, denken wir an den Staat, dh an eine zentrale Machtinstanz. 6

Und doch kennt unsere Erfahrung eine Gesellschaft, der eine zentralisierte Macht, die einen Normgehorsam garantieren könnte, fehlt. Denn tatsächlich ist die internationale Gemeinschaft nicht mit einer zentralisierten Macht, die für eine Durchsetzung notwendig wäre, ausgestattet. 7

1 Das Thema dieses § wird vertiefter dargestellt in R. Sacco, *Anthropologia giuridica*, Bologna, 2007.

2 Die Gesellschaften ohne zentralisierte Macht sind immer traditionelle, schriftlose Gesellschaften. Die ethnologische Literatur beschreibt sie recht häufig. Die Behandlung dieses gesellschaftlichen Typus ohne zentralisierte Macht ist das Verdienst von M. Fortes und E.E. Evans-Pritchard, *African Political Systems*, London, 1940.

8 Bis 1919 bzw. 1945, dh bis zum Entstehen des Völkerbundes und der UNO, sprachen die Juristen ohne zu zögern und ohne zu zweifeln von einem internationalen Recht; die internationale Gemeinschaft funktionierte durch Vermittlungsakte und rechtlich qualifizierbare Vorgehensweisen; aber es gab keine Macht, die ein Recht hätte garantieren können.

9 Auf diese Weise gelangen wir zu einer ersten Schlussfolgerung: Die internationale Gemeinschaft bestand auch vor 1919 bereits als eine Gemeinschaft; ihr Leben war durch Rechtsnormen geordnet; es gab nämlich ein internationales Recht, welches an den juristischen Fakultäten in der ganzen Welt dargestellt und gelehrt wurde. Und die Idee eines Rechts, das die internationale Gemeinschaft regieren könnte, war keine neue, sondern vielmehr eine sehr alte Idee: Jahrhundertelang hatten die in Staaten zusammengefassten menschlichen Gruppen die zwischenstaatlichen Beziehungen durch Recht geregelt, dem keine zentralisierte Macht gegenüberstand, die seine Beachtung hätte garantieren können.

10 Und wie wurden damals Konflikte gelöst? Derjenige, der ein Unrecht erlitten hatte, schwieg oder musste auf Selbstschutz zurückgreifen. Daraus entstand dann ein Konflikt, der Krieg. Und der Krieg endete seinerseits wiederum mit einem Vertrag. Der Konflikt war also die Tür, die sich öffnete, um zwei Dinge, zwei Geschehnisse eintreten zu lassen: entweder eine Verhandlung oder einen Krieg. Mit beendetem Krieg brachte ein neues Übereinkommen einen Frieden, nicht zwingend eine neue Gerechtigkeit.

11 Kleine Mächte laufen Gefahr, größere Affronts und größere Ungerechtigkeiten zu erleiden als große Mächte; deshalb setzt die kleine Macht verschiedene Garantiemechanismen in Gang – sie erhält beispielsweise den Schutz durch eine Großmacht. Auf diese Weise entstehen Schutzverhältnisse, institutionalisierte Allianzen, gegenseitige Unterstützungsversprechen für den Angriffsfall; und so auch Konföderationen, Unionen, Bündnisse. So entstehen die uralten Instrumente, weil das internationale Recht noch nicht durch eine der Macht der einzelnen Staaten übergeordnete Instanz garantiert ist; doch werden diese Instrumente jegliche Rechtfertigung an dem Tag verlieren, an dem es eine zentralisierte, weltumfassende Macht geben wird, die ihren Willen über den der Staaten zu setzen in der Lage ist.

12 Die kleine Macht kann jedoch auch noch durch eine andere, speziellere Reaktion geschützt werden: Weil der Aggressor niemandem gefällt, fühlen sich alle potenziellen Opfer diesem Aggressor gegenüber solidarisch. Wenn demzufolge eine Aggression geschieht, können sie gemeinsam handeln, um die Aggressoren ihrerseits anzugreifen.

13 Nachdem uns das internationale Recht gelehrt hat, dass man eine Gesellschaft entwickeln kann, deren Leben sich im Rahmen des Rechts abspielt, ohne dass es eine zentralisierte Macht gäbe, fragen wir uns, ob diese Figur einer Gesellschaft ohne jegliche zentralisierte Macht auch außerhalb des Bereichs der internationalen Beziehungen existiert. Und die darauf zu gebende Antwort ist »ja«.

14 Bis vor sechstausend Jahren, und ab vor allem von vor zwölftausend Jahren, waren alle menschlichen Gesellschaften so angelegt, ohne sich einer zentralisierten Macht zu unterwerfen. Die einzelnen kleinen Gruppen mussten sich selbst verteidigen. Nicht immer mussten sie sich dabei ausschließlich auf sich selber verlassen, weil es Allianzen gab und man wusste, dass man angesichts eines Aggressors ein Bündnis schmieden konnte. Aber struktureller Ausgangspunkt des untersuchten Gesellschaftstyps ist der folgende: Es gibt keine höhere Gewalt für die kleinen Gruppen; es gibt keine Gewalt,

die Gesetze erlassen könnte; es gibt insbesondere keine Gewalt, die richten könnte. Die Macht kommt in einheitlicher Weise der gesellschaftlichen Basis zu. Die Macht ist »diffus«. Die Gesellschaft ist »kopflos«.

Doch welches sind die Institute, die eine solche Gesellschaft ohne zentralisierte Macht ihr eigen nennt? 15

In einer Gesellschaft ohne zentralisierte Macht gibt es keine Organe an ihrer Spitze, es gibt keinen Gesetzgeber, keinen Staatspräsidenten, keine öffentliche Verwaltung. Doch es gibt andere Regeln. Im Zentrum einer Anklage steht in jedem Rechtsbereich nicht ein Individuum. Im Zentrum steht vielmehr die kleine Gruppe. Wenn Tizio einen Mord begeht, wird es nicht darum gehen, die Spur zu Tizio zurückzuverfolgen und ihn einer Sanktion zu unterwerfen. Sondern das Problem wird die Gruppen angehen. Die Gruppe, die die Verletzung erlitten hat, will eine Wiedergutmachung, die darin bestehen wird, ein Mitglied der verantwortlichen Gruppe zu töten.[3] 16

Die Rache ist also die reguläre Sanktionsform, von der man nicht wird sagen können, ob sie nun zivil- oder strafrechtlich sei. Denn die Gesellschaften ohne zentralisierte Macht kennen nicht einmal diese Unterscheidung. Die Unterscheidung zwischen Straf- und Zivilrecht wird sicherlich erst dort sichtbar, wo die staatliche Autorität zwischen den Tätern, die die allgemeine gesellschaftliche Ordnung stören, und denjenigen zu unterscheiden beginnt, die allein das Opfer treffen. Aber in einer Gesellschaft ohne zentralisierte Macht ist diese Unterscheidung nicht denkbar.[4] 17

Gewiss ist das System der Gruppenvergeltung lückenhaft, wenn die Tötung innerhalb einer Familie erfolgt, weil dann die Gruppe fehlt, an der die Rache verübt werde könnte. Es wird den Europäer irritieren, wenn er sieht, dass der Vater, der den Sohn getötet hat, und der Sohn, der den Vater getötet hat, straffrei bleiben müssen.[5] 18

Der Europäer hat seine Mühe damit zu verstehen, dass der Sohn, der seinen Vater getötet hat, unbestraft bleibt. Doch ist diese Konsequenz in einer auf dem Selbstschutz der Gruppe beruhenden Logik unvermeidlich. Denn es stellt sich vor allem die Frage, wer die Rache ausüben müsste. Es müssten die Brüder des Vatermörders sein, und es ist nicht sonderlich schön, den Brüdern aufzuerlegen, ihren Bruder zu töten. Und dann 19

3 Für einen Italiener ist es einfach, den im Text erläuterten Gerechtigkeitsmechanismus zu verstehen. In der italienischen Sprache haben wir das Wort *vendetta* (Rache). Außerhalb von Italien wird das Wort *vendetta* im allgemeinen Sinn von Vergeltung gegen einen Straftäter mit Worten ausgedrückt, die von einer Sprache zur anderen variieren. Aber die ritualisierte Rache, die von einer Gruppe gegen eine andere Gruppe durchgeführt wird, wird in allen Sprachen der Welt als Vendetta bezeichnet. Es wurde auf die italienische Sprache zurückgegriffen, weil unter den Hochkultursprachen nur diese einen Begriff für die ritualisierte Vergeltung hatte; und in der Tat oblag es, als sich die entsprechenden Sprachgewohnheiten ausbildeten, in bestimmten Teilen von Italien, wenn eine Familie unter einem Mord gelitten hatte, den erwachsenen männlichen Agnaten des Opfers, für Wiedergutmachung zu sorgen. Der Verpflichtung zur Vendetta waren die Frauen nicht unterworfen, ebensowenig die Verwandtschaft auf weiblicher Seite; der Ritus legte präzise fest, ab welchem Alter jemand von der Rachepflicht befreit war und ab welchem Alter er sie übernahm. Das Wissen um diese Regeln wurde mit Präzision und fundierter Kenntnis übertragen, auch wenn sie weder von der universitären Lehre noch von den Maximen des Kassationsgerichts gestützt wurden.

4 Zu Zeiten des Kolonialismus sahen sich die europäischen Autoritäten in den afrikanischen Ländern häufig einer psychologischen Schwierigkeit gegenübergestellt. Sie führten das Strafrecht europäischen Modells ein: Auf diese Weise griff die durch den (Kolonial-)Staat verhängte Sanktion für den begangenen Mord ein, nachdem zwischen den beiden Gruppen schon eine Schlichtung in Form der Zahlung eines Blutgeldes (die »dia« des islamischen oder des atavistischen Rechts) erfolgt, oder nachdem die Blutrache geschehen war. Die afrikanischen Völker widersetzten sich demzufolge heftig der Idee, der zufolge der Staat, nachdem einmal eine Sanktion des traditionellen Typus auferlegt worden war, eine zweite Sanktion verhängen konnte.

5 Für diese Vorgehensweise im traditionellen Recht der Amazigh und Somalier s. R. Sacco, *Di alcune singolari convergenze fra il diritto ancestrale dei Berberi e quello dei Somali*, in: *Scritti Falzea*, IV, Mailand, 1991, 418.

gilt insbesondere folgende Argumentation: Die untersuchte Gruppe hatte eine Kampfkraft, die in soundso vielen Lanzen gemessen wurde; aufgrund der Tötung hat die Gruppe eine Lanze verloren; wenn sie aufgrund der Rache noch einen weiteren Lanzenträger verlöre, wäre die Gruppe anschließend noch schwächer; und damit würde die Sanktion das (in der Gemeinschaft bestehende) Opfer treffen.

20 Diese Gesellschaften ohne zentralisierte Macht verfügen jedoch über einen Mechanismus, der einer fortschreitenden Kette an Tötungen entgegenzustehen gedacht ist. In allen Gesellschaften gibt es moralische Vorstellungen. In den ausgebildeten Gesellschaften berufen sich diese auf die verschiedenen ethischen Grundsätze und Religionen; in den traditionellen Gesellschaften beziehen sie sich auf die Magie oder sakrale Werte verschiedener Art. In diesem Zusammenhang werden Persönlichkeiten, die in einer Verbindung zum Übernatürlichen stehen (Magier, Schamanen, Gottesmänner) eingreifen, um die Spirale der Vergeltungsmaßnahmen zu durchbrechen: Sie traten auf, als die Vergeltungsmaßnahme ritualisiert war.

21 Und so kommen wir in Berührung mit einem Ausdruck, auf den wir unsere Aufmerksamkeit lenken müssen: Ritualisierung.

22 Für ein besseres Verständnis kehren wir zum internationalen Recht zurück.

23 Denken wir einmal an die Möglichkeit des Krieges. In diesem geschehen Tötungen in einer großen Anzahl. Aber allein der, der eine Uniform trägt, hat das Recht zu schießen. Zu einem bestimmten Zeitpunkt des französisch-preußischen Krieges von 1870 schossen einige französische Bürger (die berühmten francs-tireurs), ohne eine Uniform angezogen zu haben. Die Preußen wandten internationales Recht an: Die francs-tireurs waren keine echten Kämpfer, sie waren deshalb des Mordes schuldig; (sie erhielten für ihren Mut zwar militärische Ehrungen, aber) sie wurden exekutiert.

24 Das internationale Recht ritualisiert Konflikte. Es verlangt von zwei Mächten, erst dann zu kämpfen, wenn eine der beiden der anderen eine offizielle Kriegserklärung überreicht hat; es verbietet den Gebrauch zu tödlicher Waffen; es sichert einen gewissen Schutz für die Kriegsgefangenen; usw. Natürlich kann es geschehen, dass diese Norm verletzt wird; aber die Norm verliert nicht allein dadurch, dass sie verletzt wird, ihre Natur.

25 Auch in den Gesellschaften mit einer zentralisierten Macht kann es geschehen, dass die Norm verletzt wird. Dasselbe geschieht offensichtlich in einer Gesellschaft ohne zentralisierte Macht. In dem einen wie dem anderen Gesellschaftstypus finden wir den aus der Verletzung einer Regelung entstehenden Konflikt. In der einen wie der anderen Gesellschaft finden wir die Sanktion: in dem einen Fall durch eine zentralisierte Macht begründet, in dem anderen hingegen durch den Träger des Selbstschutzes. In dem ein wie dem anderen Fall wird es sein können, dass die für die Durchsetzung des Rechts vorgesehenen Instrumente fehlgehen. Hin und wieder wird auch in den am weitesten entwickelten Gesellschaften, die den Bedürfnissen der Bürger gegenüber am aufmerksamsten sind, die Justiz nicht in der Lage sein können, demjenigen Recht zu geben, der Recht hat; etwa weil sich der Zeuge nicht erinnert, der Richter sich irrt oder aus irgendeinem anderen Grund.

26 Kehren wir nun zu unserer aus kleinen Gruppen bestehenden Gesellschaft zurück. Diese Gesellschaft wird ein Eigentum kennen, das für den, der aus einer von einer zentralisierten Macht beherrschten Welt kommt, nur schwer zu verstehen sein wird. Es ist selbstverständlich, dass es eine Macht der Gruppe über ihre Güter gibt, weil die Grup-

pe nicht will, dass die Güter ihrem Einfluss entgleiten. Dies schließt jedoch innerhalb der Gruppe das Eigentum des einzelnen Gruppenmitglieds nicht aus. Es wird also eine Verschränkung zweier Rechte an einer Sache geben: dem Recht der Gruppe und dem Recht des Einzelnen. Die Veräußerung innerhalb der Gruppe wird anerkannt; aber zugunsten eines außerhalb der Gruppe Stehenden wird sie nicht anerkannt, wenn nicht ein Konsens der gesamten Gruppe darüber besteht.

Das Erbrecht zahlt dieser Konzeption Tribut. Wenn die Gruppe patriarchal organisiert ist, wenn sich also die Zugehörigkeit zu der Gruppe aus dem Umstand ergibt, Sohn des zu der Gruppe gehörenden Vaters zu sein, kann die Frau nicht mortis causa in eine Rechtsstellung nachfolgen. Und dies deshalb, weil es sein kann, dass sie aus der Gruppe heraus heiratet; und wenn sie erbte, erbte sie Güter der Gruppe und nach ihrem Tod träten ihre Söhne an ihre Stelle, die zu einer fremden Gruppe gehörten. 27

Die Bedeutung der Verwandtschaft, das Eigentum, die Vertragsordnung – das wenige, was es von der Vertragsordnung gibt – sowie die Sanktion gegenüber widerrechtlichen Handlungen: Alle diese Institute sind von der besonderen Natur der Gesellschaften ohne zentralisierte Macht beeinflusst. 28

6. Varianzen im Recht der Gesellschaft ohne zentralisierte Macht

Es wurde bislang in allgemeiner Art und Weise von den Systemen ohne zentralisierte Macht gesprochen, welche im Zeitraum 2.500.000 a.C. bis 3.500 a.C. bestanden. Sie wurden bislang in einem Begriff zusammengefasst, aber in diesem langen Zeitraum blieb das Recht natürlich nicht statisch und unverändert. 29

In der letzten Phase (ungefähr von 50.000 a.C. an; hinsichtlich einiger Aspekte auch noch früher) haben Teile der Menschheit Spuren ihres Kontakts zum Übernatürlichen – das heißt dem Magischen – hinterlassen. Es handelte sich um symbolische Malereien, künstlerisch eindringlich und mit magischer Wirkung. In einigen Kulturen wurde der Stein in dunklen Höhlen bemalt (dunkel, weil die Überzeugung bestand, dass der profane Blick die Malerei ihrer besonderen Macht berauben würde). 30

Der Kontakt mit dem Übernatürlichen konnte sich tiefgreifend auf die Deontologie auswirken. Der Magier, der Zugang zum Übernatürlichen hatte, konnte bezeugen, wer aus der Gruppe in der Gunst kosmischer Energien oder unsichtbarer Wesen stand. Er konnte Verhaltensregeln aufstellen, die Totemfähigkeit der Tiere und zu respektierende Tabus aufzeigen. Er konnte feststellen, wer der Schuldige bezüglich dieses oder jenes Ereignisses (die Tötung eines Menschen oder auch eine Dürre) war. 31

Es gibt jedoch keine Hinweise darauf, dass Menschen vor dem Homo sapiens oder Neandertaler etwas Übernatürliches kannten. 32

Ist folglich in diesem langen Zeitraum das Recht unverändert und konstant geblieben? 33

Nein! 34

Manch einem könnte in den Sinn kommen, das Recht habe erst zu wirken begonnen, als der Mensch zu sprechen begann; aber eine recht offenkundige Beobachtung führt uns darüber hinaus. Die Tiere unterwerfen sich bestimmten Regeln des Sozialverhaltens. Natürlich haben sie keine Gerichte; aber bei der einen oder anderen Tierart wird das Individuum, das eine abweichende Verhaltensweise zeigt, entweder von den Mitgliedern der Gemeinschaft angegriffen und unter die Unterordnung zurückgeführt, oder es wird ausgestoßen oder unterworfen. Bei anderen Tierarten wird die Aggressivi- 35 tät des Tieres, das Unrecht erlitten hat, durch ein Zusammenspiel wer weiß welcher Drüsen erhöht, während sich die Kampfkraft des Tieres, das weiß, dass es Unrecht begangen hat, vermindert.

36 Auf diese Weise regeln eine Reihe fleischfressender jagender Tiere das als Vorratseigentum verstandene Eigentum mit einem sehr effizienten System; zu diesem Zweck stecken sie ein Gebiet ab, dass einer jeden Familie zusteht, und jedes Familienoberhaupt markiert die eigene Zone durch seinen Schweiß, Urin, Fellteile, die sich durch das Reiben des Hauptes an dem Grenzbaum von der Mähne lösen, und so weiter.

37 Grob gesprochen können wir sagen, dass auch die Menschen von dorther kommen. Wir fragen uns nicht, wann das Recht entstanden ist; die Regeln sozialen Verhaltens existierten schon vor dem Menschen. Schon als ein Zweifüßler gelebt hat, den wir Mensch nennen können, hatte dieser Zweifüßler also bereits sein rudimentäres Recht.

38 Die größte Revolution im Bereich des Rechts aller Zeiten wurde möglich, als der Mensch das Broca- und Wernicke-Areal entwickelte, ermöglicht durch die Veränderung seines Kehlkopfes und Rachens, und sich der artikulierten Sprache bedienen konnte. Er gab nunmehr gleichen Dingen gleiche Namen und damit beginnt ein neuer Prozess der Konzeptualisierung und die Kommunikation verändert ihre Natur.

39 Aber was hätte jemals das Recht des »schweigenden« Menschen sein können? Es lässt sich anhand uns bekannter Menschengruppen, die mit einfachen sozialen Strukturen leben (die San der Kalahariwüste und die Yanomami aus der Region der Quellen des Orinocos), und mit den Gruppen der Tiere, die dem Menschen am ähnlichsten sind (Schimpansen, Bonobos), rekonstruieren. Und wir finden ein System von Regeln, in denen die normalen Subjekte, in einer kleinen Familiengruppe versammelt, dem Mitglied der Gruppe gehorchen, das genetisch mit »dominanten« Qualitäten ausgestattet ist. Es ist sowohl die Verbindung zwischen einem Paar bekannt als auch die Pflicht eines jeden Elternteils sich um die spezifischen Bedürfnisse des Babys zu kümmern. Es wird das Eigentum an beweglichen und unbeweglichen Sachen, Letzteres erworben durch »Kennzeichnung« von Grenzen, geachtet. In den Beziehungen zwischen den einzelnen Individuen ist das Prinzip der Rückzahlung grundlegend (in einigen Fällen in Form eines Realvertrages, in einigen Fällen in Form von Rache): Wenn Tizio Caio gelaust hat, wird Caio morgen Tizio lausen; wenn Sempronio Mevio gefüttert hat, wird morgen Mevio Sempronio füttern. Es werden gemeinschaftliche Beziehungen ausgeübt (kollektive Jagd, der die Teilung der Beute folgt).

40 Wir müssen uns an diesem Punkt noch einem Problem zuwenden und fragen, wann eine planende Vorgehensweise im Recht begann.

41 »Ich besitze« heißt »ich übe eine Macht über eine Sache aus; wenn ich sie jemand anderem übertragen will, so übertrage ich eben diese Macht; wenn ich meine Macht nicht mehr ausüben will, lasse ich die Sache zurück; wenn ich die Macht über eine Sache erwerben will, die niemandem gehört, so nehme ich sie an mich«. Wer besitzt, hat kein Bedürfnis, viele Erklärungen über seine Vorhaben zu geben, warum er sie ausführt, sie verwirklicht. Die Ausführungen bedürfen nicht der Verbalisierung, nicht der Planung. Die Planung hingegen, die sich in der Annahme einer in Zukunft zu erfüllenden Verpflichtung manifestiert (»Spondes mihi centum dari? Spondeo«), bedarf einer Sprache. Für eine Planung bedarf es der Fähigkeit der Kommunikation (es könnte eine Gesten- oder symbolische Sprache genügen), und es bedarf gewisser, im Lauf der Zeit gereifter Fähigkeiten, an das Kommende zu denken.

7. Systeme mit einer zentralisierten Macht

Bei der Einführung des Abschnittes über die Machtzentralisierung könnte man versucht sein zu sagen: Auch wer nicht mit vor- oder frühgeschichtlichen Kenntnissen ausgestattet ist, gelangt zu der Feststellung, dass der Mensch in der Steinzeit ein von einer nicht zentralisierten Macht gekennzeichnetes gesellschaftliches Leben führte; und dass die Kultur der Bronzezeit ihn dazu brachte, eine andere gesellschaftliche Struktur zu entwickeln und eine zentralisierten Macht zu bilden. 42

Diese Gleichung dürfte jedoch auf einige Vorbehalte stoßen. Denn zwischen den Gesellschaften ohne eine zentralisierte Macht und den theokratisch-imperialen Gesellschaften der Babylonier oder Ägypter gibt es einige äußerst bedeutende Zwischenstufen: etwa das monarchische oder oligarchische oder das mit einer Versammlung ausgestattete Modell, bis hin zu den Stadtstaaten, den hierarchisch organisierten Volksstämmen oder den Reichen Schwarzafrikas. Darüber hinaus gab es in der Bronzezeit Gesellschaften, die nicht dem Schema einer zentralisierten Herrschaft theokratischer Legitimation entsprachen, welches wir untersuchen wollen (vgl. etwa die sumerische Gesellschaft zu Beginn); und in Amerika haben einige Gesellschaften, die vor Kolumbus nicht die Bronze kannten (in Amerika gibt es weder Kupfer noch Zinn), Herrschaftssysteme aufgebaut, in denen die Macht in hohem Grade zentralisiert war. Deshalb lässt sich eine unzweideutige Entsprechung zwischen Bronzezeit und Gesellschaften mit zentralisierter Macht nicht darstellen. 43

Dennoch wird auch der Nichtfachmann das Entstehen der Gesellschaft mit zentralisierter Macht gut verstehen, wenn er sie zu einigen Bedürfnissen einer Gesellschaft der Bronzezeit in Beziehung setzt. 44

Wenn es einer bestimmten Gesellschaft gelingt, die Herstellung der Bronze zu handhaben, kann sie gewiss sein, im Fall eines Zusammenstoßes mit einer nur Stein verwendenden Gesellschaft die Oberhand zu behalten, weil die Bronzewaffe die Steinwaffe immer besiegt. Daher wird auf lange Zeit hin eine Selektion stattfinden, in deren Folge die Gesellschaft, die Bronze herzustellen vermag, überlebt, weil sie die Gesellschaften, die nur Stein kennen, überwindet. Diese zweiseitige Gegenüberstellung zwischen Bronze und Stein wird erst dann überholt sein, wenn man, tausende Jahre später, Eisen zu nutzen lernt.[6] 45

Erinnern wir uns nun, dass die Gesellschaft der Bronzezeit (mit Beginn des vierten Jahrtausends v. Chr.) in vier Teilen der Welt entstand: in Mesopotamien, in Ägypten, entlang des Indus und entlang des Gelben Flusses. 46

Die Herstellung von Bronze bedeutete die Überwindung zahlreicher Schwierigkeiten. Das Problem ist nicht so sehr das des Ofens: Denn man bedarf keiner großen Hitze, um Kupfer und Zinn zu schmelzen und zu mischen (es bedarf einer größeren Hitze, Eisen zu schmelzen). Die Schwierigkeit ist eine andere: Das Zinn lokalisieren, das Kupfer ausfindig machen, Kupfer wie Zinn dem Boden entnehmen, beides durch ganz Europa oder über die Meere hinweg transportieren (was mit den technischen Hilfsmitteln und Straßenverhältnissen der damaligen Zeit nicht sonderlich angenehm war) und sie dort hinbringen, wo man die Bronze herstellen wollte. 47

6 Von diesem Zeitpunkt an werden sich Gesellschaften begegnen, die das Eisen kennen, ohne Bronze zu kennen (quasi ganz Afrika kannte, als die Europäer in Kontakt mit ihnen kamen, Eisen, nicht aber Bronze). Aber die Kenntnis des Eisens erwarb man erst sehr viel später als das Entstehen der Bronze, daher kämpfte man über Jahrtausende hinweg mit Steinwaffen und nicht mit Eisen.

48 Diese komplexen Operationen hätten entweder in Form des Austauschs oder in Form einer zuvor entworfenen Planung ablaufen können. Doch es hat sich die Lösung der zentralisierten und planenden Entscheidung durchgesetzt.

49 Die Probleme zeigen im Übrigen bei der einen wie der anderen Lösung einheitliche Aspekte.

50 Denn man muss immer diejenigen ernähren, die die Minen suchen, diejenigen, die die Metalle aus dem Boden befördern, die das Metall von dem einen zum anderen Teil Europas oder Asiens bringen, sowie die, die schließlich die Bronze produzieren. Wie jedoch soll man diese Leute entlohnen? Dafür wird man die Nahrungshersteller dazu veranlassen müssen, einen Teil ihrer Produktion in einem Silo zu hinterlegen und sie so den anderen zur Verfügung zu stellen (dies wird natürlich eine Gesellschaft voraussetzen, wo die Bauern und Hirten mehr Nahrung produzieren, als sie benötigen, um sich selbst zu ernähren).

51 Was wir gesagt haben, wird in beiden Fällen gelten: Sowohl dann, wenn der Erwerb des Metalls auf der Grundlage eines Tauschgeschäftes geschieht (weil man jedenfalls Nahrung gegen Metall leisten muss, oder Geld, welches man dadurch erhält, dass man den Hersteller von Nahrung mit Steuern belegt, was dasselbe ist, als leiste man Nahrung); als auch dann, wenn die Beschaffung der Primärmaterialien auf der Grundlage einer Planung verläuft.

52 Die beschriebene Vorgehensweise impliziert ihrerseits vier verschiedene Kunstgriffe.

53 An erster Stelle gilt es, den Steuerzahler zu bestimmen. Aber es ist nicht leicht, den Steuerzahler zu bestimmen, wenn man nicht zuvor den Eigentümer des mit einer Steuer belegten Grundstücks bestimmt; und wenn man (hierfür) nicht die Einrichtung von Registern vornimmt, mit denen sich einige Fachleute beschäftigen, die wiederum Nahrungsmittel verzehren, aber nicht herstellen.

54 Sodann muss man einen zweiten Schritt tun: Man muss irgendwo vermerken, wer die Steuer schon bezahlt hat, wer hingegen nicht; dies kann jedoch nur geschehen, indem man die entsprechenden Daten schriftlich festhält. Also muss man eine Schrift entwickeln und für verbindlich erklären, sowie eine Klasse von Schreibern entstehen lassen, die ihrerseits ausgehalten werden müssen. Folglich wird deutlich, dass die Gesellschaft der Bronzezeit über ein Steuersystem, ein Register sowie die Schrift verfügte.

55 Man muss nun die Unwilligkeit des Nahrungsherstellers bedenken und neutralisieren, der nicht daran interessiert ist, sich eines so erheblichen Teils seiner Produktion zu entäußern, indem er sie an andere weitergibt. Denn nicht immer wird er in der Lage sein zu verstehen, dass ihm allein durch die Bronze Sicherheit garantiert wird. Man muss also eine Persönlichkeit mit der Fähigkeit finden, den Bauern zu zwingen, einen Teil seiner Produktion freizugeben: Es wird also ein berufsmäßiges Militär erforderlich sein. Die Bewaffneten reihen sich infolgedessen in die lange Liste derjenigen ein, die die Konsumgüter nicht herstellen, sondern sie allein konsumieren.

56 Man muss aber die Bewaffneten davon überzeugen, dass sie nicht ihrerseits die Macht an sich reißen. Allgemeiner gesprochen, die Gesellschaft ist mittlerweile so konstruiert, dass man fürchten muss, dass die verschiedenen Schichten der Bevölkerung, dh die Bauern, die Erzieher, die Transporteure des Metalls und die Bewaffneten, jede aus eigenem Interesse, die Initiative ergreifen könnten, um die gesellschaftliche Ordnung aufzulösen.

Zunächst wird die Macht den Bewaffneten zustehen; bzw. für diese deren Oberhaupt. Aber die Oberhäupter sind mehr als einer und sie sind Rivalen. Sie werden einer gegen den anderen kämpfen. Eine »erleuchtete« Lösung wird jedoch die Basis für eine friedliche Lösung bringen. 57

Früher oder später wird sich nach allen Erschütterungen eine Formel durchsetzen, die dazu dient, die Macht zu sichern; und die einzig mögliche Basis wird die Überzeugung aller Beteiligten sein: Es wird hierfür einer Lehre bedürfen, an die alle glauben und der sich alle unterwerfen; und diese Lehre wird ihrerseits wiederum gesichert sein müssen. 58

Die Magier, Wahrsager oder Schamanen sind demzufolge zu neuen Aufgaben berufen. Sie müssen nicht nur individuelle oder spezifische Probleme lösen oder allgemeine Naturerscheinungen erklären (wie die Rückkehr der Sonne nach der winterlichen Eiszeit, den Regenfall, die Fruchtbarkeit der Lebewesen und des Bodens), sondern sie müssen vielmehr die Akzeptanz der neuen gesellschaftlichen Strukturen protegieren. Dies setzt die Entwicklung einer Theorie voraus, einer Lehre, die zu erklären und zu rechtfertigen vermag. Wenn die Vertreter des Übernatürlichen sich entscheiden, mit der Macht zusammenzuarbeiten und sie zu unterstützen (oder sich entscheiden sie sich selbst anzueignen), wird die Veränderung unumkehrbar sein, und die neue Gesellschaft wird über eine solide, Geltung beanspruchende Grundlage verfügen.[7] 59

Eine Gesellschaft dieses Typus muss ihre Mitglieder mit tief verwurzelten Überzeugungen durchdringen, welche die Belastungen und auferlegten Befehle legitimieren, die erforderlich sind, um die für diese Gesellschaft nötigen Dienstleistungen zu ermöglichen. Die Herrschaftsmacht muss eine Wahrheit erarbeiten, anbieten und garantieren. Der Vertreter des Übernatürlichen bestimmt die Wahrheit und sichert mit dieser Wahrheit (die er als Gott oder göttliches Mandat definiert) die Legitimation des Oberhauptes der Bewaffneten. Der Satz »die Macht ist Garant der Wahrheit« bedeutet »die Macht neutralisiert diejenigen, die diese Wahrheit bestreiten, und zerstört sie, wenn nötig, physisch.« 60

Eine solche Gesellschaft der Bronzezeit schuf also in ihrer Blütephase Dinge, die noch wenige Jahrhunderte zuvor absolut unvorstellbar gewesen wären. 61

Sie musste die Steuern, die Schrift, das Register, die Polizei und das Berufsheer entwickeln. Sie musste eine Vereinigung von Weisen einrichten, damit so die verschiedenen Vorstellungen miteinander kompatibel und schließlich ein einheitliches, nicht widersprüchliches Ganzes wurden; sie musste schließlich die theoretischen, in diesem gemeinsamen Projekt zusammengeflossenen Lösungen garantieren. 62

---

7 Wir finden eine vorzügliche Beschreibung des Gegensatzes zwischen der Gesellschaft der Bronzezeit und der jungsteinzeitlichen Gesellschaft in der Genesis, nämlich dort, wo sie von der Ankunft der Brüder Josephs in Ägypten berichtet.
Abraham war Terahiter, er war aus dem kaldäischen Babylonien gekommen, dh aus einer Gesellschaft, die die Bronze beherrschte; aber seine Enkel, nomadische Hirten, kannten die Bronze nicht, sie lebten nach den Regeln einer steinzeitlichen Gesellschaft und hatten keine Schrift. Als sie an die Tore Ägyptens gelangten, fanden sie eine blühende Herrschaft der Bronzezeit vor, die jedoch durch die Ankunft der Hyksos aufgewühlt war. Diese hatten die alteingesessene pharaonische Macht zerstört und stützten sich auf jede nicht alteingesessene Volksgruppe, um die mit den Waffen eroberte Macht zu bewahren. In diesem Klima hat Joseph, selber nicht aus dieser Gegend, sehr schnell Karriere gemacht und wurde Erster Minister.
Joseph weiß, dass seine Brüder kommen und welcher Empfang sie erwartet. An der Grenze fragen die Grenzbeamten die Nomaden nach ihrer Identität. Für die gesetzliche Regelung der Stellung der Hirten muss vor allem auf den Familienstatus geachtet werden: Vaterschaft und Namen der Brüder; die Söhne des Jakob haben gesagt, es gäbe elf Brüder, während sie jedoch zwölf Brüder sind; und damit greifen die Konsequenzen der falschen Erklärung gegenüber einer öffentlichen Stelle. Zwei Rechtssysteme prallen aufeinander.

63 Der Lenker bewegt sich an dieser Stelle jenseits aller gesellschaftlichen Gliederungen und sichert ihnen ihr Funktionieren anhand eines eigenen geeigneten Instrumentariums zu. Er muss vor allem seine eigene Macht sichern. Er muss Einzelentscheidungen treffen, die nur für einen konkreten Fall gelten, und er trifft auch Entscheidungen allgemeineren Inhalts. Er erarbeitet allgemeine und abstrakte Regeln, so allgemein und abstrakt wie die spontanen traditionellen Urregeln. Der allgemeine Charakter der Norm wird bei dem Übergang von einer Gesellschaft ohne zentralisierte Macht hin zu einer Gesellschaft mit zentralisierter Macht mit übernommen. Aber in der Gesellschaft mit zentralisierter Macht kommen diese Regeln von der Spitze der Gesellschaft, sie werden von der Herrschaft dieser Gesellschaft garantiert, von den Garanten der Wahrheit getragen, von den Bewaffneten erneut garantiert und mit der Schrift festgehalten.

64 Diejenige, die an diesem gesellschaftlichen Spiel teilnehmen, werden schließlich denken, dass diese Regeln und diese Gesellschaften dem Menschen selbst wesenseigen seien; oder sie werden die Wurzeln dieser Regeln ins Sakrale verlegen.

65 Das Recht wird aus diesem Vorgang verwandelt hervorgehen. Die Primärelemente, die wir im Recht der Gesellschaft mit zentralisierter Macht finden, finden sich zwar auch bereits in derjenigen ohne zentralisierte Macht, aber sie sind nun in anderer Weise miteinander kombiniert, und das Ergebnis dieser neuen Kombination ist vollkommen neuartig.

66 An erster Stelle ist zu nennen, dass dann, wenn es eine zentralisierte Macht gibt, auch ihre jeweiligen Erscheinungsformen existieren werden, wie etwa der Richter (sei es ein Berufsrichter oder nicht), und dh jemand, der die Macht hat, die Norm anzuwenden und eine Sanktion zu verhängen. Je mehr die Macht das Leben der Gesellschaft mit ihren eigenen Regeln durchdringen will, umso mehr wird sie einen Korpus an Richtern in ihr einpflanzen, die Regelverletzungen unterdrücken sollen.

67 An zweiter Stelle wird sich eine besondere Form des Widerrechtlichen entwickeln, die in der Bestreitung der Prärogative der Macht bestehen wird.

68 Wohlverstanden, die zentralisierte Macht wird kein Interesse daran haben können, alles das, was zuvor bereits bestand, zu zerstören: der Selbstschutz überlebt; für den Moment interessiert sich die zentralisierte Macht nicht für die rechtlichen Probleme, welche die (privaten!) Interessen der sozialen Basis betreffen; die Macht wird sich bewusst, dass der Umstand, sich für zu viele Dinge zu interessieren, das Risiko mit sich bringen könnte, sich selbst zu schwächen.

69 Von diesem Moment an, den wir hier beschrieben haben, können wir von einem Staat sprechen. In diesem Moment beginnt man zu proklamieren, wer dazu legitimiert ist, die Macht zu übernehmen; und damit wird die Grundlage für das Verfassungsrecht gelegt. In diesem Moment wird sich auch eine Disziplin mit den Hilfsträgern der zentralisierten Macht beschäftigen müssen: Und dann kann man von einem Verwaltungsrecht sprechen. In diesem Augenblick werden die Verhaltensweisen, die die Autorität der zentralisierten Macht zur Diskussion stellen, mit einer eigenen Technik unterdrückt: Auf diese Weise wird die Unterscheidung zwischen Straf- und Zivilrecht deutlich in Erscheinung treten. Und noch allgemeiner wird man ein öffentliches Recht von einem Privatrecht unterscheiden können.

70 Die zentralisierten Reiche verbreiteten um sich herum ihre eigenen Rechts-, Gesellschafts- und Wissenschaftsmodelle sowie ihre eigenen technologischen Beziehungen. Wohlverstanden, die Nachahmerländer werden nach eigener Wahl bestimmte Modelle

benutzen können, andere jedoch nicht. Über viele Jahrhunderte lang konnten die Griechen Weisheit und Bronze einführen, ohne sich dem Zwang zu unterwerfen, der anderswo die neuen gesellschaftlichen Errungenschaften garantierte; und deshalb war bei ihnen die Weisheit frei, konnte einer vernünftigen Kritik unterzogen werden und wurde Philosophie.

Aber auf einer noch allgemeineren Ebene hat das System zentralisierter Macht ununterbrochen und unumkehrbar seine Logik ausgestrahlt und auf diese Weise immer neue Gesellschaften und neue Nationen erobert. 71

Alexander der Große vererbte, nachdem er persischer Herrscher gewesen war, seinen vielen Nachfolgern verschiedene Elemente mesopotamischer Struktur. 72

Die Umwandlung Roms fällt unter dasselbe Schema. Diese Stadt wurde zu einem Reich, indem sie aus dem Osten kommende Modelle in Folge einer normalen Rezeption zentralisierender Strukturen aufnahm. Dieser Vorgang mündete, zumindest im Westen, in einem definitiven Misserfolg, weil die Schaffung geeigneter Rechtsstrukturen nicht mit der Konstituierung metarechtlicher, vor allem wissenschaftlicher, Strukturen einherging, die die erstgenannten hätten garantieren können. Hinzuzufügen ist, dass die Fähigkeit fehlte, den Zugang zur Macht rechtlich zu regeln; und, schwerwiegender, eine allgemeine, im religiösen Glauben wurzelnde Überzeugung in der Gesellschaft fehlte, dass die Sicherheit und Macht des Reiches die notwendige und ausreichende Bedingung für die Sicherheit des Einzelnen darstellen würden. 73

Die Geschichte des Rechts der vielen germanischen (inklusive angloamerikanischen) Länder sieht eben diese gefangen in einer Auseinandersetzung zwischen der Aufdringlichkeit der typischen Strukturen der zentralisierten Gesellschaft und der Treue gegenüber den traditionellen, an der Dezentralisierung orientierten Muster: auf der Initiative der Parteien beruhende Gerichtsurteile, Gottesurteile, Schiedsgerichte, Urteile der Lords, auf einer persönlichen Bindung beruhendes politisch-rechtliches Band (etwa feudaler Art) usw. 74

In einer noch recht jungen Epoche reihte sich der berühmte Kampf des Richters Coke gegen den König von England in diese tausendjährige Auseinandersetzung ein. 75

Die šarī'a führte spezifische zentralisierte Strukturen in Kulturen ein, die bis dahin von einer nicht zentralisierten Macht gekennzeichnet waren. Dies bezeugen, abgesehen von anderen, zwei Arten von Vergehen, von denen die erste (die ältere) als verletztes Interesse das der Kleingruppe ansieht, die zweite (neuere, mit dem Islam entstandene) das der allgemeinen Gemeinschaft. 76

In China ist die Herrschaft gemäß den üblichen Bedürfnissen einer zentralisierten Macht aufgebaut: Das geschriebene autoritative Recht (das »fa«) schützt die Macht durch die Drohung mit gewichtigen strafrechtlichen Sanktionen und administrativen Maßnahmen; wenig jedoch kümmert man sich um individuelle Streitigkeiten, die die allgemeine öffentliche Ordnung nicht in Gefahr bringen; diese werden ohne den Eingriff herrschaftlicher Organe auf der Grundlage spontaner Regeln beigelegt, die die freundschaftliche Schlichtung oder die Unterwerfung des Schwächeren unter den Stärkeren begünstigen.[8] 77

Als die Säkularisierung der Gesellschaft der politischen Lehre einige, bislang der Lehre vom Übernatürlichen überantwortete Aufgaben übertrug, konnte die Partei (solange 78

8 S. dazu auch R. Sacco, »*Cina*«, in: *Digesto, quarta edizione, sez. civlistica*, 1988, 360.

Einheitspartei!) die Figur des Garanten der Wahrheit und der gesellschaftlichen Ordnung mit neuem Glanz versehen und sich mit den entsprechenden Befugnissen ausstatten. Besonders ausdrucksvolle Erscheinungen dieser Renaissance sind im 20. Jahrhundert im linken Spektrum zu beobachten.

79 Dies bedeutet nicht, dass die Menschheit zwangsläufig auf eine Herrschaft gewaltsamer Befehle und des Terrors zuläuft. Seit mindestens zweitausendfünfhundert Jahren drängen Bewegungen – aufgetreten innerhalb zentralisierter Gesellschaften[9] – zur Humanisierung der Macht, zum Schutz individueller Rechte, zur gleichen Behandlung der Einzelnen und zur gesellschaftlichen Kontrolle des Zugangs zur politischen Macht. Die Errichtung eines Systems mit zentralisierter Macht strebt somit einen verallgemeinerten Konsens an, der mit dem Gleichgewicht zwischen gesellschaftlicher Macht und Immunität des Einzelnen in Einklang steht.[10]

8. Systeme mit und Systeme ohne Gesetzgeber

80 Der junge Jurist wird heute durch die Idee geprägt, es gäbe einen Gesetzgeber, und es sei gut, vernünftig, gerecht und natürlich, dass es einen Gesetzgeber gebe, und dass dieser Gesetzgeber (diese Kategorie auf Parlamente und verfassungsgebende Versammlungen ausweitend) allmächtig sei. Vor allem seien Gesetze notwendig; ohne diese hätte die Gesellschaft keine Normen, auf die sie für die Beilegung von Konflikten zurückgreifen könnte; und ohne Gesetzgeber könnte man das Bedürfnis nach Gesetzen nicht stillen.

81 Und doch gibt es diese Idee der Existenz, der Normalität und der Notwendigkeit einer legislativen Macht erst seit kurzem. Vorher jedoch hatten die Menschen Angst vor der Idee eines Gesetzgebers.

82 Stellen wir einen Vergleich an. Ludwig XIV., eine Persönlichkeit, die ernsthaft an die Nützlichkeit einer Gesetzgebung glaubte, wandte sich für die Registrierung seiner Anordnungen an die Parlamente, die sie ihm jedoch oft versagten, indem sie seine Befugnis, diese oder jene Maßnahme zu erlassen, bestritten. Vor Ludwig XIV. hatten zahlreiche Entwicklungen die Idee einer dem König gebührenden legislativen Gewalt vorbereitet. Philipp II. August hatte Frankreich der königlichen Macht unterworfen. Nach ihm hatte Philipp der Schöne die Macht des Papstes über Frankreich beseitigt und, mit dem tragischen und unvergessenen Scheiterhaufen der Tempelritter, die Möglichkeit einer supranationalen Macht des Ritterordens verworfen. Richelieu hatte die Feudalherrschaft beseitigt. An diesem Punkt standen die Tore für die allumfassende Macht Ludwig XIV. offen, der nicht umsonst mit dem berühmten Satz »l'etat c'est moi« durch sie hindurchschritt.

83 Trotz alledem besaß der allmächtige Ludwig XIV. jedoch keine legislative Macht. Er konnte zwar bei Verhandlungen mit den Parlamenten die Zustimmung zu mancher

9 Die Machtübernahme der Perser in Mesopotamien scheint uns für den Beginn dieses neuen Kurses grundlegend. Vgl. R. Sacco, *Antropologia giuridica*, Bologna, 2007.

10 Der ganze in diesem Abschnitt Nr. 7 durchgeführte Diskurs erlaubt Beziehungen zwischen gesellschaftlichen Strukturen und Rechtsgegebenheiten, zwischen gesellschaftlichen Veränderungen und Rechtsveränderungen. Dies muss jedoch noch in Übereinstimmung mit den Schlussfolgerungen in den Abschnitten 6, 7, 8 des 5. Kapitels geschehen. Effektiv bedarf die große Umwälzung zwischen der Steinzeit und den darauffolgenden Zeitaltern (Bronze, Eisen usw) der Rechtsveränderung. Die Schlussfolgerungen in den genannten Abschnitten 6, 7, 8 sind nicht auf die Möglichkeit einer so umfassenden gesellschaftlichen Umwälzung übertragbar. Vielleicht könnte ein ähnlicher Diskurs für die große Umwälzung erfolgen, die von der paläolithischen zur jungsteinzeitlichen Gesellschaft führte.

Anordnung erzwingen, die dazu dienen sollte, diesen oder jenen Bereich der in Frankreich in Kraft stehenden Normen zu vereinheitlichen; aber er besaß nicht die Fülle legislativer Macht.

Aber nach Ludwig XIV. kamen die Jakobiner, begeistert von ihrer Vorstellung, die Absolutheit der Macht des Staates, die Einzigartigkeit des Staates und die Konzentration aller Befugnisse in den Händen des Staates zu propagieren. Dies ist der Moment, in dem man das erste Mal die Idee einer wahren und eigentlichen, unbegrenzten legislativen Gewalt (mit Verfassungs- und allgemeinem Ansatz) besonderer Organe theoretisierte. 84

Die legislative Gewalt gebührt also nun einem Organ des Staates. Es erfolgte demzufolge ein entscheidender Übergang hin zu einer Verstaatlichung des Rechts. Untersuchen wir nun die Figur des jakobinischen Gesetzgebers. Sie zeigt uns nämlich eine vollständige Zweiseitigkeit; denn auf der einen Seite wird der Bürger davon ausgehen, dass die Nation souverän sei und daher Gesetze erlassen könne; aber auf der anderen Seite lässt man durchblicken, dass nur ein solches Gesetz Gültigkeit beanspruchen könne, welches der Vernunft Rechnung trage; und der Bürger überträgt die Erarbeitung des Gesetzes einer gewählten Versammlung, gerade weil ihm diese geeignet erscheint ohne Abweichungen zu ermitteln, was uns die Vernunft jeweils sagt. 85

In dem Augenblick, in dem die Versammlung, als Notar, der das vernünftige Recht verschriftlichen soll, ihre Aufgabe vollendet, dh wenn das Gesetz in einer offiziellen Sammlung veröffentlicht und damit ausführbar wird, erwirbt dieser Notar die Identität des Monopolisten einer tyrannischen Macht: Dies in dem Sinne, dass der Richter aufgefordert sein wird, nicht mehr der Vernunftsnorm als solche Aufmerksamkeit zu zollen, sondern dem Absatz und Artikel, der in diesem Gesetz oder Gesetzbuch enthalten ist. 86

Diese Überlegungen haben Gültigkeit bis zu der Zeit des nachrevolutionären französischen Gesetzgebers. Im Anschluss daran überwiegt eine Vorstellung, die von einem Rechtspositivismus sprechen lässt (manchmal berechtigter Weise, manchmal auch irrend), demzufolge eine Norm in dem Maße gerechtfertigt ist, wie sie von dieser neuen legislativen Gewalt, dieser Macht ohne Geschichte gewollt ist. 87

Aber was finden wir vor den Jakobinern? Was außerhalb Frankreichs? Recht häufig finden wir Angst vor jedem Eingriff des Staates, der das Recht vereinheitlichen will. Als der König von England in übermäßiger Weise die equity entwickeln wollte, entging den Common Laywers nicht, dass diese equity ein neues künstliches und unvorhersehbares Recht schaffen konnte, welches die Rechte der Bürger verletzen, schmälern oder zumindest entscheidend prägen konnte; noch mehr fürchteten sie, in England könne das crimen laesae maiestatis eingeführt werden. 88

In dieser Zeit gab es in England ein Recht, das ohne gesetzgeberische Schöpfungen entstanden war; und niemand durfte es ändern. Es gab keinen Gesetzgeber, der Entscheidungen hätte treffen können. Der König konnte kein Recht schaffen. 89

Manch einer könnte denken, dass diese Abneigung gegenüber dem Gesetzgeber einer angelsächsischen Denkweise entsprechen könnte. In unseren näher gelegenen Zeiten wird sie in den Ideen Hayeks ausgedrückt, der diese Haltung vollständig teilte. 90

91 Ein Epistemologe des Scharfsinns Hayeks ermahnt uns ununterbrochen, uns von dem Laster, Gesetze machen zu müssen, endlich zu lösen.[11] Das Gesetz sichert uns in keiner Weise die Zustimmung des Anwenders der Rechtsnorm. Und daher ist es vorzuziehen, sich an das spontane Recht (Gewohnheitsrecht) zu halten. Je weiter wir in der Zeit zurückgehen, umso mehr finden wir spontanes Recht. Und da, wo das Recht spontan ist, existiert die Idee einer legislativen Gewalt nicht.

92 Man könnte versucht sein, daran zu denken, dass die Dinge in Europa anders verlaufen sind. Europa hatte einen Gesetzgeber. Europa hatte Justinian.

93 Unserer Ansicht nach hatte Europa ein Gesetz, aber es kannte, bis zur französischen Revolution, niemals eine legislative Gewalt.

94 Die legislative Gewalt hat also solche in Rom niemals existiert. Den Römern erschien es als große Sache, die zwölf Tafeln entworfen zu haben, die einzelne prozessuale Detailfragen lösten, während sie ein ganzes System grundlegender Normen undiskutiert voraussetzten, welche weder in Stein gemeißelt noch überhaupt verschriftlicht wurden, weil sie zu bekannt und undiskutiert waren, als dass es die Mühe gelohnt hätte (und zu wenig verbalisiert, als dass es möglich gewesen wäre), sie auf diese Weise zu speichern.

95 Die Römer erließen, hin und wieder, ein Gesetz. Innerhalb dieser Grenzen jedoch gibt es überall eine gesetzgeberische Tätigkeit, und sie ist natürlich. Dies will nicht bedeuten, die Römer hätten die Vorstellung von einer *allgemeinen* legislativen Gewalt gehabt, als einer irgendeinem Organ zugeteilten Befugnis, eine jede beliebige Norm zu schaffen, die dieses für angemessen hielte; eine Vorstellung also, der zufolge eine jede Norm, die dieses Organ entwarf, gültig sei.

96 Als die Römer das Gesetz Justinians ins Mittelalter hineinnahmen, vermachten sie dadurch etwas, was sie selbst niemals besessen hatten.

97 Der wahre Justinian war niemals ein Gesetzgeber in jakobinischem Sinne, und er machte niemals »de albo nigrum«. Er verlieh vielmehr den Werken der Gelehrten und Weisen Autorität (Paulus, Labeo, Ulpian); er stellte zusammen; er beseitigte Wiederholungen und Widersprüche. Die Macht, etwas zusammenzustellen, wurde immer schon der Persönlichkeit zugebilligt, die die politische Macht ausübte.

98 Das Werk Justinians war legitimiert, nicht, weil es von einem Gesetzgeber kam, sondern weil es *nicht* von einem solchen kam. Es war legitimiert, weil es nicht schöpferisch tätig war.

99 Erst im Mittelalter wird Justinian Gesetz, legitimierender Gesetzgeber und übt volle legislative Macht aus.

100 Justinian war gebildet. Als die Idee von der Universität als Entwickler der Lehre entsteht, studiert Justinian an der Universität.

101 Die Germanen führten sich in die Geschichte Europas mit ihrem Recht ein, das sich spontan gebildet hatte.

102 Auf ihrem Weg trafen die Germanen auf Justinian, so wie es die romanischen Völker (wieder-) gefunden hatten. Denn in Europa wurde, seitdem man dachte, dass der Richter über rechtliche Fragen ein Jurist sein müsse, eben dieser Richter unter den Studierten ausgewählt, und dieser Richter urteilte gemäß Justinian. Der Juristenrichter wendet das Recht an, das er kennt. Es gibt keine menschliche Kraft, die einen Richter dazu

11 Siehe das in der 2. Fußnote des 5. Kapitels zitierte Werk.

bringen könnte, ein Recht anzuwenden, dass er nicht kennt. Weil die Richter Europas (allein) das römische Recht kannten, waren die Folgen nicht unerwartet. Man wandte das Recht Justinians an. Justinian war »der Gesetzgeber«. Sein Wille wurde die mens legis genannt.

Und wieso erkannte man an, dass es einen Gesetzgeber gegeben hatte, ohne dass daraus eine Lehre der legislativen Gewalt entstanden war? 103

Dante Alighieri, der Justinian in sein Paradies setzte, beantwortet unsere Frage. Den 104
bei Dante Alighieri implizierten Ideen zufolge, drückte das Werk Justinians eine christliche (Kardinal-) Tugend aus. In dieser Zeit griff man nicht auf die Idee der legislativen, legitimierenden Gewalt zurück, um ein Gesetz Anerkennung finden zu lassen; man griff vielmehr auf das Heilige zurück. Gemäß Dante verfügte Justinian über einen göttlichen Auftrag.

Der Wortlaut des justinianischen Gesetzes wurde von der Stimme der Gelehrten über- 105
wunden.

Die Zeit und der Ort, wo das Recht seine größte wissenschaftliche Dichte erlangte, ist 106
das 19. Jahrhundert in Deutschland.

Wer schuf im 19. Jahrhundert Recht in Deutschland? 107

In Deutschland waren neununddreißig Gesetzgeber am Werk, weil es neununddreißig 108
souveräne Staaten gab. Aber das Recht, das gelehrt wurde, war das, was von den Professoren weitergegeben wurde, und diese wollten eine Wissenschaft lehren, die die kleine lokale Norm überstieg. Und so – um ein deutsches Recht zu lehren, welches das, was europäisches ius commune war, weiterführte – lehrten sie das wissenschaftliche pandektistische Recht.

Der römische Weise (Labeo oder Julian) hatte keine größere Legitimation als der mit- 109
telalterliche Gelehrte. Aber der römische Weise war mit justinianischer Autorität ausgestattet, und diese justinianische Autorität war heilig. Die Beiträge waren also wie folgt aufgeteilt: Justinian hatte die Grundlage des Gesetzes gelegt, die mittelalterlichen Gelehrten »interpretierten«. Dem Ganzen verlieh dann die heilige Wurzel Legitimation.

Im Rechtsleben werden die schönsten Seiten geschrieben, wenn das Recht von den 110
Weisen geschaffen wird. In einigen Kulturen steht die Rechtsschöpfung durch den Weisen sichtbar im Zentrum der Rechtsproduktion. Grenzfall ist dabei die šarīʿa, wo in formeller Hinsicht das ganze Recht auf die authentische Quelle des Koran oder die in der Sunna enthaltenen Erklärungen zurückgeführt wird. Aber während der überzeugte Islamgläubige glauben kann, dass die ganze šarīʿa in diesen zwei Quellen enthalten sei, wird der, der diese mit einem nicht gläubigen oder skeptischen Blick betrachtet, feststellen, dass der Koran und die Sunna nur einen Teil der im islamischen Recht anerkannten Regeln enthalten; alle anderen Regeln sind vom faqih geschaffen worden, dh vom weisen Ausleger, der aus den wenigen und manchmal unklaren Worten des Originaltextes eine Reihe von Ableitungen entwickelt hat, mit denen er große Bücher gefüllt hat.

Die Rechtsproduktion durch die Lehre ist umso ausschließlicher, als der islamische 111
Richter, der qāḍī, seine Urteile nicht begründet und somit die Bildung eines Präzedenzrechts nicht fördert. Es ist wahr, dass sich ein Präzedenzrecht auch dann bilden kann, wenn der Richter nicht begründet, nämlich dank der »arrêtistes«, die die Gründe sei-

ner Entscheidungen erkennen lassen. Aber in der islamischen Welt konnte dies nicht geschehen, weil es eine auf eine einzige Spitze hin ausgerichtete Pyramide von qādīs nicht gab, dh es fehlte eine zentrale Gerichtsinstanz, die eine Rechtsprechung mit absoluter Autorität hätte schaffen können. Daher sehen wir in dieser Ordnung die vollkommenste Rechtsschöpfung durch eine ohne Konkurrenz wirkende Lehre.

112 In anderen Situationen ist der Richter der Rechtsschöpfer. Damit dies geschieht, muss der Richter respektiert und mit Autorität ausgestattet sein; er muss verstanden haben, welche Schlüssel er anwenden muss, um seine Autorität und den Respekt, den er innerhalb der Gesellschaft genießt, aufrechterhalten und möglicherweise noch vermehren zu können.

113 Wenn wir nun auf das traditionelle chinesische Recht blicken, so hat das Gesetz auch dort, wie überall, seinen Platz. Es durchzieht alle die Macht betreffenden Rechtsbereiche (Verwaltungs-, Straf- und Öffentliches Recht sowie die entsprechenden Prozesse), während das Privatrecht von den örtlichen Gemeinden, mit deutlichem Desinteresse der zentralen Macht, verwaltet wird. Aber in diesem China wird das Gesetz nicht bewundert. Das Gesetz wird nicht als die Schöpfung einer Norm angesehen, sondern als ein Handbuch mit Anweisungen für den Mandarin. Es fehlt also eine, unserer eigenen vergleichbare Konzeption des Gesetzes als Schlussstein gesellschaftlicher Strukturen; und darüber hinaus wird von der Abfassung uns bekannter Handbücher abgeraten; man denkt zudem nicht, dass der Mandarin sie wörtlich nehmen muss; man hat die Vorstellung, dass der Mandarin vielleicht mehr davon versteht als der Herrscher selbst, und dass er in den Fällen, in denen er weniger weiß als der Herrscher, nicht wird verstehen können, was der Herrscher ihm zu erklären versucht hat. Daher wird es besser sein, dass derjenige, der an der Spitze der Gesellschaft steht, sich nicht mit diesem seltsamen Problem beschäftigt, welches die Rechtsquellen darstellen.

114 Die Situation war im traditionellen Japan nicht anders.

115 Die Konzeption der verallgemeinerten legislativen Gewalt erreichte Asien, als der Kontakt mit den Europäern dort die Früchte der jakobinischen Revolution verbreitete.

116 Die legislative Gewalt im Sinne einer verallgemeinerten, den dazu berufenen Organen vorbehaltenen Gewalt war bis vor kurzem noch eine Nicht-Idee. Sie besteht in einigen Gesellschaften seit wenigen Jahrhunderten. Dh seit der Französischen Revolution.

9. Systeme mit und Systeme ohne Juristen

117 Die westliche Welt liebt es, mit der einen oder anderen Formulierung zu wiederholen, dass in der traditionellen chinesischen Kultur die Kategorie »Recht« keine oder doch nur in begrenztem Maße Anwendung fand.[12]

118 Es ist auch bekannt, dass nach den Ereignissen des letzten Jahrhunderts (euroamerikanischer Einfluss auf China seit 1912 und darauffolgende Einführung westlicher Gesetze und Gesetzbücher; Abschaffung dieses Rechts 1949, Errichtung eines Rechts sowjetischen Modells bis 1966, dann Abschaffung des geschriebenen Rechts, schließlich Wiedererrichtung der Gesetze und Gesetzbücher) das traditionelle China mit seinen Praktiken und seiner Denkweise in weitem Maße überlebte.

---

12 R. David, *Les grands systèmes*, *aaO*, Nr. 478 ff., mit weiteren Nachweisen.

Das Interesse, das uns zu einer Kenntnis der traditionellen chinesischen Gesellschaft hinführt, ist daher von höchster Aktualität. Betrachten wir also ihre wesentlichen Kennzeichen.[13] 119

Üblicherweise wird gerne darauf verwiesen, dass sich das Recht in China im Verhältnis zum philosophischen Denken, welches den gesellschaftlichen Problemen eine recht lebhafte Aufmerksamkeit entgegengebracht hat, in einer nur untergeordneten Weise entwickelte. 120

Die traditionelle chinesische Situation scheint also durch das Fehlen von Gesetzestexten und juristischer Literatur gekennzeichnet. Dieses Bild harmoniert sehr gut mit den zwei Berufungen des chinesischen Systems: Dieses zieht die Vorbeugung des Konflikts seiner nachträglichen Beilegung vor; ist es jedoch dennoch zu einem Streit gekommen, bevorzugt es in jedem Fall die kompromissorientierte, freundschaftliche und auf den Konsens mit der autoritativen Entscheidung gerichtete Lösung. 121

Nur dann, wenn eine friedliche Beilegung nicht möglich ist, musste die Angelegenheit einem Richter vorgelegt werden: In diesem Fall fand der Richter, der kein Berufsjurist war, ein Entscheidungskriterium in seiner eigenen Weisheit sowie in den Lehren, die ihm die ethischen konfuzianischen Kriterien anboten. 122

Die Philosophie und insbesondere das konfuzianische Denken boten Vorschläge an, die nicht nur geeignet waren zu bestimmen, welche Stellung das Recht im gesellschaftlichen Leben einnehmen sollte, sondern auch die Lösung zu wählen, die für eine nicht freundschaftlich beigelegte Streitigkeit – wenn erforderlich – die richtige war. 123

In dieser Vorstellung ist die gesellschaftliche Ordnung gestört, wenn die Harmonie zwischen den Menschen nicht vorhanden ist. Die gesellschaftlichen Beziehungen werden also auf dem Konsens und der Ablehnung der Suche nach Strafen, Sanktionen und Mehrheitsentscheidungen beruhen müssen. 124

In diesem Zusammenhang ist die dem Recht zugedachte Rolle nicht von grundlegender Bedeutung. Der Bürger muss sich nicht darum sorgen, zunächst einmal seine eigenen Rechte zur Geltung zu bringen. Er muss vielmehr bereit sein, sein eigenes Interesse mit dem der anderen abzustimmen. Die Berufung auf eine Norm als Stütze des eigenen Egoismus muss überwunden werden, und deshalb ist die Privatleuten angebotene Rechtsberatung und -unterstützung mit Argwohn zu betrachten. Der Beamte, der die Aufgabe hat, einen Streit beizulegen, wird auf der Grundlage von Examina in philosophischen und literaturwissenschaftlichen, nicht jedoch juristischen Disziplinen ausgewählt. 125

Streitigkeiten müssen insbesondere auf der Grundlage des ch'ing (des Gefühls der Menschlichkeit) gelöst werden, dann auf der Grundlage der li (die konventionelle Übersetzung ist »Ritus«; der Inhalt des Ausdrucks ist Zeremonie, Freundlichkeit, Respekt den anderen gegenüber), dann gemäß der lii (der Vernunft), und erst ganz zum Schluss gemäß des fa (die konventionelle Übersetzung lautet mal »Recht«, mal »Gesetz«). 126

Eine besondere Bedeutung muss den li zugebilligt werden, Normen des gemeinschaftlichen Lebens, die eine von der Philosophie erleuchtete Tradition festgelegt hat, um das friedliche Zusammenleben zwischen Menschen in einer Gemeinschaft zu gewährleisten, das konform mit den Bedürfnissen der Harmonie mit der kosmischen Ordnung 127

13 S. dazu auch R. Sacco, »*Cina*«, in: *Digesto, aaO*, und die dortige Bibliographie.

ist. Die li garantieren insbesondere die Stellung des Einzelnen, die jeweils seiner Würde sowie seiner gesellschaftlichen und familiären Situation entspricht, Einordnungen, ohne die eine Gesellschaft auseinanderbräche. Die Erkenntnis der li wird unterstützt und gefördert; sie nimmt in der Erziehung sowie in den Examensprogrammen für den Zugang zur Verwaltungslaufbahn eine besondere Stellung ein.

128 Dem fa hingegen begegnen Misstrauen und Ablehnung. Der Bürger, der einen fa gegen ein li anruft, setzt sich der Missbilligung der öffentlichen Meinung aus, und diese gesellschaftliche Rüge wiegt noch schwerer als der Verlust eines eigenen Rechts. Man pflegt gewöhnlich zu wiederholen, dass durch das fa das Straf- sowie das Verwaltungsrecht geregelt sind.

129 Dem Herrscher empfiehlt man, keine Gesetze zu erlassen. Denn diese erzeugen zwar im Volk eine gewisse Furcht, aber sie vermindern den Respekt gegenüber der Autorität. Ist einmal ein Gesetz erlassen, so sucht der Bürger nach seinen Lücken und Unvollkommenheiten, er forscht nach den spitzfindigsten, und für ihn günstigsten, Auslegungen.

130 Unserer Ansicht nach waren die aufgezeigten und bis vor Kurzem gängigen Untersuchungen des »traditionellen chinesischen Rechts« von schweren Fehlern gekennzeichnet. Dies gilt vor allem für den Umstand, dass der Westen – wie die Chinesen – fa mit dem Ausdruck »Recht« übersetzen, wobei fa jedoch nur das geschriebene Recht meint, welches seinerseits nur zwei Materien betrifft: das Straf- und das Verwaltungsrecht.

131 Auf diese Weise wurden alle Familien-, Eigentums-, Vertrags- und weitere Beziehungen aus dem fa ausgeschlossen, weil die Herrschaftsmacht in China sich niemals gerne mit dem, was privat ist, befasst hat. Darüber hinaus ist der Ausschluss des Privaten aus dem chinesischen Recht aus drei Gründen unwissenschaftlich: 1°) Der fa erstreckt seine ordnende Kraft indirekt auf alle Zweige des Rechts, einschließlich der Privatbeziehungen, weil Familie und Eigentum auch strafrechtlich geschützt sind. 2°) Der fa war nicht die einzige autoritative Rechtsnorm, die im chinesischen System wirkte; 3°) das chinesische System bestand auch aus nicht autoritativen Normen, Gewohnheitsrecht, unterschiedlich in den verschiedenen Gebieten und geschaffen und verwaltet von den örtlichen Gemeinden.

132 Betrachten wir diesen letztgenannten Ansatz.

133 Die Chinesen kennen über das Gesetz hinaus die Kraft von Präzedenzien (welche durch die Pflege der Vergangenheit gefördert wird) und die Analogie als Ordnungselemente. Aber vor allem die Riten müssten als Rechtsnormen angesehen werden (in dem Sinne, den ihnen die westliche Rechtswissenschaft verliehen hat), und dies aus zwei verschiedenen Gründen: Auf der einen Seite, weil der Ungehorsam gegenüber einem Ritus eine schwere gesellschaftliche Sanktion nach sich zieht, deren Ausführung zwar nicht direkt von Staatsorganen garantiert, die deshalb aber nicht weniger wirkungsvoll ist; auf der anderen Seite, weil die noch schärferen Formen des Ungehorsams von den Staatsorganen durch die vom Straf- und Verwaltungsrecht vorgesehenen Hilfsmittel unterdrückt werden.

134 An diesem Punkt stellt man sich die Frage: Warum war der Europäer davon überzeugt, in China würde ein Privatrecht fehlen? Was war der wahre Unterschied zwischen den verschiedenen Systemen?

135 Auf systemologischer Ebene drehten sich die makroskopischen Unterschiede um die Rekrutierung des Richters (mehr als um seine Aufgabe); um seine Ermessensfreiheit;

und insbesondere um das dem Einzelnen zur Verfügung stehende Rechtsmittel gegen die bestehende Macht.

Das Fehlen einer professionellen, in spezialisierten Disziplinen ausgebildeten Juristenklasse ging einher mit der fehlenden Anerkennung der Bedeutung und des Wertes der dem Bürger, der ein Rechtsmittel ergreifen wollte, angebotenen Rechtsunterstützung. Es brachte zudem eine gewisse Elastizität in der Normanwendung mit sich. Man konnte nicht verlangen, dass ein Richter, der kein ausgebildeter Kenner der hermeneutischen Kunst war, das Gesetz in stringenter Weise anwendete. Die Elemente, die aus der Exegese der Norm herauszulesen er nicht geübt war, musste er in irgendeiner Weise aus seiner außerrechtlichen Erfahrung schöpfen. Das Rechtsleben war außerhalb der Rechtsfindung liegenden Zielen gegenüber durchlässiger. Die europäischen Schulen der zweiten Hälfte des 19. Jahrhunderts, mit ihrer Wiederaufwertung des Ziels der Norm und des soziologischen Aspektes, haben – ohne großen Erfolg, um die Wahrheit zu sagen – vorgeschlagen, auch in Europa einen Weg dieser Art einzuschlagen. 136

Die bislang gemachten Ausführungen zeigen uns zwei Dinge. Erstens: Im traditionellen China gab es keinen Juristen. Zweitens: In den Augen eines Europäers ist die Vorstellung einer Gesellschaft ohne Juristen schnell zu einer Vorstellung einer Gesellschaft ohne Recht geworden, weil der Europäer sich ein vom Juristen unabhängiges Recht nicht vorzustellen vermag. 137

Welche Beziehung besteht also zwischen dem Bestehen des Rechts und dem Vorhandensein des Juristen? In der ganzen romanistischen Welt gibt es beides: das Recht und den Juristen. In der Welt des Common Law finden wir ebenfalls sowohl das Recht als auch den Juristen. In den sozialistischen Länder fand man sowohl Recht als auch Juristen; es ist wahr, dass die Legitimation der Figur des Juristen in diesen Ländern einer Revision unterzogen worden ist und man zumindest teilweise den Juristen durch den Politologen hat ersetzen wollen: Man sagte, man wolle nicht so sehr eine durch die Worte eines hoch formalisierten Rechts gefilterte Lösung, als vielmehr eine solche, die bestimmten politischen Entscheidungen entspricht; aber es ist – um von Weiterem gar nicht erst zu reden – auch wahr, dass die Entlassung der Juristen eine in die Erfahrungen Osteuropas sehr viel früher eingetretene Episode ist als die Krise der sozialistischen Systeme. 138

In der islamischen Welt finden wir den Juristen, den faqih; er ist eine besondere Art des Vertreters des Übernatürlichen, weil die šarīʿa als ein Teil der religiösen Lehre angesehen wird. Aus dem Blickwinkel des Moslems erscheint darüber hinaus die Unterscheidung zwischen dem in religiösen Angelegenheiten bewanderten Weisen, der dies ohne weitere Präzisierungen ist, und dem Weisen völlig eindeutig, der zugleich ein Weiser der religiösen Dinge und des Rechts ist; die Figur des Juristen ist also innerhalb der islamischen umma wohl bekannt. 139

Dieser Überblick über den romanistischen, Common Law und islamischen Bereich könnte uns suggerieren, dass die Figur des Juristen etwas tendenziell Universales sei. Und doch dürfen wir uns von diesen drei Beispielen nicht in die Irre führen lassen. 140

Wenn uns jemand mit Bezug auf einen außerhalb der soeben genannten drei Bereiche liegenden Raum etwas über den »Juristen« erzählen will, müssen wir uns fragen, welcher Begriff dafür in der Originalsprache verwandt wurde und was dieses Wort bedeutet. In aus dem Chinesischen übersetzten Sätzen finden wir hin und wieder das Wort Jurist mit einer verächtlichen Konnotation. Es wäre etwa daran zu denken, dass das 141 mit »Jurist« übersetzte Wort gleichbedeutend ist mit »Winkeladvokat«: Es entspricht der Figur desjenigen, der das Verhalten des Mandarin-Richters ausnutzt, um die Begehung von Taten zu empfehlen, die unbestraft bleiben; oder desjenigen, der andere über die Art und Weise berät, wie man Diebesgut verstecken oder das Beweisstück vernichten kann.

142 Wenden wir uns nun von China aus den schriftlosen Gesellschaften zu.

143 In Afrika finden wir Kulturen, in denen die Figur des Juristen erstmalig durch den Kontakt mit Europa auftaucht, und nicht vorher; aber auch vor dem Kontakt mit Europa gibt es dort Recht, wenn auch der Jurist fehlt. Das, was man aufgrund der Abwesenheit von Juristen nicht findet, ist vor allem die Rechtssprache. Wo es den Juristen gibt, dort existiert auch eine spezialisierte Rechtssprache; wo kein Jurist existiert, dort gibt es auch keine spezialisierte Rechtssprache.

144 Natürlich bliebe der Name einiger rechtlicher Institutionen unverändert, auch wenn Juristen nicht vorhanden wären; man bedarf nicht des Juristen, um von Ehe, Sohn, Geburt oder Tod sprechen zu können. Ehe, Sohn, Geburt oder Tod sind Rechtsausdrücke, aber die Menschen haben begonnen von ihnen zu sprechen, bevor der professionelle Jurist begonnen hat, sie seine Terminologie zu lehren.

145 Andere juristische Ausdrücke hingegen beginnen erst dann zu existieren, wenn der Jurist sie entwickelt hat. Wir können uns recht klar eine Sprache vorstellen, der eine unseren Bedürfnissen genügende Rechtslexik fehlt, wenn man jeweils die gesprochenen Dialekte einer Sprache mit der Muttersprache vergleicht.

146 Jede Sprache ist ein Bild der Bedürfnisse der Gesellschaft, die diese Sprache spricht. Die Dialekte lassen dabei das Bedürfnis unserer Gesellschaft nach einer grundlegenden rechtlichen Präzisierung deutlich werden. Nur wenn wir auf die geschriebene Sprache zurückgreifen, finden wir die wahre Rechtssprache.

147 Der Dialekt ist demzufolge ein Spiegel dessen, wie unsere Gesellschaft wäre, wenn sie nicht bestimmte, die Grundlagen verändernde Erfahrungen gehabt hätte. Das, was wir in den Dialekten finden, findet man in ähnlicher Weise auch in den gebildeten Gesellschaften chinesischen oder japanischen Typus.

148 Fragen wir uns nun, seit wann es den Juristen gibt.

149 In bestimmter Hinsicht wissen wir, wann in Rom der erste Jurist aufgetaucht ist. Dieses Ereignis verbindet sich mit der berühmten Erscheinung des Gnaeus Flavius. Einst beschäftigte sich der Brückenbauer, dh der Pontifex mit Rechtsproblemen; sein Handwerk war in hoher Weise heilig. Dies überrascht uns nicht. Die Pontifices waren sehr ordnungsliebend und hatten entschieden, ein Verzeichnis anzulegen, das die Lösungen derjenigen Probleme enthielt, die häufiger auftraten. Eines Tages nahm ein Freigelassener mit sehr fortschrittlichen Ideen, Gnaeus Flavius, ihnen dieses Verzeichnis fort, trug es auf das Forum und schenkte es den Plebejern: Diese erfuhren somit die Geheimnisse der Pontifices und fanden dort die wichtigsten Rechtsregeln, dh diejenigen, an welchen Tagen die Aussaat zu erfolgen hatte.

150 Von dem Zeitpunkt an, als die Regeln auf dem Forum bekannt waren, haben manche Personen damit begonnen, ihre freie Zeit damit zu verbringen, die Rechtsregeln zu betrachten. Sie haben diese so verbalisiert, dass das Werk eines jeden von ihnen noch nach Tausenden von Jahren bedacht wird. Dies ist nicht der einzige Moment in der

Geschichte der Menschheit, in dem der Jurist geboren wurde, aber es ist einer der ersten Momente.[14]

Dort, wo es niemanden gibt, der Jurist genannt wird, kann es geschehen, dass die Aufgabe des Juristen jemandem überantwortet wird, der vielen Beschäftigungen nachgeht, von denen die juristische Aktivität nicht die Wichtigste ist. Es kann beispielsweise geschehen, dass die Arbeit mit dem Recht von religiösen Menschen geleistet wird, von Priestern, Menschen der Religion; diese Verbindung ist häufig und geläufig. Die Gesellschaft, in der die Aufgabe des Juristen den Priestern oder Theologen übertragen ist, ist eine Zwischenfigur zwischen der Gesellschaft mit und derjenigen ohne Juristen. 151

Jenseits dieser Zwischenfigur finden wir Gesellschaften, in denen der Jurist tatsächlich nicht vorhanden ist. Es gibt dann dort eine rudimentäre Rechtssprache, die mit denselben Worten gebildet ist, die für die täglichen Bedürfnisse ausreichen, und es gibt niemanden, der meint, das Recht mehr zu kennen als die anderen. 152

Die internationalen Schiedsurteile (gemeint sind nicht Schiedsurteil zwischen Privaten, sondern zwischen Staaten über eine politische Frage, dh über einen Konflikt, der einen Krieg entfesseln könnte) sind hin und wieder Politikern überantwortet, die niemals Recht studiert haben. 153

Die schriftlosen Gesellschaften sind allesamt Gesellschaften ohne Juristen; die Gesellschaften mit Schrift können beides sein: Gesellschaften mit oder ohne Juristen. Wir können sagen, dass zunächst der Jurist nicht existiert, dann zeigt er sich sozusagen als »Sekundäraspekt« einer anderen Persönlichkeit, und schließlich entwickelt er sich als eine von allen anderen abhebende Person. 154

Die drei verschiedenen Lösungen nähern sich in zeitlich oder räumlich nicht vorhersehbaren und klar fixierten Rhythmen einander an. Man denke nur an China, wo der Jurist nur in die Teile des chinesischen Lebens eingriff, die europäisiert waren. Man denke an Japan. Juristen sind im japanischen Leben nur limitiert vorhanden. An den Fakultäten japanischen Rechts wird nämlich nur das Recht westlichen Modells gelehrt, nicht jedoch das, was zuvor in Japan als Modus der Konfliktlösungen existierte. Die Situation erinnert ein wenig an die der englischen Universität des 17. Jahrhunderts, an der man nur das römische, dh nur ein fremdes Recht lehrte, das in England nur in geringem Umfang anwendbar war. Die japanische Universität macht (ohne es zu sagen) etwas sehr Ähnliches: Sie unterrichtet einen Teil des japanischen Rechts, nicht alles. Und das traditionelle japanische Recht – welches überlebt, auch wenn es immer mehr vom euroamerikanischen Modell bedroht wird – hat keine Juristen, die es vermitteln. 155

Wenn wir zu der schriftlosen Gesellschaft zurückkehren, so können wir sagen: Diese verfügt zwar über ein Recht, aber nicht über eine entwickelte Sprache, die es ausdrücken könnte; ihr Recht ist nicht verbalisiert. Ein nicht verbalisiertes Recht ist also möglich. 156

Es ist gerechtfertigt, auch die reziproke Frage zu stellen: Ist ein vollständig verbalisiertes Recht ebenso möglich? Das Vorhandensein von Kryptotypen, die in den Rechtssystemen der Länder mit ausgereiften Kulturen wirken, führt zu einer negativen Antwort. 157

14 Ein zweites Mal wird der Jurist im Schoß des Islam und ein drittes Mal im Rahmen der Gerichtshöfe in England geboren.

Achtes Kapitel: Bedeutende Modelle und Momente im romanistischen Raum

§ 1 Die Entstehung des Code civil

1. Das Recht im romanistischen Raum[1] vor den Kodifikationen

1 Bis zu den Kodifikationen war das römische Recht nicht das einzige Rechtsmodell im »romanistischen« Raum. Zusammen mit dem kanonischen Recht war es jedoch die

1 Zu den grundlegenden Werken über die großen, den romanistischen Raum betreffenden Ereignisse zählen P. Koschacker, *Europa und das römische Recht*, 2. Auflage, München, 1947; F. Wieacker, *Privatrechtsgeschichte der Neuzeit*, 2. Auflage, Göttingen, 1967; K. Larenz, *Methodenlehre der Rechtswissenschaft*, 6. Auflage, Berlin 1991; A.J. Arnaud, *Les origines doctrinales du Code Civil français*, Paris, 1969; G. Tarello, *Storia della cultura giuridica moderna*, I, *Assolutismo e codificazione del diritto*, Bologna, 1976; A.T. von Mehren, J.R. Gorldley, *The Civil Law System*, 2. Auflage, 1977; H. Berman, *Law and Revolution*, Cambridge Ma., 1983; Wesenberg und Wesener, *Neuere deutsche Privatrechtsgeschichte*, 4. Auflage, Wien, 1985; C.A. Cannata und A. Gambaro, *Lineamenti di storia della giurisprudenza europea*, Turin, 2 Bände, 2. und 3. Auflage, 1976 und 1984; G. Orrù, *Lezioni di storia del pensiero teorico-giuridico moderno*, Turin, 1988; M. Lupoi, *Alle radici del mondo giuridico europeo*, Rom, 1994; P. Grossi, *L'ordine giuridico medievale*, Rom-Bari, 1994; M. Bellomo, *L'Europa del diritto comune*, Rom, 1997; P. Stein, *Roman Law in European History*, Cambridge (UK), 1999; A. Padoa-Schioppa, *Italia ed Europa nella storia del*

Grundlage des wissenschaftlich angewandten Rechts sowie des Schulrechts – anhand dessen das Wissen und Bewusstsein aller Juristen (und damit auch aller Richter) in dem hier interessierenden Raum ausgebildet wurden.

Das gelehrte Recht spielte deswegen im romanistischen Raum eine Rolle, die ihm anderswo fehlte (etwa in England, wenngleich auch dort das römische Recht gelehrt wurde). 2

Ein besonderes Merkmal des romanistischen Rechts vor den Kodifikationen liegt also in der jeweiligen Stellung des Schulrechts und des angewandten Rechts. Das erstgenannte befand sich in einer privilegierten Stellung. 3

R. David beschreibt in seinem Handbuch[2] in unübertrefflicher Weise diese Situation, bei der – unter Verwendung unserer eigenen Neologismen – die Lehrformanten eine gegenüber den autoritativen, den gewohnheitsrechtlichen sowie den richterlichen Formanten privilegierte Stellung erworben hatten und verteidigten. 4

Ein zweites Merkmal des romanistischen Rechts dieser Zeit liegt in dem Überfluss und der Zersplitterung der Quellen und Herrschaftsmächte. Die Herrschaftsmacht gebührte den Stadtherren, Gemeinschaften oder Kirchenvertretern, deren Kompetenzen – in geographischer Hinsicht oft, teilweise äußerst, bescheiden – sich überkreuzten und zu komplexen (= durch zahlreiche Quellen verschuldeten), komplizierten (= je nach den verschiedenen Personen und Gütern variierenden) und inkohärenten Regelungen führten. 5

Die (relative) Einheit der Wissenschaft begünstigte die Lehre im Verhältnis zu der Zersplitterung der autoritativen Quellen (auch wenn natürlich das Vorhandensein der als Quelle verstandenen Lehre dazu diente, die der Rechtskenntnis entgegenstehenden Schwierigkeiten noch zu steigern). 6

Soweit es der Rechtsprechung gelang, einheitlich im romanistischen Raum aufzutreten, gelangte sie häufig zu dem römischen und kanonischen Kern, der den Namen des gemeinen Rechts trägt. 7

Die Bereiche des Privatrechts, die sich außerhalb des »gemeinen« Kerns gebildet hatten, wurden von spezialisierten Juristen untersucht und häufig von besonderen Richtern angewandt, wodurch sie mit dem Zivilrecht nie richtig verschmolzen sind. Dies gilt etwa für das Handels-, Wirtschafts- oder Arbeitsrecht usw. Die bislang durchgeführten Versuche, verschiedentlich auf intellektuelle Weise die Trennung (deren Ablehnung schon jetzt beginnt) zwischen Privatrecht ieS und Zivilrecht iwS zu erklären, haben nicht viel Sinn. 8

Die oben beschriebene Situation war in Frankreich etwas weniger deutlich als in Deutschland und Italien, weil dort die Anwendung des römischen Rechts (welches völlig identisch war mit dem Schulrecht) de iure umstrittener war als in Deutschland und Italien; weil im Rahmen dieses autoritativen Rechts das einheitliche königliche Recht die Oberhand behielt und weil die Stärke der königlichen Gewalt – respektiert im gesamten französischen Raum – dem königlichen Recht eine gewisse Fähigkeit verlieh, sich mit dem Schulrecht zu messen. 9

diritto, Bologna, 2003; A. Schiavone, *Ius. L'invenzione del diritto in occidente*, Turin, 2005; J.H. Merryman, *The Civil Law Tradition*, 3. Auflage, Stanford, 2007.
Der jeweilige Stand des gemeinen Rechts in den verschiedenen Perioden ist mit viel Umsicht behandelt worden von H. Coing, *Europäisches Privatrecht*, 2 Bände, München, 1985 und 1988.

2 R. David und C. Jauffret-Spinosi, *Les grandes systèmes, aaO*, Nr. 27–44.

2. Das Vernunftrecht und die Kodifikationsbewegung[3]

10 Die Bewegung, die – im romanistischen Europa – zu der Suche nach einem Vernunft- oder Naturrecht geführt hat, ist der Ort, in dem vielfache Aspekte und Ansprüche zur Geltung gelangen, die in historischer Hinsicht miteinander vermischt, in logischer (genetischer, ideologischer) Hinsicht jedoch sehr wohl unterscheidbar sind.

11 Der Rationalismus setzt die Entwicklung des (römischen) Schulrechts fort. Die Myriaden der justinianischen Regeln luden den Wissenschaftler dazu ein, von diesen die der überzeugendsten ratio entsprechenden auszuwählen und in das Zentrum des ganzen Systems zu positionieren. Diese Rationalisierungen privilegierten die Analogie, sehr weit gefasste und allgemeinste Grundsätze sowie die Abstraktion. Sie neigten dazu, die sechzehn römischen typisierten Vertragsfiguren durch die einheitliche und allgemeine Vertragskategorie zu ersetzen, ähnlich wie die zahlreichen römischen Fälle der unerlaubten zivilrechtlichen Handlung (die jeweils durch die actio legis aquiliae, die actio iniuiriarum, die actio furti usw verfolgt wurden) durch eine einzige zivilrechtliche Deliktsklage; sie tendierten dazu, eine allgemeine Figur der dinglichen Rechte zu schaffen; und so weiter. Das Verlangen, eine einzige Kategorie zu schaffen, wo man eine einzige ratio feststellt, bewegt sich zwar innerhalb des römischen Rechts, aber in einem bestimmten Augenblick wird es sich vom positiven römischen Recht befreien wollen, welches es hemmt.

12 Im Rationalismus wirkt zugleich auch eine antipartikularistische Instanz. Diese geht davon aus, dass die Inkohärenzen des Rechts, die exzessiven territorialen Besonderheiten und die keiner einsehbaren Begründung folgende Aufsplitterung der Kompetenzen zugunsten eines einheitlichen Rechtssystems überwunden werden müssen, welches eine einzige und einsehbare Rechtsquelle sowie leicht nachvollziehbare Normen besitzt und in einem möglichst weit ausgedehnten geographischen Gebiet in Kraft ist.

13 Der Rationalismus verbindet sich schließlich mit einer philosophischen Richtung, die allein diejenigen Normen als gültig anerkennen, die den Prinzipien entsprechen, die die Vernunft den Menschen lehrt. Diese Tendenz wird die gegenseitigen Beziehungen – enger Kohärenz, gegenseitiger Abhängigkeit und geradezu mathematischer Folgerichtigkeit – in den Blick rücken, die zwischen den zu einem Idealsystem gehörenden Rechtsmodellen bestehen. Indem es die Vernunft- oder Naturrechtsnorm der liberalen Norm gleichstellt, wird dieses Verlangen mit dem großen politisch-rechtlichen liberalen Denken zusammenfallen. Das Vertrauen in das Vorhandensein einer dauerhaften (dh ewigen und unveränderbaren), der Vernunft entsprechenden Regeln ist dann dasselbe wie die Idee, es müssten ewige und unveränderbare Rechtsregeln existieren.[4]

14 Unserer Ansicht nach haben allein historische Gründe die drei verschiedenen Aspekte zusammengehalten; uns scheint, dass sie sich außerhalb des romanistischen Raums getrennt voneinander entwickelt haben.

15 Der Wunsch, diese drei Bedürfnisse verwirklicht zu sehen, führte zu dem Wunsch, die gesamte legislative Gewalt möge in den Händen einer einzigen und souveränen Autorität vereinigt werden (man dachte, in einer ersten Zeit, an den Fürsten), die das gesamte

3 Über die bereits genannten Werke hinaus s. G. Tarello, *L'ideologia della codificazione nel sec. XVIII*, Genf, 1968; G.S. Pene Vidari, *Diritto romano e codificazione*, in: *Riv. storia dir. it.*, 1980–81, 171, mit weiteren Nachweisen.

4 In Frankreich ist diese Tendenz ua durch das jansenistische Denken kontrastiert worden. Die weltliche Konzeption des Rechts verbindet sich bei den Jansenisten mit einem allgemeinen Pessimismus gegenüber dem Werk des Menschen: Das Recht, als Werk des Menschen, kann nicht anders als unvollkommen sein.

positive Recht auf wenige und vernunftgeleitete schriftliche Prinzipien zurückführen sollte.

So wollte der Rechtsrationalismus – aus dem Wunsch heraus, eine schnellere Veränderung zu sehen und die von ihm vorbereiteten rationalen Rechtsregeln genau vorhersehbar zu machen – das Schul- und wissenschaftliche Recht entthronen; er öffnete das Tor dem autoritativen Recht und damit dem Rechtspositivismus. 16

Im Rationalismus mündeten recht abstrakte (und damit recht radikale, philosophische, weniger anwendungsorientierte) Strömungen, die an der unmittelbaren Verwirklichung ihrer Vorstellungen wenig interessiert waren; und andererseits auch Strömungen, die mehr an dem Möglichen sowie der Praxis orientiert waren. In Frankreich, wo der Rechtspartikularismus weniger stark war und eine zentrale Autorität ihren Einfluss immer besser organisierte und ausweitete, bereitete der Rechtsrationalismus Lösungsmuster für den jeweils konkreten Gebrauch vor. In Deutschland, wo man niemanden sah, der die Neuordnung des Zivilrechts hätte in die Hand nehmen können, spekulierte die Schule des Vernunftrechts auf einem außergewöhnlich hohen Niveau. 17

3. Die Rahmenbedingungen für die Kodifikation in Frankreich

Philipp August erklärte die Abtrennung Frankreichs vom Heiligen Römischen Reich (und zerstört so die Einheit Europas). Seit seiner Zeit baute Frankreich nach und nach seine ihm eigene Berufung im Kampf gegen die überstaatlichen Mächte und die Macht des Ordens der Tempelritter (Philipp der Schöne) sowie gegen die Feudalherren und lokalen Herrschaften (Ludwig XI., Richelieu, Ludwig XIV.) aus. In diesem Staat vermehrten die Zentralorgane ununterbrochen auf diese Weise ihre eigenen Befugnisse. 18

Die Bedeutung der Einheit des Staates förderte die Vereinheitlichung des Rechts, und seit dem 17. Jahrhundert konnten einheitliche Normen für das Prozessrecht und den Besitz verfasst werden sowie, kurz darauf, für den Bereich der Schenkungen. 19

Die Hindernisse für die Vereinheitlichung ließen nicht auf sich warten: der Machtdualismus, der dem König Parlamente und kirchliche Organe entgegensetzte; der Rechtsdualismus, der das (romanistische) droit écrit des Südens und das droit coutumier (germanistisch, aber von römischen Kategorien beeinflusst) des Nordens einander gegenüberstellte; zahlreiche Besonderheiten des Feudalrechts sowie der lokalen Gemeinschaften. 20

Der Drang zur Kodifizierung ergab sich aus rationalistischen Bedürfnissen; die Beseitigung der Hindernisse erfolgte durch die Revolution und die ihr folgenden politischen Ereignisse. 21

Die Revolution und die ihr folgenden Ereignisse ermöglichten die Einrichtung von Organen, die einerseits mit rechtlichen Befugnissen ausgestattet waren, die für die Kodifikation erforderlich waren, andererseits mit der erforderlichen Autorität, derer es bedurfte, um die der Kodifikation entgegenstehenden Hindernisse zu überwinden. Aber aus sich heraus hätte die nachrevolutionäre Macht niemals einen Code civil mit mehr als 2000 zusammenhängenden und gut formulierten Artikeln verfassen können. 22

Jede Macht, die mit der erforderlichen Autorität ausgestattet ist, nimmt entweder ein Gesetzbuch durch Nachahmung an – wie es beim italienischen Codice von 1865 geschah –, oder aber verfasst eine eigene Fassung in Reinschrift, dh eine Reihe von gerichtlichen Entscheidungen im Gewand von Gesetzesartikeln. Aber eine wahre und ei- 23 gentliche, originäre Kodifikation setzt das Vorliegen drei verschiedener Bedingungen voraus:

- eine Macht, die entschieden ist, sich bildende Widerstände zu überwinden;
- eine politische Entscheidung zugunsten allgemeiner Regeln nicht kasuistischer Art, die nicht lediglich fragmentarisch oder provisorisch sind; oder eine Entscheidung, in dem Gesetzbuch nur diese allgemeinen Regeln zusammenzufassen und zu erlauben, dass Spezialgesetze oder allgemeine Administrativakte Detailfragen und vorübergehende Aspekte regeln;
- eine erfolgte Ausarbeitung dieser in einem System zusammengefügten allgemeinen Regeln als Werk einer gut funktionierenden und anerkannten Lehre (ein einzelner Wissenschaftler reicht dabei nicht).[5]

24 Diese drei Voraussetzungen lagen in Frankreich vor. Donellus, Argou, Molinaeus, Domat, Pothier hatten ein zusammenhängendes Ganzes weiter Definitionen und Regeln erdacht – und nach und nach verfeinert –, die dem Gesetzgeber die erforderlichen Materialien anbieten sollten.

25 Die günstigen Voraussetzungen erlaubten es, sehr zügig zur Redaktion eines Gesetzbuches überzugehen.

26 Das 1804 promulgierte Gesetzbuch trat am 1. Januar 1806 in Kraft. Ihm wurde der Name Code Napoléon gegeben.

4. Kodifikation und Verfassung

27 Im Zivilrecht machte also das durch das justinianische Gesetz gerechtfertigte Normgerüst der Lehre einem Gesetzbuch Platz. Dieser Vorgang verewigte einen Gegensatz zu der englischen und amerikanischen Welt, in der ein von richterlichen Präzedenzien geprägtes Recht seine historischen Wurzeln in den Gewohnheitsrechten germanistischer Grundlage und den Feudalbeziehungen hat – beides Erscheinungen alter Gesellschaften ohne zentralisierte Macht.

28 Die Generation, die diesen Wechsel erlebt hat, sah auf dem Kontinent noch die Erstehung eines anderen Phänomens.

29 Das späte römische Recht konnte ein absolutistisches Verfassungsmodell mit sich selbst übermitteln, welches einer deutlich bemerkbaren Heiligkeit des Herrschers verpflichtet und individuellen Rechten gegenüber wenig aufmerksam war. Byzanz verstand es, solche Konzeptionen in Russland zu verbreiten, als dieses Land sich von den Mongolen befreite.

30 Aber das europäische öffentliche Recht fand, im Gegensatz zum Zivilrecht, seine wesentliche Inspiration nicht in Büchern und Theorien. Die großen Wanderungsbewegungen hatten dem römischen Recht ein recht dezentrales Herrschaftsmodell gegenüberge-

5 Diese drei Bedingungen fehlen heute in Europa und den europäischen Staaten.
Dies darf jedoch nicht zu dem Schluss führen, die heutigen Zeiten seien generell Kodifikationen gegenüber weniger aufgeschlossen, oder die heutigen Inhalte des Zivilrechts seien weniger geeignet für Kodifikationen. Es genügt, daran zu denken, dass seit 1949 bis heute in der ganzen Welt jährlich im Schnitt ein neues Zivilgesetzbuch erlassen wird!
Auch in den hier genannten Ländern wären Überarbeitungen der geltenden Gesetzbücher denkbar, die mit Anwendungsregeln richterlichen Ursprungs oder Schutznormen bestimmter Interessen angereichert oder mit ausgefeilten Definitionen der Lehre ausgestattet wären.

stellt, welches (zunächst) nicht von einer Rechtswissenschaft getragen wurde. Und dieses Modell basierte auf dem Feudalgefüge, seinen vertraglichen Konzeptionen oder den personellen Statusverhältnissen, die den einzelnen Untergebenen mit dem einzelnen Herrn verbanden.

Der fortschreitende Absolutismus konnte auf einige Unterstützung seitens des öffentlichen römischen Rechts zählen, dessen Erinnerung nicht vollständig beseitigt war und dem die Autonomien der (Handels-)Stadt-Staaten sowie die Feudal- und Vertragsrechte gegenüberstanden. Alle diese einander entgegengesetzten Modelle wurden dann mit den aufklärerischen und rationalen Bewegungen konfrontiert, die auf der Suche nach praktischen, innovativen Lösungen waren. 31

Der äußerst konsequente – weltliche und jakobinische – Rationalismus konnte in seinem eigenen ideologischen Repertoire und in vollständig natürlicher Weise die Beseitigung der Macht der kirchlichen Organe, die Abschaffung der feudalen Strukturen und Privilegien, die Anerkennung der Menschenrechte und der rechtlichen Gleichheit aller Bürger sowie die Wählbarkeit der Ämter finden. 32

Aber die großen, soeben genannten Postulate, die die Stellung derjenigen Strukturen einnehmen sollten, die man beseitigen wollte, lösten noch nicht alle eine gesellschaftliche Architektur betreffenden Fragen. 33

In dieser schwierigen Lage bot das Beispiel Englands, wo die Feudalherren (und die Gemeinden) mit dem Instrument eines gewählten Parlaments ein Gegengewicht zur königlichen Herrschaft gebildet und die Richter das Land gegen die Aufdringlichkeit des Königs und des Parlaments geschützt hatten, dem kontinentalen Konstitutionalismus theoretische Inspiration wie praktische Modelle. 34

Lässt man den Zeitraum von 1789 bis 1815 hinter sich (der von einer großen Instabilität geprägt, jedoch andererseits auch von einem frenetischen Schaffen begleitet ist), so stellt man fest, dass von der Restauration an alle Veränderungen, die im Begriff waren Wurzeln zu schlagen, einheitlich in eine Richtung gingen: Überall sollte eine gewählte Versammlung eingerichtet und ihr die Befugnis zur Gesetzgebung überantwortet werden; nach und nach sollte dann die Basis der Wahlen für diese Versammlung ausgeweitet werden, bis hin zu der Annahme eines allgemeinen Stimmrechts; das Staatsoberhaupt sollte entmachtet werden, jedenfalls dort, wo es aufgrund eines dynastischen Rechts herrschte; die Exekutivgewalt sollte dem Vertrauen der gewählten Versammlung oder einer an der Spitze stehenden, gewählten Person (Staatsoberhaupt oder Regierungschef) unterstellt werden; die Unabhängigkeit der Richter sollte gewährleistet werden und die Freiheit der Bürger als unantastbar gelten. 35

5. Merkmale des Code Napoléon

Das Gesetzbuch von 1804 ist ein Gesetzbuch seiner Zeit.[6] 36

Wer es mit dem BGB vergleicht (dazu schon unter §§ 3 und 4), wird versucht sein, die Unterschiedlichkeit der beiden Gesetzbücher der nationalen Verschiedenheit zwischen dem Französischen und dem Deutschen zuzuschreiben. 37

6 In der Bibliographie zum Code Napoléon ist hinzuweisen auf A.J. Arnaud, *Essai d'analyse structurale du Code Civil française*, Paris, 1973.

38 Die Besonderheiten des Code civil hängen von dem Datum seiner Entstehung ab. Die Besonderheiten des französischen Rechts, die daraus folgen, sind auch von der Situation geprägt, in der in Frankreich Lehre und Rechtsprechung arbeiten.

39 Der Code civil sieht, ebenso wie das Vernunftrecht, die Rechte der Bürger als dem Gesetz gegenüber präexistent an: Dieses hat allein das Ziel, sie anzuerkennen. Aufgabe des Richters ist es demzufolge zu erklären, ob das Recht des einzelnen existiert oder nicht. Die Ermessensfreiheit des Richters und die konstitutive Funktion des Urteils sind infolgedessen auf ein Minimum reduziert (Ausnahme: Art. 484, 2. Absatz). Die freiwillige Gerichtsbarkeit ist wenig ausgebildet (der Vormund beispielsweise wird nicht gerichtlich ernannt).

40 Die Lehre von den verschiedenen subjektiven Rechten ist im Code civil wenig entwickelt, mit Ausnahme der Theorie römischen Ursprungs von den Sachenrechten. Zu einem guten Teil werden die einzelnen subjektiven, nicht kodifizierten Rechte in der Praxis anhand der zivilrechtlichen Haftung geschildert.[7] Die Rechtsinhaberschaft ist gewöhnlich exklusiv und dh nicht kompatibel mit Verfügungsakten desjenigen, der nicht dominus dieses Rechts ist (dennoch gilt die Regel »possession vaut titre«).

41 Eine Theorie des Vertragsschlusses ist kaum vorhanden. Die Vertragsautonomie ist nahezu vollkommen (Ausnahme: Art. 1674). Ein Formalismus ist fast unbekannt (aber er existiert sehr wohl im Bereich der Beweismittel).

42 Es fehlt ein allgemeiner Teil des Zivilrechts. Rechtspersonen sind nicht geregelt. Die Rechtsbeziehungen, ihre unterschiedlichen Typen, die Tatbestände im Allgemeinen lassen es an einer allgemein formulierten Regelung fehlen. Natürlich fehlt zudem eine allgemeine Lehre vom Rechtsgeschäft – oder, wenn man es so sagen will: Rechtsakt.

43 So gesehen ist der Code civil ein romanistisches Gesetzbuch, welches in historischer Hinsicht an Strömungen der französischen Rechtswissenschaft anknüpft, die sich mit dem römischen Recht beschäftigten; abgesehen von einigen Bereichen des Gewohnheitsrechts (beispielsweise die Regel »Besitz gilt als Titel«) und naturrechtlichen Ideen[8], die sich häufig im Kernbereich der romanistischen Wissenschaft selbst bewegten. Der eng naturrechtliche oder vernunftsrechtliche Charakter des Code bestand jedoch allein in der Vorstellung der Zeitgenossen; diese entnahmen dem Code häufig naturrechtliche Lösungen, die jedoch dem Wortlaut des Gesetzes völlig fremd waren (zB die absolute Nichtigkeit des Vertrages im Falle des ausschließlichen Irrtums beim Konsens).

---

7 Der gesamte Bereich der Immissionen wird von den Auslegern durch den Blickwinkel der Haftung gesehen, anstatt der Ansprüche auf und Verpflichtungen zur Unterlassung. Das (kryptotypische) Merkmal des Nachbarschaftsverhältnisses wird durch den Umstand deutlich, dass die Haftung für die Immission einen objektiven Titel voraussetzt (wie es im Bereich der Klagen zum Schutz des Eigentums zu geschehen pflegt), statt eine Schuld (wie es im Bereich der aquilinischen Haftung der Fall ist).

8 Bei A.J. Arnaud, *Origines*, *aaO*, findet man die drei folgenden Definitionen des Code civil untersucht und bewertet:
- als Vergleich zwischen dem geschriebenen und dem Gewohnheitsrecht (Definition von Portalis);
- als Vergleich zwischen den verschiedenen Autoren (zugleich eine Anerkennung der Herkunft des Code von der Lehre);
- als Vergleich zwischen einer empirischen (positivistischen, konservativen) und einer naturrechtlichen (modernen) Strömung.

6. Die Verbreitung des Code civil

Der Code civil verbreitete sich, begünstigt durch die napoleonischen Eroberungen und sein eigenes ungewöhnlich großes Ansehen, sehr stark: entweder in seiner ursprünglichen Gestalt oder nach vorheriger Beseitigung der Normen, die die Ehe verweltlichten. 44

Der Code civil enthielt, wie ein jedes zivilrechtliches Gesetzbuch, nicht die Gesamtheit des französischen Rechts. Bedeutsame politische Entscheidungen konnten außerhalb des Gesetzbuches formuliert werden, ohne diesem zu widersprechen (so verstoßen beispielsweise auch ärgste, dem Eigentum auferlegte Grenzen und die Eigentumsübertragung auf die öffentliche Hand in formeller Hinsicht nicht gegen die Regel des Art. 544, der das Eigentum selbst definiert). Der Code civil ist daher mit mehreren politischen Grundsatzentscheidungen kompatibel.[9] Aber, weil diese neutrale Eigenschaft allgemein verkannt war und ist, wird der Code civil als ein typisch liberales Modell angesehen; und dies hat ihm noch bedeutendere Sympathien eingebracht (allgemein gesprochen, bis zu einer bestimmten Zeit; danach wurde ihm auch widersprochen). 45

Der Code civil trat auch in Belgien in Kraft, wo er von den Franzosen eingeführt wurde. Das niederländische Gesetzbuch von 1838 unterschied sich nicht wesentlich vom französischen Modell. In Italien stellen der Codice albertino (Turin, 1837) sowie der Codice borbonico (Neapel, 1819) und dann auch der Codice civile von 1865 ebensolche Nachahmungen des Code civil dar. 46

Das Herzogtum Warschau – später Königreich von Polen – übernahm den Code civil, der dort von 1836 bis 1864 in Kraft blieb. 47

Der russische Svod Zakonov von 1832 (in Kraft bis 1917) hat im zivilrechtlichen Teil den Code civil zur Grundlage. 48

Der rumänische Codul civil von 1864 sowie die großen bulgarischen Gesetze der Jahre 1880 und 1950 beruhten ebenfalls auf der Grundlage der Modelle des Code civil. 49

Der spanische Codigo civil von 1889 ist dem französischen Modell gegenüber sehr aufgeschlossen. 50

Verschiedene schweizerische Kantone und deutsche Staaten hatten bis zur schweizerischen und deutschen Kodifikation Zivilgesetzbücher französischen Modells. 51

Das ägyptische Zivilgesetzbuch von 1949 ahmte das französische Modell nach und ist seinerseits vom syrischen Gesetzbuch von 1949, vom irakischen von 1953, vom libyschen von 1954, vom somalischen von 1973 sowie vom algerischen von 1975 nachgeahmt worden. 52

Die das Schuldrecht und die Verträge betreffenden tunesischen und marokkanischen Gesetzestexte ruhen auf einer französischen Grundlage. 53

Das Zivilgesetzbuch von Louisiana entstammt dem französischen Modell. 54

Wenn man die Nachahmungen beurteilt, die der Code civil erfahren hat, so ist das französische Gesetzesmodell im romanistischen Raum herrschend. Ja mehr noch, Russland, Polen und die arabisch sprechenden Ländern des Mittelmeerraums sind ro- 55

9 Das Eigentum wird dort als die Befugnis definiert, das zu tun, was nicht durch Gesetz oder Verordnung verboten ist.
Unerklärlicherweise entbehrt diese tautologische Definition jeder Garantie für den Eigentümer und wird dennoch als Magna Charta des bürgerlichen Eigentums gewertet.
Im Übrigen unterscheiden sich die verschiedenen politischen und Klassenentscheidungen nicht so sehr im Inhalt des Eigentums, als vielmehr in seinem Träger!

manistisch geworden, als und soweit sie sich das französische Gesetzesmodell zu eigen gemacht haben.

56 In verschiedenen Ländern (Russland, Deutschland, Schweiz, Polen, Türkei usw) ist das französische Gesetzesmodell andererseits durch andere Modelle verdrängt worden. Und auch dort, wo es überlebt hat, findet man es in Konkurrenz mit anderen Modellen (vor allem mit anderen Lehrmodellen, zum Teil jedoch auch mit anderen richterlichen Modellen).

§ 2 Nach dem Code civil

7. Das Zeitalter der Exegese

Solange sich der Rechtspartikularismus dem Wunsch des Menschen nach Gerechtigkeit (und dh nach Gleichheit) entgegenstellte, war es erforderlich, den einzelnen Normen einer einzigen Rechtsordnung eine wertorientierte und konzeptionelle Kohärenz aufzuerlegen, von denen diese weit entfernt waren; diese Bedürfnisse nach einer Ausrichtung an der Vernunft konnte (in Erwartung einer kraftvollen und kohärenten Handlung des Gesetzgebers) der Ausleger befriedigen, indem er eine substantiell kreative Rolle übernahm. 1

Aber als der Gesetzgeber sich fähig zeigte, für eine systematische und umfassende Rationalisierung des geltenden Rechts zu sorgen, trat der Ausleger zurück und erklärte seine Unterordnung unter den Gesetzgeber. 2

Das neue Verhältnis zwischen Gesetzgeber und Ausleger fand im Übrigen seine ideologische Grundlage in der Gewaltenteilung, die von Montesquieu entwickelt und von der Revolution bestätigt worden war. Von da an musste die Treue gegenüber den liberalen Grundsätzen in Frankreich die Ablehnung der kreativen Tätigkeit des Auslegers sowie die Idee des Monopols der autoritativen Quellen mit sich bringen. 3

Auf diese Weise entstand die Schule der Exegese.[1] Diese erklärte, für die Auslegung bedürfe es nichts anderes als einer reinen Kenntnis des Willens des Gesetzgebers. Die Autoritäten unterstützten diese Ansicht und ermutigten die Fakultäten, sie zu verbreiten. Die Autoren überschrieben ihre Handbücher eher mit »Code civil« als mit »Zivilrecht«.[2] 4

Der Rationalismus kam so dahin, den Grundsatz der Rationalität der Auslegung abzubauen: War einmal festgestellt, dass die Kodifikation des Gesetzgebers vernünftig war, musste der Ausleger – in Ehrfurcht gegenüber dieser Begründung – mit vollem Vertrauen aus dem Gesetz schöpfen. 5

Ch.B. Toullier, C.E. Delvincourt, A. Duranton, R. Troplong, V. Marcadé und A.M. Demante vertraten diesen methodologischen Ansatz. Zumindest mit ihren Worten. Und die nach ihnen kommenden Wissenschaftler haben sie als Exegeten einordnen können, sodass die Zeit der Exegese bis 1880 andauern konnte.[3] 6

Die Wahrheit ist jedoch eine andere, als die von der Lehre dieser Zeit illusorisch vertretene. 7

Wenn es zunächst wahr ist, dass der Code civil lückenhaft ist, mussten die Ausleger sich offenkundig irgendeines Hilfsmittels bedienen, um die Lücken zu schließen. 8

1 Die im Text angezeigte Zeiteinteilung darf nicht zu eng verstanden werden. 1729 enthielt das Statut der juristischen Fakultät von Turin – welches später in ganz Europa nachgeahmt wurde – bereits die Regelung der Exegese. Dieses bildete neulich den Gegenstand einer Untersuchung des Max-Planck-Instituts in Frankfurt/M.

2 Unter anderem C. Demolombe und A.M. Demante.

3 Zu dem Zeitraum der Exegese s., substantiell dieser traditionellen Sicht anhängend, J. Bonnecase, *L'école de l'exégèse en droit civil*, 2. Auflage, Paris, 1924.
Dazu, mit einer Revision der traditionellen Sicht, Ph. Remy, *Éloge de l'exégèse*, in: *R. R. J.*, 1982, 254, und in *Droits*, Nr. 1, 115 ff.

9 Fügen wir dann hinzu, dass es genügt, die untersuchten Werke durchzublättern, um den Überfluss an historischen Referenzen festzustellen: alte coutumes, königliche Verordnungen und insbesondere, wie man sich leicht denken kann, auf römische Quellen.

10 Darüber hinaus hielt man die römische Norm dort, wo man nicht daran festhielt, sie mit ihren eigenen Bezeichnungen zu reproduzieren, unter falschem Namen (reduziert auf ihre Kryptotypen) aufrecht und schloss daraus alle ihr folgenden Anwendungen. Wir haben gesehen (oben, Kapitel 4, § 4), dass die römische Überlieferung des vom Rechtsgrund abstrakten Eigentumsübergangs in den Konzeptionen des angewandten französischen Rechts (und in Übereinstimmung mit den schon vor dem Code entwickelten Ideen), je nach den verschiedenen Möglichkeiten, zur Handschenkung, Zahlung einer Naturalobligation, unwiderruflichen Zahlung der Nichtschuld oder Bestätigung des nichtigen Vertrages geworden ist.

11 In paralleler Weise erlaubte das Schweigen des Code, ohne es zu sagen und sich unfehlbar auf die Vernunft berufend, germanistische Regelungen aufrecht zu erhalten: So wird die Immobiliarvindikation beispielsweise von zwei Inhabern den früheren Besitzer begünstigen.[4]

12 Die Klassifizierung der französischen Methode der Jahre 1806–1880 als exegetische Methode hat in jedem Fall einen negativen Wert. Sie dient als Erklärung, dass der französische Ausleger dieser Zeit keine Werturteile entworfen, systematisiert oder erarbeitet hat.

13 Die monarchische Konzentration vorher und die spätere Revolution haben das Recht den Praktikern (vor allem dem Gesetzgeber, dann den Richtern), und nicht den Theoretikern anvertraut. Der Praktiker beschäftigt sich mit *Rechtsregeln*. Der Professor, voller Respekt gegenüber den Institutionen, untersucht *Rechtsregeln*: insbesondere die gesetzlichen Regeln; vervollständigt sie, wo nötig, durch römische, durch Gewohnheits-, durch vom König erlassene Regeln. Aber er wird sich immer mit Regeln beschäftigen.

14 Spiegelbildlich wird er sich wenig mit Begriffen auseinandersetzen, mit ihrer Präzisierung, ihrer jeweiligen Kohärenz, ihrer Übereinstimmung mit den Erfordernissen der Logik.

15 Es ist wahr, dass das Gesetzbuch selbst wie ein Denkmal der Vernunft aussieht, und in diesem Gewand gebraucht und definiert es feierlich Begriffe. Aber die Bedeutung dieser Begriffe täuscht. Viele Begriffe (das subjektive Recht, das Recht an einer Sache, die Verpflichtung) sind nicht definiert. Andere, wie das Eigentum, sind mit einer leeren Formel definiert (nämlich als Recht, das zu tun, was nicht verboten ist). Wieder andere – und dieser Fall ist der charakteristischste – existieren allein in der juristischen Stratosphäre, aber prägen nicht eigentlich das angewandte Recht: Wir haben schon zuvor gesehen, wie das angewandte Recht die gesetzlichen Definitionen im Bereich der unerlaubten Handlung, der Bildung des Vertrages oder der Eigentumsübertragung umgeht. Eine ausführliche Untersuchung anderer Bereiche (etwa des Verhältnisses zwischen äußerem und innerem Willen) würde uns die Feststellung erlauben, dass auch die auf dem Hintergrund der Vernunft entwickelten Begriffe diese Umgehungen erlitten. Der französische Jurist findet diese Inkonsequenzen überhaupt nicht aufregend: Auch wenn er einen Begriff akzeptiert, sieht er in diesem nur die Zusammenfassung einer Regel. Diese Regel kann, logischerweise, Ausnahmen hinnehmen, ohne deshalb ihre Natur zu

4 S. Ferreri, *Le azioni reipersecutorie in diritto comparato*, Mailand, 1988, 102 ff.

verlieren, und die französischen »Begriffe« sind bereit, sich durch Ausnahmen erodieren – und, wenn es sein muss, vollständig entleeren – zu lassen.

8. Rechtsprechung und Lehre im Frankreich der Exegese

Eine Untersuchungsmethode, die die Regel in das Zentrum stellt, beeinflusst die Rechtsprechung. Die Rechtsprechung wird mit den Regeln konfrontiert, um ihren Wert auszuschließen oder um sie anzuwenden oder um Raum für Ausnahmen zu schaffen, die ihre Reichweite eingrenzen. 16

Wenn man davon ausgeht, der Gesetzgeber sei der Urheber einer Gesamtheit von Regeln, dann wird der Richter, der mit den Gesetzeslücken zu tun hat, das Werk des Gesetzgebers fortführen; er wird nämlich neue Regeln finden, die detaillierter und weniger allgemein als die gesetzlichen sind, die aber darüber hinaus dieselbe Natur und Struktur wie die gesetzlichen Regeln besitzen. 17

In Frankreich hat die richterliche Regel – seit 1843 – eine ständig wachsende Bedeutung erlangt. Der französische Cour de Cassation hat von den alten Parlamenten das Bewusstsein seiner eigenen Macht sowie die Kunst geerbt, diese wachsen zu lassen. Vorausgesetzt, er bleibt den eigenen Präzedenzentscheidungen gegenüber treu (und macht auf diese Weise die eigenen Entscheidungen vorhersehbar), so kann ein oberster Gerichtshof die Handhabung der Rechtsprechung im ganzen Land bedingen. Der französische Cour de Cassation wusste, mit einer Reihe von zwischen 1843 und 1872 erlassenen Entscheidungen, grundlegend in das angewandte französische Recht einzugreifen. 18

Die französische Lehre akzeptierte ihrerseits, sich im Wesentlichen mit Regeln zu befassen. Für eine gewisse Zeit formulierte sie frei eigene Auslegungsansätze, ohne auf die von den Gerichten kommenden Inspirationen zu warten; aber auch wenn der französische Gelehrte auf eigene Rechnung voranschritt, so formulierte er doch seine eigene Sicht in Form einer Regel oder Teilen einer Regel. Das Begründungselement vermischte sich mehr mit dem axiologischen als mit einem begrifflichen Element. Im Übrigen waren die französischen Schriftsteller dieser Zeit oftmals Richter und nicht Professoren. 19

Bis zu Demolombe – von den Ausnahmen sprechen wir sogleich – war der systematische Ansatz des Auslegers so bescheiden, dass die Abhandlungen des Zivilrechts den Code Artikel für Artikel auslegten. 20

9. Das systematische Moment

Der Franzose wird mit der Idee ausgebildet, dass all das, was französisch ist, vernünftig, mathematisch, kartesianisch sei.[5] Er wird dazu gebracht zu denken, dass dieser rekonstruierende und erklärende Maßstab auch für das Recht gelte. Vorausgesetzt, dass man die zwei Kategorien der Vernunftorientiertheit und der Systematik gleichsetzt, wird er denken müssen, dass das französische Rechtsmodell systematisch sei. Es kann sein, dass ein Aufeinandertreffen des englischen mit dem französischen System diesen 21

---

5 In der sehr bekannten Reihe *Que-sais-je?*, lehrt die auf G. Galichet zurückgehende Monographie Nr. 392, *Physiologie de la langue française*, dass »le français moderne est par excellence la langue de la raison« (122). Dies gilt noch stärker für die Rechtssprache. Der Historiker E. Lavisse, der das Frankreich seiner Zeit (1842–1922) sehr gut repräsentiert, hat uns hinterlassen, dass »les ordonnances de Louis XIV attestent une aptitude de la raison française à écrire la loi« (*Louis XIV*, S. 265 der Ausgabe, hrsg. von R. und S. Pillorget).

Schluss noch verstärkt. Aber das französische Modell ist, im Rahmen der romanistischen Modelle, nicht systematisch. Die Kohärenz zwischen den Definitionen fehlt; die Definitionen werden erarbeitet, um bald wieder verworfen zu werden; bedeutende begriffliche Unterschiede bleiben unbeachtet.

22 Der französische Jurist interessiert sich für die Regel in ihren praktischen und axiologischen Aspekten und begnügt sich damit.

23 Freilich gibt es auch Ausnahmen von diesem Bild. Und – in diesem Zusammenhang können wir es wirklich sagen – die Ausnahmen bestätigen das Gesamtbild.

24 »Das hier übersetzte Werk genießt in Deutschland eine gerechtfertigter Maßen hohe Anerkennung (...). Man wird es vielleicht überraschend finden, dass die Franzosen ein deutsches Werk über den Code civil konsultieren, wo es doch in Frankreich exzellente Kommentare gibt (...). Wir glauben jedoch, dass [die französischen Autoren] eine zu schließende Lücke hinterlassen haben, ein zu befriedigendes Bedürfnis (...). Wir haben ein Buch gesucht, mit dessen Hilfe man die Kenntnisse systematisieren kann, die wir erworben haben, ein Buch, dass uns einen Studienplan für die Kenntnisse anbietet, die wir noch erwerben müssen. Dieses Buch – wir müssen dies sagen, auch wenn wir damit die nationale Empfindlichkeit verletzen – haben wir nicht in Frankreich, sondern in Deutschland gefunden (...). Der von Zachariae entwickelte Plan besteht nicht in einer mehr oder weniger willkürlichen Anhäufung der Materien, die den Code civil ausmachen. Sondern er ist nach einer logischen Ordnung konzipiert, die so stringent ist, dass jede Materie notwendigerweise und, um es so zu sagen, per se den Posten einnimmt, den sie tatsächlich einnimmt. Wenn dadurch auch die materielle Ordnung der Vorschriften des Code verdreht wird, vereinfacht dieses Vorgehen jedoch das Verständnis kraft der Verbindung und der Verknüpfung, die es zwischen ihnen herstellt.«

25 Mit diesen Worten begannen C. Aubry und C. Rau, Professoren in Straßburg, das Vorwort der Übersetzung des »Handbuch des französischen Zivilrechts« von K.S. Zachariae, 3. Auflage (1827, die Übersetzung wurde im Jahr 1837 veröffentlicht; die 1. Auflage des Zachariae geht auf dasselbe Datum wie die Promulgation des Code selbst zurück).[6]

26 Zachariae, Professor in Heidelberg, lehrte das dortige badische, und dh das französische Recht. Seine germanische Prägung unterschied ihn offensichtlich von den französischen Juristen, die er unentwegt zitierte. Aubry und Rau zogen ihn ihren eigenen Landsleuten gegenüber vor. Sie übersetzten und übernahmen ihn. Auf seinen Grundlagen entwickelten sie sodann eine eigene Abhandlung. Die vierte Auflage dieser Abhandlung zeigt uns ein französisches Werk, weit umfassend und hoch entwickelt sowie aufgeschlossen gegenüber Begriffsfragen und Systematik (aber deshalb nicht indifferent gegenüber den praktischen Modellen!). Nach dem Tod der Autoren führte die außerordentlich hohe Reputation des Werkes dazu, dass es von anderen weiterhin veröffentlicht und aktualisiert wurde. Während dieses »aggiornamento« trugen gerade die Definitionen, die das Charakteristikum dieses Werkes waren, die Folgen der Treue der Überarbeiter gegenüber dem französischen Stil in sich.[7]

6 Diese Daten zeigen, dass K.S. ZACHARIAE nicht sonderlich von F.C. VON SAVIGNY und G.F. PUCHTA beeinflusst sein konnte. Ihm fehlen die besonderen Merkmale der deutschen Theoretiker des 19. Jahrhunderts.

7 Die 5. Auflage wurde von E. BARTIN, 1920, die 6. von A. ESMEIN, 1951, die 7. von A. ESMEIN, A. PONSARD und anderen, 1961–1979, überarbeitet.

Aubry und Rau wurden als die größten französischen Juristen des 19. Jahrhunderts gelobt. Ihr Werk erschien weit mehr als 100 Jahre nach der Erstauflage (dh nach 1838–1847) in den Jahren 1961–1979 in der 7. (aktualisierten) Auflage. 27

Man könnte denken, die Franzosen suchten die wahren Errungenschaften dieser beiden Wissenschaftler. Dies geschieht jedoch nicht. Wenn die Franzosen von Aubry und Rau sprechen, sind sie vor allem daran interessiert, Folgendes zu unterstreichen: 28

- Die Originalität gegenüber Zachariae (der Verweis auf Zachariae, den Aubry und Rau nach eigenen Worten übersetzen oder nachahmen wollen, sei nur ein Vorwand, um die Ordnung der Behandlung der verschiedenen Materien zu modifizieren);
- die Zugehörigkeit der beiden Autoren zu der Schule der Exegese;
- die Unpersönlichkeit der Behandlung, die Ausdruck des juristischen Denkens des 19. Jahrhunderts sei.[8]

In gegenüber dem Modell Zachariaes völlig eigenständiger Weise entdecken C. Demolombe[9] und, später, C. Bufnoir[10] die Bedeutung der Ordnung, der Methode und der Verallgemeinerungen, die manch einer als Exegeten[11], andere hingegen als Gründer der dogmatischen[12] und, respektive, der Vernunftrechts- oder wissenschaftlichen Schule klassifizieren.[13] 29

Einer gewissen wirkungsvollen Verbreitung der systematischen Modelle begegnet man in Frankreich gegen Ende des letzten Jahrhunderts (beispielsweise bei M. Planiol).[14] Dabei gewinnt man den Eindruck, dass die Kenntnis vom Projekt des BGB (s. dazu unten, § 3 und 4)[15] einen gewissen Geschmack an der begrifflichen Präzisierung begünstigt hat. Aber diese systematische Welle wirkte nicht in der Tiefe und war nicht von Dauer. 30

10. Die wissenschaftliche Schule

Der französische Professor zur Zeit der ersten »grands arrêts« musste wählen: Entweder er unterrichtete das Zivilrecht gemäß seiner eigenen Auslegung; oder er unterrichtete es gemäß den von dem Cour de Cassation von Frankreich angewandten Lösungen. Die erste Alternative dürfte ihm recht unnütz vorgekommen sein: Er fühlte sich nicht einflussreich genug, um die Rechtsprechung zu einer Kursänderung zu bewegen; und darüber hinaus hätte er, wenn er den Studierenden das angewandte Recht vorenthalten hätte, gedacht, seiner Aufgabe als guter Staatsdiener nicht ausreichend nachzukom- 31

8 Dies ist die Haltung von J. Bonnecase, *aaO*. Dabei ist zweierlei offensichtlich: Zum einen die Sorge zu unterstreichen, dass Aubry und Rau Teil der französischen Kultur sind, zum anderen die Unfähigkeit, das systematische Element zu sehen, das sie leitet und von ihren Zeitgenossen unterscheidet.

9 C. Demolombe schreibt seinen *Cours de Code Napoléon* in 31 Bänden, deren 8. Auflage zwischen 1845 und 1896 erscheint.

10 C. Bufnoir schreibt *Propriété et contrat*, 1900.

11 J. Bonnecase, *aaO*.

12 So J. Gouillouard, in seiner Einleitung zu C. Bufnoir, *aaO*, XXI ff. Die dogmatische Berufung von C. Demolombe dürfte sehr deutlich aus seiner Einleitung zum *Cours* werden, S. 7, wo er die Exegeten dafür tadelt, zu wenig den Geist der Methodik und der Verallgemeinerungen, die Ordnung und das systematische Vorgehen zu erleichtern, die die Wissenschaft ausmachten.

13 J. Gouillouard, Einleitung, *aaO*.

14 Die erste Auflage von M. Planiol, *Traité élémentaire de droit civil conforme au programme officiel des facultés de droit*, in 3 Bänden, erscheint 1899.

15 Sehr guter Kenner des BGB war R. Saleilles, der bekannte Werke über das Rechtsgeschäft und den Mobiliarbesitz im deutschen Recht hinterließ.

men, der die zukünftigen Richter, Anwälte und Beamten auszubilden hat. Darüber hinaus jedoch barg die zweite Alternative, indem sie die Anerkennung der kreativen Rolle der Rechtsprechung implizierte, eine gewisse Untreue gegenüber dem Revolutionsgrundsatz der Gewaltenteilung in sich.

32 Es war François Gény, der den französischen Juristen aus dieser Geisteshaltung befreite: ein allgemeiner Rechtstheoretiker und Zivilist, der als Gründer der »wissenschaftlichen Schule« gilt.[16]

33 Das Verdienst Génys bestand nicht so sehr darin, semiphilosophische Kategorien als ein rechtlich »Gegebenes« oder »Konstrukt« einzuordnen, oder darin, neue Auslegungswege vorgeschlagen zu haben[17]: Sondern vielmehr darin, den französischen Juristen von der Angst befreit zu haben, die liberalen Errungenschaften zu verraten, wenn er gesetzliche Lücken wahrnimmt, die zu füllen Aufgabe des Auslegers ist; des Auslegers, der sich (in den französischen Gegebenheiten) mit dem Richter identifiziert, unterstützt und angespornt von den Vorschlägen, Empfehlungen und Anregungen einer Wissenschaft, die gegenüber der gesellschaftlichen Entwicklung, den aus dieser erwachsenden Bedürfnissen und der spontanen – aus gängigen Vertragsklauseln ableitbaren – Schaffung von Rechtsregeln aufgeschlossen ist.

34 Indem Gény mit dem Mythos der Vollständigkeit des Gesetzes brach, wollte er der Lehre einen weiten Raum neu eröffnen – der er die Aufgabe anvertraute, ein neues, sich in Entwicklung befindliches Naturrecht zu entdecken, das von der Natur der Sache abhängt; aber seine Lehre bedeutete in den Augen seiner Zeitgenossen vor allem die Rechtsschöpfung in der Tätigkeit der Richter zu legitimieren. In dem von ihm geschaffenen Klima verfügte das schweizerische Zivilgesetzbuch, dass im Fall einer Lücke der Richter so handeln solle, wie er handeln würde, wäre er Gesetzgeber.

11. Das 20. Jahrhundert

35 Das 20. Jahrhundert brachte in Frankreich den endgültigen Niedergang des Artikel für Artikel vorgehenden Kommentars mit sich.

36 Die begriffliche Methodik hinterließ dem neuen Jahrhundert manches Erbe. Die Stimme Génys hallte noch wider und wertete das soziologische Element sowie die kreativen Möglichkeiten der »Wissenschaft« (verstanden nicht als »Schule«, sondern als »wissender« Richter) auf.

37 Die neuen Bedürfnisse führten dazu, dass häufiger als bisher Gesetze erlassen wurden. Die Bedeutung des Gesetzbuches als ein kohärentes Ganzes knapp formulierter Grundsätze schwand. Man dachte an eine Neukodifikation und verfasste sorgfältig Texte, die die alten ersetzen sollten. Aber man gewöhnte sich daran, auf halber Strecke zwischen

---

16 F. Gény, *Science et technique en droit privé positif*, 2 Bände, Paris, 1914, 1921; Ders., *Methodes d'interprétation et sources en droit privé positif*, 2. Auflage, Paris, 1919. Die Modelle Génys waren die deutschen der historischen Schule und der antiformalistischen Tendenzen: F.C. von Savigny, R. von Jhering, R. Stammler, C.F. Menger (dargestellt von M. Villey, *François Gény et la renaissance du droit naturel*, in: *Le Centenaire du doyen François Gény*, Paris, 1963, hg. von der Faculté de droit de Nancy, 43).

17 Aus Anlass der Erinnerung an F. Gény wurde sein hundertster Geburtstag in Nancy feierlich begangen (die Beiträge sind gesammelt in *Le Centenaire, aaO*).
Bei dieser Gelegenheit fragte sich M. Villey, ob die Lehren Génys von einer authentischen wissenschaftlichen Geltung sind; und er kommt zu einer negativen Antwort, die im Rahmen der Feierlichkeiten völlig unerwartet war (*François Gény et la renaissance du droit naturel, aaO*, 39 ff.).

Spezialgesetzen und Lücken zu leben, die irgendwie von den Auslegern geschlossen wurden.

Der konstitutive Wert des Präzedenzfalls wurde in einer Atmosphäre, in der man die vom französischen richterlichen Modell häufig eingenommene europäische Vorreiterfunktion schätzte, immer weniger diskutiert.[18] Die Verfassungen, die sich schnell, eine nach der anderen, verbreiten, stärken ein Monopol der normativen Kraft zugunsten der autoritativen Organe, das die (nun durch die Wissenschaft legitimierte) Praxis nicht mehr bekräftigen kann. Die Lehre lässt nicht davon ab – wie man verstehen kann – die Rechtsprechung zu kritisieren. Aber sie kritisiert in einem Ton, der Vorschläge de iure condendo vorträgt. Gegenüber der Praxis versucht sie eher, Tendenzen der Auslegungslinien aufzuzeigen. 38

Die Begriffsbildung steht nicht im Mittelpunkt der Überlegungen der Franzosen. Aber zweifellos ist ein gewisser Wechsel erfolgt. In Frankreich gehen häufig die Vergleichung, die historische Forschung und die begriffliche Sorgfalt Hand-in-Hand. M. Planiol, R. Demogue, J. Carbonnier, A. Tunc, F. Ghestin und G. Rouhette stellen Beispiele ganz unterschiedlicher Juristen dar, die jedoch alle durch diese Offenheit gekennzeichnet sind. 39

R. Saleilles und E. Lambert lassen die Franzosen erkennen, was man durch den Vergleich gewinnen kann. Aber nach ihnen neigt der französische Vergleicher häufig dazu, die romanistischen Systeme in einer lähmenden frankozentrierten Sicht zu sehen.[19] 40

Die Tendenz, einen allgemeinen Teil des Privatrechts zu erarbeiten, verbreitet sich mehr und mehr. H. Capitant, L. Josserand und A. Rieg zeichnen sich in der Ausarbeitung einer Lehre über das Rechtsgeschäft aus (acte juridique; in manchem Fall finden wir zur Klärung, dass acte im Sinne von Rechtsgeschäft und nicht im Sinne einer einfachen Handlung verstanden werden muss, die Präzisierung »au sens de negotium«).[20] 41

Seit einiger Zeit scheint eine Bewegung die Beziehungen zwischen Rechtsprechung und Lehre wieder zur Diskussion bringen zu wollen. Dies begann mit C. Mouly und C. Atias.[21] Im Diskurs aktiv sind P.Y. Gautier, F. Terré, Ph. Jestaz und C. Jamin.[22] 42

18 S.O. Dupeyroux, *La doctrine française et le problème de la jurisprudence source de droit*, in: *Mélanges dédiées à Marty*, Toulouse, 1978; dann die Beiträge von P. Malaurie, D. Schmidt, P. Mayer und J. Roche, zu dem Thema *Réaction de la doctrine à la création du droit par les juges*, in: *Travaux de l'Association H. Capitant*, 1980.

19 Zu diesem heiklen Thema siehe die elaborierte Aufarbeitung von O. Moréteau, *Le juriste français entre ethnocentrisme et mondialisation*, Paris, 2014.

20 Die französische Grammatik regelte nicht die Schöpfung von Neologismen. Die Begriffsbildungen berücksichtigte daher die begrifflichen Engpässe.

21 S. dazu beispielsweise C. Mouly, *La doctrine, source d'unification internationale du droit*, in: *RIDC*, 1986, 351, und C. Atias, *La mission de la doctrine universitaire en droit privé*, in: *J. P. C.*, 1980, I, 2999; Ders., Théorie contre arbitraire, Paris, 1987.

22 P.Y. Gautier, *L'influence de la doctrine sur la jurisprudence*, D., 2004, 2839; F. Terré, *La doctrine de la doctrine*, in: *Études offertes à P. Simler*, Paris, 2006, 5; P. Jestaz, C. Jamin, *La doctrine*, Paris, 2004.

§ 3 Die letzte Phase des gemeinen Rechts (Deutschland im 19. Jahrhundert)

12. Die deutschen Rahmenbedingungen im 19. Jahrhundert[1]

1 Deutschland war nach dem Wiener Kongress in neununddreißig souveräne Einzelstaaten aufgeteilt.

2 Die gesetzliche Situation war in den verschiedenen Staaten recht unterschiedlich.

3 Österreich verfügte über ein Gesetzbuch (das ABGB), welches 1811 nach langen Vorbereitungen in Kraft getreten war. In seiner Folge entwickelte sich, inspiriert von römischen wie von vernunftgeprägten Modellen, die Methodik der Exegese, welche sich bezüglich der geltenden Normen an den Universitäten bis 1848 durchsetzte.

4 Preußen besaß einen Korpus an Normen (das Allgemeine Landrecht für die preußischen Staaten), welcher auf das Jahr 1793 zurückging und den man unserer Ansicht nach nicht als ein echtes »Gesetzbuch« im Sinne eines einheitlichen Kompendiums vernünftiger, möglichst abstrakt formulierter Grundsätze ansehen kann. 1815 dehnten die Preußen die Geltung des ALR auf einige, aber nicht alle damals annektierten Provinzen aus (der Code civil blieb etwa im Rheinland in Kraft): Das ALR war also nicht ein mit der Ideologie der preußischen Regierung notwendigerweise verbundenes Element.

5 In der Zeit von 1815 bis 1870 gaben sich auch andere Staaten Gesetzbücher (zB Sachsen).

6 In einigen Staaten und Ländern war der Code civil in Kraft, oder ein von diesem inspiriertes Gesetzbuch (zB in Baden).

7 In einigen freien Städten war ein kaufmännisches Statutenrecht in Kraft (zB in Hamburg).

8 In Schleswig-Holstein galt ein »jütisches«, nicht römisches Recht skandinavischen Typs.

9 Mangels anderer Normen wandte man, im Wege der Rezeption, das römische Recht an, welches in einigen Staaten die Haupt- und quasi überall die subsidiäre Quelle des Rechts war.

10 An diesem Punkt hatte die deutsche Lehre zwei Möglichkeiten: Entweder sie konnte auf die Quellen eines jeden der neununddreißig Staaten Bezug nehmen und neununddreißig kleine lokale Lehren schaffen. Oder sie konnte sich dem gemeinen römischen Recht zuwenden.

11 Die deutsche Lehre wählte die zweite Lösung. Die deutsche Universität war keine Einrichtung des Staates und sah sich – im Unterschied zu der französischen – nicht als eine solche. Die deutschen Professoren und Studenten wanderten gerne von der einen zu einer anderen Universität; jede Fakultät wurde von Studierenden besucht, die anderen Staaten angehören konnten. Und insbesondere hatten die Universitäten – deutsche wie nicht deutsche – seit Irnerius immer suprapositive und supranationale Modelle gelehrt. Um das gemeine Recht lehren zu können, musste nichts anderes getan werden, als mit dem fortzufahren, was man immer schon getan hatte!

1 Für dieses ganze Kapitel s. auch M. Fromont und A. Rieg, *Introduction au droit allemand*, 1, Paris, 1973.

Eine Ausnahme bildete vor allem Österreich. Der Unterschied zwischen Österreich und den anderen Ländern lag nicht so sehr in dem Umstand, dass in Österreich ein Gesetzbuch existierte, als vielmehr darin, dass die Lehre obligatorisch auf der Exegese beruhte. Aber diese Ausnahme von der Regel fiel im Jahre 1848 mit der Modifikation der alten Normen zur Rechtslehre.[2] 12

Man erreichte so eine moralische Einheit der gesamten deutschen Lehre, einschließlich der polnischen und tschechischen Wissenschaftler, die das Deutsche als Sprache der Wissenschaft anwandten.[3] 13

Diese Lehre beschäftigte sich mit einem partiell anwendbaren und angewandten Recht und sah dies nicht als einfaches historisches, sondern als ein geltendes Recht, welches einer praktisch nutzbaren (und damit evolutionären) Lehre bedurfte. 14

Das in Deutschland studierte und gelehrte römische Recht konnte für seine Modernisierungen weder auf die Beiträge des Gesetzgebers (per definitionem gab es keinen mit Autorität ausgestatteten Gesetzgeber für das ganze Land), noch auf richterliche Modelle unangreifbarer Autorität zählen (die Gerichtsorgane hatten lediglich in der Region eine gewisse Autorität). 15

Daraus folgte, dass die Lehre, ohne die Hilfe anderer Protagonisten, dafür Sorge tragen musste, das römische Recht zu modernisieren, welches zur gleichen Zeit Gegenstand der Lehre und möglicher Anwendung war. 16

13. Die historische Schule

Diese Situation konnte nicht gerade als ideal gelten. Das rationalistische, mit der Idee der Kodifikation verbundene Ideal konnte in Deutschland keine Unterstützung finden. Aber weil eine gesamtdeutsche Kodifikation institutioneller Voraussetzungen bedurfte, die ihr fehlten, und die lokalen Kodifikationen sich dem Ideal der kulturell-rechtlichen deutschen Einheit entgegenstellten, akzeptierte man stattdessen die Identifizierung des deutschen Rechts mit dem gemeinen Recht, dh mit dem Recht der modernisierten Pandekten (gemeines Recht, usus modernus pandectarum). Diese Situation war Ausgangspunkt einer hierzu passenden Lehre und methodologischen Vorstellung. 17

Im Streit mit A. Thibaut, einem Förderer des Kodifikationsgedankens, vertrat F.C. von Savigny, Begründer der »historischen Schule«, dass das Recht als unaufhörlich veränderliches Produkt des gesellschaftlichen Lebens nicht in Formulierungen eines Gesetzbuches fixiert werden dürfe: Es sei besser, das »Volksrecht« (als vom Volk geschaffenes Gewohnheitsrecht) und das »Juristenrecht« (als das von Juristen erarbeitete gelehrte Recht) Anwendung finden zu lassen.[4] 18

Die Lehre Savignys fing die deutsche Situation gut ein und legitimierte sie zugleich. Der Jurist, dem Savigny die Aufgabe übertrug, das Recht auszuarbeiten, war bei den deutschen Rahmenbedingungen der Professor. Es ist an dieser Stelle zu eruieren, mit 19

2 Hinweise aus dem Artikel von H. Lentze, enthalten in A. Csizmadia und K. Kovács (Hg.), *Die Entwicklung des Zivilrechts in Mitteleuropa* (1848–1944), Budapest, 1970 (dazu die Rezension von R. Sacco, *Rivista di diritto civile*, 1971, II, 59 ff.).

3 Von den Tschechen sei erinnert an A. von Randa; von den Polen an L.V. Petrazicki.

4 A. Thibaut, *Über die Notwendigkeit eines allgemeinen bürgerlichen Rechts für Deutschland*; F.C. von Savigny, *Vom Berufe unserer Zeit für Gesetzgebung und Jurisprudenz* (beide in *Thibaut und Savigny. Ihre programmatischen Schriften*. Mit einer Einführung von H. Hattenhauer, München, 1973).
Die Bibliographie zu Savigny ist immens. S. die von G. Orrù, *Lezioni, aaO*, angegebenen Werke, 134. Über Savigny und die historische Schule s. jedenfalls F. Wieacker, *Privatrechtsgeschichte, aaO*.

welchen Modellen – und mithilfe welcher Methodik[5] – der Professor die römischen Quellen integrierte, deren Lücken ganz offenkundig immer stärker ins Gewicht fielen.

20 Die historische Schule hat mit der Schule des Vernunftrechts die Ablehnung des Ermessens des Gesetzgebers gemein. Aber sie bricht mit dem Rationalismus, weil sie nicht an die Unverrückbarkeit der Rechtsmodelle glaubt und, vor allem, weil sie hingegen – über die von Gelehrten geschaffenen Formulierungen hinaus – an die spontan und unmittelbar vom Volk geschaffenen Formulierungen glaubt.

14. Die begriffliche, dogmatische und systematische Methode[6]

21 Einem Professor wird in der Regel nicht eine besondere Legitimation zugesprochen, völlig neue Rechtsregeln zu schaffen. Seine Aufgabe besteht vielmehr darin, die Mittel bereit zu stellen, das Recht kennenlernen zu können, dh darin, Rechtsbegriffe zu definieren.

22 Der deutsche Jurist des 19. Jahrhunderts hat sich also darum bemüht, das deutsche Zivilrecht neu zu formieren, es zu modernisieren, indem er Rechtsbegriffe neu definierte. Seine Methode nannte sich Begriffsmethodik; sein Wissen Begriffsjurisprudenz.

23 Eine Definition kann in der Beschreibung der Eigenschaften liegen, die man *normalerweise* bei der Sache, die man beschreibt, vorfindet. Aber sie kann auch darin bestehen, das *konstitutive begriffliche Element* zu identifizieren, bei dessen Vorliegen die zu betrachtenden Möglichkeiten in die den Gegenstand der Definition bildende Kategorie fallen und bei dessen Nichtvorliegen sie nicht in diese Kategorie fallen. Die mathematischen Definitionen sind solche des zweiten Typus: Wenn das Dreieck ein Vieleck mit drei Ecken ist, so ist jedes Mal, wenn ein Vieleck drei Ecken hat, dieses ein Dreieck. Eine mathematische Definition erlaubt keine Ausnahmen; Ausnahmen zuzulassen hieße, die Definition zu bestreiten.

24 Die Wissenschaft des deutschen Juristen des 19. Jahrhunderts übte sich in der Suche ausgefeilter Definitionen mit besonderer Präzision. Weil diese Definitionen keine Ausnahme duldeten, wurden sie Dogmen genannt. Die Methode des deutschen Juristen nannte man daher die dogmatische Methode.[7]

25 Wenn die Juristen voneinander abweichende Definitionen vorschlagen, wird man eines Kriteriums bedürfen, um die wahre von der falschen Definition unterscheiden zu können. Ein solches Kriterium bietet die Kohärenz: Diejenige Definition, die gut mit den anderen Definitionen des Systems harmonisiert, wird dann die gültige Definition sein. Die Methode des deutschen Juristen nennt man also auch systematische Methode.

---

5 Die Vorgaben der historischen Schule beantworten diese Frage nicht vollkommen. Welchen Wert aber hat eine Schule, die nicht auf die wesentlichen methodologischen Fragen zu antworten weiß?
Die Bedeutung der historischen Schule muss in ihrem negativen Moment gesehen werden. Sie kämpfte zur gleichen Zeit gegen das Naturrecht und gegen die Kodifikation – welche der höchste Ausdruck des autoritativen Rechts ist. In den deutschen Rahmenbedingungen kämpfte sie gegen den Code civil, der sich in Deutschland auszubreiten drohte.
Dass Savigny nicht aprioristisch gegen jede Art von Kodifikation war, sieht man an dem Umstand, dass er viele Jahre lang preußischer Justizminister war und in diesem Amt die Verabschiedung des ALR betrieb.

6 Dazu F. Wieacker, *aaO*; K. Larenz, *Methodenlehre, aaO*; G. Pugliese, *I pandettisti fra tradizione romanistica e moderna scienza del diritto*, in: *La formazione storica del diritto moderno in Europa*, I, Florenz, 1977; G. Orrù, *Lezioni, aaO*, Teil 2.

7 Das Wort »dogmatique« hat in Frankreich eine andere Bedeutung. Um im Französischen die Idee der deutsch-italienischen »Dogmatik« auszudrücken, müsste man den Ausdruck »analyse juridique« verwenden.

Weil die Regeln nun aus Begriffen hergeleitet werden, wird die Vervielfachung der Begriffe die Weiterentwicklung der Rechtswissenschaft sichern. Die deutsche Lehre wird also ununterbrochen neue, miteinander verbundene Kategorien entwickeln. 26

Unter meisterhaftem Rückgriff auf die Abstraktion errichtete die deutsche Wissenschaft immer allgemeinere Kategorien, deren Bedeutung sie unterstreicht. Auf diese Weise bildete sich der »Allgemeine Teil« des bürgerlichen Rechts heraus, in dem die Figur des Rechtssubjekts, des Rechtsverhältnisses, der Leistung, der Entstehung des Rechtsverhältnisses, des Tatbestandes und schließlich des Rechtsgeschäftes beschrieben wird. 27

Die Arbeitsmethode des deutschen Juristen impliziert also: eine vorrangige Rechtsquelle, mag sie auch lückenhaft und unklar sein, die in einem Corpus von Normen besteht; ein der Wissenschaft anvertrautes Werk der vernunftgeleiteten Erklärung der in diesem Corpus enthaltenen Begriffe; die Deduktion praktischer Anwendungsregeln, die aus den Begriffen durch die Arbeit der Wissenschaft und Praxis entwickelt werden. 28

In dieser Forschung und Erarbeitung zeichneten sich zahlreiche Juristen aus, wie beispielsweise G.F. Puchta (der eigentliche Begründer der dogmatischen Methode, dem daher zusammen mit Savigny das Verdienst zugesprochen wird, die Grundlagen der deutschen Rechtswissenschaft des 19. Jahrhunderts gelegt zu haben), L. Arndt, A. Brinz, F. Regelsberger, C. Crome, E. Zitelmann und B. Windscheid. 29

Das Entstehen neuer Kategorien geht mit der Schöpfung juristischer Neologismen einher. Die deutsche Rechtssprache perfektionierte sich und wurde reicher und reicher, wobei sie von dem lateinischen Vokabular des gemeinen Rechts abrückte. Alte Worte erhielten neue, spezifischere oder technischere Bedeutungen. Rechtsfranzösisch und Rechtsdeutsch begannen nicht, sich voneinander zu unterscheiden, weil das eine eine romanische und das andere eine germanische Sprache war, sondern weil das eine das traditionelle Sprachgeflecht bewahrte und das andere es erneuerte. 30

Die dogmatische Schule hat mit der historischen die Lossagung von der rein intellektuellen (und dh positivistischen) Entstehung der Norm gemeinsam. Und sie hat vieles mit der Schule des Naturrechts (deutscher Art) gemeinsam, weil sie das alte Votum der Rationalisten zugunsten der deduktiven Logik übernimmt, welche auf der Stringenz und Kohärenz der Begriffe beruht. 31

15. Die Gegenströmungen[8]

Nicht alle Deutschen waren während des 19. Jahrhunderts davon überzeugt, dass die von den Pandektisten allgemein angewandte, auf Begriffen beruhende Arbeitsmethode die ideale sei. 32

Ein hervorragender Pandektist, R. von Ihering, etwa vertrat, dass die Rechtsinstitute nicht nur und nicht so sehr unter ihrem formalen Aspekt gesehen werden dürften, sondern unter dem Interesse, das ein jedes von ihnen schütze.[9] 33

Nach Ihering beriefen sich zahlreiche Juristen – in und außerhalb Deutschlands – auf seine Lehren. Aber man muss daran erinnern, dass Ihering persönlich aktiv mit seinen Zeitgenossen zusammenarbeiten konnte; seine Werke unterschieden sich von denjeni- 34

8 Dazu F. Wieacker, *aaO*; K. Larenz, *aaO*; G. Orrù, *aaO*, Teil III.
9 R. von Jhering, *Der Zweck im Recht*, Leipzig, 1877. Die Literatur zu Ihering ist unüberschaubar.

gen anderer nicht so radikal, wie seine Diskurse über die Methodik sich von denen der Pandektistik klassischer Prägung unterschieden.[10]

35 Eine ausgeprägtere Tendenz gegen die Begriffsjurisprudenz und gegen den Formalismus findet man in der Bewegung, die eine größere Freiheit des Richters beanspruchte und die sich in der Freirechtsschule sammelte.[11] Diese Schule dürfte einen Verbündeten in der soziologischen Schule gehabt haben, von der wir später noch sprechen werden.

36 Zusammen mit der Verbreitung der sozialistischen Ideen entwickelte sich in Deutschland ein »Rechtssozialismus«, der all dem misstraute, was offiziell oder akademisch war oder von einer Schule kam, und der gegen die klassifikatorische Stringenz der Dogmatiker ankämpfte.[12]

37 Auf einer ganz anderen Ebene stand der Pandektistik die germanistische Schule entgegen, die mehr Raum für das Studium und die Anwendung des Rechts germanischen Ursprungs propagierte.[13]

16. Die Verbreitung des systematischen Modells

38 Die systematische, dogmatische Methode – und mit ihr die von ihr erarbeiteten Begriffe – verharrten nicht in der deutschen Welt, sondern verbreiteten sich von dort aus in triumphaler Weise nach Nord, Ost, Süd und Südwest; in mancher Hinsicht gelangten sie auch nach Westen.

39 Nahezu die ganze romanistische Welt wurde von dieser Welle erfasst. Die Verbreitung der pandektistischen Modelle isolierte auf diese Weise die Gebiete, die von ihrem Ansehen unberührt geblieben waren (Frankreich und Belgien, Lousiana, Québec).

40 Im Norden Deutschlands übernahm in Skandinavien, das lange den römischen Modellen widerstanden hatte, die Wissenschaft – und damit romanistisch werdend – die deutschen Kategorien und Lehren.

41 Im Osten[14] ist der russische Svod Zakonov von 1832 in seinem zivilrechtlichen Teil vom Französischen inspiriert, doch die Akademie der Wissenschaften – der die Erarbeitung wissenschaftlicher (Schul-)Modelle oblag – stülpte ihm ab einem gewissen Zeitpunkt in systematischer Hinsicht die deutsche Begriffslehre über. Das Projekt der graždanskoe uloženie von 1908 ermöglicht die Feststellung, dass die Germanisierung russischer Ideen nahezu vollkommen ist.

42 Von 1848 an verließ Österreich seine exegetische Quarantäne und begann schnell, mit den anderen deutschen Ländern zusammenzuarbeiten, um eine einheitliche Wissenschaft zu entwickeln.

---

10 Auch I. KOHLER, ein Wissenschaftler von einer faszinierenden Persönlichkeit und mit weiten und eigenen Interessen für die Makrovergleichung, vertrat die Bedeutung des Ziels bei der Auslegung. Aber sein Teleologismus ist sehr stark in der objektiven Rationalität der Ziele verankert. Aus dem Rückblick erscheint uns Kohler als ein großer Systematiker, der das Dogma beherrschen konnte, ohne von ihm beherrscht zu sein.

11 In dieser Zeit begründete die Freirechtsbewegung F. BÜLOW, ihr hingen ua V. FUCHS, H. ISAY und H. KANTOROWICZ an.

12 Hauptträger dieser Bewegung des Rechtssozialismus ist der Österreicher C.F. MENGER. Dem Rechtssozialismus sind die Bände 3 und 4 der *Quaderni fiorentini* (Mailand, 1974–1975) gewidmet. S. dort insbesondere G. ORRÙ, *Idealismo e realismo nel socialismo giuridico di Menger*.

13 Bedeutendste Persönlichkeit war O. VON GIERKE.

14 S. für die Länder des Ostens R. SACCO, *Il substrato romanistico del diritto civile dei paesi socialisti*, in: *Rivista di diritto civile*, 1969, I, 115 ff.

Ungarn, das bis dahin noch nicht romanistisch war, öffnete sich für die aus dem Nord- 43
westen kommenden Lehren. Seine großen Schuloberhäupter – Grosschmid und Szászy-Schwarz – waren zwar gegen die exzessiven Generalisierungen der Pandektistik und gegen die den Deutschen so wertvolle begriffliche Stringenz, aber sie akzeptierten die einzelnen in Deutschland erarbeiteten Bedeutungen; und so bewirkten auch sie (wenn auch in sehr diskreter Weise) eine Rezeption der Lehre.

Rumänen und Bulgaren haben sich Gesetze französischen Typs gegeben. Aber sie sind 44
den deutschen Lehren gegenüber aufmerksam.

Die Italiener legten, nachdem sie einmal die Schöpfungen der deutschen Lehre entdeckt 45
hatten, diese den eigenen, französisch geprägten Gesetzesmodellen auf. Das Ansehen, das die italienischen Modelle in Spanien genossen, überantwortete der italienischen Literatur die Aufgabe, in der spanischsprechenden Welt die deutschen wissenschaftlichen Modelle zu verbreiten.

Die Niederlande gebrauchen in weitem Maße die deutschen dogmatischen Konstruk- 46
tionen. In Belgien zitierte man in Folge der deutschen Pandektistik die Lehre Warnkönigs.[15]

Interessanterweise ließen sich auch einige englische Juristen von dem ein oder anderen 47
Element des deutschen Lehrsystems in Versuchung führen.[16]

Nicht alle diese Eroberungen haben sich jedoch als endgültig erwiesen. So wurde die 48
Begriffsjurisprudenz beispielsweise in Skandinavien sehr heftig bekämpft, wo stattdessen die analytische Rechtswissenschaft die Oberhand gewonnen hat (die den Begriffen gegenüber äußerst misstrauisch ist). Aber dennoch ist in vielen Ländern, in denen die dogmatische Methode wieder aufgegeben wurde, ein wenig des deutschen wissenschaftlichen und begrifflichen Gerüsts geblieben. Die Juristen dieser Länder sind in der Lage, einen deutschen Juristen ohne die Barrieren zu verstehen, auf die an ihrer Stelle ein Franzose träfe.

15 S. bei F. Wieacker, *Geschichte, aaO*, 444 (und die dortigen bibliographischen Hinweise).

16 Rezeptiv verhält sich etwa J. Austin (Schüler von J. Bentham), Autor von *The province of Jurisprudence determined* und von *Uses of the study of jurisprudence*, erschienen 1832 und (posthum) 1863, wieder veröffentlicht in London 1954, und T.E. Holland, *Jurisprudence*, Oxford, 1880 (13. Auflage 1924), Markby, *Elements of law considered with reference to Principles of General Jurisprudence* (6. Auflage, Oxford, 1905).
In mancher Hinsicht beeinflusst sind auch Sir Henry Pollock, *A first book of Jurisprudence for students of the common law*, London, 1896 (4. Auflage 1918), und J. Salmond, *Jurisprudence*, London, 1902 (4. Auflage 1913).
In der Diskussion mit der deutschen Lehre sind E. Jenks (Hg.), *A Digest of English Civil Law*, 7 Bände, London, 1905–1917, und W.M. Geldart, *Elements of English Law*, Oxford, 1911 (8. Auflage 1975).
Aus den Titeln der angegebenen Werke lässt sich die größere Offenheit der Vertreter der »jurisprudence« gegenüber den Wissenschaftlern des engen Rechtspositivismus erkennen.

§ 4 Das deutsche kodifizierte Recht

17. Das Bürgerliche Gesetzbuch

1 1870/71 wurde Deutschland (unter Ausschluss Österreichs und Luxemburgs) politisch im Deutschen Reich vereint. 1873 übertrug eine Verfassungsänderung den kaiserlichen Organen die Gesetzgebungskompetenz für das Zivilrecht. Damit lagen die Voraussetzungen für die Schaffung eines deutschen Gesetzbuchs für das Zivilrecht vor. Nach dreiundzwanzig Jahren intensiver Arbeit war 1896 die Verabschiedung des BGB möglich, welches am 1. Januar 1900 in Kraft trat.

2 Das BGB ist das Produkt der pandektistischen deutschen Rechtswissenschaft. Die sorgfältig einem System eingefügten und von einem eigens dazu verfassten linguistischen Apparat begleiteten, oder zumindest kontrollierten, Definitionen wurden in den neuen Text eingeführt oder blieben gewollt und sichtbar unausgesprochen; das BGB – in der Geschichte der Vorgänger ohne Beispiel – enthält einen breiten und wohldurchdachten allgemeinen Teil. Nichts ist der Improvisation überlassen.

3 Die mit den Ideen des Naturrechts verbundenen Konzeptionen überlassen ihren Platz natürlich den im 19. Jahrhundert erarbeiteten Ideen. Das Erbe der historischen Schule – und später des Rechtspositivismus – verleitet die deutschen Juristen dazu, ihr Gesetzbuch als einen Text historischen und nationalen, anstelle abstrakten und rationalen Rechts zu betrachten. Weit berücksichtigt sind die freiwillige Gerichtsbarkeit und, ganz allgemein, der Eingriff und die Einschätzung des Richters. Angemessener Raum ist dem Schutz des, auf der Offensichtlichkeit oder Publizität beruhenden, guten Glaubens gelassen worden. Im Namen der Rechtssicherheit wird ein gewisser Formalismus verwandt.

4 Die pandektistische Wissenschaft war nicht die Einzige vor dem BGB. Die Germanistik hatte verlangt, das germanische Recht zu kodifizieren (Otto Bähr hatte einen Gegenentwurf zum BGB veröffentlicht, der einen vollständigen Vorschlag enthielt), und es wurde manche Konzession in diese Richtung gemacht. Die sozialistische Richtung fand im linken Flügel des Reichsparlaments Unterstützung: Sie verlangte einen volksnäheren Sprachgebrauch und weniger starre Bedeutungen, um so Normen sozialer Ausrichtung schaffen zu können. Auch diesen Forderungen wurde in bescheidenem Maße durch die Einfügung von Generalklauseln, die auf den guten Glauben, die guten Sitten und so weiter Bezug nehmen (§§ 138, 157, 242, 826 usw), nachgegeben.

18. Begriffsbildungen und Formalismus bei der Auslegung des BGB

5 Als das BGB in Kraft trat, fehlten mit einem Mal all die Gründe, die zugunsten einer Rechtsschöpfung mittels der Ausarbeitung von Begriffen gesprochen hatten. Die Ausleger hätten sich in die Exegese flüchten können.

6 Aber der deutsche Jurist dachte mittlerweile, dass stringente Begrifflichkeit die einzige Garantie der Wissenschaftlichkeit der Rechtswissenschaft sei. Und indem er auch weiterhin an den Begriffsbildungen festhielt und ihre Anwendung praktizierte, erlangte er eine ideale Einstellung, um sein Gesetzbuch zu verstehen, deren Autoren eifrige Verfechter der Begriffslehre waren.

7 Deshalb waren die ersten Ausleger des BGB reine Dogmatiker. Auch dort, wo das Gesetzbuch es vermieden hatte eine Definition vorzugeben, machten sich die Ausleger auf die Suche nach einem Begriff. So unterließ es beispielsweise das BGB, eine allgemeine

Regel zu formulieren oder anzudeuten, ob der innere Wille für das Vorliegen eines Rechtsgeschäftes notwendig sei: Aber die ersten Ausleger – H. Titze, R. Leonhard, P. Oertmann, A. Manigk – versuchten, die einzelnen speziellen Regeln (aus dem Bereich des Irrtums, der Mentalreservation, der nicht ernsthaften Erklärung usw) auf die Lehre vom inneren Willen oder auf diejenige von der äußeren Erklärung zurückzuführen.[1]

Neue Begriffe wurden erarbeitet und untersucht: so zum Beispiel der »faktische Vertrag«.[2] Auf systematischer Ebene wurde gewissen Tendenzlinien Bedeutung zugesprochen: Die weite Regelung über den guten Glauben etwa führte zu einer ausgezeichneten Literatur über das »Rechtsscheinprinzip«.[3] 8

Die systematische Perfektion des BGB, die auch den anspruchsvollsten Geist vollständig befriedigt, erlaubte es einzelnen Autoren oder Autorengruppen, umfangreiche Manuale des Privatrechts zu verfassen, ohne sich von der Anordnung des Gesetzbuchs selbst zu entfernen.[4] Aber man bleibt doch überrascht, wenn man bezüglich der (allgemeinen) »Ausdrucksweise deutscher Juristen« liest, diese bevorzugten »eine Vorgehensweise des lediglich kommentierten Gesetzes«, während »das von den französischen Juristen bevorzugte Instrument die eher systematische Behandlung ist«.[5] 9

Der Dogmatiker stützt sich – wie es seiner Tradition entspricht – auf die formalen juristischen Elemente (dh ohne auf teleologische, soziologische oder andere Elemente zu blicken). Das Bewusstsein um die Unabhängigkeit eines rechtlichen Umstandes gegenüber den mit ihm in Verbindung stehenden außerrechtlichen Gegebenheiten führt dann – auf der Ebene einer allgemeinen Theorie – zu der Entstehung der Bewegung der Reinen Rechtslehre als Kristallisationspunkt formalistischer Tendenzen.[6] 10

19. Richtungen außerhalb des Begriffsformalismus

Trotz allem begann, aufgrund der Kodifikation, der langsame Abstieg der Begriffsjurisprudenz, der weiter fortschritt, als neue Ideen aufkamen und die Rechtsquellenlage sich veränderte. 11

Die von Ihering im 19. Jahrhundert vertretene Idee, das Recht unter dem Aspekt der Interessen zu betrachten, deren Verteidigung es dient, fand in Philipp Heck[7] einen lebhaften Förderer, der um diesen Methodenkanon herum eine zwischen den beiden Kriegen sehr aktive Lehre und damit eine Schule begründete. Zurecht hat man beobachtet, dass die Interessenjurisprudenz denselben Fehlern der Eigenmächtigkeit, der Tendenz zu Verallgemeinerungen und dem Apriorismus erlegen ist, die sie selbst der Begriffsjurisprudenz vorgeworfen hat. Das, was die Interessen- von der Begriffsjurisprudenz unterscheidet, ist der antiformalistische Charakter der Erstgenannten: Aber die zwei me- 12

1 R. Leonhard, *Der Irrtum als Ursache nichtiger Verträge*, Breslau, 1907; H. Titze, *Die Lehre vom Missverständnis*, Berlin, 1910; A. Manigk, *Irrtum und Auslegung*, Berlin, 1916.

2 P. Haupt, P. Wieacker, H. Lehmann, M. Wolff, S. Simitis, W. Siebert, K. Larenz, J. Esser und A. Nikisch haben sich mit diesem Thema beschäftigt.

3 P. Krückman, R. Meyer, H. Nändrup.

4 Prototypisch ist das von L. Enneccerus, T. Kipp und M. Wolff herausgegebene und später von verschiedenen Autoren fortgeführte Werk.

5 R. David, *Les grands systèmes, aaO*, N. 111.

6 H. Kelsen hat, neben den in 1. Auflage in Tübingen 1911 erschienenen *Hauptproblemen der Staatsrechtslehre*, verschiedene andere Werke verfasst. Kelsen war in Wien geprägt worden, wo verschiedene neosystematische Vorstellungen kursierten.

7 Ph. Heck, *Gesetzesauslegung und Interessenjurisprudenz*, in: *Archiv für die civilistische Praxis*, 1914; Ders., *Begriffsbildung und Interessenjurisprudenz*, Tübingen, 1932; Ders., *Das Problem der Rechtsgewinnung*, 2. Auflage, Tübingen, 1933. Dieser Strömung gehören auch H. Stoll und R. Müller-Erzbach an.

thodologischen Konzeptionen haben die systematische Berufung gemeinsam (wenngleich in der Interessenjurisprudenz nicht explizit, dafür aber nicht weniger wirksam).

13 Eine zweite nicht formale Richtung ist die libertäre oder soziologische. Diese will im Recht nicht so sehr ein Spiel abstrakter, mittels intellektueller Spielerei geschaffener Kategorien sehen, sondern eine spontane, ununterbrochene gesellschaftliche Schöpfung; sie verlangt vom Gesetzgeber, dem Ausleger einige allgemeine Leitlinien an die Hand zu geben und ihn dann die notwendige Vermittlung leisten zu lassen, um die gesellschaftlichen Schöpfungen auf das Feld der Rechtsnormen zu überführen. Diese Schule fand eine starke Unterstützung in der logischen Lehre Wundts.[8]

14 Eine allgemeinere nicht formale Richtung fasste bei allen Juristen Fuß, die auf der Notwendigkeit bestanden, mehr als der formale rechtliche Aspekt sei das Ziel (oder, wie man dann sagen würde, die Funktion) des jeweiligen Instituts zu betrachten.

15 Die Rechtsinstitute sollten sich, wenn möglich, durch ihre Funktion qualifizieren. Die Richtung, die wir – mit unserer Terminologie – teleologisch oder funktional nennen würden, wird dehnbare und daher auch nur flüchtige Definitionen leisten. Die deutschen Dogmatiker mochten vielleicht pedantisch, kompliziert oder vom wirklichen Leben isoliert gewesen sein; aber sie arbeiteten mit klaren und scharfen Ideen. Mit der funktionalen Richtung erlangte das Bürgerrecht eine begriffliche Zweideutigkeit.

16 Während die Wissenschaft aus ihr eigenen Gründen dazu überging, die *Begriffsjurisprudenz* anzugreifen, wurde das politische und juristische Leben in Deutschland durch die Parteienherrschaft der Nationalsozialisten umgestürzt, welche zwei inhaltlich völlig verschiedene Prinzipien bis zur letzten, unangenehmen Konsequenz brachte: den Rechtspositivismus und den Antiformalismus.

17 Das nationalsozialistische System ließ keinen Widerstand und keine Opposition gegen das positive Recht zu, und in diesem Sinne kann man es wohl positivistisch nennen; es wies vor allem jeglichen Widerstand zurück, der im Namen natur- oder vernunftrechtlicher Prinzipien formuliert wurde, und damit ist sein positivistischer Charakter in doppelter Weise bestätigt.

18 Aber in derselben Zeit tendierte die nationalsozialistische Lehre dazu, die Herrschaft von den rechtlichen Engen und dem Formalismus zu befreien: Der politische Wille der Partei muss sich eine Bahn schlagen können, wenn es erforderlich ist, auch ohne auf verfassungsrechtliche Prozeduren zurückgreifen zu müssen. Instrumente für die Erreichung dieses Ziels waren, unter anderem, der ungeschriebene Grundsatz, das zu erreichende Ziel, die gesellschaftlichen Erfordernisse sowie die dehnbare Norm. Die Generalklauseln, die Ventilbegriffe und so weiter konnten nutzbringend je nach Bedarf angepasst werden. Das Volksgesetzbuch, geplant und teilweise entwickelt unter der Leitung des Ministers Frank, hatte vor, weiten Gebrauch von diesen zweifelhaften Figuren zu machen.[9]

---

8 Uns scheint, dass diese Schule vor allem in Österreich stark war, etwa durch K. Wurzel, *Das juristische Denken*, Wien, 1924, und insbesondere E. Ehrlich, *Die juristische Logik*, in: *Archiv für die civilistische Praxis*, 1917. Diese Schule beinhaltet zugleich eine Aufwertung der Gewohnheitsrechte und Bräuche. Die Freirechtsschule findet man mit ihren Forderungen präzise formuliert bei H. Kantorowicz (pseud. Gnaeus Flavius), *Der Kampf um die Rechtswissenschaft*, Heidelberg, 1906.

9 Die Literatur über das Recht des Dritten Reichs ist nicht umfangreich. Auf Italienisch siehe T. Ramm, *Nazismo e diritto del lavoro*, in: *PD* 1970, 103.

20. Die Bundesrepublik

Nachdem Deutschland 1945 aus dem Alptraum erwacht war, wurde es sich seiner zerbrochenen Utopien bewusst. 19

Die Deutschen sahen, wohin Un-Gesetzlichkeit führen konnte, und diese Feststellung brachte die Richtung der Freirechtslehre in Misskredit. 20

Aber auch der Wert der formalen Legalität wurde hart auf die Probe gestellt, weil das Gesetzblatt zu seiner Zeit die Nürnberger Gesetze veröffentlicht hatte, die jahrelang wesentlicher Bestandteil der deutschen Gesetzlichkeit waren. 21

Der die Gesetzlichkeit treffende Misskredit traf zugleich auch zum Teil den Formalismus und – infolgedessen – auch die Dogmatik. 22

Man suchte etwas Metagesetzliches, nicht Formales, das aber an unerschütterliche Grundsätze gebunden und von sicheren moralischen Kennzeichnen geprägt war. Die Spur der Interessenjurisprudenz, vielleicht auch die der soziologischen Richtung, mündeten in einer neuen wissenschaftlichen Position, die die Werte in das Zentrum ihrer Begründungen stellte und eine Art Naturrecht in einem neuen und modernen Sinne suchte, welches gewissenhaft die Freiheit und die Schwachen verteidigte.[10] 23

Von da an war die Rechtsprechung (besonders das Bundesverfassungsgericht) diesen Formen gegenüber zwar nicht sonderlich aufgeschlossen, aber dieser wertorientierten Richtung gegenüber bewusst sensibel. 24

Im Bereich des Privatrechts verlor das BGB – ohne seine zentrale Stellung zu verlieren – seinen Charakter als ausschließliche Quelle. 25

Das Grundgesetz erlegte ihm Grundsätze des ius publicum auf. Seit einiger Zeit hat die Dehnbarkeit der Generalklauseln nach und nach in verschiedenen Bereichen zum Entstehen wahrer und eigentlicher richterlicher Normgerüste geführt, wodurch das Bestehen außergesetzlicher Rechtsregeln offenkundig wurde.[11] 26

Auch auf dem Gebiet der ordentlichen Gesetze hatten bereits zwei Gesetze von 1938 über das Testament und die Ehe das BGB reformiert. Nach 1945 haben Novellen in weitem Maße das Familienrecht, die allgemeinen Geschäftsbedingungen[12] und so weiter erfasst. 27

Die Arbeitsmethode des deutschen Juristen erscheint heute weniger charakteristisch als in anderen Zeiten. Er vermeidet einen zu deutlichen Dogmatismus, eine verdächtige und aprioristische Begriffsorientierung sowie einen philologischen, an die Exegese geknüpften Legalismus und will aufmerksam die gesellschaftlichen Gegebenheiten erkennen (zB die Geschäftspraxis); dabei wird er jedoch subjektive, auf einer allgemeinen Rechtssoziologie beruhende Stellungnahmen unterlassen. 28

---

10 Die repräsentativste Persönlichkeit dieser Richtung ist J. Esser. Eine methodische Erklärung ist enthalten in seiner *Einführung in die Grundbegriffe des Rechts und des Staates*, Wien, 1949. Eine Fortführung dieses Gedankens findet sich sodann in *Vorverständnis und Methodenwahl*, Frankfurt/M, 1972.
Er erkennt als außergesetzliche Grundlage für Problemlösungen sowohl das allgemeine Werturteil als auch die »standards« an, die in den Generalklauseln enthalten sind.
Eine Darstellung der in den 70er Jahren feststellbaren Situation findet man bei G. Orrù, *I criterii extralegali di integrazione del diritto positivo nella dottrina tedesca contemporanea*, in: *Foro italiano*, 1977, 298–413.

11 Im *Kommentar zum BGB* von J.V. Staudinger, 10. bis 11. Auflage in 17 Bänden nimmt die Darstellung H. Webers über die aus § 242 abgeleiteten Regeln 1.553 Seiten ein.
Eine Bewertung dieses Richterrechts findet sich bei K. Engisch und H. Coing.

12 S.G. De Nova, *La legge tedesca sulle condizioni generali di contratto*, in: *RDC* 1978, I, 107 ff.

29 Schon seit einiger Zeit untersucht die deutsche Wissenschaft – mit E. Rabel und dann mit W. Siebert und J. Esser – das Recht auch anhand fremder Erfahrungen. Mehr als nur ein Institut nicht deutschen Ursprungs hat sich mit dem Wortlaut des BGB kompatibel gezeigt und schließlich im angewandten Recht der Bundesrepublik verwurzelt.[13]

30 Dieser Vielseitigkeit im Bereich der Sekundärquellen steht ein wachsendes Gewicht richterlicher Kasuistik gegenüber. Diese hat eine zentrale Stellung in der juristischen Ausbildung und Literatur gewonnen. Der deutsche Jurist argumentiert, definiert und dokumentiert mit der Untersuchung der Rechtsprechung.

21. Eine abgeschlossene Episode: das Zivilgesetzbuch der DDR

31 Alles das, was ein Alternativmodell zum kaiserlichen dogmatisierenden und formalistischen Deutschland darstellen konnte, hat sich im Gesetzbuch der DDR wiedergefunden, und dh im Zivilgesetzbuch, das am 1. Januar 1976[14] in Kraft getreten und am 3. Oktober 1990 wieder von der Weltbühne abgetreten ist.

32 Von 1944 an waren zahlreiche Normen des BGB in der DDR unanwendbar geworden, weil sie in offenem Widerspruch zur Verfassung, zu neu erlassenen Normen oder auch (selten, aber möglich) zu allgemeinen sozialistischen Bedürfnissen standen.[15]

33 Mit dem Ziel, das Privatrecht in der DDR sozialistisch zu machen, hatte diese auch schon vor 1976 eine Reihe normativer Maßnahmen erlassen. Das ZGB enthielt daher keine politischen Neuerungen gegenüber dem unmittelbar zuvor geltenden Recht. Die Bedeutung des ZGB liegt dagegen in dem Umstand, dass es ein allgemeines, kohärentes Werk darstellt, welches über eine bewusst gewählte Sprache verfügt und reich an Verweisen teleologischer und gelehrter Art ist.

34 Das ZGB bestätigt uns, dass die europäischen sozialistischen Länder, unter den Quellen des Privatrechts, dem Gesetz[16] einen Ehrenplatz einräumten, und dabei besonders dem Gesetzbuch – wenn es auch von anderen ebenfalls bedeutenden Gesetzen umgeben war.

35 Als typisches sozialistisches Gesetzbuch gab das ZGB den rhetorisch assertorischen Formanten ein eigenständiges Gewicht: Wir sehen es nämlich mit großartigen Worten und feierlichen wissenschaftlichen Erklärungen sprechen, mit theoretischen Bekenntnissen und Verweisen auf das Ziel der Normen, mit Proklamationen normativer Richtung sowie mit Vorhersagen, die die Wirkungen der Norm und seiner Anwendung betreffen.[17]

36 Diese Proklamationen prägten, als Frucht dargestellter doktrinär-politischer Entscheidungen, ihrerseits die Definitionsentscheidungen; und die Darstellung der Norm unter einem teleologischen Schlüssel ruft in uns die Erinnerung an den Streit zwischen den Anhängern der Begriffs- und den Vertretern der Interessenjurisprudenz hervor.

---

13 S. dazu F. Ranieri, in: R. Sacco (Hrsg.), *L'apporto della comparazione alla scienza giuridica, Mailand*, 1980, 31–58.

14 Dazu s. G. Crespi Reghizzi, G. De Nova, R. Sacco, *Il Zivilgesetzbuch della RDT*, in: *Rivista di diritto civile*, 1978, I, 47–101.

15 Ebenda, 54 und 56.

16 Ebenda, 55 ff.

17 Ebenda, 59. Es proklamierte beispielsweise, dass es Aufgabe des sozialistischen Privatrechts sei, die gesellschaftlichen Verhältnisse im Bereich der Versorgung der Bevölkerung mit materiellen Gütern zu gewährleisten.

Das ZGB war ein kurzes Gesetzbuch. Manche Institute des BGB fehlen dort, weil es sie eben nicht mehr gibt (etwa der Besitzschutz) oder weil sie in anderen Gesetzestexten enthalten sind, oder sie nehmen einen nur geringen Raum ein, weil sie nur knapp geregelt sind; aber die Anzahl der Paragrafen ist künstlich niedrig gehalten: Dabei hat man wahre Lücken in Kauf genommen oder auf Ventilbegriffe zurückgegriffen, etwa der Art »durch die Bedürfnisse der Arbeiterklasse bestimmte Grundsätze sozialistischer Moral; Regeln der sozialistischen Koexistenz; Sinn für Verantwortung; Übereinstimmung mit den Bedürfnissen der Gesellschaft und den Grundsätzen sozialistischer Planwirtschaft«. Oft gebrauchte das Gesetzbuch einen Ausdruck, ohne ihn zu definieren[18]: So schien die Bildung eines Richterrechts[19] und eines Rechts bürokratischer Herkunft voraussehbar. 37

Die Sprache des ZGB verlässt die reiche und feingliedrige Schulsprache des BGB. Verdienste und Nachteile der Sprache des BGB sind offenkundig. Seine Präzision erlaubt es den eingeweihten Personen, sicher und zuverlässig vom Wort auf die Bedeutung zu schließen. Aber einem Nicht-Juristen ist sie kaum zugänglich und die Präzision selbst macht die Norm häufig wenig dehnbar. 38

Die Russen und andere Sowjetrepubliken, die Ungarn und die Polen blieben zu jeder Zeit der »pandektistischen« Sprache treu, die somit koinè diálektos in den Ländern wurde, wo die deutsche Dogmatik rezipiert worden war. Die Untreue des zweiten tschechoslowakischen Zivilgesetzbuchs gegenüber den Kategorien des BGB geht auf den Wunsch zurück, antitraditionell voranzuschreiten. 39

Die Deutschen der DDR haben mit ihrem neuen Gesetzbuch die Sprache des BGB abgelehnt, und dies mit dem erklärten Ziel, die Rechtssprache der gemeinen Sprache wieder anzunähern. Für die Deutschen, die die alten Schulgegensätze nicht vergessen haben, heißt, vom *anderen* statt vom *Dritten*, von *Nutzen* statt von *Dienstbarkeit* zu sprechen,[20] die Stellung der pandektistischen Schule und damit des freien kaiserlichen Parlaments zu verleugnen und auf diese Weise die Gegenströmungen aufzuwerten. 40

Das, was wir über die Sprache sagen, kann man für das System wiederholen: Das ZGB ist Abstraktionen gegenüber sehr ablehnend eingestellt, lässt die Kategorien der Rechtspersönlichkeit fallen, der Rechtspersonen ebenso, und mildert die Kategorie des Rechtsgeschäfts wie des Sachenrechts ab (und kehrt damit zu der Unbestimmtheit des Code Napoléon zurück, so wie es sich, bei verschiedener Gelegenheit, Artikel des schweizerischen, weniger dogmatischen Zivilgesetzbuches zu eigen macht). 41

18 Dies gilt auch für das Rechtsgeschäft, den Besitz usw; vgl. ebenda, 61 ff.

19 Dieser Umstand wurde sogar in dem Sinn formalisiert, dass – in Übereinstimmung mit der Praxis der anderen sozialistischen Länder – das Plenum des Obersten Gerichts Richtlinien anwenden konnte, die zwar formell nur der Auslegung dienten, materiell aber bindend waren.

20 S. das vergleichende Glossar ebenda, 73.

§ 5 Die nicht romanistischen Modelle im Bereich des Civil Law

22. Das Ende der romanistischen Isolation gegenüber dem Common Law

1 Bis zu einem gewissen Zeitpunkt wäre eine Zirkulation nicht romanistischer Rechtsmodelle im romanistischen Raum unvorstellbar gewesen.

2 Die asiatischen, islamischen, vorkolumbianischen oder afrikanischen Modelle waren wenig bekannt und im Übrigen nicht angesehen. In den Bereichen, wo diese Rechtsordnungen galten, geschah die Zirkulation nur in eine Richtung: von Europa hin zu den anderen Kontinenten.

3 Selbst Russland hatte Eile, sich den westlichen Modellen anzupassen, und konnte anderen zur Nachahmung kaum die eigenen einheimischen Modelle anbieten, die das Staatsrecht zu beseitigen suchte.

4 Was England anbelangt (und von einem bestimmten Zeitpunkt an auch Amerika), so war die Möglichkeit von Anleihen für die Europäer aufgrund drei verschiedener Faktoren wenig realistisch:

- die aufeinandertreffenden Systeme waren zu verschieden, und dies machte die Einpflanzung englischer Institute oder Lösungen in den romanistischen Normkorpus schwierig;
- die Kontinentaleuropäer kannten die englischen Modelle nicht; dies wurde noch durch den Umstand erschwert, dass die englische Literatur nicht diese knappen und reichhaltigen, wohlüberlegten Definitionen hervorbrachte, an die die Kontinentaleuropäer gewöhnt waren;
- die Kontinentaljuristen waren von der Überlegenheit des eigenen römischen und rationalistischen Rechts über das englische Recht überzeugt, dessen Empirismus von den Common Lawyers selbst unterstrichen wurde.

5 Viele Kontinentaleuropäer bewunderten jedoch von Beginn des 18. Jahrhunderts an das englische Verfassungssystem. Und sicherlich wurde das englische Beispiel von den europäischen Verfassungsgebern herangezogen. Aber die Zirkulation erfolgte auf der Ebene politischer Modelle, und die Schaffung des europäischen Juristen und Gesetzgebers baute mehr auf der Vermittlung der Politiker und Politologen als auf dem unmittelbaren Studium des englischen Rechtsmodells auf.

6 Das englische Modell des Seerechts hat bedeutenden Einfluss auf den Kontinent ausgeübt. Aber es handelt sich dabei um einen Spezialbereich, in dem das englische Recht in der Vergangenheit in großem Umfang selbst kontinentale (insbesondere italienische) Modelle verwandt hat.

7 Die hier beschriebene Situation begann sich jedoch in der Mitte des 20. Jahrhunderts zu ändern.

8 Der militärische Sieg der englischen und amerikanischen Demokratien über das nationalsozialistische Deutschland und über Japan hat zwei unumkehrbare Einschätzungen fundamentaler Bedeutung hervorgerufen und verbreitet.

9 Auf der einen Seite hat es feststellen lassen, dass die britischen und amerikanischen Institutionen wirksam und demzufolge für denjenigen geeignet sind, der ergebnisorientiert arbeiten will. Auf der anderen Seite stellte man fest, dass die britischen und ameri-

kanischen Institutionen die freiheitlichen und demokratischen Werte besser geschützt hatten als die kontinentalen es vermocht haben.

Mit anderen Worten: Das Jahr 1950 markiert den Beginn der Epoche, in der die Systeme des Common Law Ansehen genießen (dies sieht man nicht nur in Europa, sondern, mehr noch, in Japan und Lateinamerika). 10

Im Kontinentaleuropa wurde begonnen, das englische und amerikanische Strafprozessrecht zu studieren, mit allen seinen politischen Werten, die dies beinhaltet (die neue italienische Strafprozessordnung von 1988 erlaubt es, die Tiefe dieses Einflusses festzustellen). Das europäische und angloamerikanische Familienrecht entwickelt sich unter dem Ansporn – und mit den bremsenden Widerständen –, die in den zwei Bereichen identisch sind, so dass gewisse gegenseitige Einflüsse (wenn sie auch schwierig festzuhalten sind) als sicher gelten können – man denke an das Scheidungsrecht, die Adoption usw. Das Kommunalrecht, die Herstellerhaftung, das Haushaltsrecht: Dies sind einige der Beispiele, in denen amerikanische Einflüsse in den romanistischen Systemen gut erkennbar sind. 11

In der Zwischenzeit werden immer größere Bereiche des Rechts nicht mehr auf nur nationaler, sondern besonders auf supra- und multinationaler Ebene geregelt.[1] Dies gilt für die gesamte Welt, aber noch stärker für die dem Europarat und vor allem der Europäischen Union angehörenden Länder. Die europäischen Normen werden sowohl aus kontinentalen wie auch aus englischen – manchmal gar amerikanischen! – Beiträgen gewonnen. Normen weltweiter Bedeutung (wie die Vertragskonvention von Wien für den internationalen Warenkauf) zeigen den an normative, in den Ländern des Common Law beheimateten Lösungen gezahlten Tribut. 12

23. Das Ende der romanistischen Isolation gegenüber den skandinavischen Ländern

Von dieser neuen Offenheit des romanistischen Raums profitieren auch die skandinavischen Modelle. Das skandinavische Recht ist germanischen Ursprungs. Seine im 17. und 18. Jahrhundert verfassten Kodifikationen lassen den Umstand spüren, dass es in diesen Ländern keine berufsmäßigen Juristen gab, und sie sind in einer volksnahen, empirischen und kasuistischen Weise geschrieben; die Modelle sind autochthon und durch Beiträge aus dem Lübecker Handelsrecht sowie dem römischen Recht vervollständigt. 13

Von 1800 an verließ Skandinavien seine Isolation, nahm geschriebene Verfassungen an, plante (allerdings ergebnislos) Kodifikationen, nahm (zunächst) französische Ideen, (dann) die deutsche Rechtslehre auf, glich seine eigene Begriffsmethodik an und verbündete sich so mit dem romanistischen Raum. 14

Im 20. Jahrhundert erlitt die Begriffsmethodik mit ihren Abstraktionen jedoch einen Rückschlag. 15

Die Wissenschaft wandte sich mehr den Lehren des Realismus zu; die Normproduktion erfolgte zum Teil unzusammenhängend; der Richter neigte zu teleologischer Auslegung. 16

Das geschriebene Gesetz wird als normale Quelle des Rechts angesehen; es ist mit einer eigenen Sensibilität gegenüber konkreten und praktischen Aspekten versehen; es ist 17

1 Dazu S. Ferreri, *Le fonti normative di produzione non nazionale*, Turin, 1984; Dies., in: *Trattato Rescigno*, I, Turin, 1982, 149 ff.

keiner engen Auslegung verpflichtet. Es gibt keine Regel, die den Respekt vor dem Präzedenzfall vorschriebe.

18 Nach 1950 ist nicht mehr Skandinavien der Raum, der importiert, und es ist nicht mehr der typisch romanistische Bereich derjenige, der Lösungen exportiert. So begann etwa das Institut des Ombudsmanns die kontinentalen Gesetzgeber zu interessieren.[2]

24. Der (amerikanische und skandinavische) Realismus

19 Den von Amerikanern und Skandinaviern auf den europäischen Kontinent ausgeübten Einfluss kann man nicht allein in den Formen legislativer Rezeption abmessen. Die wichtigere Prägung ist wahrscheinlich die, die durch die kulturellen und methodologischen Bewegungen erfolgte, die in den US-amerikanischen und nordischen Schulen gelehrt wurden und von dort nach Deutschland, Frankreich und Italien gelangten.

20 Eine dieser Bewegungen ist der Realismus.

21 Dieser entstand zu Beginn unseres Jahrhunderts: Er entstand – unabhängig voneinander – gleich zwei Mal, in Schweden und Dänemark sowie in den Vereinigten Staaten von Amerika.[3]

22 Weil die traditionelle Rechtswissenschaft Umstände allgemein abstrakten und nicht naturalistischen Typs (die Norm, subjektive Rechte) sowie konkrete und naturalistisch wahre Umstände (die richterliche Entscheidung, die Anwendung von Gewalt) darstellt, von denen man annimmt, dass sie einander entsprechen, wollen die realistischen Bewegungen verifizieren, ob diese abstrakten und metanatürlichen Regeln tatsächlich existieren: Sie stellen daher {die tatsächlichen Gegebenheiten} den {Gegebenheiten, wie man sie sich vorstellt, wünscht oder von denen man meint, dass sie sein müssten} gegenüber.

23 Der Realismus sieht das Recht in ununterbrochener Bewegung, weil auch die rechtliche Realität sich ändert. Er lehnt den Formalismus ab. Er ist eher mit den soziologischen oder Freirechts- und ähnlichen Bewegungen kompatibel, nimmt aber im Vergleich exponiertere Stellungen ein.

24 Er lehnt die reale Existenz eines Staates, die Vorstellung vom Recht als Willen des Staates sowie die Idee einer objektiven Verpflichtung ab, sich dem Recht als ein gegenüber seiner Verwirklichung a priori geltendem Element anzupassen. Das Recht reduziert sich auf tatsächliche psychologische Fakten: Furcht vor Sanktionen, Gewöhnung

2 Zum skandinavischen Recht s., über die in der International Encyclopaedia, *aaO*, enthaltenen entsprechenden National Reports hinaus, L.B. Orfield, *The growth of Scandinavian Law*, Philadelphia, 1953.
Für die skandinavische Denkweise s. die – zum Gebrauch durch die Kontinentaleuropäer geschriebenen – Seiten von S. Strömholm, *La philosophie du droit scandinave*, in: *Revue internationale de droit comparé*, 1980, 5; Ders., *La teoria del diritto in Svezia*, in: *RTDPC* 1981, 1337; S. Jørgensen, *La teoria del diritto in Danimarca*, ebenda, 1980, 281.
S. auch die noch folgenden Literaturverweise.

3 Zu dieser Denkrichtung s. aus dem italienischen Raum G. Tarello, *Il realismo giuridico americano, Mailand*, 1962; Ders., *Sul realismo giuridico svedese*, in: *RTDPC* 1974, 968; S. Castiglione, *La macchina del diritto. Il realismo giuridico in Svezia*, Mailand, 1974; Dies., *La parola del fare*, in: *Materiali per la storia della cultura giuridica*, 1981, 439; E. Pattaro, *Sul realismo normativistico (Hägerström und Hart)*, ebenda, 1985, 327; J.M. Scholz, *Il realismo giuridico scandinavo come produzione simbolica*, ebenda 1989, 405 ff.
Aus dem amerikanischen und skandinavischen Raum – und auch im Ausland leicht zugänglich – etwa K. Olivekrona, *Law and fact*, 1939; Ders., *Rättsordningen*, 1971; S. Strömholm und H.H. Vogel, *Le réalisme scandinave dans la philosophie du droit*, Paris, 1975.

an Gehorsam, Wahrnehmung der Nützlichkeit eines vereinten Lebens, Gefühle des Zwangs. So jedenfalls die schwedische Variante.

In der amerikanischen Variante wird der Akzent auf den Umstand gesetzt, dass das Verhalten des Richters in weitem Maße vorhersehbar ist, soweit er tatsächlich dazu gehalten ist, nach vorbestimmten Mustern zu urteilen. In dem Maße, wie die Anwendung einer Regel vorhersehbar ist, wird die Rechtsregel auch als gesellschaftlich bindend vermutet und angesehen; die Norm gilt also, soweit sie eine Vorhersehbarkeit des Verhaltens des Richters ermöglicht. 25

Der Realismus bestreitet, so wie es nach dem zuvor Gesagten erscheint, die theoretischen Konstruktionen der traditionellen Wissenschaft und reduziert das Recht auf Tatsachen; er sieht in ihm das Instrument, das, wenn man es gut zu gebrauchen versteht, erlaubt, günstige gesellschaftliche Ziele zu erreichen; er stellt fest, dass der Richter schöpferisch tätig ist, und dies stellt ihn zufrieden; er betrachtet das Recht als etwas nicht Statisches, in unaufhörlicher Veränderung. 26

Über die Möglichkeit, die Urteile des Richters vorherzusehen und zu rationalisieren, besteht – innerhalb der Bewegung – keine Einstimmigkeit. Anders gesagt, die Realisten sind alle skeptisch gegenüber der Norm, es sind aber nicht alle skeptisch gegenüber der Erkennbarkeit des konkreten Sachumstandes. Die Unklarheit des »Sachumstandes« (dh des Verhaltens des Richters) hängt mit dem Problem zusammen zu wissen, in welchem Umfang der Richter aus der Regel ihre Anwendung ableitet, er objektiv den Tatbestand rekonstruiert, er einen Syllogismus anwendet, oder in welchem Maße hingegen die Rekonstruktion des Sachumstandes und die Anwendung der Norm – in Wirklichkeit – von Emotionen und Gefühlen abhängen. 27

Unserer Ansicht nach kann man den Realismus als so etwas wie eine Phase des Rechtspositivismus ansehen. Der Positivismus vertritt zunächst die Rechtlichkeit der autoritativen Norm, dann weitet er die Rechtlichkeit auf die vom Richter aktuell vorgenommenen Entscheidungen aus. In einer dritten Phase wird die Reduktion des Rechts auf den konkreten Sachumstand, unabhängig von allgemeinen rationalen Überlegungen betont. 28

25. Die ökonomische Analyse des Rechts

In Amerika haben sich zwei Denkrichtungen der Idee der ökonomischen Analyse des Rechts verschrieben. 29

Eine erste, in den dreißiger Jahren des letzten Jahrhunderts entstandene Bewegung ist mit Begriffen wie Commons und Namen wie T. Veblen verbunden und auf die empirische Abschätzung der ökonomischen Folgen juristischer Entscheidungen ausgerichtet. 30

Gegen Mitte der sechziger Jahre entstand in Amerika das, was gemeinhin die *neue* ökonomische Analyse des Rechts genannt wird; ihr Ursprung lag in den Arbeiten von Ronald Coase, und sie entwickelte sich in zwei, wesentlich an die Personen Richard Posners und Guido Calabresis gebundene, Strömungen. 31

Die neue ökonomische Analyse des Rechts legt die Analyse der durch juristische Entscheidungen verursachten Kosten und Nutzen zugrunde, bleibt bei diesen jedoch nicht stehen. Denn sie zielt auch darauf ab, vom Standpunkt der ordnenden Kategorien der Wirtschaftswissenschaften die ordnenden Kategorien des Rechts zu untersuchen. Sie reduziert die Figuren des Privatrechts und des öffentlichen Rechts auf allgemeine Nenner. Die einem Beamten übertragene Macht, eine Konzession für die Öffnung einer 32

Apotheke zu überlassen, wird als entitlement des Beamten über die Zugangsmöglichkeit (auf der Angebotsseite) auf den Markt pharmazeutischer Produkte angesehen. Die rechtliche Situation des Konzessionsinhabers wird als ein entitlement besonderer Art angesehen: Er ist zeitlich begrenzter Träger der Konzession, unterliegt Kontrollen, die Konzession ist nicht im gewohnten Maße frei übertragbar und so weiter.

33 Zur Einschätzung der Kosten und Nutzen gebraucht die ökonomische Analyse die Instrumente der neoklassischen Mikroökonomie. Sie nimmt an, dass die Handelnden vernünftige Entscheider sind, und sucht so zu beweisen, wie ihr Verhalten von durch Rechtsnormen geschaffene Ansporne und Hemmungen beeinflusst ist. [4]

34 Über die zwei Strömungen der neuen ökonomischen Analyse – der auf Posner sowie der auf Calabresi zurückgehenden – kann man Folgendes sagen. Die erste hat die Suche nach Effizienz und Wohlergehen als einziges Ziel vor Augen. Sie versucht zu zeigen, wie in einem langen Zeitraum die von den Auslegern entwickelten und von einem gesetzgeberischen Eingriff unbehelligt gebliebenen Lösungen zu gewissen Effizienzmustern neigen. Die zweitgenannte Strömung gebraucht die Instrumente der ökonomischen Analyse auch zur Verfolgung von Zielen jenseits der Effizienz: etwa politische Ziele sozialer Gerechtigkeit oder Umverteilung der Verluste und des Reichtums.

35 Wie man sehen kann, trachten beide Strömungen danach, auf der einen Seite einen sehr allgemeinen und vereinheitlichenden theoretischen Verständnisgrad für verschiedene Rechtsphänomene zu erreichen. Auf der anderen Seite wollen sie sich der Rechtspolitik annähern, mit der sie die auf der Grundlage theoretischer Modelle beruhenden Lösungen bewerten. Mit dieser schlagen sie unter der Abkehr von diesen Modellen Lösungen vor.

36 Die ökonomische Analyse des Rechts hat verschiedene Juristen der Systeme des Civil Law beeinflusst, besonders in Deutschland und Italien.

37 Die Strömung, die in Italien den größten Einfluss hatte, ist die von G. Calabresi ausgehende.[5] Zahlreiche italienische Studenten haben die Yale Law School besucht, deren Dekan Calabresi war, und er selbst, auch Mitglied der italienischen Rechtsvergleichervereinigung SIRD, hat an vielen wissenschaftlichen Konferenzen in Italien teilgenommen.

38 In Italien hat P. Trimarchi eigenständig mit Methoden der ökonomischen Analyse geforscht.

39 Trotz dieser förderlichen Umstände hat sich in Italien keine wirkliche und eigenständige Lehre der ökonomischen Analyse entwickelt; vielmehr haben verschiedene Juristen (S. Rodotà, R. Pardolesi, G. Alpa, G. Ferrarini, A. Gambaro, C. Castronovo, U. Mattei) bei ihrer Untersuchung des Rechts auch die methodischen Ansätze der ökonomischen Analyse berücksichtigt.[6]

---

4 Ein klassisches, auf Posner zurückgehendes Beispiel ist Folgendes: Nehmen wir einmal an, man wolle die unerfahrenen Schwimmer schützen und erließe deshalb eine Norm, die die erfahrenen Schwimmer objektiv für die Toten verantwortlich machte, die im Umkreis von 300 Yards von dem Posten, wo sie sich befinden, ertrinken; eine solche Norm, weitab davon, Rettungen zu begünstigen, würde die erfahrenen Schwimmer davon abhalten, überfüllte Strände zu besuchen und sie darüber hinaus dazu bringen, Strände zu schaffen und nur solche aufzusuchen, die für unerfahrene Schwimmer verboten wären; eine solche Norm würde daher in einem Nachteil für die Letztgenannten münden.

5 Verschiedene seiner Werke wurden ins Italienische übersetzt, darunter *The Cost of Accidents. A Lgeal and Economic Analysis*, Yale Univ. Press, 1970, und *Tragic Choices*, New York, 1975.

6 Siehe den Beitrag »Analisi econonmia del diritto« verfasst von R. Pardolesi für *D. 4ª ed. civ.*, I, 1988.

Unserer Ansicht nach versucht die Methode der Kosten- und Nutzenanalyse, aus einer 40
in gewisser Weise hypothetischen, aber rationalen Prämisse mittels stringenter Analysen die wahrscheinliche Lösung eines jeden Rechtsproblems zu entwickeln. Sie ist also in gewisser Weise eine neue, sehr originäre Erscheinungsform der naturrechtlichen Tendenz des Rechtswissenschaftlers.

§ 6 Italien als nachahmendes Land

26. Das 19. Jahrhundert: Italien kodifiziert

1 Unserer Überzeugung zufolge machte die italienische Zivilistik nach der französischen Revolution eine Zeit der Krise durch.

2 Italien entbehrte nicht, und sollte auch in der Folgezeit nicht entbehren, einer rechtsaufklärerischen Bewegung: Filangieri, Beccaria, Romagnosi oder Verri hatten ihre Namen mit dem Kampf für Reformen verbunden oder mussten es tun. Aber die italienische Präsenz bei der Suche nach dem ius condendum kompensierte das Fehlen eines aktiven Mitdenkens im Bereich der zivilistischen Rechtswissenschaft nicht.

3 Das überall anwendbare Recht war das ius commune. Die florentinische Rota gab dafür ein mustergültiges Beispiel, aber ihre Arbeit fand in der veröffentlichten und der Verbreitung zugänglichen Lehre keine Resonanz.

4 Mit den französischen Eroberungen gelangte das französische kodifizierte Recht nach Italien. Der in den an Frankreich angeschlossenen Gebieten eingeführte Code civil sowie das im Königreich Italien erlassene Zivilgesetzbuch fanden in der Lehre keine Fürsprecher. Mit der Restauration und der Abschaffung der napoleonischen Gesetze kehrte auf der ganzen Halbinsel ein mittlerweile in den Augen vieler diskreditiertes gemeines Recht zurück. Von diesem Augenblick an entwickelten sich die Angelegenheiten der italienischen Länder, in Erwartung der erneuten Vereinheitlichung infolge der politischen Vereinigung, auseinander.

5 In der Lombardai und Venetien führten die Österreicher – natürlich – das lediglich übersetzte ABGB ein.[1] An den Universitäten wurde die exegetische Methode praktiziert[2] und die zu studierenden Texte waren das ABGB und der Code civil. Die Praxis benutzte übersetzte deutsche Kommentare und in Italienisch verfasste Sammelwerke (beispielsweise von Basevi).[3]

6 In den Königreichen Sardinien und Sizilien – dh in Turin und Neapel – übernahm man wieder den Code civil, oder besser, dem französischen Archetypus nachgebildete Modelle (bereinigt im Bereich der Eherechtsnormen). Der »Codice borbonico« stammt von 1819, der »Codice albertino« von 1837.

7 Eklektischer, aber immer noch auf französischer Grundlage, sind die Gesetzbücher von Parma und Este.

8 Der Papst und der Großfürst der Toskana erließen keine Kodifikationen, und in ihren Staaten kehrte man zur Praxis des gemeinen Rechts zurück.

9 Weder die Rückkehr zum gemeinen Recht noch die Kodifikation ließen die zivilistische Rechtswissenschaft wieder aufblühen. Nur in L. Miraglia (in Neapel) und E. Precerutti (in Turin) haben wir zwei erste Kommentatoren großer Reichweite, die sich den Gesetzbüchern widmeten.

---

1 In der Lombardei und Venetien hatte die italienische Übersetzung Gesetzeskraft. In Trient wurde in der Praxis in gleicher Weise die offizielle italienische Version gebraucht, aber im Fall einer Abweichung (und dieser Fall war häufig!) war das deutsche Original entscheidend.

2 Für die vorhergehende Zeit s. M.C. Zorozoli, *La formazione dei giuristi lombardi nell'età di Maria Teresa*, in: *Materiali per una storia della cultura giuridica*, XII, 1982, Nr. 1, 3.

3 G. Basevi, *Annotazioni pratiche al codice civile austriaco*, Mailand, 4. Auflage, 1851, er kümmert sich nur beschränkt um die Österreicher (Zeiller, Winiwater usw), und bei seiner Kommentierung des Gesetzbuchs Paragraf für Paragraf zitiert er in weiten Teilen das Corpus iuris sowie die Lehrer des gemeinen Rechts.

Das geeinte Italien entschied sich dann für eine Kodifikation, um ein einziges Gesetz zu 10
erhalten.[4]

Mangels einer eigenen anerkannten und umfassenden Lehre musste man auf schon be- 11
kannte Modelle zurückgreifen. Die Wahl musste sich praktisch zwischen dem französischen und dem österreichischen Modell bewegen. A priori hatte man erwartet, dass das französische Modell gewinnen würde, und dies aus drei wesentlichen Gründen.

Zunächst war das (durch die vor der Einigung geltenden Gesetzbücher bekannte) fran- 12
zösische Modell den Juristen der nahezu gesamten Halbinsel vertraut (nicht bekannt war es in Venedig und Rom, die noch nicht Teile des Königreichs bildeten und daher nicht zählten; außerhalb des französischen Modells befanden sich die dem Königreich angehörenden Gebiete der Toskana, Lombardei, Marken, von Umbrien und Ost-Emilia-Romana).

Sodann war die Einheit des Landes gegen die Österreicher durchgesetzt worden, was 13
das österreichische Modell wenig populär machte.

Schließlich war der Code civil als freiheitliches Gesetzbuch bekannt, während das 14
österreichische ABGB (wenn auch zu Unrecht) im Verdacht stand, ein reaktionäres Gesetzbuch zu sein.

Der Codice entstand also 1865 als französisches Gesetzbuch. 15

Es ist wahr, dass sich auf dem alten französischen Prototyp alle Neuerungen in Schich- 16
ten ablagerten, die durch die vor der Einheit geltenden Gesetzbücher und von den neuen Gesetzgebern eingebracht worden sind. Aber oft hatten diese Neuerungen zum Ziel eine Lücke aufzufüllen und die für diese Auffüllung gebrauchte Regel war die von den französischen Juristen bei der Auslegung angewandte. So geschah es etwa bei dem Verfügungsakt des Scheinerben, beim Besitzschutz, und so weiter. Infolgedessen ist die beschworene teilweise Originalität des Codice von 1865 in weitem Maße lediglich illusorisch.

27. Der französische und der italienische Ausleger

In einem Italien ohne eigene Modelle und mit Gesetzen französischen Charakters 17
konnte man, um das Gesetz zu verstehen, ganz natürlich auf die französische Lehre zurückgreifen. Die Regale des italienischen Juristen füllten sich somit mit französischen Werken – übersetzt oder in der Originalsprache – von Pothier an. Die italienischen Werke sind voller französischer Zitierungen. Die französische Auslegung – so subjektiv und willkürlich sie auch gewesen sein mag – war in Italien eingebürgert. Die Italiener arbeiteten, nicht weniger als die Franzosen, an praktischen Regeln und gebrauchten (häufig rein deklamatorische) Definitionen als ein erstes Tuch, auf das man die mehr oder weniger umfangreichen Ausnahmen aufnähte.

Die französische und die italienische Methode fielen substantiell zusammen.[5] Zunächst 18
waren allein die französischen Modelle schöpferisch. Aber als die italienischen Juristen ebenfalls anzuerkennender Auslegungsarbeit fähig wurden (C. Giorgi, G. Gabba, G. Lomonaco, R. Fubini), begann die französische Lehre, nach Überwindung der sprach-

4 Dazu F. Santoro Passarelli, *Dai codici preunitari al codice civile del* 1865, in: *Studi A. Torrente*, Mailand, 1968, 1029.

5 Dazu G. Tarello, *La scuola dell'esegesi e la sua diffusione in Italia*, in: *Scritti per il XL della morte di Bensa*, Mailand, 1969.

lichen Schwierigkeiten, damit, die Italiener zu zitieren. Die Auslegungen und Konstruktionen wurden damit wechselseitig austauschbar. Ein einheitliches französisch-belgisch-italienisches Rechtsgebiet war entstanden.

19 Dennoch trennten zwei grundsätzliche Unterschiede den französischen vom italienischen Raum.

20 In Frankreich arbeitete eine seines großen Einflusses bewusstesr Cour de Cassation, und der Ausleger pflegte die Rechtsprechung als eine zwar subsidiäre, aber gleichwohl beachtenswerte Quelle anzusehen.

21 In Italien gab es fünf Corti di cassazione (Turin, Florenz, Neapel, Palermo und seit den 70er Jahren noch zusätzlich Rom); keiner von diesen sah sich als Schiedsrichter der nationalen Rechtsentwicklung, Urheber des angesehenen Modells.[6] Zudem ist zu bedenken, dass in Italien nicht der zivilrechtliche, sondern der romanistische Professor angesehener war; und dass die Ausbildung des Zivilrechtlers auf dem römischen Recht basierte (dem die Gerichte fremd waren).

22 Ein zweiter Unterschied zwischen französischem und italienischem Raum lag in Folgendem: Wenn der französische Ausleger (ohne es zu sagen) auch damit fortfuhr, Normen des gemeinen Rechts anzuwenden, galten seine Vorlieben doch den »rationalen« Mustern: V. Marcadé und andere Autoren leiteten aus dem Naturrecht die Gleichheit zwischen vertraglicher Übereinstimmung und innerem Willen her, und von dieser Gleichung leiteten sie die ganze, den Konflikt zwischen dem inneren und dem erklärten Willen betreffende Lehre ab. Die Italiener hingegen stehen dem rationalen Recht kühl gegenüber, und sie bringen, als ergänzende Quelle, bewusst das römische Recht ins Spiel.[7] Die romanistischen, in Frankreich wirkenden Kryptotypen werden in Italien subsidiär nachweisbare Modelle. Die »allgemeinen Rechtsgrundsätze« sind in Frankreich die Grundsätze der Vernunft; in Italien identifizierten sie sich hingegen mit dem römischen Recht, welches allen damals bekannten und geschätzten Rechtsordnungen zugrunde lag.

28. Die dogmatische Revolution[8]

23 Gegen Ende des neunzehnten Jahrhunderts verspürten einige italienische Romanisten (V. Scialoja, C. Fadda) das Bedürfnis, die Kenntnis der von ihren deutschen Kollegen

---

6 1980 wurde bei den Journées der Association H. Capitant das Thema *Die Antworten der Doktrin auf das Richterrecht* diskutiert. Die Vorträge zum italienischen Zivilrecht (A. Gambaro) und allgemeinen Zivilrecht (G.G. Scalfi) sind von großem Interesse für die in der 27. sowie 29. und 34. Fußnote dieses Kapitels aufgegriffenen Themen. Der Vortrag Gambaros folgt den Linien der Forschung Gorlas auf diesem Feld (siehe *Travaux de l'Association Capitant*, XXXI, 1980, Paris, 1982).

7 Dieses Phänomen ist von den letzten französisierenden Autoren aufgezeigt worden: E. Gianturco und G. Venzi. E. Gianturco stellt einen Fall für sich dar. Er bezieht ausdrücklich Stellung gegen die Nachahmung der Franzosen (*Gli studi di diritto civile e la questione del metodo in Italia*, in: *Filangieri*, 1881). Tatsächlich weigert er sich in diesem Text gegen die neue, im Folgenden weiter ausgeführte Methode.

8 Hinsichtlich einzelner Persönlichkeiten siehe F. Treggiani, *Emanuele Gianturco: l'educazione di un giurista*, in: *RTDPC* 1986, 1235; P. Grossi, *Interpretazione ed esegesi (Polacco vs. Simoncelli)*, in: *RDC* 1989, I, 197; Ders., *Scienza giuridica italiana. Un profilo storico (*1860–1950*)*, Mailand, 2000; P. Beneduce, *Gabba (Carlo Francesco)*, in: *Dizionario biografico degli italiani*, L. 1998; F. Casa, *Tullio Ascarelli. Dell'interpretazione giuridica tra positivismo e idealismo*, Neapel, 1999. Für umfangreichere Untersuchungen siehe M. Sesta, *Profili di giuristi italiani contemporanei. A. Cicu e il diritto di famiglia*, in: *Mat. storia cult. giur.*, 1976, 419; P. Perlingieri, *Scuole civilistiche e dibattito ideologico: introduzione allo studio del diritto privato in Italia*, in: *RDC* 1978, I, 405 (der sich auf die Zeit nach 1945 bezieht); Ders., *Tendenze e metodi della civilistica italiana*, Neapel, 1979; N. Irti, *E. Filomusi Guelfi e la crisi della scuola esegetica in Italia*, in: *RDC*, 1971, I, 379; Ders., *F. Filomusi Guelfi. Criteri per una storia delle metodologie nel diritto privato italiano*, in: *I*, 1974, 335; Ders., *Una generazione di giuristi*,

gewonnenen Ergebnisse zu vertiefen, die sich grundlegend mit dem römischen Recht beschäftigten. Seitdem das Latein nicht mehr die allgemeine Sprache der Juristen war, bestand eine sprachliche Barriere zwischen deutschen und italienischen Juristen, aber das Ansehen der deutschen Kultur, damals auf einem Höhepunkt, reizte zu dem notwendigen Opfer, noch eine zusätzliche Sprache zu erlernen.

Die Ergebnisse der deutschen Pandektistik erfuhren, nachdem sie einmal in Italien bekannt geworden waren, dort eine grenzenlose Bewunderung. Und die Italiener – Romanisten wie Wissenschaftler des positiven Rechts – stürzten sich auf die Rezeption von Modellen, die gleichzeitig die Methode wie die einzelnen Begriffsbildungen betraf. 24

Dieses Phänomen verbreitete sich bei Zivil- wie bei Öffentlichrechtlern (V. E. Orlando)[9], bei den Prozessrechtlern (G. Chiovenda) usw. 25

Die Reichweite der Rezeption war umfassend. Die Konsequenzen waren revolutionär. 26

Auf diese Weise erreichten alle deutschen Definitionen und die Systematik das italienische Rechtsdenken. Insbesondere gelangten die Bedeutungen des allgemeinen Teils dorthin: das Rechtssubjekt, das Rechtsverhältnis, das jeweilige Ereignis, der Tatbestand, das Rechtsgeschäft. 27

Zu dieser Zeit verfügte die italienische Sprache über die Ausdrücke, die erforderlich waren, um eine in Frankreich bekannte Idee auszudrücken. Die Herkunft der beiden (Rechts-)Sprachen vom (Rechts-)Latein sowie die Herkunft der neueren italienischen von den französischen Modellen erklären diesen Zustand. 28

Die italienische Sprache musste sich aber, an diesem Punkt, mit all den Begriffen ausstatten, die notwendig waren, um deutsche Ideen auszudrücken: Die Flexibilität dieser Sprache, die auf dem freien Spiel der Suffixe beruht, half dabei, dieses Problem zu lösen. »Dazione in pagamento« (die Hingabe an Zahlungs statt), das dem französischen dation en payment entsprach, erhielt nun Konkurrenz durch die – dem deutschen entsprechenden – »prestazione in luogo di adempimento« (Leistung an Erfüllungs statt); das Schema der Nichtigkeit, unterteilt in absolute und relative Nichtigkeit, überließ seinen Platz dem Schema der Ungültigkeit, unterteilt in Nichtigkeit und Anfechtbarkeit, und so weiter. 29

Von da an begann der Gedankengang, den Begriff zu privilegieren, und die Ausarbeitung der Regel folgte den Begriffsbildungen. 30

Die Nachahmung der Ergebnisse der deutschen Lehre brachte das Problem ihrer Harmonisierung mit den Normen des geschriebenen Rechts mit sich. Dieses hinderte den Rückgriff auf fremde Modelle nicht, solange diese Modelle kompatibel mit dem gesetzlichen System waren. War diese Kompatibilität zweifelhaft, neigte man in gleicher Weise zum Gebrauch des Lehrmodells. Wenn das geschriebene Recht lückenhaft war, 31

Mailand, 1988; Ders., *Diritto civile*, in: *D. 4ª ed. civ.*, VI, 1990; Ders., *Scuole e figure del diritto civile*, Mailand, 2002; G. Benedetti, *Appunti storiografici sul metodo die privatisti e figure di giuristi*, in: *Scritti A. Lener*, Neapel, 1989, 239; A. Guarneri, *La circulation des modèles au cours des deux derniers siècles*, in: *Rapports nationaux italiens au XIII Congrès int. de droit comparé. Montréal*, 1990, Mailand, 1990; Ders., *L'interlocutore del giurista nell'esperienza italiana degli ultimi due secolo*, in: *Quad.*, 1990, 473; L. Ferrajoli, *La cultura giuridica nell'Italia del Novecento*, Rom, 1999; G. Alpa, *La cultura delle regole. Storia del diritto civile italiano*, Rom, 2000.

Zum Thema siehe auch Aa.Vv., *Cinquant'anni di esperienza giuridica in Italia* (Beiträge zur Festtagung des Giuffrè-Verlags), Mailand, 1981. Die Jahresschrift von 1987 der *Quaderni fiorentini per la storia d. pens. giur. mod.* ist den *Riviste giuridiche italiane* gewidmet.

9 G. Cianferotti, *La prolusione di Orlando. Il paradigma pandettistico, i nuovi giuristi universitari e lo Stato liberale*, in: *Riv. trim. dir. pubbl.*, 1989, 995.

füllte man dieses mit dem »Begriff« der Lehre. Nur in dem Fall eines offenkundigen Widerspruchs wurde die in Deutschland entwickelte Bedeutung zurückgewiesen: So konnte beispielsweise die deutsche Gegenüberstellung zwischen (kausalem) Verpflichtungsvertrag und (abstrakter) Erwerbsvereinbarung nicht übernommen werden.

32 Die Phase der Rezeption der Dogmatik wird anschaulich von Autoren wie Nicola und Leonardo Coviello, Francesco Ferrara, Giuseppe Messina, Ettore de Ruggiero, Vittorio Polacco, Giovanni Pacchioni verkörpert.

33 Die Rezeption der Dogmatik stellt den Vorrang der Lehre gegenüber der Praxis auf eine neue Grundlage. Es obliegt nicht dem Richter, sondern dem Theoretiker (der, in Italien, der Professor ist), Begriffe zu entwickeln; schließlich können Professor wie Richter beide aus den Begriffen Regeln entwickeln. Die theoretischen Werke setzten sich von nun an mit der Rechtsprechung nur noch vereinzelt auseinander, um die Ergebnisse dieses oder jenes Begriffes zu überprüfen.

34 Die Rechtsprechung akzeptierte diesen neuen Stand der Dinge. Die »dogmatische« Sprache ging von den Universitätsaulen auf die Justizpaläste über. Rechtsanwälte und Richter begannen sodann von Rechtsverhältnis, Tatbestand, Rechtsgeschäft, Anfechtbarkeit usw zu sprechen.

35 Von da an verlor das französische Modell nahezu vollständig seinen Zugriff auf den italienischen Juristen – zugunsten, in einer ersten Zeit, des deutschen Modells.[10]

29. Dogmatik, römisches Recht, Auslegung

36 Niemand hat – soweit wir wissen – bislang eine interessante Beziehung zwischen der Rezeption der Dogmatik und der Methode der Rechtsauslegung festgestellt.

37 Die Dogmatik, deutschen und pandektistischen Ursprungs, nahm ihren Anfang bei den römischen Quellen: Aber sie ließ diese in weitem Maße hinter sich und führte neue, den justinianischen Quellen offenkundig unbekannte Begriffe ein (auf die die Italiener zum ersten Mal zu Beginn des letzten Jahrhunderts trafen). Daher ließ diese Dogmatik (wenn sie auch in mancher Hinsicht römische Grundlagen besaß) die römische Komponente des angewandten italienischen Rechts nicht wiederaufleben.

38 Die Rezeption der Dogmatik diskreditierte in unumkehrbarer Weise die Auslegung nach französischem Modell, die recht nachsichtig gegenüber einem kryptotypischen Überleben jeder römischen, nicht in das Gesetzbuch unmittelbar eingefügter Regel war. Nachdem der schwarze, vom französischen Auslegungsmodell verursachte Rauch verweht war, wandte sich der italienische Ausleger direkt dem Wortlaut des Gesetzes zu (wenngleich er sodann auch bereit war, diesen mit dogmatischen Begriffen abzustützen). Die Italiener übernahmen so die Gewohnheit, die Gesetzestexte noch einmal zu überprüfen, um so die Grundlage mancher, gegen den Wortlaut verstoßenden, auf dem gemeinen Recht beruhenden Auslegung einer Kontrolle zu unterziehen: beispielsweise die Gültigkeit der Handschenkung oder die Irrtumsbedingung für die Wiedererlangung des Nichtgeschuldeten.

39 Das Ergebnis war, paradoxerweise, eine größere Bindung an den Gesetzeswortlaut, der mittlerweile in Italien durch die Autorität des französischen Modells von römisch-gemeinen Rechtsblagerungen befreit war!

10 Dies ist den französischen Juristen nicht entgangen, die die italienischen Verhältnisse kannten. S. dazu G. Rouhette, in: *Revue internationale de droit comparé*, 1984, 276, und G. Brulliard, ebenda, 245.

So befreite die Begriffslehre, während sie dem Gesetz eine Schulsystematik überwarf, die geschriebene Norm – unter dem Bruch mit der Gesetzessprache – von der römischen Tradition. 40

30. Das Projekt für ein italienisch-französisches Gesetzbuch

In den zwanziger Jahren des 20. Jahrhunderts hielten Franzosen wie Italiener den Zeitpunkt einer Neukodifikation für gekommen. Auf der einen wie der anderen Seite dachte man daran, gemeinsam die Bereiche des Schuld- und Vertragsrechts zu regeln, um so zukünftige Divergenzen zu vermeiden. 41

Die dazu eingesetzte Kommission führte ihr Werk zu Ende, von dem man durchaus sagen kann, dass sie es gut ausgeführt hat. Aber das Projekt gefiel in Italien nicht mehr und die Initiative stockte. Die Franzosen legten dann mehr Wert auf Spezialgesetze und gewöhnten sich immer mehr an das Richterrecht, und die Italiener bemühten sich um eine Neukodifikation des Privatrechts, welche im Codice civile von 1942 münden sollte. 42

Bis heute gibt es keine Untersuchung über die Ursachen für das Scheitern des Projektes. 43

Diese liegen nicht im technischen Bereich. Von dem Projekt profitierten nämlich verschiedene andere Gesetzgeber (so ist etwa das polnische Schuld- und Vertragsrechtsbuch von 1936 eine Frucht dieses italienisch-französischen Projektes). 44

Die Ursachen für das Scheitern müssen vielmehr woanders gesucht werden. 45

Die beiden Delegationen kamen mit einem begrifflich-sprachlich-systematisch völlig ungleichen Gepäck in die Verhandlungen. Die Franzosen besaßen ihr französisches Gepäck; die Italiener verfügten über zwei verschiedene Gepäckarten: das französisch-geprägte und das deutsch-orientierte. Unter diesen Bedingungen war es verhängnisvoll, dass man die, beiden Parteien zugänglichen Instrumente – dh die französischen – gebrauchte. Denn so wurde das Einheitsprojekt zu einem französisierenden Modell. Als man dies in Italien erfuhr, konnte es keinen Gefallen finden. Für die Italiener war das, was sich in der französischen Systematik bewegte, als veraltet und überholt und vor allem als wenig wissenschaftlich und unlogisch abgestempelt; demgegenüber galt das dogmatisch-pandektistische Modell als modern, den wissenschaftlichen Anforderungen entsprechend, logisch und rational. 46

Die sonstigen, in Italien gegen das Projekt vorgebrachten Gründe sind demgegenüber zu vernachlässigen. 47

§ 7 Italien auf der Suche nach Neuem

31. Die neosystematischen Tendenzen

1 Kurz zuvor haben wir, unter den Vertretern der dogmatisch deutsch-orientierten Schule, F. Ferrara und G. Messina genannt. Diese beiden Wissenschaftler unterschieden sich von ihren Zeitgenossen, weil sie, wenn sie sich auch ohne Vorbehalte dem, von den Deutschen erarbeiteten begrifflichen, systematischen, dogmatischen Modell anpassten, vertraten, man könne – im Licht eben dieser Methode – die einzelnen deutschen Begriffsbildungen überarbeiten, um sie so, wenn erforderlich, zu verbessern und fortzuentwickeln.

2 Mit einem solchen Vorgehen öffneten sie einen Spalt für einen Windstoß, dessen ungeheure Auswirkungen man damals nicht abschätzen konnte.

3 Für einige Schüler Messinas wurde die Überprüfung der einzelnen Begriffsbildungen eine präjudizielle Notwendigkeit des wissenschaftlichen Fortschritts – und daher der Wissenschaftlichkeit selbst. Auch die Juristen anderer Richtungen wurden sensibel für diese neue Stimmung.[1]

4 Von 1925 an begannen S. Pugliatti, M. Allara und andere, sich entschieden in diese Richtung zu bewegen, für die wir die Bezeichnung »neosystematisch« vorgeschlagen haben. Ihr Diskurs ist immer auf den Begriff ausgerichtet. Der Begriff geht der Regel voran. Aber das Prinzip der Autorität und somit das Bedürfnis, das System als Treff- und Schnittpunkt zwischen den Juristen anzusehen, hat man verlassen. Intellektuelles Ansehen wird gerade dadurch begründet, allein eigenständig überprüfte Begriffsbildungen zu verwenden. Das Leben eines Menschen wird nicht ausreichen, ein vollständiges System zu schaffen: Der Neosystematiker wird daher lediglich Fragmente eines Systems kreieren.[2]

5 Das neue System – bzw. jedes neue Fragment dieses Systems – wird einer neuen Sprache bedürfen, um die eigenen begrifflichen Neuentwicklungen auszudrücken. Jeder Systematiker wird deshalb, für die eigenen Bedürfnisse, ein nur für Eingeweihte bestimmtes Wörterbuch verfassen.

6 Der Neosystematiker war nicht nur ein italienisches Phänomen. Interessant wäre eine allgemeine Untersuchung über die neosystematischen Tendenzen im gesamten romanistischen Raum. Hier genügt es, an die systematischen und begrifflichen Vertiefungen eines K. Wolff in Österreich (und die Schar spezieller Neologismen, die diese erforderlich gemacht haben)[3], an die neosystematischen Versuche in Russland durch Agarkov und andere[4] und an die blühenden begrifflichen Neubildungen in der Schweiz zu erinnern.

---

1 Die Schulen von L. Coviello und G. Pacchioni blieben jedoch den klassischen Mustern treu. Gleiches lässt sich tendenziell auch über die Schule V. Polaccos sagen.

2 Die Neosystematiker haben nicht ein einziges Handbuch der Institutionen des Privatrechts hinterlassen, das über den allgemeinen Teil hinausgeht. S. dazu unsere Beobachtungen in R. Sacco, *Il manuale per le matricole*, in: *Rivista di diritto civile*, 1975, II, 322.
Natürlich hat jedes Oberhaupt einer neosystematischen Schule geglaubt, das System, dessen Kern er selber geschaffen hatte, würde von der Lehre vorangebracht, kaum, dass diese die Augen geöffnet und die Ausgezeichnetheit und Unersetzbarkeit seiner Lehre erkannt habe.

3 K. Wolff, *Verbotenes Verhalten*, Wien, 1923; *Mentalreservation*, in: *Jherings Jahrbücher*, 1931.

4 S. dazu G. Crespi Reghizzi und R. Sacco, *Le invalidità del negozio giuridico nel diritto sovietico*, in: *Rivista di diritto civile*, 1979, I, 173–248.

Die neosystematischen Tendenzen haben dazu geführt, in weitem Umfang die Lehre gegenüber der Praxis zu diskreditieren. 7

Auf einen ersten Blick haben sie sie mit ihrem Vorgehen nur für Eingeweihte diskreditiert; denn ein Anwender der Rechtskultur lehnt eben diese Lehre ab, wenn sie sich in einer Sprache ausdrückt, die ohne eine eigene Einführung nicht verständlich ist. Aber das eigentliche Problem ist ein anderes. Wenn nötig, folgt die Praxis (wenn auch widerwillig) den sprachlichen Vorschlägen der Lehre; der italienische Praktiker hat, zu Beginn des zwanzigsten Jahrhunderts, die Sprache der Pandektistik angenommen, die ihm die Lehre vorgeschlagen hatte. Aber in den dreißiger Jahren weigerte er sich, neue Sprachen zu lernen, die allein dazu dienten, nur einen einzigen Autor zu verstehen. Mehr noch hielt er es für unnütz, Begriffsbildungen zu lernen oder ein System anzuwenden, wenn diese oder dieses die Ergebnisse nur einer einzigen Schule oder dazu bestimmt waren, nur die Zeit zu überdauern, die die Autorität ihres Urhebers andauerte. 8

Die Lehre büßte ab den 30er Jahren daher ihre Führungskraft ein, weil sie sich den Praktikern zu zerstreut anbot. 9

In der Zwischenzeit wurden die fünf Kassationsgerichtshöfe vereinigt: die Rechtsprechung hatte also ein Oberhaupt; wenn sich dieses seiner Macht bewusst wird, wird die Entwicklung des Rechts über ein Führungsorgan verfügen. 10

Seit den 30er Jahren muss sich die zersplitterte Lehre daher mit einer Rechtsprechung messen, deren Spitze vereint ist. 11

32. Die Neukodifikation in Italien

In verschiedenen Jahren, von 1939 bis 1942, sind die einzelnen Bücher des neuen Codice civile in Kraft getreten, die schließlich in einem einheitlichen Werk zusammengeführt worden sind.[5] 12

Was ist neu an diesem Codice civile? 13

Dieser wurde damals als faschistisches Gesetzbuch definiert: 14

- von den politischen Mächten, denen es darum ging, den Ruhm der Realisierung dieses Gesetzbuches der faschistischen Bewegung zuzusichern;
- von einigen marxistischen Juristen, die – weil sie im historischen Faschismus eine Manifestation des Faschismus, wie von Lenin definiert, sahen – ihm Klassencharakter zuschrieben und postulierten, dass dieser ein eigenes Recht entwickelt hätte.

In Wirklichkeit fehlen dem Codice, wenn einmal von den Begriffen gesäubert, die eine Verherrlichung des von der Partei und von Diskriminierung geprägten ius publicum der damaligen Zeit darstellten, Merkmale, die ihn unvereinbar mit anderen außer faschistischen politischen Systemen machen; während er hingegen viele Übereinstimmungen mit allen anderen weltweit bestehenden Gesetzesbüchern aufweist. 15

Andere haben das Gesetzbuch von 1942 als nationales Gesetzeswerk bewertet, das Italien adoptieren musste, wenn es nicht für immer an das französische Modell gebunden bleiben wollte. 16

5 Der Codice civile wurde 1969 ins Englische übersetzt von M. Beltramo, G. Longo und J.H. Merryman, *Italian Civil Code*, New York.

17 In Wirklichkeit ist das Gesetzbuch von 1942 nur in wenigen Teilen speziell italienisch; und in den betreffenden Teilen zeichnet es das Gesetzbuch von 1865 nach (zum Beispiel bezüglich der ehelichen Gütertrennung).

18 Natürlich ist es für die Untersuchung der nationalen Besonderheit des Gesetzbuches von 1942 notwendig, die dort gewählten Lösungen nicht nur mit den französischen und deutschen Gesetzbüchern zu vergleichen, sondern auch mit den Sondergesetzen und den Lösungen der Rechtsprechung dieser Länder sowie den Strömungen der Lehre, welche die einzelnen Vorschläge, die dem einen oder anderen italienischen Theoretiker zuzuschreiben sind und dann in den Codice einflossen, inspiriert haben.

19 Wenn man den Codice civile einer solchen Untersuchung unterzieht, zeigt sich, dass er kein nationales Gesetzbuch darstellt, in dem Sinne, dass er spezielle italienische Regeln freilegt, die zuvor durch die geltenden Gesetzbücher unter französischem Einfluss unterdrückt wurden. Auch ist er kein Gesetzbuch, das in Italien im Vorfeld der Kodifikation erarbeitete innovative Lösungen bündelt und sich unter diesen Umständen als originäres Gesetzbuch definieren könnte. Und im Übrigen, wer wäre in der Lage gewesen, Pothier oder Windscheid nachzueifern, indem er die Blaupause eines Gesetzbuches, die dann vom Gesetzgeber benutzt worden wären, erarbeitet hätte?

20 Das Gesetzbuch von 1942 ist, was die gesetzlichen Grundlagenentscheidungen angeht, ein Sohn des Codice von 1865: Das Eigentum geht durch die Wirkungen des Vertrages über, jede Leistung muss über einen Rechtsgrund verfügen, das Recht des Mieters ist persönlicher Natur, die zivilrechtliche Haftung folgt dem Verschuldensprinzip, die Erbschaft erwirbt man durch Annahme, Erbverträge sind verboten usw. Einzelheiten können sich auf das BGB beziehen,[6] in Feldern und Bereichen, in denen sich auch das angewandte französische Recht den allgemeinen Ideen des 20. Jahrhunderts ergeben hat: Um bestimmte Lücken zu füllen, kodifizierte man den Vertrauensschutz; der Richter konnte von nun an im Wege der freiwilligen Gerichtsbarkeit in private Angelegenheiten eingreifen und durch (Ermessens-)Entscheidung Rechtsverhältnisse begründen, regeln, ausgestalten oder zum Erlöschen bringen. Aber wenn die Details den Codice auch an sein Jahrhundert anpassten, so widersprachen sie doch nicht dem ursprünglichen Modell. Der Codice von 1942 ist französisch.

21 Wichtige, in gewissem Maße eigenständige Neuerungen waren in das angewandte italienische Recht zwischen 1930 und 1950 eingedrungen (etwa das Rechtsscheinprinzip, die faktischen Verhältnisse). Allein, der Codice von 1942 schweigt zu ihnen!

22 Darüber hinaus ist der Codice von 1942 ein Gesetzbuch, das – überwiegend – im Rechtsitalienisch von 1942 geschrieben ist; und diese Sprache übersetzte vom Deutschen. Das erste Buch spricht bis heute von der absoluten »nullità« (Nichtigkeit) und relativen nullità, aber das vierte Buch von der nullità und »annullità«, Unterform der »invalidità«; das Konkursrecht spricht von der »dazione in pagamento«, aber der Codice von der »prestazione in luogo di adempimento«; der Vertrag mit dinglicher Wirkung ist ein Vertrag, »der die Übertragung des Eigentums an einer bestimmten Sache, die Begründung oder Übertragung eines dinglichen Rechts oder die Übertragung eines anderen Rechts zum Gegenstand hat«; und so weiter.

6 Einflüsse des BGB oder anderer deutscher Gesetze sind vorhanden. Vgl. dazu P. Rescigno, »Fondazione«, in: *Enc. Dir.*, XVII, 1968; G. Minervini, *L'attuale stato della pubblicità legale delle imprese commerciali*, in: *Rivista notariato*, 1980, I, 635.

Die Arbeit, die verschiedenen Kommissionen übertragen war, war nicht einheitlich. Deshalb ist auch das System nicht einheitlich und die Sprache voller Diskontinuitäten. Aus demselben Grund fehlt ein allgemeiner Teil, und deshalb konnte sich auch keine Lehre über das Rechtsgeschäft herausbilden. 23

33. Die Entformalisierung, die Kritik an der Dogmatik

Während der Blüte der Dogmatik – und auch vor ihr – hatte Italien sorgfältig auch die weniger vertretenen Strömungen der anderen Länder importiert. 24

Ein außergewöhnlicher Wissenschaftler des 19. Jahrhunderts, E. Cimbali, schien der Richtung der deutschen soziologischen Schule voraus zu sein und die Bewegung des Rechtssozialismus zu unterstützen.[7] 25

Später schien sich auch F. Degni mit der soziologischen Richtung zu verbünden. 26

Demgegenüber wurden die teleologischen Richtungen, die sich in Deutschland nicht durchgesetzt hatten, in Italien sehr wohl rezipiert. Um zu vermeiden, die Rechtsphänomene auf ihre reinen, formalen und strukturellen rechtlichen Bestandteile zu reduzieren, bevorzugte man, sie mittels ihres Ziels oder, wie man heute sagen würde, ihrer Funktion zu sehen. Mit E. Betti wurde das Rechtsgeschäft, die »dichiarazione di volontà« (dh die Willenserklärung[8]) zu einem Instrument der Autonomie, einer Leitlinie, und so weiter. Dem alten präzisen Begriff setzte die neue Systematik eine funktionalistisch orientierte Bedeutung (oft unbestimmt und vieldeutig) gegenüber. 27

Die Suche nach dem funktionalen Element bringt Bewertungen und Einschätzungen der auf dem Spiel stehenden Interessen mit sich.[9] 28

Die Untersuchung der jeweiligen Interessen traf in Italien, von Beginn der 60er Jahre des 20. Jahrhunderts an, auf ein weit entwickeltes marxistisches Denken, welches dazu entschieden war, eine eigenständige Rolle zu spielen. Die Untersuchung der Interessen wurde als Untersuchung der wirtschaftlichen antagonistischen Klasseninteressen verstanden. Auslegung und Rechtswissenschaft wurden zur Interessenforschung und zur Wahl, welche Interessen zu schützen seien. Ein Ergebnis dieses Denkens war die Bewegung des »alternativen Gebrauchs des Rechts«.[10] 29

Die sehr starke dialektische Sorge konnte die Objektivität bei der historischen und faktischen Rekonstruktion der Umstände verhüllen. Es entstand eine Berufung zu einem Diskurs bezüglich mutmaßlicher Elemente, anhand von undeutlichen Bezeichnungen. 30

Die antiformalen Tendenzen verbanden sich mit verschiedenen (ihnen nahezu entgegengesetzten) antiformalen Tendenzen des 19. Jahrhunderts: Interessenjurisprudenz, soziologische Schule, Freirechtsschule. In ihr Bett legten sich nun ganz andere Verhaltensweisen, die einen unterschiedlichen Grad an methodologischer Vielseitigkeit oder 31

7 S. dazu die Erinnerung an diese Person bei A. Di Majo, *Enrico Cimbali und die Ideen des Rechtssozialismus*, in: *Quaderni fiorentini*, 3/4, t. I, 1974/75, 383 ff.

8 Anm. der Übers.

9 E. Betti war weit hinter seiner Zeit zurück; man vergleiche nur seine Daten mit denen von F. Geny und O. von Bülow. Es ist beeindruckend, dass er ein Zeitgenosse der Realisten (die er ignorierte) und anderer Bewegungen war, die zu dieser Zeit vertreten wurden. Ebenso beeindruckend ist die Tatsache, dass er zeitlich nach F. de Saussure einzuordnen ist (den er auch ignorierte).

10 Diese Richtung hat die Aufmerksamkeit eines deutschen Wissenschaftlers auf sich gezogen, C.U. Schmink, *Zur Zerstörung der Rechtsorthodoxie in Italien*, in: *Kritische Justiz*, 1973, Heft 1, 20 ff. (vor allem 37 ff.).

Einheitlichkeit, an wissenschaftlicher Stringenz, laienhaftem Enthusiasmus, Primärinteresse für den konkreten rechtlichen Umstand oder Interdisziplinarität aufwiesen.

32 Die antiformalen Bewegungen haben ihren Feind vor allem im reinen Recht, welches man künstlich mit den Begriffen zusammenfallen lässt.

33 Der Begriff (und mit ihm das System) muss darüber hinaus eine strengere Kritik aushalten und einen entschiedenen Angriff seitens derjenigen Tendenzen ertragen, die mit der durch Rechtsanalyse garantierten Rechtserkenntnis verbunden bleiben.

34 1941 trug Gorla mit seinem Werk über die Auslegung[11] die gegen die Begriffslehre entstandene Polemik nach Italien: Er warf der den Begriffen anhängenden Richtung vor, alternativ zu willkürlichen oder zu unnützen Konstruktionen zu gelangen. Danach gab Gorla ein Beispiel für Auslegungen, die mit der Hilfe vergleichender Instrumente durchgeführt wurde (Ansatz von den tatsächlichen Umständen her, historische Rekonstruktion usw).

35 Die Konstruktionen sind willkürlich, wenn sie vor der Auslegung gebildet wurden; auch ist eine Auslegung, die von einer Konstruktion dieser Art abgeleitet ist, noch willkürlicher. Die Konstruktionen sind überflüssig, wenn sie im Nachhinein zu einer Auslegung erfolgen.

36 Soweit das Werk von 1941 sich noch (naiv) zugunsten einer Auslegung, die auf die Wiederbelebung des tatsächlichen gesetzgeberischen Willens gerichtet ist, aussprach, war Gorla danach immer Beispiel für die Auslegung mittels problemorientierter Analyse und mithilfe historisch-vergleichender Instrumente. Allmählich verbreitete sich die Tendenz, auf die vergleichenden Erfahrungen zurückzugreifen, um das geltende Recht besser kennenzulernen.

37 Vergleichung und Geschichte, reduzierbar auf eine substantielle Einheit, werden zu der Alternative zur Dogmatik im Rahmen einer Rechtswissenschaft, die Rechtswissenschaft bleiben möchte.

38 Nach dem Ende des 2. Weltkrieges lehnten viele damals junge Juristen (Mengoni, Rescigno, Sacco, Cappelletti, gefolgt von Lipari, Rodotà, Varano, Zagrebelsky, Perlingieri usw) die begrifflichen Apriorismen ihrer Lehrer ab. Und nach ihnen wurden viele Autoren, mögen sie auch in der dogmatischen Methode ausgebildet sein, für die gegen den begrifflichen Apriorismus erhobenen Vorwürfe sensibilisiert. Es bildete sich so ein Modell des italienischen Juristen als Herr des dogmatischen Instrumentariums, aber sehr darauf bedacht, Missbräuche zu vermeiden, eklektisch in der Suche des richtigen Auslegungsmittels und ohne typische Charakteristika in methodischer Hinsicht. Die im Mittelpunkt stehende Methodik wird von Werteprinzipien verdrängt.

34. Die gestaltende Rechtsprechung

39 Seit den 30er Jahren begann die Lehre in Misskredit zu fallen und es entstanden die Voraussetzungen dafür, dass die Rechtsprechung eine Leitfunktion übernehmen konnte.[12] Eine neue Situation entstand. Es handelte sich nicht so sehr um eine kontinuierli-

---

11 G. Gorla, *L'interpretazione del diritto*, Mailand, 1941.

12 Zum Thema: W. Bigiavi, *Appunti sul diritto giudiziario*, in: *Studii Urbinati*, 1933, unveränderte Neuauflage Padua, 1989, mit Vorwort von M. Bin; G. Gorla, »Giurisprudenza«, in: *Ec. dir.*, XIX, 1970; L. Lombardi Vallauri, *Saggio sul diritto giurisprudenziale*, Mailand, 1967; M. Cappelletti, *Riflessioni sulla creatività della giurisprudenza nel tempo presente*, in: *RTDPC*, 1982, 774; P.G. Monateri, *L'occhio del comparatista sul ruolo del prece-*

che, graduelle Entwicklung, als vielmehr um eine Reihe von punktuellen Eroberungen durch die Rechtsprechung.

Ein Beispiel dafür ist das Rechtsscheinprinzip. Dieses lässt sich wie folgt formulieren: »Wer schuldhaft einen für sich selbst ungünstigen Rechtsschein schafft, kann einem Dritten, der ohne Schuld auf diesen trügerischen Rechtsschein vertraut, den wahren Sachverhalt nicht entgegenhalten.« Wie von einem Teil der Lehre vorhergesagt[13], eroberte dieser Grundsatz den Kassationsgerichtshof, dessen Vorsitzender, M. D'Amelio, 1937 das Stichwort »Rechtsschein« im »Nuovo Digesto Italiano« (dessen Herausgeber er war) verfasste. Dieses Stichwort, welches sich in breitem Maße auch auf die französische Rechtsprechung bezog, bildete den Schlusspunkt des italienischen »judge made law« in diesem Bereich. Der neue Codice civile regelte die gesamte Materie des Vertrauensschutzes, ohne der Regel vom Rechtsschein einen eigenen Platz einzuräumen; aber die Rechtsprechung hielt ihre eigenen Ergebnisse für unberührbar. Als der »Nuovo Digesto Italiano« 1957 eine Neuveröffentlichung seines Stichwortes zum Rechtsschein herausgab, druckte er im Großen und Ganzen lediglich erneut den alten Beitrag D'Amelios und zeigte somit gleichsam, dass die Praxis unverändert geblieben war und die Lehre sich nicht um neue Lösungen für das Problem gekümmert hatte. Die Lehre vermied es, sich an dieser Frage zu versuchen; zu bestreiten, dass die Rechtsprechung aus praktischer Sicht unergiebig war und sich damit unter sie zu stellen, entsprach nicht den Gewohnheiten des italienischen Professors. 40

Richterliche Kreationen gab es auf dem Gebiet der Ausgleichspflichten für Ackergebiet, der Gleichstellung der Privaturkunde, der faktischen Vertragsverhältnisse oder des unabhängigen Gewahrsams; schließlich oblag es der Rechtsprechung, den objektiven Rahmen für die deliktische Haftung zu klären. 41

Die Felder des Richterrechts wurden mehr. Es war jedoch weit davon entfernt, den Dimensionen des judge made law, wie im französischen Zivilrecht vorhanden, nachzueifern. Der italienische Richter ist nicht bereit, die bislang die Rechtsprechung dominierende Lösung aufzugeben, nur weil eine neue Lehrmeinung nicht hiermit einverstanden ist: Aber er recherchiert die herrschende Meinung in der Literatur, wenn er mit einer neuen Rechtsfrage konfrontiert wird. 42

Die neuen Aufgaben der Rechtsprechung erscheinen durch die Veränderungen der publizierten Werke dokumentiert. Vor 1945 publizierten die Verlagshäuser Monographien der Professoren, von Professoren und Praktikern geschriebene Abhandlungen, Zeitschriften der Lehre und Rechtsprechungssammlungen. Allein die letztgenannte Gattung ermöglichte es, das Werk der Rechtsprechung kennenzulernen (wenn es auch hin und wieder durch willkürliche Kürzungen entstellt war): und diese war zudem für Praktiker gedacht. 43

Nach 1945 veränderte sich die Lage. Die Zeitschriften räumten der Information über die Rechtsprechung eigenständigen Raum ein. Sie ließen Platz für die Analyse der Rechtsprechung, die in Kommentaren der Urteile oder in eigenständigen Rubriken enthalten war. Die Herausgeber veröffentlichten Kommentare des Codice in zehn oder zwanzig Bänden, die zum Ziel hatten, über den Stand der Lehre und Rechtsprechung zu informieren, und die dadurch die beiden Ordnungsmodelle auf eine Stufe stellten; 44

---

dente giudiziario in Italia, in: *CeI*, 1988, 192; G. Moneta, *Contrasti nella giurisprudenza della cassazione civile e certezza del diritto*, in: *CeI*, 1990, 1009; A. Gambaro, Recensione a Bigiavi, *aaO*, in: *Quadr.*, 1990, 440.

13 E. Finzi, L. Mossa, S. Sotgia, F. Dominedò, F. Carnelutti, R. Nicolò, weitere Verweise in R. Sacco, *Il fatto, l'atto, il negozio*, Turin, 2005, 222.

von diesen Kommentaren widmeten sich einige unmittelbar der Rechtsprechung. Mit einem Wort, die Rechtsprechung wurde auch von Seiten der Theoretiker mehr beachtet.

45 Dies geht zugleich mit dem Umstand einher, dass der Theoretiker sich nun in wachsendem Maße mit Rechtsregeln und nicht mehr nur mit Begriffsbildungen befasst. Die Spezialgesetze ziehen, anders als zuvor, die Aufmerksamkeit eines Teils der Lehre auf sich, die bereit ist, sich mit den Anwendungsregeln zu befassen.

46 Die Kontakte mit der angloamerikanischen Welt, das Studium der Lehre des Realismus, das rasche Veralten des Codice führten zu einer Entmachtung des Gesetzes und der Lehre, zugunsten der Rechtsprechung.

47 Es bleibt der Umstand, dass nicht nur der Richter kreativer Ausleger ist. Die erste Idee gebührt üblicherweise dem – sich manchmal in einer Minderheitenposition befindlichen – Theoretiker, der sich, im derzeitigen Klima, Regeln, Prinzipien, Werten und nicht Begriffen zuwendet. Das Gericht kann dann seinerseits von den verschiedenen, von den Theoretikern (darunter der italienische Professor) angebotenen Lösungen auswählen.

§ 8 Die jüngsten Entwicklungen

35. Die europäische Macht

Seit 1948 besteht eine europäische Macht, die von einer supranationalen Autorität 1
ausgeübt wird und heute in quasi allen romanistischen Ländern sowie in England (solange noch Teil der EU)[1] agiert.

Die europäische Macht bringt Öffentliches Recht und Zivilrecht hervor, die Teil des 2
nationalen Rechts der europäischen Mitgliedsstaaten werden.

Zu welchen Ergebnissen führt dies? 3

Das europäische Recht regelt keine umfassenden Rechtsgebiete, die in der Lage wären, 4
Paradigmen und Verallgemeinerungen zu schaffen; es regelt nicht – in seiner Gesamtheit – das Sachenrecht, das Arbeitsrecht oder das Zivilprozessrecht. Es regelt vielmehr spezifische und begrenzte Rechtsgebiete und bietet punktuelle Lösungen, wo dies seine speziellen (insbesondere ökonomisch orientierten) politischen Programme vorantreiben.

Aber die Ergebnisse der europäischen Macht erschöpfen sich nicht in den mit gesetzge- 5
berischer Autorität geschaffenen Regelungen.

Der aufmerksame Beobachter bemerkt, dass der instrumentelle Ansatz der europä- 6
ischen Normen, der pragmatische Stil der Gerichte, die funktionale Methode der Rechtsvergleicher – präsent und maßgeblich in der europawissenschaftlichen Forschung –, der interdisziplinäre Ansatz (es seien die Politik- und Wirtschaftswissenschaften genannt) und schließlich der Erfolg des Soft Law die Rechtskultur Europas weniger formal, dogmatisch und positivistisch haben werden lassen.

36. Das Verständnis der Rechtsquellen zu Beginn des neuen Jahrhunderts

Jüngst hat sich, bedächtig fortschreitend, eine neue Perspektive in durchgreifender Art 7
und Weise verbreitet.

Das Gesetz erfährt überall Konkurrenz durch denjenigen, der in der Vergangenheit 8
»nur« als Gesetzesausleger angesehen wurde. Letzterem wird heute die Aufgabe zugedacht, den Gesetzesprozess (in der Zivilgemeinschaft, kulturell und ethisch) voranzutreiben. In Italien ist dieses Phänomen Fakt.[2] In Frankreich bearbeitet der Jurist die legislativen Instrumente hinsichtlich bestehender Weitschweifigkeit, Komplexität oder Lückenhaftigkeit.

Das Recht verliert seinen Lack. Um genau zu sein: Das allgemeine Recht und die Ge- 9
setzesbücher verlieren ihren Lack. Die Verfassungen hingegen gewinnen einen neuen Glanz und eine neue Bedeutung. Mehr als durch die Entscheidungen der verfassungsgebenden Versammlung (oft vage und allgemein formuliert) kann man damit die Oberfläche des allgemeinen Rechts verändern.

Die Verfassung und mit ihr, mit noch stärkeren Argumenten, das Gesetz wurden in der 10
Vergangenheit als Texte, als Deklarationen angesehen. Nunmehr bietet sich eine neue Natur für diese an. Sie sind Testat für und Hommage an ein Prinzip. Der Rechtsausle-

---

1 Anm. der Übers.

2 In Frankreich wird teilweise Alarm geschlagen (hinsichtlich der richterlichen Rechtsfortbildung: F. Terré, *Un juge créateur du droit? Non merci!*, in: *Arch. phil. droit*, 2006, 305).

ger ist an das Prinzip gebunden und der Text ist lediglich ein Instrument, oftmals nicht perfekt.

11 Der Text und das Prinzip bilden Regeln, mit denen Probleme gelöst werden. Aber jetzt ist der Stoff, aus dem das Recht gemacht ist, nicht mehr die Regel selbst: Er ist vielmehr die in ihr verkörperten Bedeutungen und Werte. Die Regel entwickelt sich genauso wie das System und das durch dieses ausgedrückte Grundkonzept. Derzeit dient der rechtsprechende Apparat den Werten. In Deutschland ist diese Haltung nicht neu. In Italien besteht ein expliziter Diskurs.[3] Überall berücksichtigt der Rechtsausleger die Werte. Auf diese Weise arbeitet ausdrücklich und wohlweislich der Richter. Ebenso der Rechtswissenschaftler, der in Frankreich dank dieser neuen Aufgabe auf die Bühne zurückkehrt.

12 Zwischen den Werten und Regeln vermitteln die Generalklauseln, von denen einige durch den Gesetzgeber benannt wurden und einige hinzugefügt wurden, weil der Rechtswissenschaftler sie vorgeschlagen und der Richter (insbesondere des Verfassungsgerichts) sie legitimiert hat (so etwa Angemessenheit, Verhältnismäßigkeit, Menschenwürde, Subsidiarität, Schutzwürdigkeit und darüber hinaus das, was sich aus der Bioethik ableiten lässt).[4]

13 Jedes Rechtssystem war bis zu diesem Moment an ein Gebiet gebunden, innerhalb dessen seine Anwendung verpflichtend war und außerhalb dessen es keinerlei Autorität hatte. Aber eine neue Realität setzt sich durch, seitdem die einschlägige richterliche Rechtsfortbildung begonnen hat, durch Nachahmung zwischen den einzelnen Ländern zu zirkulieren[5] und seitdem die überstaatlichen (aber natürlich innerhalb der Länder anwendbaren) Rechtsschichten begonnen haben, den Kult für die Werte, für die sie stehen, auch dort zu streuen, wo die anwendbare Norm eine nationale ist.

14 Der Respekt für die Kultur des Nachbarn, eine wertvolle Errungenschaft der letzten Jahrzehnte, bringt eine Porosität all derer Rechtsordnungen mit sich, welche nun in höchstem Maße die Anwendung von Kriterien zulassen, die an die gemeinsame Kultur der interessierten Parteien angelehnt sind (oder durch deren allgemeine Willensfreiheit vorgezeichnet wurden).

3 L. MENGONI, *Diritto e valori*, Bologna, 1985; P. PERLINGER, alle Werke, s. zum Beispiel *Mercati, soliedarità e diritti umani*, in: *Rass. dir. civ.*, 1995, 84 ff. N. LIPARI, *Diritto e valori sociali. Legalità condivisa e dignità della persona*, Rom, 2010.

4 Zum Thema F. BENATTI, *Etica, impresa, contratto e mercato. L'esperienza die codici etici*, Bologna, 2014.

5 Dieses Phänomen hat nicht nur in Italien beeindruckende Ausmaße. Ein Thema bei der Tagung der Internationalen Akademie für Rechtsvergleichung im Jahr 2014 war »Der Rückgriff auf ausländische Präzedenzfälle durch Verfassungsrichter«. Ebenso siehe BARSOTTI und VARANO, *Il nuovo ruolo delle corti supreme nell'ordine politico e istituzionale: una prospettiva comparatistica*, Neapel, 2012.

Bibliographische Informationen

Bei der Suche nach der Rechtsvergleichung dienlichen Informationen greift man in der Regel auf zwei Literaturarten zurück.

Auf der einen Seite sucht man Werke über das nationale Recht derjenigen Länder, auf die man die Untersuchung auszudehnen gedenkt. Auf der anderen Seite hingegen stehen Werke, die bei der Vergleichung helfen oder sie sogar selbst durchführen.

Es liegt auf der Hand, dass die Arbeiten zu dem jeweiligen nationalen Recht in eine Bibliographie rechtsvergleichender Bücher keinen Eingang finden. Der Rechtsvergleicher wird im Bedarfsfall vielmehr eine landesspezifische Bibliographie heranziehen.

Die Literatur der Rechtsvergleichung erstreckt sich daher nur auf die Werke über die Vergleichung und auf die vergleichenden Werke selbst.

Der Inhalt der Arbeiten, die Teil dieser Literatur sind, variiert zumeist. Zudem werden sie mit ganz unterschiedlichen Absichten konsultiert.

Was vergleichende Literatur ist, bedarf keiner Erklärung. Ihr Umfang ist sehr groß und wächst beständig, wenn auch langsam. Teil von ihr bilden die gesamten Bände der Common Core Reihe, herausgegeben von U. Mattei und M. Bussani, die (schon zuvor erschienenen) Werke von G. Gorla, R. Schlesinger und A. Levasseur, die Bücher zum Vertrag von H. Beale, B. Fauvarque-Cosson, J. Rutgers, D. Tallon, S. Vogenauer, zum Schuldverhältnis von L. J. Constantinescos und R. Zimmermann, zum Bereicherungsrecht von P. Gallo, zur Aktiengesellschaft von U. Andenas und F. Wooldrige, zum Erbrecht von A. Zoppini und zum ehelichen Güterrecht von V. Čizkosvkas. Ebenso Teil der rechtsvergleichenden Literatur sind die Werke von A. Rinella und L. Pecoraro, von G. Morbidelli, L. Pecoraro, A. Reposo und M. Volpi zum Öffentlichen Recht, die Abhandlungen von P. Carozza, A. Di Giovine und G.F. Ferrari, sowie die von P. Biscaretti di Ruffia, M. Garcia Pelago, G. De Vergottini, S. Pierré-Caps, R. Scarciglia zum Verfassungsrecht und jene die M. D'Alberti, G. Napolitano und S. Cassese zum Verwaltungsrecht, von J. Pradel zum Strafrecht und M. Delmas-Marty zum Strafprozessrecht. Zudem wird der größte Teil der vergleichenden Literatur dabei nicht von Büchern, sondern von Artikeln gebildet, und in noch größerem Umfang von verschriftlichten Vorträgen, die anlässlich internationaler Rechtsvergleichungs-Kongresse gehalten wurden. Die allgemeinen Abhandlungen, die auf den verschiedenen Kongressen der »Internationalen Akademie der Rechtsvergleichung« und auf den einzelnen »Journées Capitant« vorgetragen wurden, sind dafür ein Beispiel.

Aber die vergleichende Literatur ist nur ein Teil – und nicht einmal der größte – der Literatur, die den Rechtsvergleicher interessiert.

Derjenige, der Vergleichung betreiben möchte, wird noch viele weitere Werke benutzen, die, auch wenn sie gar keine Vergleichung betreiben, wie für ihn vorbereitet worden sind.

Es ist nämlich festzustellen, dass die Literatur, die sich an den Rechtsvergleicher wendet, vor allem Daten und Materialien beinhaltet, die für den Gebrauch bei einer weiteren Vergleichung gedacht sind. Der italienische Jurist schreibt (mit wissenschaftlicher Präzision oder zu populärwissenschaftlichen Zwecken) über das französische, englische, deutsche oder russische Recht. Und natürlich richtet er sich dabei an eine italienische Leserschaft (wobei er daher zugleich diejenigen Daten bevorzugt, die besser dazu gebraucht werden können, die zwischen dem eigenen und dem untersuchten System liegenden Unterschiede zu bestimmen). Es kann aber auch sein, dass der italienische, französische oder amerikanische Rechtswissenschaftler über sein eigenes System schreibt, um die Juristen anderer Rechtssysteme zu informieren. Wer sich an ein fremdes Publikum wendet, wird versuchen, interessante und vergleichbare Daten anzubieten: Er wird dabei keine reine Dogmatik betreiben; auch wird er sich nicht in komplexe und persönliche Auslegungen zu den Quellen des eigenen Systems verlieren. Informationen, die zum Gebrauch durch ein fremdes Publikum bestimmt sind, findet man in dazu bestimmten Werken und darüber hinaus in den Länderberichten auf den Kongressen. Viele, ja sehr viele vergleichende Werke sind Reihen nationaler Antworten auf einheitliche Fragebögen, die an Gelehrte mehrerer Länder gerichtet wurden.

Vergleichende Werke, von einem Fremden geschriebene Bücher über das Recht eines untersuchten Landes und aus dem untersuchten Land selbst stammende und an ein Publikum aus anderen Ländern gerichtete Literatur bilden die drei Literaturarten, die wir rechtsvergleichende Literatur im weiten Sinne nennen können.

Diese sind zugleich diejenigen Gattungen, die der Rechtsvergleicher vom Gebrauchswert her gesehen am meisten schätzt, weil sie ihm viel Mühe ersparen. Im Übrigen verlangt eine Untersuchung eines bestimmten Gebietes – die einzig mögliche, wenn zu einem bestimmten Thema vergleichende Literatur nicht existiert – den Zugang zur nationalen Literatur.

In den rechtsvergleichenden Zeitschriften und den bibliographischen Nachschlagewerken findet man die fünf bislang vorgestellten Arten vermischt:

- die Methodik (fast immer in Werken mit dem Titel »Einführung« behandelt);
- die Systemologie;
- die Untersuchung eines dem Autor fremden Rechts;
- die Untersuchung für Ausländer;
- einzelne Vergleichungen.

Es bietet sich an, für jede einzelne Art getrennt eine Bibliographie anzugeben. Weil man jedoch in den Zeitschriften die Arten untereinander vermischt findet, nennen wir zunächst die am häufigsten zitierten Zeitschriften. Nicht berücksichtigt werden jedoch auf einzelne Rechtsgebiete oder -ordnungen spezialisierte Zeitschriften (wie etwa auf die Afrikanistik oder Islamistik).

American Journal of Comparative Law (vierteljährlich, seit 1952), veröffentlicht in Berkeley von der *American Association for the Comparative Study of Law.*

Revue internationale de droit comparé (vierteljährlich, seit 1949), veröffentlicht in Paris von der *Société de Législation comparée.*

Rabels Zeitschrift für ausländisches und internationales Privatrecht (vierteljährlich, seit 1927), veröffentlicht in Tübingen vom Max-Planck-Institut für ausl. u. intern. Privatrecht.

Annuario di diritto comparato e di studii legislativi (in jährlichem Rhythmus), veröffentlicht in Rom vom Istituto di Studi Legislativi von 1927 bis 1976 und nunmehr (seit 2010) veröffentlicht in Neapel von der Universität Sannio, Fakultät für jur., pol. und wirtschaftl. Studien.

Revue de droit international et de droit compare, herausgegeben vom Institut belge de droit comparé.

Boston College International and Comparative Law Review.

Hastings International and Comparative Law Review.
Tulane Journal of International and Comparative Law.
The Asian Journal of Comparative Law (in Singapur).
Maastricht Journal of European and Comparative Law.
European Journal of Comparative Law and Governance (Niederlande).
Comparative and International Law Journal of Southern Africa (Kapstadt).

Es existieren auch einige Enzyklopädien der Rechtsvergleichung.

F. SCHLEGELBERGER, *Rechtsvergleichendes Handwörterbuch*, 7 Bände, 1929–1939 (unvollendet), welches sich auf Zivil- und Handelsrecht bezieht.

K. ZWEIGERT (Hg.), *International Encyclopedia of Comparative Law*, 17 Bände, seit 1971.

Das Werk *Digesto*, 4. Auflage, 65 Bände zwischen 1986 und 1999, gefolgt von vielfachen Aktualisierungsbänden, enthält vergleichende Informationen über alle Rechtsgebiete und alle Rechtssysteme.

Das Werk *Trattato di diritto comparato*, dessen Teil diese *Introduzione* ist, war bestrebt alle Rechtssysteme und Rechtsgebiete zu behandeln; es entwickelte sich im Sinne der Systeme und bietet einige Restaspekte hinsichtlich der Gebiete.

Die Einführung in die Rechtsvergleichung, d. h. die Behandlung der Ziele, der Methoden und der Geschichte der Vergleichung, ist in Werken unterschiedlichen Gewichts behandelt worden.

Eine umfassende Sammlung von rund zwanzig bereits zuvor veröffentlichten und mittlerweile als »klassisch« geltenden Artikeln findet man bei K. ZWEIGERT und H.J. PUTTFARKEN, *Rechtsvergleichung*, Darmstadt, 1978.

Bedeutsam sind zudem folgende Werke:

E. AMARI, *Critica di una scienza delle legislazioni comparate*, Genua, 1857.

J. KOHLER, *Das Recht als Kulturerscheinung. Einleitung in die vergleichende Rechtswissenschaft*, Würzburg, 1885.

R. SALEILLES, *Conception et objet de la science du droit comparé*, in: *Bull. de la société de lég. Comparée*, 1890, 383.

E. LAMBERT, *La fonction du droit civil comparé*, Paris, 1903.

F. POLLOCK, *Le droit comparé. Prolégomènes de son histoire*, in: *Procès verbaux (...) Congrès de droit comparé*, Paris, 1912.

G. SAUSER-HALL, *Fonction et méthode du droit comparé*, Genf, 1913.

H. LEVY-ULLMANN, *De l'utilité des études comparatives*, in: *Revue du droit*, Québec, 1923, 380.

E. RABEL, *Aufgabe und Notwendigkeit der Rechtsvergleichung*, München, 1925.

R. POUND, *The Revival of Comparative Law*, in: *Tulane Law Review*, 1930, 1, und *Some Thoughts about Comparative Law*, in: *Studii Rabel*, 1954, I, 7.

W. HUG, *The History of Comparative Law*, in: 45 *Harvard Law Review*, 1932, 1027.

M. SARFATTI, *Introduzione allo studio del diritto comparator*, Turin, 1933.

G. CORNIL, *La complexité des sources du droit comparé*, in: *Introduction à l'étude du droit comparé, Recueil d'études en l'honneur d'E. Lambert*, 1938.

H.C. GUTTERIDGE, *Comparative Law*, 2. Auflage, Cambridge, 1949.

R. DAVID, *Traité élémentaire de droit civil comparé. Introduction à l'étude des droits étrangers et à la méthode comparative*, Paris, 1950 (nicht zu verwechseln mit dem bekannteren Werk über die Rechtssysteme, dazu sogleich).

M. RHEINSTEIN, *Teaching Tools in Comparative Law*, in: *Am. Journal of Comp. Law*, I, 1952, 99; und *Einführung in die Rechtsvergleichung*, 2. Auflage, München, 1987.

U. DROBNIG, *Rechtsvergleichung und Rechtssoziologie*, in: *Rabels Z.*, 1953, 295.

F. DE SOLÁ CAÑIZARES, *Iniciacion al derecho comparado*, Barcelona, 1954.

M. ROTONDI, «Diritto comparato», in: *Nss. D.I.*,V, 1960, DERS., *Studii di diritto comparato e di teoria generale,* Padua, 1972.

A.F. SCHNITZER, *Vergleichende Rechtslehre*, 2. Auflage, 2 Bände, Basel, 1961–1962.

G. GORLA, «Diritto comparato», in: *Enc. dir.*, XII, 1964, «Diritto comparato e straniero», in: *Enc. giur.*, XI, 1989.

O. KAHN-FREUND, *Comparative Law as an Academic Subject*, Oxford, 1965.

G. EÖRSI, *Réflexions sur la méthode de la comparaison des droits dans le domaine du droit civil*, in: *RIDC* 1967, 397.

M. ANCEL, *Utilité et méthodes du droit comparé*, Neuchâtel, 1971 (italienische Übersetzung: *Utilità e metodi del diritto comparato,* Camerino, 1974).

AA.VV., *Scopi e metodi del diritto comparato* (in: M. ROTONDI, *Inchieste di diritto comparato*), Padua, 1973, und die dortigen Beiträge von M. ANCEL, B. BLAGOJEVIC', O. BRUSIIN, M. CAPPELLETTI, H. COING, R. DAVID, G. DEL VECCHIO, H. DÖLLE, G. EÖRSI, F. FELDBRUGGE, W. FRIEDMANN, J. GILISSEN, R.H. GRAVESON, S. GRZYBOWSKI, J. HAZARD, E. HIRSCH BALLIN, T. IONASCO, O. KAHN-FREUND, I. KISCH, V. KNAPP, R. LUKIC', A. MAKARIV, G. NARIDAKIS, K. NEUMAYER, M. RHEINSTEIN, M. ROTONDI, S. ROZMARYN, R. SACCO, F. SCHWIND, A. TROLLER, A. TUNC, W. WENGLER, K. ZWEIGERT et al.

L.J. CONSTANTINESCO, *Traité de droit comparé,* I, *Introduction au droit comparé,* Paris, 1974, II, *La méthode comparative,* Paris, 1974 (italienische Übersetzung: *Introduzione al diritto comparato*, Turin, 1996, und *Il metodo comparativo*, Turin, 2000).

H.A. SCHWARZ-LIEBERMANN VON WAHLENDORF, *Droit comparé – Théorie générale et principes,* Paris, 1978.

R. RODIERE, *Introduction au droit comparé*, Paris, 1979.

AA.VV., in: V.A. TUMANOV (Hg.), *Očerki sravitelnovo prava (Sbornik)*, Moskau, 1981.

G. GORLA und L. MOCCIA, *Profili di una storia del diritto comparato in Italia e nel mondo «comunicante»*, in: *RDC* 1987, I, 237.

E. AGOSTINI, *Droit comparé*, Paris, 1988.

D. KOKKINI IATRIDOU (Hg.), *Een inleiding tot het rechtsvergelijkende onderzoek*, Deventer, 1988.

B. MARKESINIS, *Foreign Law and Comparative Methodology*, Oxford, 1997.

V. MATTEI und P.G. MONATERI, *Introduzione breve al diritto comparato*, Padua, 1997.

R. SCHLESINGER, H. BARDE, P. HERZOG, E.WISE, *Comparative Law*, 6. Auflage, New York, 1998.

V. GROSSWALD CURBAN, *Comparative Law: An Introduction*, Durham, 2002.

I. GORDLEY und A. VON MEHREN, *An Introduction to the Comparative Study of Private Law*, Cambridge, U.K., 2006.

P. LEGRAND, *Le droit comparé*, 2. Auflage, Paris, 2006.

Y.M. Laithier, *Droit comparé*, Paris, 2009.
T. Rambaud, *Introduction au droit compare*, Paris, 2010.
A. Somma, *Introduzione al diritto comparator*, Rom-Bari, 2014.

Die vergleichende Untersuchung der Rechtssysteme hat folgende bekannte Werke hervorgebracht:

J.H. Wigmore, *Panorama of the World's Legal Systems*, 3 Bände, Saint-Paul Minn., 1928.
P. Arminjon, B. Nolde, W. Wolff, *Traité de droit comparé*, 3 Bände, Paris, 1950–1952.
R. David, *Les grands systèmes de droit contemporains*, Paris, 1964, 1. Auflage, bis zur 7. Auflage, dann R. David und C. Jauffret-Spinosi, Paris, von der 8. bis zur 11. Auflage (Paris). Italienische Übersetzung der 11. Auflage von 2002 herausgegeben von R. Sacco, *I grandi sistemi giuridici contemporanei*, 5. Auflage, Padua, 2004.
K. Zweigert und H. Kötz, *Einführung in die Rechtsvergleichung auf dem Gebiet des Privatrechts*, 2 Bände, Tübingen, 1969 und 1971; 2. Auflage, 1984, italienische Übersetzung von B. Pozzo und E. Gigna, *Introduzione al diritto comparato*, Mailand, 1992; 3. Auflage, 1996 (1 Band).
V. Tedeschi, *Panorama dei diritti stranieri moderni*, Genua, 1975.
G. Eörsi, *Comparative Civil (Private) Law*, Budapest, 1979.
J.H. Barton, J.L. Gibbs, V. Haoli, J.H. Merryman, *Law in radically different Cultures*, Saint-Paul Minn., 1983.
R.C. van Caenegem, *Judges, Legislators and Professors*, Cambridge, 1987, italienische Übersetzung von L. Ascheri Lazzari, *I signori del diritto*, Mailand, 1991.
M.A. Glendon, M.W. Gordon, Chr. Osakwe, *Comparative Legal Traditions*, Saint-Paul Minn., 2. Auflage, 1994.
A. Gambaro, R. Sacco, *Sistemi giuridici comparati*, 3. Auflage, Turin, 1996.
A. Pizzorusso, *Sistemi giuridici comparati*, 2. Auflage, Mailand, 1998.
M. Fromont, *Grands systèmes de droit étrangers*, 3. Auflage, Paris, 1998.
M.G. Losano, *I grandi sistemi giuridici*, Rom-Bari, 2000.
P. Gallo, *Introduzione al diritto comparato. I grandi sistemi giuridici*, 2. Auflage, Turin, 2001.
R. Legeais, *Grands systèmes de droit contemporains*, Paris, 2004.
M. Lupoi, *Sistemi giuridici comparati*, Neapel, 2011.
P. Glenn, *Legal Traditions of the World*, Oxford, 2010, italienische Übersetzung von S. Ferlito, *Tradizioni giuridiche nel mondo*, Bologna, 2011.
G. Cuniberti, *Grands systems de droit contemporains*, 2. Auflage, Paris, 2011.
V. Varano, V. Barsotti, *La tradizione giuridica occidentale*, 5. Auflage, Turin, 2014.

Hinsichtlich der Bibliographien der einzelnen Systeme und Rechtsordnungen, und für die Vergleichung der verschiedenen Themen, sind spezifische Werke über die jeweiligen Systeme und Themen zu konsultieren.

Stichwortverzeichnis

Die Angaben verweisen auf die Teile des Buches (*kursive Zahlen*), die Paragrafen (**fette Zahlen**) sowie die Randnummern innerhalb der einzelnen Paragrafen (magere Zahlen).
Beispiel: Teil 1 § 9 Rn. 10 = *1* **9** 10

Zeitfracht Medien GmbH
Ferdinand-Jühlke-Straße 7
99095 Erfurt, Deutschland
produktsicherheit@kolibri360.de